生命裡重要的家人與貴人

1. 王志剛祖父餘慶公
2. 王志剛父親鶴標公
3. 鶴標公卸任淡水區區長時獲贈之「兩袖風清」錦旗，至今仍傳為家訓

王志剛全家福，攝於 2015 年
前排左至右：王楷文、王志剛、宋怡莉、林冠珩，後排左至右：王宗霖、董雅幸、林冠揚、王重俠、林育祺

1. 1970 年和宋怡莉女士結為連理
2. 內孫王楷文，現就讀上海國際學校，課業成績名列前茅，更在足球校隊擔任前鋒，戰功彪炳，是公認的得分之鑰
3. 長外孫林冠揚，現就讀美國芝加哥大學物理系四年級，成績優異，為直接攻讀博士班正積極準備中
4. 小外孫林冠珩，無憂無慮的小學生，最大的樂趣就是享用美食

親家哥倆兒好：和西園醫院及永越健康管理中心林澤安院長合影。永越健康管理中心以擁有亞洲先進預防醫學、頂尖設備儀器，提供高端健檢及全方位醫療整合服務聞名，多年來王志剛和家人也在此獲得無微不至的健康照護

1. 1982 年 12 月，經濟部長趙耀東到台大發表演講，他對台大學生說：「你們台大學生應該給他們（王志剛、黎昌意）鞭策……這是你們台大的光榮。」前排右 8 為王志剛，右 10 為辜振甫（時任全國工業總會理事長）。版權：天下雜誌股份有限公司《天下雜誌》第 20 期。張良綱攝
2. 前金屬工業發展中心董事長齊世基先生，是改變王志剛一生的最大貴人。

1. 1999 年 12 月王志剛女兒婚禮前夕，李前總統登輝伉儷特地和王志剛全家福餐敘，為新人祝賀
2. 郝柏村 -1992 年 1 月 27 日，公平交易委員會正式成立，行政院郝柏村院長親自出席佈達

1. 孫運璿 -1996 年 6 月 10 日孫運璿資政坐輪椅親自出席見證王志剛接任經濟部長
2. 王永慶 -1996 年 7 月 20 日台塑王永慶董事長拜會經濟部，王志剛宣布六輕投資障礙初步已排除。（圖片授權：聯合知識庫）

生命裡最想念的摯友：辜濂松

1. 1999 年 7 月 31 日與辜濂松董事長夫婦在匈牙利
2. 1996/8/14 中國信託巴拉圭分行開幕，右 2：巴拉圭總統瓦斯莫西（Wasmocy），左 2：辜濂松董事長

對王志剛而言，中國信託辜振甫創辦人和辜濂松前董事長，兩人生前不為私利，戮力為公，是受人尊敬的愛國金融領袖及慈善企業家，這樣的家風傳承下來，由辜濂松長子辜仲諒發揚光大

1. 1998 年 7 月經濟部頒贈奧地利中國文化研究所第一會長溫克勒教授經濟獎章
2. 1998 年 7 月攝於波爾多一級酒莊 Chateau Margaux
左一：王志剛部長，左二：辜濂松董事長，右一：義美董事長高志尚，右二：駐法國代表處郭為藩大使

1. 1998 年 7 月 20 日訪歐和義商 Marconi 電信公司簽署策略聯盟意願書
2. 1998 年 8 月 中菲會議和亞羅育副總統合影

1. 1998 年 11 月於馬來西亞吉隆坡參與 APEC 第十屆部長年會
   右二：辜濂松無任所大使，左二：財政部長邱正雄
2. 1999 年 7 月 23 日訪問英業達公司蘇格蘭廠

1. 和王金平院長合影。王院長的墨寶「和氣致祥」，也是王志剛最折服的處世之道
2. 台北榮總陳威明院長德術並優，視病如親，博愛濟眾。
   由左至右：台北榮總眼科部林佩玉主任、宋怡莉、台北榮總陳威明院長、台中市長盧秀燕、王志剛、王金平院長、王陳彩蓮女士、知名聲樂家許素瑛女士、台玻林伯豐董事長；皆受惠於陳院長

1. 王志剛和台塑集團王文淵總裁合影於上海世博台灣館。台塑集團熱情贊助台灣館，王文淵總裁親自蒞臨參觀，寫下「台灣的榮耀」，王志剛和工作同仁皆受到很大鼓舞
2. 台塑生醫王瑞瑜董事長，結合長庚醫院、養身村等資源，成功打造健康一條龍版圖。台塑生醫 i 醫健康診所及 i 醫健康管理中心，綜合中西醫觀點，推廣源自王永慶先生的「養生文化預防醫學」之道，王志剛也從中獲益良多

1.「學做鯤鵬飛萬里，不做燕雀戀子巢」王志剛認為，這正是尹衍樑這位得意門生的最佳寫照
2. 二〇二二年六月，吳東亮董事長榮膺台灣工商業界最具代表性的團體之一——工商協進會理事長，實至名歸。對吳火獅老先生的精神和吳東亮董事長伉儷溫暖深厚的友誼，王志剛深深感懷在心

3

1

4

1. 中台禪寺惟覺老和尚親書「慈悲喜捨」四字贈與王志剛，至今仍懸掛在王志剛辦公室
2. 中國國際貿易促進委員會會長萬季飛訪台，王志剛陪同參觀中台禪寺，拜會惟覺老和尚
3. 2011 年 5 月 29 日王志剛陪同浙江省領導拜會惟覺老和尚。左 2：浙江省委書記趙洪祝（已卸任）右 2：浙江省委常委李強（現任上海市委書記）
4. 王志剛與靈鷲山心道法師合影

「應無所住而生其心」出自《金剛經》，禪宗祖師六祖惠能，聽聞此句，當場頓悟；這也是王志剛所嚮往的生命最高境界。（墨寶：書畫大家朱振南老師）

公平會第一屆至第三屆委員合影

與美國貿易代表署 貿易代表白茜芙合影。王志剛和白茜芙為了中美 雙邊貿易談判，前後會面七次

1997 年加拿大溫哥華 APEC 部長級會議，與紐西蘭貿易部長 Dr. Smith 會談。

1. 1998 年 2 月於美國華府與美國進行雙邊貿易會談。
   左中：美國貿易代表白茜芙。右中：我國法律顧問蔡英文
2. 1998 年 2 月與美國貿易代表署副代表 Richard Fisher 進行雙邊貿易會談，兩人逗趣互動

1. 1997 年 2 月 28 日與布希家族合影。前排左至右：George H.W Bush 老布希總統、王志剛、Barbara Bush 老布希夫人、Neil Bush 小布希之弟、後排左一：時任駐休士頓臺北經濟文化辦事處處長林永樂、後排左二：George W. Bush 小布希總統
2. 德州農工大學於 1997 年 2 月 26 日，頒贈傑出國際校友 (Outstanding International Alumnus) 給王志剛
由左至右：Dr. Ray Bowen, President, Texas A&M University；女兒王重俠；王志剛；Dr. Kenneth Ashworth, Commissioner of the Texas Higher Education Coordinating Board；王宋怡莉女士；Dr. Emily Y. Ashworth

1997 年 4 月 22 日第三屆中史經技合作會議。
中：史瓦濟蘭經濟暨計畫部長夏班固（Shabungu）右：史瓦濟蘭總理德拉米尼（Dlamini）

中馬部長級經濟合作會議上與馬國貿工部長拉菲達（Rafidah）合影

參加史瓦濟蘭東帝士成衣廠開幕，與史瓦濟蘭國王恩史瓦帝三世合影

1. 1999 年 4 月 5 日至印尼雅加達晉見印尼總統哈比比
2. 1999 年 9 月 16 日參加中巴經濟合作會議。中：巴拉圭總統岡薩雷斯（Gonzalez）。右：巴拉圭工商部長卡巴傑羅（Mr. Guillermo Caballero Vargas）

2013 年 10 月 24 日接受韓國漢陽大學頒授榮譽法學博士。右一：梁英斌（前台灣駐韓代表）。右二：白茸基會長（鉅鵬集團）。右三：白茸基會長夫人具美淑女士。左二：韓哲洙（前韓國駐台大使）

與漢陽大學校長林德鎬（左）合影

2014 年 12 月 19 日 由馬英九總統親自頒授「三等景星勳章」，表彰王志剛對我國經貿發展之卓越貢獻

1. 1999 年 10 月 15 日九二一大地震後王志剛部長、許舒博立委、水利局黃金山局長勘查草嶺堰塞湖災情。
2. 草嶺堰塞湖攝於 2000 年 1 月

外貿協會期間精采活動剪影

1998 年 6 月 19 日微軟董事長比爾蓋茲。（右一）訪台，擔任台灣精品代言人，並召開記者會，宣布微軟公司將在台灣成立亞洲區域性的技術發展中心。圖片授權：聯合知識庫

1. 2012 年陪同上海市韓正市長參觀台灣農業精品館。圖片授權：外貿協會
2. 2012 年上海台灣名品展拜會上海市委常委楊曉渡（現任中共中央政治局委員暨國家監察委員會主任）。圖片授權：聯合知識庫

1. 2014 年天津台灣名品展陪同貴賓參觀台灣名品展之台灣農業精品館。右二：外貿協會王志剛董事長，左二：前商務部部長、海協會陳德銘會長，左一：國民黨詹春柏榮譽副主席。圖片授權：外貿協會
2. 2012 年採購夥伴大會我國供應商排隊等候洽談。圖片授權：外貿協會

1

2

1. 2013 年 1 月 20 日外貿協會科威特貿易中心開幕。右一：世界貿易中心協會主席 Ghazi Abu Nahl，右二：外貿協會董事長王志剛，右三：科威特國會議員 Adnan I. Al- Mutawa，左二：台灣駐科威特代表處代表劉國興，左一：科威特自由貿易區主席 Mansour Ashkanani。圖片授權：外貿協會
2. 2011 年馬英九總統視察培訓中心 。圖片授權：外貿協會

1. 王志剛董事長向記者說明上海世博台灣館位置圖。圖片授權：外貿協會
2. 上海世博台灣館外，排隊等候的人潮。圖片授權：外貿協會

1. 上海世博台灣館台灣館點燈祈福儀式。圖片授權：外貿協會
2. 上海世博台灣館全天域劇場實景，觀眾親身體驗台灣海底之美。圖片授權：外貿協會

1. 國民黨榮譽主席連戰伉儷參觀上海世博台灣館，接受媒體訪問。圖片授權：外貿協會
2. 大陸領導參觀台灣館。左至右：國務院副總理王岐山、國台辦主任王毅、全國政協主席賈慶林、台北世貿中心董事長王志剛、上海市長韓正、台灣館總館長葉明水。圖片授權：外貿協會

1. 時任國台辦主任王毅（現任中國大陸國務委員兼外交部長）參觀台灣館，王志剛夫婦接待。圖片授權：外貿協會
2. 國際巨星蒞臨台灣館。台灣館代言人林志玲，參觀貴賓成龍。圖片授權：外貿協會

跨越

王志剛白首話當年產官學生涯

王志剛 口述
曾桂香 撰文
余佳芳 總企劃

目錄

推薦序

無愧於國家的經貿將領

王金平——前立法院院長／現任財團法人生技醫療科技政策研究中心董事長

王志剛跟我的淵源很深，他跟我身邊親近之人奇妙相遇，緣分不淺；而我們有緣相聚，深交熟識，共同走過人生風華歲月，我看到的他，一生忠於事，不管在那一個職位都盡心盡力，在任一階段的公務生涯，皆精采萬分，他一生懸命努力投入公務，對國家繁榮進步，貢獻良多。

我跟王志剛之間的「兒女私情」有趣又特別，緣分牽繫著我們身邊的人，我教過的學生、我的兒女，都跟他有關，上過他的課。

年輕時，我曾在進德實驗中學教書，在那裡遇到少年叛逆的尹衍樑，後來尹衍樑幡然醒悟，非常上進，念完文化大學後，考上台大商學所碩士班，成了王志剛學生，這種巧合，人生少有，卻給我們碰上了。我們都教過的學生尹衍樑顧念師生情誼，至今不時請老師吃飯，我跟王志剛則常一起出席這位成就非凡學生所擺設的宴席。

我的一雙兒女都曾是他的學生。二〇〇九年八月七日女兒訂婚，老師王志剛是當然的證婚人選，那時我們家在西華飯店設席八桌，僅邀至親好友參加，王志剛趁機在現場「爆料」，我的兒女就讀台灣大學時都選修過他的課，我女兒念台大經濟系，那時王老師並不知道她是王金平女兒，給她打九〇分，經過兩年，王志剛知道我兒子從農學院跨院選修他的課，但我兒子拿到八八分，卻比姐姐低一點。

我女兒沒有曝光身分，反在王志剛的課堂上得到高分，王志剛開玩笑地說，他當過公平交易委員會主委，打分數絕對公平，不會因為是朋友小孩就給特殊待遇，其實我兒子表現並不差，只是女兒更厲害一些，她拿過台大書卷獎，憑藉實力取得高分，並非僥倖。

之後，我女兒結婚，僅向區公所完成登記，我們決定擺設二桌素食，只邀親近的家人朋友見證新人喜悅，王志剛及夫人是極少數同時參加訂婚、結婚兩場喜宴的好友。迄今，我的太太與王志剛夫人宋怡莉兩人也是好友，經常噓寒問暖，互相關心。

王志剛擔任經濟部長時，我跟他開始熟識，從互知彼此的點頭之交，漸漸深入交往，我記得他在一九九六年六月剛升經濟部長，一上任就接下核四停建、公營事業預算遭立院杯葛等燙手山芋，這樣的棘手處境，連前一任部長江丙坤都曾表示同情。

就任經濟部長一個多月的王志剛，有一股想早點進入狀況的急迫感，他的行程每天滿檔，馬不停蹄地拜會立委、工商領袖，連假日也下鄉到麥寮視察六輕工地，再加上與企業的早餐會報，用心傾聽業者心聲。

王志剛表現出積極協助企業的熱忱，也得到業界回應。從來不到經濟部拜會的台塑董事長王永慶，在一九九六年七月下旬主動前往，與王志剛握手言歡，給足王志剛面子。

李登輝總統很在意台商出走，希望改善投資環境，總統一再催促加緊工業區、工商綜合區的開發，王志剛為達長官期待，訂下目標，承諾二〇件工商綜合區開發案將在四個月內動工、半年內協助企業取得工業區土地，當年這些目標都一一納入工作重點，他每周追蹤考核經濟部同仁推動進度。

我在立法院，也看到王志剛拚命三郎的工作精神，他為了因應時代的需求，考量長期發展台灣經濟及各種產業，提出很多法案的修正案。像是一九九八年設立智慧財產局、標檢局，制定水資源局的組織條例，全面修正加工出口區設置管理條文全文；修正的最重要法令是經濟部組織法，他大幅調整經濟部的組織及人事制度。

王志剛全力投入工作的表現，獲得李登輝總統的嘉許，有次在國民黨中常會還特別稱讚他一番，甚至政黨輪替後，還向陳水扁總統舉薦他擔任行政院長。這段插曲發生的時序是在二〇〇〇年十月底，民進黨政府突然宣布停建核四，引發國內政局動盪不安，李登輝對此非常不諒解，我以立法院院長身分希望能調和鼎鼐，建議陳水扁總統向李登輝請益，安定政局。

當年十一月，我找陳水扁總統約好某晚到李登輝寓所鴻禧山莊，邊吃晚餐，邊談如何解決核四難題，李登輝認為核四應續建，並且要換掉下令停建核四的閣揆張俊雄，也希望陳水扁總統從王志剛與另一位大老級財金官員中，擇一任命為行政院長，阿扁最終未採納李登輝意見，但李登輝這一提議，是對王志剛最大的肯定，也由此可見王志剛在李登輝心中的分量。

相交多年，我深知王志剛為人正直，是個肯負責的人，公眾形象很好，我在二〇〇五年競選國民黨黨主席時，力邀他擔任我的競選總幹事。

王志剛有一定的聲望，又善於統籌指揮，很適合此職務，但他自忖缺乏選戰經驗，婉拒了兩次，我鍥而不捨，三顧茅廬，終以誠意打動他。

在我看來，他曾任國民黨文傳會主任委員，了解黨的組織結構，也算熟悉黨務，並非選舉菜鳥，當然，不可諱言地，省籍平衡也是我的考量之一，我們雖然沒有省籍之分，但國民黨內有很多非台籍黨員，王志剛是河北人，若能當我的總幹事，對我角逐國民黨主席也是加分。

選戰開打，我遭到負面文宣攻訐，王志剛跟我深談過後，力排眾議，不回擊別人對我抹上的黑金汙名，堅持君子之爭，理性論辯，以免國民黨陷入內鬥爭端。

我們認為黨主席有如「清道夫」，是為國民黨重返執政而掃除障礙，王志剛提出的論述訴求「成功不必在我」，黨主席不必然是下屆總統大選候選人，未來黨主席的使命是要挑選能贏得總統大選的人選，並全力輔助候選人打勝二〇〇八年總統大選。

競逐國民黨主席這一仗雖敗猶榮，過程中，我感受到王志剛風格來自於獨特個人特質，他厚道、熱情、豪爽，再加上與生而來的幽默感，無論他是授課、演講或致詞，不會有冷場，充滿笑聲，他的講演內容更是引人入勝，他是一個甚具群眾魅力的領袖型人物。

更可貴的是他做事進退有據，且有豐富財經專業與行政經歷，堪稱難得的經貿人才。二〇〇八年，國民黨重新執政，需才恐急，我立刻向馬英九總統推薦王志剛擔任外貿協會董事長，馬英九為國舉才，很快便決定貿協董座人事。

貿協董事長這個職務，王志剛做得非常好，他身歷其境、親力親為，只為拓展外貿工作，尤其專注耕耘當年新崛起的大陸市場，不管有多艱苦，他入鄉隨俗，拜會、聚餐與飲酒，與大陸相關人士交往，相當融入，建立起他和大陸中央到地方重要領導人士的關係與情感。

在大陸，人通了，政便和。王志剛領軍打先鋒，台灣在大陸的貿易據點一個接著一個開設，貿協更肩負重任，參與上海世博會，興建台灣館，館內展現無限創意，吸引無數大陸民眾目光；他在貿協董事長任內推廣台灣名品展，行銷台灣不遺餘力。

他剛接任貿協董事長，兩岸貿易急凍，因為他的努力，讓大陸對台灣的產品更加認識和認同，重拾與台灣的經貿關係。二〇〇八年以後，兩岸貿易量直線上升，解決當時台灣外貿困境，也讓台商有機會開發廣袤的大陸市場，王志剛擔任貿協董事長六年多時間，大力推展台灣對外貿易工作，不枉馬英九託付，有利於馬政府的政績，更無愧於國家。

二〇二一年八月

推薦序

有為有守，為台灣經濟拚搏

王文淵──台塑集團總裁

王志剛先生現任中國信託創業投資公司董事長，以及曾任台灣頂尖民間智庫台灣經濟研究院的董事長，更是享有盛名的行銷與企業管理學者。一九九五年我曾經參加公平會於美麗華球場舉辦的「企業負責人公平交易法研討會」，當時的王志剛親自講授「公平交易法執行情形及其成效」以及「統御領導與激勵員工士氣的藝術」，相信當天在座的企業界人士都獲益良多。

台塑企業順利推動六輕興建，王志剛是其中重要人物。他在經濟部長任內，懷抱著促進台灣經濟發展的胸懷，幾乎全年無休的他，不單只是解決六輕興建時遭逢的困難，也為台灣整體用電需求找出路。在政策鼓勵下，六輕自建的麥寮電廠（以下簡稱麥電）於一九九九年商轉發電，除供應麥寮六輕運作需要之外，近年來，每年躉售台電逾百億度電，占全台灣淨發購電量超過四％，假使當年沒有王志剛帶領著經濟部同僚們戮力堅持，如今恐無麥電公司，更遑論二十多年來麥電對國家整體穩定供電的貢獻。

一九九一年，台塑企業選定雲林麥寮為六輕廠區，規畫開發區域南北長約八公里，沿海岸線向外延伸四公里多為外海地帶，絕大部分土地在海平面以下。一九九四年開始填海造陸工程，但六輕動工後，由於尚涉及興建麥寮工業港、隔離水道、公共設施歸屬、申請增購淺海地價格等多項問題懸而未決，王志剛上任部長後，隨即指示工業局與台塑協商，當年我是六輕專案小組副召集人，見到他做了許多外界看不到的努力，不知道有多少假日，他下鄉到麥寮視察六輕工地，深入瞭解六輕建廠障礙，研究突破困難辦法。

除了協助解決六輕投資問題，王志剛在部長任內會定期召開民營電廠專案報告會議，督導經濟部協調各相關權責單位修訂相關法令，簡化行政程序，譬如準備環境影響評估報告聽證會及現場勘查，以及向地方政府申請電塔用地需用行水區，經濟部都會盡其可能協助台塑及民間業者，甚至是國外進口電廠設備的匯率變動風險，王志剛也會請經濟部能源委員會來協助處理，對於台塑企業可以順利推動的幫助很大。

王志剛擔任公平交易委員會主委時，與先父王永在創辦人便已熟識，兩人後來常有高爾夫球球敘，而在王志剛卸下公職後，台塑兩位創辦人王永慶、王永在也邀他當南亞塑膠及台塑勝高科技公司獨立董事，主要是借重其企業管理和商業行銷長才，再加上在政府機構的行政歷練，他總是能提出值得參考的意見。

另一方面，王志剛先生謙沖為懷，時常以人為師，書中寫到二〇〇八年七月一日他接掌外貿協會，盛情邀請台塑王永慶創辦人在世貿聯誼社餐敘，創辦人提問外貿協會對世貿聯誼社的投資報酬率，甫接任貿協董座十天的王志剛當場被考倒，也對王永慶創辦人凡事追根究柢的精神折服不已。

惋惜的是，貿協餐敘之後沒多久，王永慶創辦人就在二〇〇八年十月十五日於美國與世長辭。

我在兩位創辦人王永慶和王永在身旁，見證一代專業技術官僚王志剛與企業家之間的往來，不只是進退有據，還能有為有守，他們共同的願望都是為台灣經濟拚搏，「哲人日已遠，典範在夙昔」，思及逝世多年的兩位創辦人，不禁有此感嘆。幸而在王志剛先生這本回憶錄當中，有一些描述兩位創辦人與其互動的場景，透過文字，兩位創辦人的身影鮮活地躍於紙上，多少也聊慰了我對他們的懷念之情。

推薦序

我所認識的王志剛教授

許士軍——國立臺灣大學管理學院創院院長

雖然早有所聞，在臺灣大學國際貿易系裏有一位教授，上課要用到當時法學院位於紹興南街的大禮堂，才能夠容納上課的同學。很幸運地，當我在民國七十八年應母校之聘，由新加坡大學返台任教時，便成為這位傳說中的教授的同事；尤其我們都屬於行銷同行，很自然地，自此便開始了我們之間至今超過三十年的友誼。

這位教授，不是別人，而是本書的主人翁——王志剛教授。

如今在人們心目中，他擁有各式各樣的響亮頭銜，如部長、主任委員、董事長等等。但是實際上，他在台大、政大以及元智等學校，幾乎從沒有離開上課或指導學生的工作，所以在這裡，我仍然稱他為教授，也反映了他所保持的一貫本色。

或者，以我們這些年的交情，我更願意稱他為「志剛兄」，想王教授也不以為忤吧！回到我和志剛兄初識那個階段。

在同一年的八月一日起，台大在原有六個學院之外，新增了一個學院，那就是「管理學院」；事實上，也就是將原屬法學院的四系一所（國際貿易、工商管理、財務金融、會計四個學系，加上商學研究所）改屬這個新設的學院。

在此順便一提的是，這所學院乃是國內首先以「管理」為名的學院，而王教授擔任主任的國際貿易學系，於民國八十一年為了配合國際潮流，也改稱「國際企業學系」，這些都可說是國內商管學院的創舉。

幾年後，志剛兄，因他的才華為當時的經濟部長趙耀東（有趙鐵頭之稱）所賞識，延攬進入公職。由於這一機緣，遂開展了他此後長達三十年以上的公門生涯。這一變遷，對於學校而言，固然失去了一位學識淵博、熱情洋溢的好老師；但是對於國家社會而言，卻獲得了一位見識宏偉的經貿領導人才，為國家及產業發展做出重大貢獻。

從書中，我們發現，志剛兄在開始將近十年期間的歷練，由投審會到商業司，再到經濟部次長；從公平交易法的研議到擔任行政院公平交易委員會首任主任委員。所涉及的，幾乎就代表了一個國家在經濟發展過程中幾個重要部門。尤其是在公平交易這一嶄新的政府職能上，乃是任何一個現代化國家，主管產業結構的發展以及產業競爭活力的培育下，一個不可或缺的制度。這些年下來，這一嶄新機制得以順利運作，發揮預期功能，不能不歸功於當初志剛兄殫精竭慮的規劃和不厭其煩的溝通，有以致之。

在這之後，志剛兄更受層峰重用，擔任經濟部部長大任。對於絕大多數的人來說，一位部長只是位高權重的大官。但是對於志剛兄這位部長而言，我們發現，在他擔任經濟部部長的任期中，所面臨的，不管是屬於開創新猷或是危機處理，涉及兩岸經貿、能源政策、國營事業變革，以及對外貿易談判等，無不錯綜複雜，而且也無不關係到國計民生和產業發展，影響重大。只要讀了書中所描述的實情，才會知道其背後的艱辛。

人生的際遇是十分奇特的，在他卸下經濟部部長重責的八年後，居然又進入人生旅程上第二個高潮，那就是再度回鍋專任外貿協會董事長職務。他接任的當時，一方面，正值世界深陷金融海嘯；但是另一方面，卻正逢兩岸關係春暖花開，交往解凍。在這情勢下，由於一次南京紫金山峰會的拍板定案，便開始了以南京為起點，在大陸各級城市如火如荼地展開了一連串的「台灣名品展」。幾年間，這一活動幾乎成為兩岸民間熱絡互動的代名詞。而背後的推動者，主要就是這位新任貿協董事長。

非常幸運地，我以貿協顧問名義參加了南京舉辦的那一場「台灣名品展」。由於這一機緣，讓我親眼見證了書中所描述的參展過程的熱烈情況。特別令人感動的，就是志剛兄以主辦者身分，每日從早到晚接待來自大陸各地的各級領導。發表歡迎詞，介紹台灣產品，並商洽日後延續活動等等。這種類似活動一日可達六、七場之多。令人欽佩的是，在每一場合中，無不見他精神抖擻，表現得恰如其分。也正由於他的投入和熱情，贏得各界極大好感，引起了各大城市爭相舉辦的熱潮，幾乎有欲罷不能之勢，為台商開拓在大陸空前未有的空間和機會。

事實上，「台灣名品展」活動，只反映志剛兄在貿協董事長職務上的一方面。除此以外，在那些年間，貿協所推出的各種貿易拓展活動，如舉辦全球採購夥伴大會和創新展覽，還有在人才培育以及全球商情資訊供應等加強上，對於厚植台灣企業全球競爭力，打下全面性的基礎。凡此這些，因為書中都有詳實描述，就在此不再贅述。

以一個老朋友的觀察，志剛兄擔任貿協董事長的六年，對他有如人生的第二高潮。其中最重要的，乃是在這個職位上，讓他充分發揮所長；一方面，這是一個非官方機構，給予他較大的活動空間；另一方面，由於行銷本是他的專長和興趣所在。在這段期間，他所做的，用他自己的話說，也是他最喜歡的工作。

個人非常榮幸地，認識這位老友這麼多年。但是坦白地說，如果沒有機會閱讀本書，對他的認識，仍然只是皮毛。如今，從書中所讀到的他，以一位學有專精的大學教授，進入所謂「好修行」的公門，經歷了十年歷練後，在他的領導下，結合國內最傑出的團隊，為國家創立公平交易制度。繼而承擔經貿大任，再到主持貿協。在這些不同階段中，各有不同挑戰，不同艱辛，也各有成就。

作為一個老友，最後可以說的，就是與有榮焉這句話。

序言

與王志剛的三次相遇

曾桂香——撰文

跟王志剛的第一次相遇是學生時代，大約在一九八七年。嚴格說來，那可能只能算是偶遇，老師與學生並沒有互動。

當時風聞國內「行銷管理」學界第一把交椅，也是台大明星教授來到政大開課，我跟著副修企管系的新聞系同學跑到政大商學院旁聽。三十多年前的旁聽課，迄今難忘。那堂課很奇怪，同學們不翹課，比的是誰早到，稍微遲一點進教室便搶不到前面座位。記得我常坐在後面，伸長脖子遠眺教授王志剛熟練地使用投影機、講解教學投影片的身影，他的授課內容幽默生動，即使是沒有學分的旁聽課，我依然津津有味參與其中，也發現「行銷學」原來是一門如此有趣的課程。

二〇〇九年，我是《聯合晚報》經濟組組長，當時王志剛擔任外貿協會董事長，因為工作的第二次相遇，我不必辛苦伸長脖子從遠處崇拜他，常有近身採訪他的機會，在他談推廣對外貿易業務、創辦台灣名品展，以及以台灣館參加世博會的種種過程，都見到行銷大師一次次落實行銷理論，貿協在他任內變得很不一樣；第三次相遇，就是執筆留下他一生事蹟及美好回憶之時。

我們用了近二十五萬字，竟也寫不盡王志剛在經濟部投審會、商業司、公平會主委、經濟部長及卸下公職後所做過的事。他的人生有近半世紀精華歲月獻給國家，經歷台灣經濟躍升、低迷、轉型，也讓他的豐富多彩人生，行過高山、走過低谷又來到佳美之地。

採訪、彙整資料與撰寫王志剛壯闊的八十年，過程並不輕鬆，但能悠遊其中，共賞他的人生風景，是何等幸運的事，我能有這三次與王志剛董事長的相遇，人生實無憾矣。

序言

台灣經貿發展史的傳世教材

余佳芳——中信創投董事長室經理

承蒙王志剛董事長和多位「剛門弟子」學長、學姊的信賴和鼓勵，我接下籌備王董事長回憶錄這項不可能的任務，在執筆者前《經濟日報》金融中心主任曾桂香小姐，以及時報出版社副總編輯林正文小姐的共同協助下，嘗試將一位經貿巨人精彩絕倫的八十載人生，完整地展現在世人眼前。

特別的是，在撰寫回憶錄的過程中，王志剛董事長最關切、花最多心神的部分，是要還原「歷史的真相」，務求詳細記錄他在各個領域耕耘的軌跡，以及眾人的努力及貢獻。王董事長始終認為，這本書的內容不能流於個人的生命流水帳，而應該是一個大時代的回憶與紀實，其中包含對往事的檢視，對衝突的和解，對公眾議題的省思，以及對台灣經貿發展的期許；由此可見王董事長務實的工作態度和極高的自我要求，一路走來，始終如一。

王董事長擔任經濟部長時，我正旅居南半球紐澳求學，在網路通訊尚未十分發達的年代，對遙遠的北半球家鄉中的政、經、人、事所知有限。直到進入外貿協會，追隨王董事長工作，才開啟了余佳芳——中信創投經理迄今已十五年的貼身觀察。

站在國家對外經貿戰場的第一線，以及肩負提升台灣產業形象的使命，身為外貿協會的總舵手，王董事長工作量之龐大，可想而知。一週上班七天，一年三百六十五天，僅農曆春節期間休假，這樣的生活方式，也許只有曾任國家公僕又以振興台灣經濟為志業的王董事長才能甘之如飴。

順應當時兩岸關係友善的契機，王董事長發揮其行銷專長，走遍中國大陸辦理台灣名品展，籌建營運上海世博會台灣館，協助台灣醫療服務業西進和拓展東南亞市場等；在涉及敏感政治議題的前提下，要取得各合作方的認同並順利開展業務，談何容易。「你必須要非常努力，才能看起來毫不費力」，身為王董事長幕僚的我，對這句話有非常深刻的體悟。

外界或誤以為王董事長在貿協期間只重視中國大陸市場，事實上，王董事長一方面親自策畫「全球採購大會」，將海外具採購實力的買主帶進台灣；另一方面全力推動貿協廣設海外據點，讓囿於外交困境、缺少政府資源奧援的世界台商能享有貿協專業的服務。王董事長也代表台北世界貿易中心在國際舞台發揮影響力，例如世界貿易中心協會（World Trade Centers Association, WTCA）的評鑑，在王董事長的領導下，貿協於二〇一二年締造WTCA創會以來唯一頒發八項最佳營運認證的榮譽。猶記得國外的評選委員來訪當天還有中度颱風侵台，但外在的風風雨雨，無論帶來何種形式的挑戰，都不曾動搖過王董事長以及他所領導的貿協；強大的使命感和對工作至高無上的熱情，是這個團隊最真實的寫照。

王董事長常說，這麼多年來，他最喜歡的身分是「王老師」，而對待不同天賦與特質的下屬，王老師都有辦法激發出每個人的潛能，充分授權，給予歷練，使其發光發熱。十五年前的我，怎麼能想得到今天有能力可以陪同董事長參與重要的業務會報，了解公司治理階層決策所需要考量的各種面向，在經貿發展、財務金融領域之外，如今又挑戰出版回憶錄呢？

「不要推事，推事就是推運」，王志剛董事長的工作哲學，也鞭策著我不要自我設限，不斷開啟新的視野。

在公務之外，王董事長不僅是我的頂頭上司，更像是家人一般的存在。我從女孩，嫁為人婦，成為母親，無論是工作或生活，當我迎來生命中的燦爛時光，或是遭遇困難挑戰的低谷，王董事長都不吝給予我莫大的支持和鼓勵。

極其有幸能在王董事長的身邊，眺望產、官、學界的落英繽紛，體察「山一程，水一程」的世事人情。這本回憶錄是兼具深度和廣度的時代註解，也是王董事長傾其一生、身體力行為台灣經濟、貿易發展史所寫的傳世教材。

序

白首老翁話當年

王志剛

在周遭親朋好友和同事多次熱情鼓勵之下，我決定透過這部回憶錄，整理回顧個人五十餘年來在產、官、學界各工作崗位服務的軌跡；同時藉由這個難得的機會，酌水思源，將父執輩當年所經歷的動盪年代、以及自身求學成長際遇略書一二。

這項工程所費去的時間，遠遠超過預期。特別感謝中信創投經理余佳芳擔任總企劃，利用公餘時間擔負資料蒐集、初稿潤飾、照片彙整、進度掌控等繁冗的工作，才華洋溢，盡心盡力；前《經濟日報》金融中心主任曾桂香訪談執筆，撰述均引經據典，註明出處，行文細膩流暢，詳實生動。我則對每一章節，就記憶所及口述補充，承蒙逾六十位昔日長官、友人、同僚、學生等鼎力襄助，前後歷時三年多的時間，才得以重現這些塵封在記憶深處的往事以及千絲萬縷的歷史脈絡。

這本書不僅僅是我個人的職涯紀要，而是每一位貢獻者共同的回憶錄。此外，荷承台灣官、產、學三大巨擘，立法院王前院長金平、台塑企業王總裁文淵、台大管理學院首任院長許教授士軍惠賜序文，使本書生色甚多，是我最大榮幸。時報文化出版公司的趙政岷董事長、編輯林正文小姐和優秀的團隊，為本書提供了睿智的建議和專業的規劃，在此一併致謝。

回首年少輕狂歲月，我深深感念經濟部所屬的財團法人金屬工業發展中心董事長齊世基先生，是先父的換帖兄弟，對剛退伍不久的我嚴格督促教導，並為我爭取到工研院出國進修獎助金，促成我順利於美國德州農工大學取得企業管理碩士和行銷管理博士。齊世基先生可說是我生命中最重要的貴人。

前台灣大學農業經濟學系教授、系主任及農學院院長陳超塵先生，一九七九年在我學成歸國後，提名我任台大商學系及農經系副教授。為了不辜負陳超塵教授的期待，我教學時極為認真，不敢懈怠，一九八五年順利升任台大國貿系系主任。若我在學術領域算得上稍有成績，都要歸功於陳超塵教授的鞭策與勉勵。

我的仕途始於一九八二年，齊世基先生的武漢大學機械系同學、前經濟部部長趙耀東先生，命令我以顧問身分兼任經濟部投審會執行秘書，一九八八年前經濟部部長陳履安先生敦促我參加甲等特考，及格後正式成為公務人員，立刻任命我為經濟部商業司司長、不久升任經濟部常務次長。趙耀東先生和陳履安先生是引領我進入公職的貴人。

一九九二年，前行政院長郝柏村先生破格提名我擔任公平交易委員會主委，郝院長不但對人事案等重要業務充分授權，還親自出席主委佈達典禮；一九九六年承蒙李前總統登輝提拔我接任經濟部部長，交接典禮當天前總統府資政孫運璿先生坐輪椅親自蒞臨。這三位德高望重的政壇前輩對我的厚愛，我永銘在心。

執掌經濟部時，無論在開放外商服務業、家用品業在台投資，促進商業現代化，辦理赴陸台商登記，加入APEC、成立並順利運作公平交易委員會，一九九六年台海危機後重振投資意願，簽署ITA，安度Y2K，完成WTO雙邊談判，都算有若干工作成果，可受社會公評。但經濟部部長任內，由於部分國營事業公安事故層出不窮，承受了來自立法院和媒體相當的壓力；如人飲水，冷暖自知。

二〇〇〇年卸下公職，當時經濟部的幕僚群：詹庭禎、蔡允中、胡啟娟、林尚楨、余尚武、黃啟瑞、黃琮祺等人，也不離不棄追隨，給我莫大幫助，日後也憑各人的才華拚出事業一片天，我深感欣慰。潤泰集團尹衍樑總裁邀請我到復華投信任董事長，辜濂松董事長禮聘我為中國信託高級顧問，二〇〇六年台塑王永慶、王永在兩位創辦人引薦我到台塑勝高科技公司任獨立董事，二〇〇七年台新金控吳東亮董事長延攬我任金控及銀行獨立董事，二〇〇九年擔任南亞塑膠獨立董事。承蒙這幾位金融、產業界企業家友人的盛情，在此謹致謝忱。

在我五十餘年的工作生涯中，經歷過許多不同的角色，最幸福的身分是王老師，因為台灣學生多懂得尊師重道，聚天下英才而教之，乃人生至樂也，尤其看到學生們在不同領域上有重大成就，我與有榮焉。政黨輪替後，有幸獲兩位學術界泰斗、前台大校長孫震教授和前台大管理學院院長許士軍教授聯名向遠東集團徐旭東董事長推薦，二〇〇五年以高規格禮遇聘我為元智大學講座教授，重拾教學之樂。

二〇〇八年至二〇一四年，承前立法院長王金平向前副總統蕭萬長先生推薦我到半官方機構外貿協會擔任董事長，因工作內容與所學完全相符，得以發揮所長，又和一群身經百戰的經貿推廣鬥士共事，推動各項業務得心應手，甚至突破自我，完成自籌資金興建營運上海世博台灣館，當時在世博會二百四十六個展館之中，獲評選為最受歡迎展館前三名，讓世界看見台灣；可說是我一生工作心情最振奮、最具戰鬥力的一段日子。二〇一四年十二月，獲馬英九總統頒發三等景星勳章，這份榮耀，應屬於全體外貿協會同仁。

二〇一四年，自外貿協會退休後，中國信託大股東及中國信託慈善基金會董事長辜仲諒先生，轉達辜濂松董事長的遺願，邀請我任中信金控、中信銀最高顧問以及中信創投董事長，二〇一九年並推薦我任台灣經濟研究院董事長。感謝兩代辜董事長的信任，讓我得以不間斷地透過工作盡情發揮生命的價值。

我生肖屬馬，兒時可謂一匹脫韁野馬，幸得長官提攜，壯年得為國家社會貢獻犬馬之勞，老來雖有馬齒徒增之憾，如今年垂八旬，自忖半世紀以來馬不停蹄，全力以赴，功勞不成亦有苦勞，於願足矣。

第一篇

年少波折，留學歷練扭轉人生

第一章

北京出生的淡水小孩

王志剛出生於北平（今稱北京），而後長於台北淡水，這一生的故事，要從先人及父親說起。

王志剛的祖籍在河北省安新縣端村鎮，老家位處燕國之南、趙國之北，臨白洋淀，是河北省僅有的水鄉，大小湖泊有一百多個，現為中國大陸「雄安新區」計畫的核心，也是王志剛摯友，中國投資銀行家教父——厚樸投資董事長方風雷的故鄉。

王家先人多允文允武，天祖（高祖之父）考中文舉，在當地興學，地方仕紳多出自門下，高祖（曾祖之父）彤雲公考中武舉，在京師擔任武術教習，曾祖鳳儀公及祖父餘慶公皆考中秀才。

清末，王志剛的祖父餘慶公帶著四個弟弟，王凱慶、王桐慶、王麟慶、王都慶一起投考河北保定軍校前身速成班第二期，五兄弟後來都晉陞至中將、少將，人稱「王家五虎將」。十五年後，餘慶公的么弟王藩慶考進保定軍校，後來也成為將軍，王藩慶之子王鶴樓曾出任台灣海軍兩棲部隊中將指揮官，一門七將，王家可說是將軍家族。

二〇一〇年，王志剛偕同妻子宋怡莉專程回保定參訪「保定軍校紀念館」，見到了先祖父兄弟們鑲在牆壁上的銅像，王志剛夫婦跪拜叩首，並捐贈十萬元人民幣給館方，以表追思心意。

王志剛祖父餘慶公在保定軍校畢業後，留校擔任第一、二期的學兵隊長，先總統 蔣公還曾是餘慶公隊裡的隊兵。

離校後，餘慶公曾在廣東出任標統（滿清團長），民國初年改在江西贛南任北洋軍直系第二旅少將旅長。民國三年（一九一四年）農曆十二月四日，王志剛的父親王鶴標（字涵光）誕生，祖父餘慶公在民國七年（一九一八年）農曆八月晉陞中將，同時發表為九江鎮守使，九月赴任途中感染傷寒病逝，當時鶴標公年僅三歲。

父親情報工作見證歷史，搬遷來台一生傳奇

二十歲那年冬季，王志剛的父親鶴標公與高中同學韓家蘭、齊文禮投筆從戎，赴北平報考中央軍校第十一期駐贛特訓班第二期政治隊，錄取後到江西省星子縣受訓。

自一年多的軍校課程畢業後，鶴標公奉派為新生活運動視察團視察員，巡察歷經南京市、上海市及江蘇省、浙江省、安徽省、河南省等各縣市。同年農曆七月初，向視察團請婚假返家娶親，假期第十天，接到回隊電報，於是經保定、北平、天津返南京報到，十月奉派陸軍八十八師政訓處擔任中尉政訓員，到五二三團工作。鶴標公沒有想到，新婚第十一天離家，再次和妻子聚首，竟是五年以後的事了。

民國二十六年（一九三七年），鶴標公調廬山暑期訓練團第一期受訓，旋即發生七月七日盧溝橋事變，王志剛的父親見證了蔣中正委員長著名的「廬山講話」，蔣委員長宣示對於侵華日軍的挑釁忍耐已達底線，此宣言象徵對日全面戰爭的開始。

鶴標公八月隨軍赴上海，八月十三日爆發淞滬會戰，持續三個月，八十八師力守閘北，十月二十六日八十八師退守上海的南市區，十一月八日五十萬大軍夜沿青浦公路西撤，遭遇敵機掃射；十一月十八日，鶴標公隨軍退守南京。

十二月十三日南京淪陷，鶴標公當機立斷，脫下軍服，隨著難民進入收容所，認識基督徒李炳森夫婦，李炳森出手相救，謊稱鶴標公是書店學徒而非軍人，日軍前來收容所收降官兵後，將這批官兵運至長江邊槍決，後有人考據，日軍當時攻占中國大陸部分領土，在南京屠殺三十萬人，鶴標公倖存，並成了「南京大屠殺」事件的見證人。

戰爭期間，王志剛的父親遭逢多次死劫。雖幸運逃離日軍殘殺，並在南京難民醫院擔任掛號員，但鶴標公心繫戰況，不願就此安穩度日，和同伴五人化妝成小販，輾轉逃出南京，途中變賣皮袍，換得食物給一行人裹腹，未料初春天氣驟變受寒，他染上腮腺炎，後引起睪丸炎，拖延一個月抵達漢口才得以住院。好不容易治好病，結束軍旅生活，孰料鶴標公又因在上海抗戰期間曾染阿米巴痢疾，拖延日久，病蟲隨血液侵入肝臟，所幸鶴標公並未被接二連三的重大疾病擊倒，痊癒後，調中央訓練團黨政班第六期受訓。

民國三十年（一九四一年），鶴標公開始敵後情報工作，一月回河北擔任淪陷區河北省第十三區黨務督導員，二月起兼任三民主義青年團河北支團幹部，並暗中發展組織，增加對日抗戰力量；

另一方面透過親友協助聯繫，終於和家人在天津團圓。隔年，王志剛一出娘胎，就參與父親的地下情報組織工作，他還在襁褓中，母親便抱著他當掩護以傳遞情報，小小年紀，已跟著大人數度出生入死。

對日抗戰結束前，我方敵後工作者位處險境，生死一線之隔，在驚心動魄的瞬間，即使高明的諜報片編導，都難以詮釋或演繹那關鍵轉折，每個地下工作人員的任一項決定，足以牽動組織、國家與個人存亡，其中為大我犧牲的聖潔人性，是真真實實地存在。

隨著戰事升溫，日軍對我地下工作人員展開全面大檢查，王志剛父親鶴標公與青年團平津支團書記韓家蘭商議到天津暫避搜捕，但疑似被跟蹤，此跡象是動手逮人的「踩線」；鶴標公聽從韓家蘭建議，離開住處、改宿旅店，準備赴津。不料，韓家蘭另被耽誤行程、意外被捕，他把身上的同志名單吞下肚，至死未吐露任何情報，壯烈殉國。

民國三十四年（一九四五年）對日抗戰勝利，隔年秋天，鶴標公出任河北省安次縣長，亂世之中，散兵交錯，又逢水患，縣民生活困苦，他於十月初向省府請發賑糧，中旬出巡全縣，原定到縣裡葛漁城，散兵得知，竟用火藥攻擊葛漁城保安崗樓，要捉拿王縣長，所幸行程因事延誤一天，逃過一劫。

舉家來台落腳淡水，轉任公職清廉重職守

民國三十六年（一九四七年）春末，王志剛的父親鶴標公感染傷寒重病，奉准辭職，改任中國

國民黨河北省執行委員會委員，為無給職，家中頓失經濟收入，生活困頓，親友接濟都不接受，只靠著變賣祖母及母親嫁妝勉強糊口度日。

第二次國共內戰早已展開，民國三十七年（一九四八年）秋，共軍逼近平津，林彪軍隊進關，國軍華北剿匪總司令傅作義迎共軍入關，北京失守，王志剛父親鶴標公向友人借黃金三兩，帶著老母、妻兒和姪女六口，於十一月二十六日搭船來台，抵達基隆後，借住換帖義弟齊世基家中。

來台後，民國三十八年（一九四九年）四月，鶴標公奉派為台北縣淡水區署區長，轄區涵蓋淡水鎮、北投鎮、士林鎮、汐止鎮、三芝鄉、石門鄉、八里鄉、內湖鄉、南港鎮等九個鄉鎮，負責推動區內農民三七五減租、耕者有其田等工作。

彼時的淡水是個安靜的小鎮，依山傍海，景色極為秀麗。王志剛就讀淡水國民學校，同學中多為純樸的農民、漁民子弟，他的父親經常提醒，要融入台灣文化，受父親影響，王志剛假日常到附近農村跟同學一起插秧、挲草、割稻、放牛，同學們跟他非常友好，王志剛也自然練就了一口流利的台語。當年政府積極推動國語運動，身為外省子弟的王志剛，在學校反而因為不經意冒出幾句台語，被老師處罰了好幾次。

當年的台灣物力維艱、人民生活大多困頓，學生常打赤腳上學、穿「中美合作」麵粉袋縫製的內褲，王志剛也經常如此，在淡水度過了充實、有趣且非常本土化的童年；如今看來，他的父親鶴標公有不凡的遠見，堪稱是台灣化解省籍差異、推動本土化的先驅者。

鶴標公一生忠黨愛國，抗戰期間曾遭遇各種劫難，瀕死十一次，對財富、名利看得非常淡泊。他在淡水區長任內，每逢淡水大拜拜，鄰居、部屬常送來祭祀殺豬公得來的三層豬肉，父親都要王志剛一一退還。

當地方自治即將實施之際，民國三十九年（一九五〇年）年底淡水區署裁撤，鶴標公離職前夕，當時的淡水鎮長杜家齊（其胞弟杜聰明為台灣首位留日的醫學博士）及鎮民代表主席莊木樹二人，特別代表地方致贈錦旗一面，上書「兩袖清風」，正是鶴標公為人、為官的最佳寫照。這面錦旗，現仍掛在王家內湖舊居，隨時以此告誡後代子孫。

民國四十年（一九五一年），父親鶴標公出任國民黨宜蘭縣改造委員會主任委員，輔導選出宜蘭縣第一任民選縣長，但王志剛與母親仍住淡水，數月後父親調回國民黨台北縣改造委員會主任委員，二年後完成改造，轉任國民黨台北縣執行委員會主任委員，負責台灣省黨務工作，直到省黨部遷往台中後為止。前後長達二十四年的主委任內，鶴標公操縣長、議員提名大權，凡有人請託，一概予以回絕，若有饋贈送禮，更是當面嚴詞申斥。

民國四十三年（一九五四年）二月，第一屆國民代表大會在台灣舉行第二次會議，鶴標公遞補為河北省安新縣國民大會代表，到民國八十年（一九九一年）十二月十五日退職。

少年求學路坎坷，休學重考入建中後始順遂

王志剛自淡水國小畢業後，考取成功中學夜間部，與金士頓公司（Kingston）創辦人杜紀川成為同學，老同學杜紀川在王志剛任職經濟部長期間，響應投資台灣政策，一九九七年回台設廠，在新竹科學園區落腳，初期以製造為主，二〇〇〇年還將亞太業務暨行銷總部遷移至台灣，也把重點

研發專案轉來台灣。

王志剛十分受到祖母疼愛，他多年來皆和祖母睡同一房間，晚上時常為祖母搥背。考取成功中學那年，祖母因病過世，王志剛頓失至親，無法承擔這種打擊，又因成功中學在台北，每天往返車程耗費三小時，於是父親讓王志剛休學半年。第二年借讀淡水中學，重新自初一開始就讀，在淡水初中與台灣玻璃公司董事長及工商協進會榮譽理事長林伯豐同班，兩人左右相鄰，感情甚篤，至今仍為往來密切的好友。

淡水初中畢業後，王志剛考取某北部省立高中，該校路途遙遠，校舍老舊，沒有操場，學風更是不佳，社會甚多負評，王志剛念了一學期再休學半年，重考後，順利進入建國中學就讀。建中面對植物園、中央圖書館，環境優美，教師水準高，學生素質佳，王志剛在此念書如魚得水，在建中度過忙碌但快樂的日子。

高中畢業後，王志剛考取台灣大學農經系，還當選大一學生代表會主席，成為校園風雲人物，整天忙於社團活動，也交了幾個女朋友，兼了幾份家教，又因為自小對繪畫有興趣，另在廣告公司兼職；外務太多的王志剛，缺課是家常便飯，被當了許多學分，花了五年大學才畢業。從國中、高中到大學，王志剛就這樣多耗了三年，前兩年過不在己，在台大卻是咎由自取，從中學到大學的求學過程，雖有坎坷，但大部分時間仍然愉快。

大學畢業後，王志剛即赴南部某空軍基地服預備軍官役，由於曾在廣告界工作，有繪畫及文宣經驗，他常為聯隊各單位製作壁報和文宣廣告，在軍中頗受重視，因而可放榮譽假回台北會家人、見女友。對大部分役男來說，當兵的日子並不好過，可是王志剛不一樣，他的「軍旅」生活既從容又有成就感。

王志剛當時擔任少尉補給官，偶然發現聯隊裡有一位老士官竟然和他同名同姓，遂相約小酌，但退伍後就斷了聯繫。多年後，在好朋友、國內最大的系統整合廠敦陽科技前副董事長李大經的餐會上，才知道當天也在座的知名電視製作人、綜藝教父王偉忠，竟然就是這位王志剛士官的兒子，直呼緣分巧妙。王偉忠後來創立全民大劇團，推出許多叫好叫座的舞台劇，身為資深戲迷的王志剛，必定準備署名「王志剛敬賀」祝賀花籃，為的是送上一份橫跨兩代的真摯祝福。

第一份工作遇嚴師，成改變一生的大恩人

退役後，王志剛原擬到廣告公司或尚在籌備中的外貿協會工作，但父親認為中國積弱不振，乃因工業落後，而廣告、貿易推廣對國家相對次要，堅持要王志剛到父親換帖義弟齊世基主持的金屬工業發展中心，學習工業知識，想不到這項決定，就此改變了王志剛的一生。

在金屬工業發展中心，齊世基對王志剛的管教，比對自己的兒子還要嚴格。

齊世基特地把王志剛的座位安排在自己的辦公室門口，每見到王志剛坐姿不佳，或寫公文的文字不工整，內容不通順，就叫進辦公室訓斥一番，日復一日，徹底改變王志剛散漫的生活態度，建立其積極人生觀，「用心做事，才能把事情做好。」齊世基可說是王志剛今生最大恩人。

在金屬工業發展中心工作時，王志剛在市場研究部擔任研究助理，這個單位只有六個職員，其中五位都有碩士學位，王志剛學士學歷只能做打雜工作，又常常聽不懂同事之間的英文或學術名詞，

在這個刺激下，他在心中默默發誓，此生非得出國拿個碩士、甚至博士學位。「一流人才，一出娘胎就有一種追求成功的內在驅策力，二流人才必須靠外力刺激，而三流人才受到刺激也沒用」。王志剛自稱為二流人才，金屬發展中心的工作經驗讓他徹底頓悟，努力奔向更好的人生標竿。

金屬工業發展中心為聯合國開發計畫署（The United Nations Development Programme）所支持的單位，因此有多位聯合國外籍顧問進駐，提供技術上建議並培訓人才。當時王志剛被指派擔任顧問 Mr. Joslin 的助手，到許多民間企業如復盛空壓機公司、大明機械等做管理上的改革建議指導，學到了許多東西。一九六九年，王志剛因公到美國喬治城大學進修三個月，參加專為開發中國家舉辦的「行銷國內投資環境、吸引外人投資」的研究班，學到了一些行銷理論及方法。這些工作中累積的經驗，讓王志剛日後就讀碩士時，決定改讀企業管理，博士班主攻行銷學。

一九六〇年，金屬工業發展中心成立「經濟部金屬工業研究所」，即兩年後即將成立的工業技術研究院前身，並遴選部分年輕幹部前往任職，王志剛也是其中之一。

一九七〇年，王志剛與宋怡莉結婚，雖然結婚多年，王志剛眼裡的宋怡莉完美依舊，她賢淑大方，不尚虛華，對名牌、珠寶毫無興趣，五十年的婚姻生活，從沒給王志剛任何壓力，讓他在家庭裡享有美好的幸福感受。兩人婚後一女、一子，女兒重俠日後成為王志剛在美國德州農工大學（Texas A&M University）的學妹，取得大眾傳播碩士；兒子宗霖在美國喬治亞州薩凡納藝術設計學院（Savannah College of Art and Design）取得電腦藝術碩士。

在金屬工業研究所期間，王志剛把握機會，認真工作，周末也進辦公室加班，三年間由研究助理、副研究員升到研究員，陸續完成了《臺灣區機車工業基本結構之研究》、《鋼鐵機械產品購買行為及行銷策略之研究》、《臺灣區農業機械供給與需求之研究》、《精密機械工業內外銷市場策略研究》等報告。

隻身赴美五年苦讀，捨棄博士畢業典禮急返國

工作上的表現獲主管肯定，王志剛經齊世基先生向工研院推薦，取得了國科會出國進修補助攻讀碩士，每月四百美元，為期二年。一九七三年，獲得美國德州農工大學入學許可，終於一圓出國讀書的夢想。

選擇當年排名全美前三十大的美國德州農工大學，王志剛主要考量美國南部大學較易申請，且每月四百美元補助，不足支付美國頂尖大學的學費，而德州農工大學對外國學生收費比照德州公民，只收外州學生的一半學費，減輕像王志剛這類留學生的經濟負擔。

王志剛在兩年內以優異成績拿到管理碩士學位（MBA），在教授的鼓勵下，自費續攻博士學位，同時獲聘為講師（lecturer），協助教授上課，負責帶領學生實習，以及撰寫程式等工作，每月薪資一千美元。

當年與王志剛同在德州農工大學攻讀博士學位的同學，其中一位是麥朝成，他在總體經濟學方面給王志剛很多協助。麥朝成後來獲聘為中央研究院院士，在一九九七年亞洲金融危機期間，麥朝成分析了台灣的財政狀況並提出政策建言，貢獻良多，惜已於二〇一九年去世，享壽七十七歲。

因為過去有廣告方面的經驗，王志剛進入博士班後修習了許多行銷課程，如行銷策略、行銷研

究、消費者行為及廣告管理等。一九七六年，王志剛通過了只能考兩次的博士資格考試，僥倖一次即過關，成為博士候選人。他和三位指導教授討論後，決定以「The effect of foreign economic, political, and cultural environment and consumers' social-demographics on consumers' willingness to buy foreign products（外國經濟、政治、文化環境及消費者社會人口統計變數對消費者購買外國產品意願之影響）」作為論文的主題。

王志剛積極收集資料，為了寫論文，他每天都泡在圖書館，常要圖書館管理員提醒，才驚覺到了閉館時間，過了午夜十二時才回到宿舍休息，經過三個多月的努力，把參考文獻及書籍做了近千頁的筆記及影印資料，分裝成數冊，裝在新買的背包中，來回往返圖書館和宿舍。

也許背包太新，引人矚目，內裝筆記及資料的背包，在圖書館中竟然遭竊，王志剛向校警報案，還提出三百美元的懸賞金，仍無法尋回寶貴資料。負笈海外攻讀學位的王志剛，離家已近五年，他沒敢浪費一寸光陰，只希望早日完成學業回到台灣與家人相聚，弄丟研究資料，等於推遲博士論文進度，延後返鄉時程，拋家棄子，隻身在美，情感特別脆弱，此時此刻，王志剛六神無主，不知所措，每天開車到五公里外的鐵道邊，對急駛而過的百餘節貨運火車狂喊數十分鐘，以消除心中的惶恐。

經過數月，王志剛頓悟到，這是上天給的考驗，他的心情終於逐漸沈澱下來，一切從頭來過，因為先前累積的經驗，重啟研究後，熟門熟路，反而避開過去研究時所犯的錯誤，結果只花一個月，就完成所有的資料蒐集工作，甚至比原來做得還要深入。

歷經兩次的準備基礎，一九七八年五月，王志剛的博士論文終於撰寫完畢，並以高分順利通過口試，王志剛因此事而深深體會出「塞翁失馬、焉知非福」的哲理。完成論文口試後，首席指導教授 Dr. Gillespie 特別為王志剛舉行慶祝派對，邀請博士生及教授共十五位出席，指導教授及同學的祝賀，讓王志剛感受到濃濃人情味。

接下來的畢業典禮訂在十月才舉辦，王志剛為節省開銷，且想要早日與父母妻兒團聚，提前在七月束裝返台。當年政府規定公費出國念書的人，不得攜眷同往，王志剛一九七三年離台赴美時，女兒一歲半，兒子才出生數月，學成歸國返台，看到前來機場迎接爸爸的女兒已近七歲、兒子近六歲，王志剛激動到不能自已，因為兒女成長過程裡，其中五、六年他沒能參與及分享，這是王志剛終身的遺憾。

在美國時，每當在圖書館讀書到半夜，王志剛想念年邁雙親及妻兒，思鄉之情難以言喻，他在每本教科書的第一頁都會寫上「流淚播種者，必歡呼收割」，這是出自聖經詩篇第一百二十六章第五節的金句，王志剛雖然不是基督徒，但這句話是他在美國苦讀期間最大的心靈支柱。

返台後，王志剛立刻向工研院報到，並獲聘為「工業經濟中心」副主任，一九七九年在台大農學院院長及農經系導師陳超塵博士的協助下，任台大商研所及農經系副教授，從此展開教學生涯。

第二章

在台大開啟教學生涯

在美國苦讀學成後，王志剛帶著札實的學術知識返台，他善於透過生活周遭實例，把嚴謹枯燥的學理用活潑幽默的方式轉化，激發學生的思辨和表達能力，不但成為當年炙手可熱的行銷學教授，還把博士論文研究跨國行銷的心血結晶，傳承給下一代，豐富了國內行銷學領域，培育無數專業人才，更成為企業界經常請教、公認的行銷大師。

一九七九年，王志剛獲聘為台灣大學專任教師，結識了一生摯友吳茂根先生。吳茂根白手起家，創辦專業教科書出版公司華泰文化，代理經銷 Pearson、Cengage、McGraw-Hill 等多家知名國際書商大專院校商管類原文教科書千餘種，而後成立出版部門，發行國內外華文傑出學者的研究與教學著作；甫自美學成歸國的王志剛自然也是吳茂根當年推廣業務拜訪的對象。吳茂根個性爽朗海派，交遊廣闊，和王志剛不但合作愉快，更引薦初出茅廬的王志剛和多位知名的教授學者交流認識，拓展學術圈人脈。

直到現在，每年到了黑鮪魚季節，吳茂根總不忘邀請王志剛和各行各業老、中、青好友們相聚一堂大啖美食；包括吳茂根的老同鄉，前國安局局長蔡得勝，以雇用經濟困難員工及永續經營理念等獲得國內外肯定、創紀錄先後榮獲十大傑出青年的楊博宇、鄭惠如夫妻檔也是座上賓，也因此和王志剛結為感情深厚的忘年之交。

王志剛自台大起步，開始了他這一輩子超過三十年的教學生涯，陸續在政大、中興、中山、東吳、華梵、義守等大學兼任教授，而二〇〇五到二〇一二年之間，則在元智大學擔任講座教授。

王式幽默的活潑教學法，吸引學生搶修

王志剛分別在各大學開了四門課：「企業管理」、「推廣策略」、「廣告管理」和「行銷管理」，當年是台大和政大數一數二熱門的課程，王志剛更曾經兩次被台大學生社團選為最受歡迎的教授。

曾任台大商學院助教、後來一路追隨王志剛的台灣人壽法遵長林尚楨回憶，當年選修人數爆滿，他請示是否應該限制人數，但王志剛覺得還是能收就收，旁聽也都歡迎。這對助教來說，可是個工作大考驗。

林尚楨跟學校的行政部門協調，要求儘量換大一點的教室，最後大費周章借用了法學院大禮堂，而每次下課後，他還得留下來，把上百張桌椅歸位。因為每次上課，學生都會搶座位，走道坐滿了人不說，甚至還到別的教室搬椅子，放在教室外的走廊，或坐或站，隔著窗戶，探頭聽課，在當年的台大校園，蔚為奇觀；其實在兼課的學校裡，像是政大，王志剛每學期開設的行銷課程，也都是

開學之前非常搶手的熱門選課項目，慕名前來的旁聽同學，也一樣擠爆課堂，若不提早到教室，肯定沒座位可坐。

王志剛的教學風格活潑新穎，課堂上妙語如珠，隨手勾勒漫畫、輔助講解內容的教學風格，甚具特色，讓學生們久久難忘，不僅當下學習效果一流，更是一生難忘的愉快學習經驗。

曾任台大國際企業系主任暨研究所所長的趙義隆，現為台大國企系所專任教授，一九八三年畢業於台大商學所碩士班，他記得有一次王志剛以牛仔褲這項日常生活商品為例，在「王式幽默」深入淺出的說明下，學生很快了解何謂「行銷的跨文化差異」，即使過了四十年，趙義隆還能清楚描述王志剛在課堂上講述此案例的內容細節。

「拿牛仔褲在台灣的流行來看，以前台語叫『打鐵仔褲』，多是勞動界朋友穿的，現在卻變成學生、上班族追逐流行的打扮，從藍領階層，到白領階層，到不分階層，這就是流行！不過大家有沒有注意到一件事：流行就是一窩蜂、大家都跟進，唯恐趕不上，也不管自己的身材適不適合？！你們看看，牛仔褲原來是老美穿的，他們穿起來是這樣子。」趙義隆回想起王志剛一邊說、一邊秀出漫畫功力，先在黑板上畫出一位高挑的美女臉龐，前凸後俏，加上飄逸飛揚的頭髮，再畫出長腿牛仔褲和高跟鞋。

這時，課堂氣氛很 High，坐在台下的年輕男學生此起

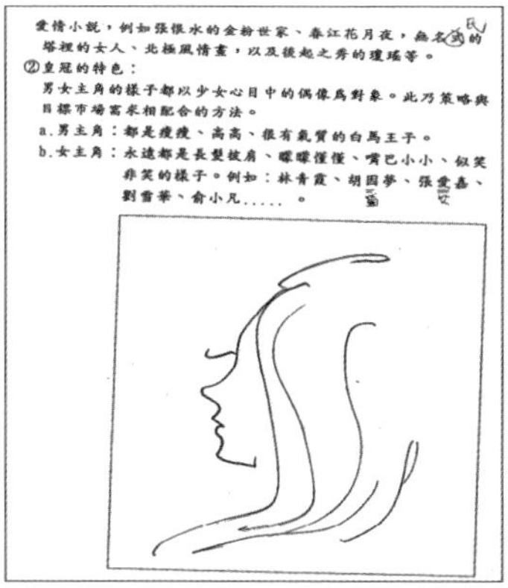
愛情小說，例如張恨水的金粉世家、春江花月夜，無名氏的塔裡的女人、北極風情畫，以及後起之秀的瓊瑤等。
②皇冠的特色：
男女主角的樣子都以少女心目中的偶像為對象。此乃策略與目標市場需求相配合的方法。
a.男主角：都是瘦瘦、高高、很有氣質的白馬王子。
b.女主角：永遠都是長髮披肩、矇矇懂懂、嘴巴小小、似笑非笑的樣子。例如：林青霞、胡因夢、張艾嘉、劉雪華、俞小凡.....。

林尚楨留存當年的王志剛教授的上課筆記內有手繪人物

彼落地吹起口哨。然後，王志剛不急不徐地說：「咱們東方人一般個頭較小，腿較短，穿起牛仔褲就變遜色……」一邊說著，一邊把褲腳擦掉四分之一，再補上鞋子，老師講得精彩、畫得有趣，學生們全都笑成一團。

趙義隆最景仰王志剛的授課方式，就是常常神來一筆，巧妙地用漫畫的視覺化技巧加以轉換；實際上，王志剛是經過教案的精心設計，把一般行銷和企管的原則，經由口說及台上演示，形成令人終身難忘的大腦記憶。

當年國貿系學生，後來當過王志剛的小孩家教、經濟部機要秘書，現在經濟部駐美國代表處經濟組組長胡啟娟也說，每次王老師講到當年就讀國中女兒的時候，就會畫一個小女生，在當時有髮禁的年代，頭髮畫到耳上三公分，露出腦後青青的點點髮根，活像個小瓜呆。上家教課時，他女兒就說：「我爸每次都把我畫得好醜。」

王志剛舉的例子不只侷限於英文教科書上的外國案例，更多的是道地台灣本土耳熟能詳的實例，從大家的生活經驗出發，自然就更令學生印象深刻。譬如，健素糖、雜誌、口香糖、大尺碼服飾店、狗食、宗教、洗髮精、牙膏、可樂、啤酒、咖啡、麥片、果汁、泡麵、醬油、汽車、清潔劑、香菸、電視、錄放影機、冷氣機、電風扇、微波爐、褲襪、香水、化妝品等等。

宋炎本曾任復華投信執行副總、全球復華投顧董事長，退休後為理財暢銷書作家，他佩服老師王志剛教學認真，「不難想像，要舉出這麼多實際的案例，日常生活要多麼留意身邊的點點滴滴？授課前又要花多少功夫去準備？」

「老師上課還有個特點：很會流汗！經常一手拿粉筆寫字，一手拿手帕擦汗。那個畫面，任誰都會覺得台上的老師這麼賣力，台下的學生怎能不認真？」

潤泰集團總裁尹衍樑說，他在台大商研所碩士班就讀兩年，從沒見過王志剛有那一次上課遲到，通常只有晚退的紀錄，還因為王志剛鼓勵同學發問，與學生互動太熱絡，常常十二點下課，結果拖到一點半才結束課程，而且王志剛還會主動給學生加課。

在政大就讀博士班時，尹衍樑曾經幫王志剛代課上大學部的「市場行銷」、「廣告學」課程，他見賢思齊，從那時開始，上課教書沒有一天遲到，只有晚退，這都是從王志剛身上學來的敬業精神。

尹衍樑敬仰王志剛，跟隨其腳步，在各大學兼任教授，六十六歲結束杏壇教育工作，累積了三十二年的教書經歷，除了母校文化大學之外，也在政大教過財務金融，後來還在台大土木系任教十四年。多年來，尹衍樑鑽研發明，擁有八百四十多個土木專利，由於學術研發努力，獲美國土木工程師學會（ASCE）頒發產業研發成就獎（Henry L．Michel Award），以表彰其研發的卓越貢獻，尹為非工程科系背景而拿下獎座的頭一人，更被台大土木系聘為講座教授。二〇二一年，尹衍樑更獲俄羅斯國際工程院（Russia International Academy of Engineering，簡稱IAE）頒為該院成立三十年來首位榮譽院長，為學術界難得的榮譽。而尹衍樑在醫療和慈善事業方面，舉凡成立尹書田紀念醫院，紀念尹珣若先生教育基金會，效法諾貝爾精神創辦「唐獎」等，公益貢獻跨越國際，讓王老師也深以為傲。

因材施教，多樣化激勵學習的方法

王志剛在台大的大學部及研究所都有開課，但教學方法有所差異。對大學部學生，除了正常講授課程外，王志剛更喜歡用啟發的方式，帶領學生思考。

胡啟娟在王志剛為經濟部長、國民黨文傳會主委時，都隨侍在他身邊，擔任秘書工作，胡是畢業自台大國貿系的高材生，她難忘當年上課的緊張，每節課一開始，王志剛都會問些跟國貿相關的問題，「今天台幣兌美元匯率多少？經濟成長率多少？這個月進出口統計多少？」如果全班沒有人答得出來，王志剛就指定班代站起來負責回答。班代上課前都要先看經濟日報、工商時報，才能應付王志剛的「拷問」。不少學生也因此養成關心財經資訊習慣，對日後進入職場工作，甚有助益。

在嚴格的訓練之外，胡啟娟說，學生們上課也有吸收行銷廣告界新潮流的寶貴機會，《中國時報》每年舉辦「時報廣告金像獎」，多年來聘請王志剛評選廣告獎，學生們因此有幸看到很多很棒的國內外廣告影片，並可印證王志剛傳授的行銷廣告理論，常常看完影片還意猶未盡，大家繼續七嘴八舌討論內容。

對研究生，王志剛則指定研讀學術文獻，討論和交報告的比重居多。

王志剛回國任教第一年，就擔任吳青松和鄭銓泰的碩士論文指導老師，他們兩人被學弟妹們稱為「台大剛門」大弟子。吳青松後來赴美加州大學洛杉磯分校（UCLA）取得博士學位，一九八八年獲國際企業學會每年僅取一名的最佳博士論文獎（Richard Farmer Best Dissertation Award），現任台大名譽教授、文化大學商學院院長、全球商務學位學程教授。鄭銓泰在潤泰集團內工作，多年來跟著同為「剛門弟子」的總裁尹衍樑腳步，從紡織一路拓展到營建、金融、量販、生技等領域，於產業界建功立業。

鄭銓泰回想當年：「每次上老師的課總是又緊張又期待。緊張是因為老師指定份量頗多的文章，要求事先研讀，並在課堂上討論，老師對每篇文章都瞭若指掌，不容你打馬虎眼。期待的是透過老師生動活潑的講授與指引，強化自己的學理、實務應用，及表達能力。」

吳青松也深有同感，他印象最深刻的是「推廣策略」課程，「老師用非常生動的表情、手勢，甚至在黑板上用漫畫的方式呈現他上課的內容。而且他也非常貼近實務。要我們同學每一個禮拜，從當周報紙的報導中，提出案例來討論各個公司、各項產品的行銷、廣告、推廣策略。這是我那麼多年學到的最札實的課程。」

宋炎本對「廣告管理」課程的內容記憶猶新，台大商研所學生經常要收集各種廣告，做成分析報告。時隔四十年，他還清楚記得那時他們討論勞力士（ROLEX）手錶邀各行各業的名人代言，以凸顯品牌的價值。

嚴謹學術訓練根基　帶領學生為行銷學正名

在王志剛生動多樣化的上課內容背後，其實有著嚴謹學術訓練的根基。

「在一次政大舉辦的學術論文發表會上，第一次聽到老師發表博士論文《The Effect of Foreign Economic, Political and Cultural Environment on Consumers' Willingness to Buy Foreign Products.》。

這個國際行銷題目實務價值很高，採用『準實驗設計（Quasi Experimental Design）』的研究，論文體系架構完整，研究方法邏輯精準，也運用了變異數分析等計量方法。」吳青松在找王志剛擔任論文指導教授前，早已景仰老師的學術研究功力。

鄭銓泰說，第一次見到學成歸國、三十多歲的王志剛，立刻被老師的學識及口才吸引，隔沒幾天便和吳青松一起到老師那時位於杭州南路、仁愛路口的金工所（金屬工業研究所）辦公室，戰戰兢兢地請老師收為指導學生。

吳青松說，王志剛論文的國際行銷題目很重要，也很有實務價值，「我跟銓泰成為全台灣、甚至全亞洲，第一次以生活形態（Life Style）作為研究市場區隔論文的碩士研究生。我們從問卷設計開始，到研究方法的運用，甚至連電腦程式的撰寫分析都認真努力，也都得到老師的充分指導，並打破當年有許多批評『吹牛行銷學』的誤解。」

BOX

王志剛談行銷的定義

過去很多人認為行銷只是一個「如何將產品推銷出去」的活動，王志剛認為這其實是最狹義的行銷；王志剛在其教學生涯裡，積極推廣行銷學理論與實務運用，他定義真正的行銷，如其英文原文「Marketing」，指稱的是在動態環境中，所有加速、便利交易行為的活動，這些活動包括分析外在環境，進行市場區隔（Market segmentation），根據自身能力，選擇目標市場（Target market），依市場需求，制定行銷組合（Marketing mix），是一門「市場學」。

而行銷組合是企業為滿足目標市場的四個可以控制的變數，包括產品（Product）、價格（Price）、通路（Distribution）、推廣（Promotion）的組合。

首先，產品（Product）可說是行銷組合裡最關鍵的變數，包括有形的產品、無形的服務或想法，目的為滿足特定客戶的需求。如果這項產品先天有缺陷，那麼無論其他變數如何調整，都很難達到有效的行銷。

其次為價格（Price），是行銷組合裡最有彈性的變數，能快速因應市場競爭變化來調節供給與需求；而當消費者對產品認識有限時，價格也時常成為推斷品質的指標之一。

其三，通路（Distribution），是指生產者將商品或服務轉移給消費者的渠道，行銷通路必須依據目標市場特性及需求來決定分配策略。

其四，推廣（Promotion），包括廣告、人員銷售、促銷活動和公開報導等，代表各種市場行銷者所使用的溝通方式，目的在於將商品或服務的價值準確傳達給目標市場。

以上四個變數（產品、價格、通路、推廣），是市場行銷活動的主要手段，藉由各種不同的組合運用，幫助分析消費者和市場的行為，據以進一步形成市場行銷策略來滿足目標市場的需求。

簡而言之，行銷組合的宗旨，就是「將最符合市場需求的產品或服務，透過最合適的通路、用最理想的價格、精準地推廣給目標客戶」，缺一不可。這意味著市場行銷者必需掌握整體經濟情勢的變化，理解、甚或創造消費者的需求，適當的運用各項有形和無形的資源，最終實現消費者或組織的利益。

身教言教並重，從課堂影響到人生

畢業後一路追隨王老師到經濟部的黃啟瑞，曾任台北市產業發展局局長，現任台北大學主任秘書和金融與合作經營學系教授，是王志剛比較後期的指導學生。那時候是王志剛任公平會主委，快要接經濟部長的前夕，很多同學都不敢找老師指導論文，他鼓起勇氣提出邀請，沒想到王志剛一口答應。

黃啟瑞選定的論文題目跟共同基金有關，但苦於不了解實務，進展緩慢；王老師一通電話，找到大學長、時任光華投信總經理、現任元訊寬頻董事長的鄭銘源，交代兩句就搞定，讓黃啟瑞的論文研究終能突破瓶頸。政務繁重的王志剛對學生的課業如此用心，讓黃啟瑞既佩服又感到非常榮幸。

擔任「老師」這個角色，王志剛對學生的影響，不僅止於課堂，更及於職場和人生態度。

趙義隆說，他在美國能順利拿到博士學位，王志剛老師在課堂講述的小故事，有很大的推力，更讓他引以為戒，隨時拿來警惕自己。趙義隆在台大商研所碩士班同學繼續深造取得博士學位的人數很多，除他之外，還有尹衍樑、林世銘、王泰昌、蔡彥卿、徐志璋、翁景民、鄧家駒等人，大家能夠堅持到底，都與王志剛的言教身教有關。

趙義隆所講的博士班資格考的小故事，發生在王志剛就讀美國德州農工大學博士班之時，有一位比他早入學的學長P君準備參加資格考，暑假一開始，就看到留在校園的P君，常常不修邊幅，頭髮越留越長，過了兩、三個月後，把頭髮理了，王志剛以為他通過資格考了，趕忙趨步向前，說聲恭喜，誰知P君回答：「Oh, no, not yet. I just postponed it.」。到了隔年暑假之初，這位P君又蓄鬍留髮，而秋季開學後，再整理好門面、神清氣爽地走在校園，王志剛趕緊伸手迎向他說：「Congratulations for passing the exam！」P君卻淡淡低聲說道：「I did not take it. I put it off till next year.」就這樣連續好幾年，那位仁兄已不知所終。

王志剛笑著跟學生們說：「這個也是解除壓力的方法之一，但卻是個爛方法！」趙義隆聽完就謹記在心，到了自己要參加博士資格考時，一股作氣，抱著一次就要通過的決心；而且不留長髮、每天保持神清氣爽地去準備，提醒自己，絕對不可以變成P君。

尹衍樑就讀博士班三年級的時候，也遇到考驗，「我就起起伏伏念不下去，我跟王老師講說，沒有辦法啦！家裡又生了小孩，兒子、女兒都有，晚上哭著要餵奶，白天要工作，當副總經理，還要當學生，我已經到極限了。」

想著要放棄博士學位，尹衍樑心情非常沮喪，王志剛聽過尹的傾訴後，以鼓勵代替指責說道，「再兩、三個禮拜，學期就結束了，博三下學期剩不到幾門課，再忍一忍，接著就準備寫論文了，何必為山九仞、功虧一簣？」

尹衍樑記得王志剛以搭火車來比喻，「很簡單，你現在坐火車上，那怕是最後一節車箱，最後一個座位，你也會準時到站。如果你下了火車，用走的，你可能走一半就放棄了，因為時間太久、路太長，又熱又下雨，無論如何，那怕是掛車尾，不要下這班車，下車就半途而廢，很可惜。」

堅持念完博士的決定，影響尹衍樑的一生，尹衍樑有機會做研究、教學，從事自己感興趣的事。「後來我心裡想，也對，一念之間改變想法，就這樣咬咬牙，也就撐過去了。」

尹衍樑說，自己從大學、研究所到博士班遇過很多老師，但王志剛不一樣，他對學生付出的愛，是非常少見的，讓人覺得溫暖。

「王老師常常在家裡招待我們吃飯，師母買很多菜，燒很多菜。學生們常去王老師家，那個空間大概勉勉強強擠十幾個學生，房子很小，木造的，火車過了，房子會跟著晃動，我的眼光聚焦在那一盞孤燈之下、映照著桌上杯子裡搖盪的茶水，也蠻有氣氛的。」回顧當年師生互動情形，撩起尹衍樑年少的浪漫情懷。

鄭銓泰和尹衍樑一樣，最喜歡到王志剛在小南門附近小小的家，鄭銓泰說，他們在中華路平交道登登登的警鈴和火車喀隆喀隆聲中，討論論文；最棒的是，還可以順便享受王志剛與師母精彩的廚藝。

「王老師很好客，他讓師母做最好的菜招待我們，我們都大快朵頤，但當時還是學生的我們，沒辦法請老師吃什麼好東西，兩、三個同學合夥請老師，就是孫東寶牛排，四、五十元一客，老師也很高興，沒有嫌棄。」尹衍樑談起過往與王志剛相處的片段，話匣子打開就停不了。

王志剛常說，他這一生最引以為傲的，並非做過多少官職，而是遍布天下的桃李門生。每年春節和教師節，剛門弟子們都會自動呼朋引伴，到老師家聚會，即使在從政繁忙的那些年，也不曾間斷。一大堆學生擠爆老師家，跟老師話家常，談工作現況，聊國內外政經情勢。王志剛和太太看著這些學生從單身到攜家帶眷，從生澀到獨當一面，欣慰之情，溢於言表。學生們則在跟老師天南地北的閒談中，不自覺地又長進了許多。早期學生少，師母還親自下廚，後來最多達五、六十人，更須叫外燴自助餐才能應付。

直到今天，被同學們戲稱「雙鄭」的鄭優、鄭銘源，以及台灣科技通訊產業大老、仲琦科技創辦人、現任互動科技董事長的鄭炎為，多年總不忘為王老師設宴暖壽；深厚的師生情誼，不因時間而沖淡。

提攜後進，扮演人生導師

王志剛有許多學生一遇到職場轉換關鍵期，都會去請教老師的建議，而且只要有適合的機會，他更樂於提攜學生。

胡啟娟說當年就有位同班同學，經老師介紹而進入聯廣；宋炎本也是經由王老師介紹，而成為P&G進入台灣後，招募的第一批行銷人員。曾任《工商時報》總編輯、公平會委員、中華電信董事長，現任鏡電視董事長的鄭優回憶，一九八一年他在《工商時報》當記者，先因為跑新聞認識在投審會任職的王老師，後來進一步成為老師政大企研所的學生。當時一邊工作、一邊寫論文，焦頭爛額，除了原本的指導教授外，還加上老師適時的提點和打氣，方得寫完論文順利畢業。鄭優說：

「如果沒有王老師，就不會有今天的我。」

王志剛凡事認真的態度，對學生影響很大。上過王志剛課程的人，不論在校學生或工商企業人士，都會如沐春風，收穫滿滿。但很少人知道，王志剛這樣生動活潑的教學風格，是經過多少準備來的。

王志剛每次上課前十分鐘，一定會拿出翻到快爛掉的筆記本一看再看。曾有助教問：「老師都倒背如流了，還需要看？」王志剛淡淡地回：「做任何事，一定要練習再練習。我每次上課前一定要複習，不然我會緊張，何況有很多新的資訊要隨時收集，反覆閱讀。」四十年後，當年擔任王志剛助教的林尚楨拿出一本一百零五頁的授課筆記，發黃的紙上除了中文、英文、圖表的重點整理之外，更到處都是塗鴉、畫線、手寫的心血。

長期跟在王志剛身邊的余尚武、詹庭禎、林尚楨、胡啟娟、蔡允中、黃啟瑞、黃琮祺、林標油、余佳芳等公職貼身人員，對王志剛的敬業精神，更是耳濡目染，既佩服又感動。

林尚楨擔任經濟部長機要時，有一次隨王志剛出國開會，看到部長王志剛一直在研讀英文演講稿。就問為什麼要這樣一再地準備？王志剛回說：「我英文不好，一定要這樣才不會出錯。」林尚楨不以為然地說：「部長怎麼可能英文不好？美國的行銷學博士耶！」沒想到王志剛回問：「尚楨，我問你，你的中文好不好？」林尚楨一時不知怎麼回答。

王志剛接著說：「你會不會寫報紙的社論？」林尚楨心想自己的中文還真的不夠好，沒法寫社論。王志剛嚴肅地說道：「語文這種東西，不同的場合就有不同的遣詞用字，我要去演講的地方，是國際正式場合，都是國際正式用語，所以我不能亂來，不是我在德州讀書時，買瓶可樂講的用語。」

作之親，作之師

王志剛認真投入的精神，很少人做得到。

林尚楨記得王志剛在經濟部長任內，每周二、五要去立法院做施政報告或接受質詢。幕僚們會幫部長準備厚厚的一大疊資料，前一天等他白天忙完，晚上十時再去他家報告。

王志剛一題一題問，林尚楨就一題一題說明，這樣讀到半夜，林尚楨回家了，王志剛再繼續研讀，到兩、三點才就寢，隔天一早就上立法院。王志剛的學生曾聽過師母宋怡莉說過，老師經常讀資料到深夜，她常以此勉勵子女要跟爸爸看齊。

胡啟娟也受老師認真的精神感召，過去幾年，每次因公參加國際談判前，都要七早八早起來讀資料，辛苦之餘就會想到：「當年老師就是這樣！」

宋炎本回憶：「我到澎湖當兵，在一次返台假期，帶了幾塊漂亮的澎湖紋石去看王志剛老師。當時老師擔任投審會執行秘書。我看到老師忙進忙出，隨口問說怎麼這麼忙？老師回答，年輕不忙，什麼時候忙？我進入職場後，每當忙得不可開交的時候，總會想起老師這句話，不敢鬆懈。」

王志剛的認真並非五分鐘熱度，而是數十年如一日。教書時有授課筆記，擔任公職期間，也有一本隨身工作秘笈，隨時記錄各種要點和想法。鄭優就用折服的口吻，為王志剛始終如一的敬業精神下了一個註解：「這世上每個人行事風格都不一樣，但最重要的是人格和做事的一致性。」

除了行銷相關知識的傳授，王志剛任教期間，都會在每學期最後一堂課，放出兩張投影片，上面是曉雲法師的兩句話：「眾生有病我有病，且向有人行處行。」鼓勵同學挑戰困難，勇於任事；哪裡有需求，就到那裡去。殷殷期許，學生深受啟發。

王志剛最常對學生和部屬說：「不要推事情，推事就是推運。」因為事情交到你身上就是機會，就是幸運。把它推掉了，等於是把這份好運推走了。黃啟瑞和林尚楨說，這句話一直是他們的座右銘。

行銷學的基本原理是運用有限的資源，去滿足客戶需求。王志剛把這個原理發揚光大，從商場到職場、官場，從學校到家庭、朋友，擴及整個人生。王志剛教學生涯時對學生的言教和身教，引領遍布各個角落的剛門弟子發光發熱、貢獻社會。有學生就說：「如果不是老師把行銷講得這麼生動，讓我記住幾十年，我又如何能運用於工作跟生活之中呢？否則就只是另一堂需要考試的課程而已了。」

古云：傳道、授業、解惑，做為老師，王志剛當之無愧。

第二篇

勇任公職，靈活思維開創新局

第三章

初入公門的大學教授

引領王志剛進入公部門的關鍵人物是趙耀東。趙耀東於一九八一年到一九八四年間擔任經濟部長，求才若渴的他，有次找了王志剛到辦公室面談，力邀其到經濟部任職，王志剛當時有穩定的台大教職工作，委婉推辭，孰料趙耀東大怒，「我都快七十歲了，還在為國家做事，你們年輕人怎麼可以只想到自己？」

當時年紀不到四十歲的王志剛頓時覺得慚愧，忐忑不安地表示自己只會教書，不會做官，沒想到鐵頭趙部長手拍桌、臉一沉便說：「誰叫你來做官的？我是找你來做事的！」

其實，趙耀東與王志剛之間有些淵源，趙耀東講話，就像是長輩對晚輩的諄諄教誨，只想敲醒年輕人，不能只想著個人過著好日子，還要對國家社會盡點責任。王志剛大學畢業後，曾在金屬工業研究發展中心工作，主持金工所的齊世基，是王志剛父親的義弟，齊和趙耀東是武漢大學的同班同學，王志剛與上司的好友趙耀東打過幾次照面，趙耀東也認識這名後輩。

趙耀東任經濟部長、甚至後來在經建會主委的職位，都積極擘劃和執行「自由化、國際化及制度化」政策，他是當時行政院院長俞國華重要財經幕僚，後來驗證了此政策為台灣經濟發展及轉型，奠下重要根基。

趙耀東為人剛直，個性開朗自信且敢言，做事積極明快，講求效率及紀律，接下經濟部長職位不久，社會上捲起「趙耀東旋風」。他曾公開講「自己臨老從政，當然想真正為國家、同胞做一點事，某些措施，可能不合人意，且令人失望，但只要是對大局發展有利，就得不計毀譽、堅持去做。」[1]王志剛在趙耀東的精神感召之下，體認到為國家貢獻己長是他不能推卸的責任，於是在一九八二年以顧問名義進入經濟部投審會兼任執行秘書工作。

投審會組織架構較特殊，主任委員由經濟部次長兼任，王志剛被延攬進入投審會時，經濟部常次吳梅村兼任投審會主委。吳梅村在擔任常次之前，為經濟部駐美投資貿易處主任，是位幹練的技術官僚，更是吸引投資的能手，趙耀東想借重吳梅村的經驗，設法激發國內的投資意願，吳梅村當時還草擬了「促進投資法案」[2]；王志剛在優秀直屬長官的帶領下，很快領會並掌握公務工作節奏，在其擔任投審會執行秘書期間，審批放行不少重要的跨國企業集團來台灣投資案件。

發展經濟不變鐵律：生於憂患　死於安樂

王志剛自認何其有幸，能有趙耀東這位台灣經濟發展史上舉足輕重的人物領他進公門，一九八二年，王接下經濟部投審會兼任執行秘書的那一年，趙耀東到台大的一場演講，王志剛在台下聆聽，非常感動，其講稿內容洞見經濟發展及產業趨勢，而倡導經濟自由化、國際化與制度化的主張，影響深遠，展現的「趙耀東精神」，更足令後人緬懷效法。

一九八二年十二月九日，趙耀東以「經濟國事一席談」為題，在台大發表演說。這是他上任經濟部長後的首次公開演講，趙耀東對台大年輕人期許很高，在此之前，他曾說某些台大畢業生未能為國家盡責，引起部分台大人的誤解，經王志剛居中安排，趙耀東一人單槍匹馬到台大面對千名學生、教授和企業界人士，做了台灣經濟發展歷程中一場很重要的演說，大禮堂擠滿了人，還有兩百多人無法入場，在會場外面藉由擴音喇叭聆聽。

趙耀東發表對經濟產業趨勢的看法，他以友人到日本無人工廠參觀的小故事破題，「從前工業雖然影響經濟，還有時間可以讓你去徘徊、讓你去調整」，而今危機就在眼前，四十多年前，趙耀東就已預見未來的經濟發展全賴工業，工業又完全看科技，一九八〇年代趙鐵頭便直言，經濟不景氣只是讓民眾有短暫的痛苦，卻不是致命傷，不是報章上學者光談利率、匯率改變，靜待世界走過低迷經濟，明天就可欣欣向榮，工業結構若未能改變，才會是致命傷。

趙耀東當年積極對外攬才，希望國外專家學者返台，帶著有關學科的畢業學子，組成 Task force（專案組），深入中小企業，到廠健診與輔導，並且更要以資訊工業和機械工業這些策略性工業為重點。

1　一九八二年一月《光華雜誌》「臨老入閣，衝勁不減：各方看好趙耀東」

2　一九八二年六月《光華雜誌》「為中華民國經濟掌舵的人 介紹經濟部長手下重要幹部」

趙耀東主張台灣經濟必須完全自由，大門洞開，讓外國人能夠投資，如果能夠把外國企業的產品外銷到世界各國或回銷其本國，台灣經濟就能升級，而且這是唯一辦法。他也認為拘泥在不希望大企業家存在的思想上，就是不指望經濟能夠成長。他到經濟部後便告訴法規會，要擺脫大陸法系及農業社會所遺留下來的 negative approach（消極態度）、protect（保護）習性，改以 positive approach（積極進取），以鼓勵代替懲罰，強調引進外人來台投資的重要，如此改善投資環境，才能讓內外資企業留駐下來。

直率的趙耀東那時還在台大學生面前公開點名兩位校友黎昌意（時任經濟部聯合服務中心主任）與王志剛，背負引進外人投資的重責大任；「你們台大學生應該給他們鞭策，假如做得好，下次我再來台大講演，這是你們台大的光榮。」[3]

此生從事公務，王志剛經常以趙耀東為榜樣，學習「趙耀東精神」；如今回顧幾次台灣面臨的經濟危機，王志剛也體悟到當年趙耀東對台灣未來發展的焦慮與憂心，「生於憂患、死於安樂」，王志剛相信，一國經濟發展確實遵循這個鐵律。

第一次石油危機發生在一九七三年到一九七四年，王志剛那時在美國念書，因為「以阿戰爭」，油價翻倍爆漲，他不在台灣，卻心繫台灣，那時能源依靠進口的台灣，經濟表現差，幸好政府即時推出「十大建設」，刺激內需，提升就業，果然基礎建設這帖經濟解方，非常有用，比起鄰近國家，台灣的經濟更快反彈復甦。

有句話叫「禍乃福所倚、福乃禍所伏」，也就是外國人所說的「危機就是轉機」，而這項擴大公共建設的政策，不但當下振興經濟，還造福後人；高速公路、機場、鐵路電氣化、港口等十大建設，台灣人仍在享用。

第二次石油危機（一九七九年到一九八〇年）因兩伊戰爭而起，當年政府思考發展能源耗費相對較少、附加價值大的高科技產業，那時台灣投注大量資源發展半導體產業，規畫科學園區，並成立工研院，王志剛一九七八年底甫自美歸國，就曾進入這個新設機構工研院工作。再一次發生能源危機，又給台灣帶來置之死地而後生的機會，創建科學園區及鼓勵高科技政策，使台灣半導體及部分IT產品居世界領導地位，這又支撐住往後三、四十年的台灣經濟發展。

推動經貿自由化與國際化，促使服務業脫胎換骨

王志剛新任投審會執行秘書的第一個指標案例，就是核准麥當勞來台經營餐飲事業。

「麥當勞沒進來之前，我們的餐飲服務業並不那麼重視顧客感受。」王志剛說，有些店裡面光線暈暗，也輕忽管理，引進美國餐飲業後，跨國連鎖店講求衛生乾淨和明亮空間，當年很多傳統餐飲業的生意頓時受挫，但卻快速帶動國內速食業的改革，麥當勞美式的現代化連鎖經營管理制度、員工教育訓練等，確實有效刺激及提升國內服務業經營水準[3]。

一九八四年六月，行政院長俞國華提出「自由化、國際化、制度化」為台灣的財經政策發展方

3　一九八三年一月一日《天下雜誌》第二十期

針，並將經濟建設重點放在調整經濟結構及促進工業升級，政府也尊重市場機能，不作不必要的干預，力求減少與國際經濟交流的障礙。

一九八〇年代台灣出口暢旺，對美國貿易有大量順差，開放市場與解決貿易不均衡問題，是跟各貿易夥伴之間的重要課題，王志剛與投審會同仁執行政府政策，通過不少外商申請投資案，領域擴及餐飲、通路等商業服務業，以及日常家用品、汽車等工業製造業，業別琳瑯滿目，如今國人習以為常且非常熟悉的品牌，譬如麥當勞、家樂福超市、SOGO百貨、寶鹼（P&G）和豐田汽車等，就是那些年經濟部投審會所放行的外人來台投資的重要指標案例。

要放行僑外資赴台投資申請案，必須先完備法令，經濟部當時派投審會組長劉坤堂到南韓考察外資負面表列做法，後來從商業司司長職位退休的劉坤堂，與投審會同仁一起修正過往外資來台需遵從正面表列制度，改為只要不是負面表列產業，就可來台灣投資，並減少禁止類的項目，擴大外資投資範圍，國內產業因此受到競爭刺激而有提升，甚至加速台灣服務業的發展。

一九八四年，王志剛從投審會兼任秘書轉為專任秘書，王志剛對於這一年八月核准美商 P&G 投資案，印象很深刻。P&G在台設立寶僑家品公司，從事美容、美髮、清潔衛生用品的買賣，那時國內家用品廠商不斷跟政府抗議，牙膏、洗髮精、尿布、衛生棉、洗潔精等國內品牌的商品銷量下滑，本土業者指責政府不給活路，但後來證明市場自有區隔，海倫仙度絲（head&shoulders）、幫寶適紙尿褲、Olay（歐蕾）等知名品牌，不過只是供一般消費者購買選擇的商品之一，但寶僑帶進台灣的廣告、通路等市場行銷商業手法足供國內相關業者參考學習。

在引進外資投資製造業方面，一九八四年四月間核准日商日野、豐田汽車投資設立國瑞汽車，生產大小乘用車、商用車、客貨車，當年都是年產二十萬輛大汽車廠，增加國人不少就業機會。

除了麥當勞這類的外資餐飲連鎖店，投審會放行外國企業以直接投資或技術合作方式，來台經營超市、百貨、量販店與便利商店等通路業，例如萬客隆、家樂福、先施百貨、SOGO百貨等，對台灣的市場通路經營生態造成結構性改變，而且是往產業良性競爭方向前進。

曾為投審會執行秘書、後於銘傳企管系、政大財管系任教的黃慶堂認為，國外的先進批發零售商業模式，一引進台灣便颳起陣陣旋風，這些夾帶新科技、新技術、新作法的外資商業服務業，不只點燃土洋通路商戰而已，「對國內服務業的改革，人民生活水準的提升，貢獻相當大。」

獎掖後進不遺餘力，執行政策應隨時代演進

王志剛任投審會執行秘書初期，仍持續在大學兼課，常以師長眼光與下屬相處，還會主動幫忙解決同事的困難，當年想出國念書的黃慶堂，一九八一年進投審會工作，經過兩年，正逢行政院研考會舉辦培養政府中高階主管的社科人員專案公費留考，黃慶堂順利通過考試，計畫前往美國攻讀財務管理。

黃慶堂說，王志剛不但鼓勵他繼續進修，傳授留學攻讀學位經驗，還協助解決研考會只給三年公費留學的時間壓力。「因財務博士須修讀的學科較多，且論文撰寫非常費時，無法於三年念完，因此向研考會申請自費一年，以繼續完成學位，一開始研考會只准延半年，我非常緊張，所幸王部長相當體恤部屬，除派同仁協助外，也極力親自向研考會代為爭取。」

當年的研考會主委魏鏞、副主委孫得雄都接到王志剛的請託，最後幫黃慶堂爭取到自費一年，因此完成博士學位，黃慶堂對長官出力幫助，非常感激，回國後繼續在經濟部服務。「因投審會當時還是派用單位，回國後第二年，王部長特別獎掖後進，提拔我擔任派用十職等專門委員，協助推動政府經貿自由化、國際化的工作，我和時任投審會組長的劉坤堂則開始從事僑外投資負面表列制定工作。」黃慶堂認為法令鬆綁，使得台灣吸引僑外投資進入新里程碑，我國經濟發展因而進入新境界。

公務體系傳統官員常受限組織慣性，習於保守應對外界變化，「多做多錯、少做少錯、不做不錯」，不過，王志剛跟一般公務員的想法及做法不一樣，他接到任務，便極力發揮創意，常常做出的規畫超乎長官預期。

當年，行政院有意在桃園觀音鄉設立第四個加工出口區，以引資來台，時任經濟部長徐立德便指示由王志剛負責規劃。

王志剛認為，從總體經濟發展軌跡來分析，台灣走入一九八〇年代，早就脫離一九六〇到一九七〇年輕工業或加工業時期，「加工出口區」已經是個落伍的觀念，何況台灣正積極提升工業技術，經濟需要根本的結構性轉型，不應該只依賴簡單加工外銷，而且那時的台灣人力成本不再低廉，亞洲大部分地區的工資都比台灣便宜，若再設立第四個加工出品區，未必有競爭優勢。

王志剛在桃園縣長徐鴻志的陪同下實地考察，發現觀音鄉土地遼闊，濱海風景饒富特色，和國際機場僅有車程七分鐘的距離，應以發展觀光為主。他想起在美國留學時，看到賭城拉斯維加斯和迪士尼樂園的成功經營案例，值得台灣借鏡。於是在企劃書裡，王志剛建議可引進國外大型遊樂園、賭場，以及頂級國際飯店、免稅商品中心等企業進駐，打造一個「觀光特區」；外籍人士落地後可免簽證進入特區消費，本國民眾則登記入場、離開時再補辦完稅手續。除了帶動消費，觀光特區也可作為國際文化交流的平台，並創造更多本地就業機會。

評估報告寫得洋洋灑灑呈交行政院，時任行政院院長的俞國華，外界一般視其行事風格為穩健、保守，過了一、兩個星期，經濟部長徐立德打電話叫王志剛進辦公室，「你自己看看」，徐立德很生氣地把夾有報告的公文往桌上扔。才進公門沒幾年的王志剛，初生之犢勇氣十足，當場還大剌剌翻開公文一瞧，原來俞國華院長在報告裡面大大批了兩個字——「荒唐」！

如今回顧，王志剛還是覺得此案創意十足，「胎死腹中」，非常可惜。他認為，那時候案子如果能夠通過的話，或有機會爭取包括迪士尼、環球影城等外商來台設立主題公園，促使台灣比香港、澳門、新加坡、上海等亞洲鄰居更早發展觀光業，台灣的國際觀光競爭力和服務業對GDP的貢獻，將比現在表現得更好。

第四章

為民服務第一名的商業司

一次簡報，改變一生。

一九八八年七月，陳履安剛從國科會主委升任經濟部部長，為了解業務，到經濟部內每個單位聽取簡報，輪到投審會時，「兼職」的投審會執行秘書王志剛，細心安排一小時、三十分鐘、十五分鐘、五分鐘等時間長短不一的投審會業務簡報版本，為著是能夠因應部長隨時可能變化的行程，方便彈性調整簡報時間。

「部長，您有多少時間？」王志剛記得會議一開頭，便直接了當問陳履安能留多少時間聽簡報。

那個年代，公務機關的主管多數出身法政科系，少有商學背景，更罕見有人將企管行銷等有系統的分析方法，活用在介紹機關業務的簡報，更不可能想到準備時間長短不同的簡報供長官選擇，王志剛凡事都要充分準備，一場業務簡報得事前準備及演練，也要設想各種突發狀況。不過，教學講課經驗豐富的他，一到發表現場，又能展現靈活應變能力及創意，這讓陳履安留下深刻印象，簡報後，上天鋪排了另一場會談，王志剛的人生更因此有重大轉折。

陳履安的前一任經濟部長趙耀東，是個有前瞻視野的官員，他為國育才、舉才，每年公費保送年輕公務員出國進修學位，也四處覓尋能為國家服務的人才，王志剛就是這樣被趙耀東找進了經濟部投審會。

接任的陳履安亦承繼前人惜才用人的作風，陳履安聽過王志剛的簡報後，另外安排時間單獨約談他，鼓勵他參加甲等特考，以取得正式公務員資格，目的是想正式任命他為經濟部官員，王志剛也不負期待，於一九八八年通過考試，次年（一九八九年），經濟部便發布新的人事任命，王志剛從八年的投審會執行秘書工作，任商業司司長，開始正式公務生涯。

第一個正式公職，加速修法快轉商業司業務

經濟部商業司業務龐雜，負責全國公司登記之外，舉凡公司組織型態沒有目的事業主管機關的企業，大多歸商業司，管轄範圍天寬地廣，是個很忙碌的單位，王志剛主管商業司一年一個月又五天的時間，更有如加速器一般，不停地轉動推行商業司各項業務。

王志剛十分投入人生中的第一個正式公職，開啟商業司過去從未有的新事，參加行政院治安會報，配合取締八大行業、地下投資公司及地下期貨公司，看到台灣的新商業發展過程，雖有失序亂象要整頓，但也需要制定法令規範，於是他在商業司司長任內完成國外期貨交易法草案，且趕進度報院（行政院），公平交易法也在立法院初審，並且修訂公司法相關法令，也開啟商業現代化大型

計畫等。

行政院院長郝柏村一九九〇年六月一日就任，不到一周，六月五日就主持任內首次治安會報，郝柏村就任前二年，台灣剛解嚴，政治解嚴後，社會氣氛丕變，一九八〇年代的台灣，全民陷入瘋狂的金錢遊戲，伴隨而來各種違規八大行業及地下經濟活動橫行，社會屢見脫序亂象，治安也開始轉壞，民間對郝柏村的作為甚為期待，並慣稱郝內閣為「治安內閣」。

八大行業指的是視聽、歌唱、理髮、三溫暖、舞廳（舞場）、酒家、酒吧及特種咖啡茶室，當時行政院高層認為，一旦八大行業違規經營未被納管，可能會滋生犯罪或造成公共危險，治安會報將之列為必須加強取締的對象，八大行業沒有目的事業主管機關，一併納入商業司管轄，想整頓八大行業的行政院，當然更加重商業司的責任。

治安會報鎖定八大行業

王志剛說，郝柏村非常重視治安會報，指定當時的國安局局長宋心濂負責督導，主管八大行業的商業司司長成為治安會報成員，須定期向院長回報。

軍人出身的郝柏村，對交辦之事盯得很緊，王志剛還記得，行政院在台北圓山飯店附近的劍潭活動中心，舉辦擴大治安會報，那時商業司用大海報紙做簡報，一張張說明聯合稽查的作法與進度，給郝柏村留下深刻的印象，郝柏村還當場公開表示肯定。

郝柏村在治安會報的指示，王志剛便帶回到經濟部，與商業司有關的內容，王志剛就在商業司一樓的小會議室，傳達給負責查緝八大行業的同事，落實執行治安會報交付的任務。

曾任商業司副司長的陳明邦說，當年逃避警察的嫌犯或黑道幫派分子都會躲在「三溫暖」，這類場所成為治安的死角，因此台北市「三溫暖」為稽查重點，雖然商業司與其他政府單位聯合稽查八大行業，不過，一查到違規案例，還是由經濟部商業司出來召開記者會向大眾說明，那時商業司面對來自治安會報與全國民眾的期待及壓力真的很大。

王志剛指出，解嚴後，商店的營業時間業者可自由決定，只有當年的「違警罰法」可授權警政單位，依其職權對若干商店的營業時間與進出人員進行規範與約束；特種營業的管理屬商業司職權，行政院治安會報要求商業司能針對特種營業的營業時間提具意見，商業司的意見僅供參考，但若發現特種營業有違反營業項目內容、涉及色情或違反營業時間限制者，警政單位可依職權要求停業、歇業，若有業者不從，台電公司便可依警政單位要求予以斷電。

王志剛指出商業司的初步構想，理容業營業時間不得超過午夜十二點，三溫暖、KTV、MTV業者不得超過凌晨三點，提報治安會報討論，各單位並達成對八大行業營業時間的共識。[1]

曾任商業司七科科長、前台開副總經理的郭宗雄，當時負責取締八大行業，他回憶道：晚上十點過後，和警政、消防及衛生官員聯合稽查，有時忙到凌晨一點多，還有些店面甚至營業到凌晨三點，代表稽查的工作時間又得往後延。而一般稽查重點放在店內使用材質是否符合消防安全、是否

1 內容根據一九九〇年八月十六日《聯合報》七版「限定營業時間 權在警政」。

有商業登記，有嚴重情節則處斷水斷電。

再辛苦的工作，都已成過往，有時還會成為特別有意思的人生經驗，郭宗雄開玩笑地說，那一段時間，最常去的地方是「地下室」，商業司同事們也互嘲，可能是跟半夜經常取締「地下行業」有關。

查緝地下投資公司，打擊不法金錢遊戲

王志剛在商業司的一年多時間，真如郭宗雄所說，經常查緝「地下」行業，管理地下經濟活動，例如引發社會動盪不安的鴻源集團等地下投資公司，或是地下期貨公司，因為沒有目的事業主管機關，全都歸商業司，從查緝到修法規範，商業司都扮演重要角色。

一九五一年到一九八九年，台灣經歷一段很長時間的經濟大幅成長，根據行政院主計總處的統計資料，台灣的國民所得毛額（GNI）從一九五一年的十一．九六億美元（一千二百三十二億新台幣），成長到一九八九年的一千五百六十五億美元（四兆一千三百三十八億新台幣）。大部分人民都「富」了起來。

變有錢本是件好事，但錢太多無處去，反倒成了麻煩事，「福兮禍所伏」，兩千多年前的老子道德經，早已提醒世人，一般人所喜愛的福，亦未必不是禍之將臨，得失禍福的循環，誰又知其究竟？

政大教授殷乃平曾撰文分析台灣一九八〇年代金錢遊戲盛行成因，描述當年資金泛濫、缺乏投

資管道的景況。

殷乃平舉出數字，說明過往的台灣，錢淹腳目；一九八二年以後，連續六年，銀行存款平均年增率為二二．五%；一九八五年及一九八六年兩年，存款年增率更分別增為二三．〇四%、二五．〇二%，當時放款、投資成長比率約在六．三八%、五．六八%，銀行錢滿為患，但又遇到出口導向的台灣貿易順差持續擴增，致央行外匯存底金額不斷累積，一九八五年以後新台幣逐漸升值，一九八六年美元兌新台幣從三十九．九元驟升到三十五．五元，更多預期新台幣升值的套利熱錢流入台灣。[2]

一九八七年以後，台灣炒股炒房的金錢遊戲更為熾烈，各式地下金融活動依然猖狂。其中地下投資公司影響的層面最大，一九八〇年代崛起的地下投資公司，以俗稱「老鼠會」方式吸收資金，也就是一人拉一人，形成上下線的組織架構。加入後，每個月可拿到四至六分月息，吸引追求暴利的投資人，而只要成功邀請另一位投資人加入，便能拿到獎金，一定的獎勵機制，令更多人有動機勸誘親友加入，一起「賺大錢」。

一九八一年創立的鴻源機構，是第一家以「四分利」高利貸的月息，吸收民間游資的地下投資公司，當時合法的投資商品不多，鴻源機構成為社會大眾眼裡的「金雞母」，軍公教人員投入退休金、家庭主婦投入私房錢，但地下投資公司這種浮誇的吸金行為，初期幾乎無法可管。

2 殷乃平，《金錢遊戲的疏導與轉化途徑》，出處為一九九七年《台灣地下經濟論文集》，李庸三、錢釧登編那時在商業司任職的中國信託銀行副董事長詹庭禎說，過去的銀行法尚未針對地下投資公司違法吸金處罰的行為，制定處罰條款，鴻源等地下投資公司在初期，確實每月付給投資人高利，即使對負責人提出告訴，也不能成案，只能依違反商業司主管的公司法第十五條，公司不得經營登記範圍以外業務，最高可處罰金六萬元，但地下投資公司後來轉投資各行各業，游走法律邊緣，政府還是很難介入。

一九八七年十月二十六日鴻源機構接手的環亞百貨，更名為鴻源百貨，鴻源機構甚至還成立鴻源籃球隊，涉入體育娛樂事業，一九八八年十一月二十日，鴻源機構租借台北市中華體育館舉辦大型的「團結大會」，地下投資公司已演化為難以控制監管的吸金怪獸。

一九八八年九月，由財政部召集的「處理違法吸收資金公司聯合專案小組」，在行政院指示下成立，成員有財政部、經濟部及法務部，商業司司長王志剛或副司長陳明邦代表經濟部開會，那時法務部調查局局長為吳東明。等到一九八九年六月三十日立法院通過修訂銀行法，將地下投資公司吸金行為，列為非法吸收存款，課以刑責，此時政府才有專責法律來嚴格查緝地下投資公司。

地下投資公司風波引起各界關切，黑道介入傳聞不斷，參與處理地下投資公司問題的財政部官員心理壓力愈來愈大，甚至有官員要求記者，不要將參加專案小組會議的官員名單曝光。[3]財政部官員透過媒體吐露處理地下投資公司的難處，當年經濟部商業司也是參與其中的專案小組一員，同承壓力。

一九八九年七月，銀行法修正案通過，不久之後，鴻源機構連續出現四次擠兌風暴，短短二星期內，鴻源機構即支付兩百億元現金，一九九〇年一月突然倒閉，留下十六萬名債權人及上千億元負債，鴻源集團的首腦沈長聲判監禁七年，併科罰金三百萬元入獄，地下投資公司逐漸消聲匿跡，也不再有商業司配合檢調及財政部大陣仗地組成專案小組，查緝地下投資公司的景況。[4]

取締地下期貨公司，草擬中華民國首部期貨交易法

同一時空下，也是因社會熱錢過多，想快速致富的人，又被另一種地下經濟活動吸引，透過地下期貨公司買賣外國期貨，經營者以一般公司、投資公司、貿易公司或興業公司名義申請公司登記，從公司名稱看不出從事期貨交易、期貨經紀的營業項目，卻私下接單買賣期貨商品，一九八八年地下期貨公司約有三、四百家，粗估所涉及每日交易金額接近新台幣五百億元。

當年負責業務的詹庭禎形容那時的地下期貨公司，豪華氣派，設有數百坪的營業大廳，大多數落腳精華地區的大樓內，裝潢陳設和證券商大廳一樣，地下期貨公司有整排的電視牆螢幕，各個螢幕畫面變換轉動，播放來自美國芝加哥期貨交易所、芝加哥商業交易所等各項期貨商品行情的變動，期貨交易項目有農產品、利率、外匯、股票指數期貨，交易量較大的期貨商品是利率、外匯期貨等。

地下期貨公司接受投資人開戶，設在台北的地下期貨商幫投資人到國外期貨交易所下單，芝加

3　一九八九年七月二十二日《聯合報》三版「名單公開！開會官員擔心」

4　二〇一一年八月十一日《華視新聞報導》

哥期貨交易所在美國時間上午九點左右開市、約在下午四到五點收盤，地下期貨公司配合外國期貨交易時間，在台灣晚間八、九點開始營業，直至清晨，都可接受客戶下單。

詹庭禎說，雖然當年不少投資人投入地下期貨交易，但並不容易獲利，客戶與地下期貨公司之間滋生很多爭議，因虧損造成的商業糾紛，難以計數，久而久之，地下期貨交易也從經濟問題，衍生成社會問題。分析糾紛發生的原因，在於投資人並不相信地下期貨公司確實有幫客戶下單買賣，一般人在地下期貨公司開戶、存入一筆錢當保證金，但地下期貨商有沒有真正下單，無從查證，因期貨交易是新興的商業行為，政府尚未建立與外國期貨交易所的聯繫管道，地下期貨公司的作為，欠缺法令可約束，也無主管機關規範。

雖然很多地下期貨公司向客戶宣稱，代向國外期貨市場下單，或者轉單到香港某期貨公司，再從香港下單，實際上很多業者與客戶進行對賭，或者自己扮演交易所角色，自行撮合客戶買賣單，並未真正到國外下單，此種行為嚴重破壞經濟秩序，已是準犯罪行為。

商業司當年處理地下期貨公司問題，採取兩項政策：第一項，從報章雜誌找地下期貨公司徵人或招攬客戶的廣告，聯合檢調單位搜查，以違反公司法第十五條，即公司不得經營登記範圍以外業務，移送法辦，並在媒體發布訊息，提醒投資人，往來的地下期貨公司是非法行業，不是合法業者，讓民眾心生警惕。

第二項政策則朝興利方向，不只是一味取締搜查地下期貨公司，更加積極解決問題，讓期貨交易合法化，以因應經濟國際化需要，並健全期貨業的管理與發展，草擬訂定國外期貨交易法，是釜底抽薪之道。

不過，國外期貨交易法應該由那一單位擬定？當年各有不同主張，最後決定由經濟部商業司草擬國外期貨交易法，主要是因為經濟部管理大宗物資進口，地下期貨公司辦理公司登記也是商業司業務，所以交由商業司制定法律。期貨交易法在立法院審查過程中，將期貨商品交易定義為金融交易，期貨商的主管機關則改為財政部。

一九八七年，詹庭禎就開始研究國外的期貨交易市場與監理法規，並由經濟部差派出國，到美國芝加哥及東京學習期貨交易基本知識，那時候的台灣還沒有任何政府單位或官員了解期貨市場及相關法制，詹庭禎是先鋒，他從國外買回不少專業書籍，白天上班，晚上K書，甚至和國外期貨交易所外事單位深夜聯繫，夜以繼日，為了搞清楚期貨，差不多有一年半時間，經常一周有好次睡在辦公室的行軍床，那時詹庭禎和組長劉坤堂一起負責相關業務，全中華民國政府單位大概只有他們兩人較為熟悉期貨。

王志剛一九八九年六月一日就任商業司長後，才接觸期貨交易法制，為了短時間內研讀及消化外國期貨交易商品及法律，他跟詹庭禎、劉坤堂請教期貨交易專有名詞，每一條法律條文，都註記重點並分析，以求更深入了解中華民國首部期貨交易的法律草案。

詹庭禎說，當時國內少有人知道外國期貨市場及商品交易，更不清楚期貨的經濟功能及意義，最困難的部分是要說清楚期貨市場不是賭場，反而有助一個國家的金融及產業，舉例來說，產業界採購及估算原物料產銷成本，可以參考不同到期日的期貨商品交易價格，也能供金融市場做為避險工具，二十一世紀的台灣，大家對期貨商品，並不陌生，但一九八零年代，從政府官員到台灣民眾都無法理解，高槓桿的金融操作，怎能說是對產業有幫助呢？

王志剛回想起第一次看到詹庭禎上呈的公文，印象深刻，有如刻鋼板般的字跡，努力說明期貨交易及法制，對他有很大的幫助。國外期貨交易法送行政院及交付立法院審查，一開始必須花費許多口舌解釋，王志剛將複雜的期貨交易，以簡要方式羅列重點，除了說服行政院長官，又到立法院接受詢問，最後總算通過當年立委陳水扁、謝長廷等人非常犀利的口頭質詢。

詹庭禎認為，王志剛本來對期貨相關法制很陌生，但經認真的投入，再加上本身就擁有深厚的學術底子，在極短的時間內，就徹底了解期貨法令及制度，實在很不容易，而更讓人感動的是，他這名第一線承辦人員上呈的公文函件，長官看過後，一一註記，代表主管深刻了解且看到基層公務員工作內容及成果，對他來說，是很大的鼓勵。

當年商業司從零開始制定的國外期貨交易法，一九九二年正式通過，一九九九年五月五日廢止，併入一九九七年擬定的國內期貨交易法。即使法已廢止，但因為商業司草擬國外期貨交易法，才能納管地下期貨公司，解決地下經濟破壞社會安定的問題，而更具意義的是，商業司有如國內期貨交易市場的開拓者，有第一部關於期貨交易法律，後續才有完整的期貨交易法及監理規定。

爾後，台灣期貨交易所依法籌設，從此期貨成為政府核准交易的金融商品，並透過合法期貨交易商受託買賣，地下期貨公司逐漸消聲匿跡，這對國家經濟發展而言，是很重要的貢獻。

曾經長期追隨王志剛工作的詹庭禎表示，王志剛在商業司工作的時間雖然才一年多，但這段時間充分掌握瞭解業務內容，決定策略及步驟，激勵並帶同仁往目標前進；王志剛的外型、口才及幽默感，是天生有魅力的領導者，對內對外對上對下的溝通能力強，每到一個單位就能很快把團隊士氣帶上來。

認真學法，從容應對公平交易法立院初審

公平交易委員會法律事務處處長吳翠鳳，憶起王志剛接任經濟部商業司司長之初，就急著找她這位基層承辦人，細問公平交易法草案。她很鮮明地勾畫出當年兩人開會的畫面，由她先講述法條重點，王志剛做筆記，第一次聽完，王志剛經消化理解後，再次找她到辦公室，打開筆記本，拿下他慣用的活頁筆記紙，一張一張給吳翠鳳，要她補充寫下他上次遺漏公平交易法條重點細節，時光雖然流逝，三十年前王司長認真的態度，吳翠鳳至今沒忘。

一九八四年，吳翠鳳到商業司任職，自此負責公平交易法律的研究，草擬法律，她花費很長的時間鑽研，那時台灣並沒有過裁罰案例，也無法以判例來比對法條，對於非法律出身的人，想搞清楚這一部經濟法，是有一定的學習門檻。

一九八五年，經濟部版本的公平交易法草案送到行政院，一九八六年行政院將公平交易法送進立法院，公平交易法本就是較艱澀的經濟法，國內也沒有案例，只有硬梆梆的法條，入門很難，對她來說，一開始草擬公平交易法，也是先參考國外法律，找學者專家多次開會，一步步才慢慢認識與架構公平交易法草案。而一九八九年到商業司的王志剛，非法律出身，但他虛心學習法案的態度，令人印象深刻。吳翠鳳心想，怎麼有如此認真的長官，一次次找她這個第一線承辦人，不時討論及請教法條內容；學法律出身的吳翠鳳，覺得長官王志剛很快就進入狀況，到立法院出席公平交易法草案審查會，草案法律逐條審查討論時，不管立委提出什麼問題，都能應答如流。

例如在一九八九年十二月六日上午，立院經濟、司法委員會審查公平交易法，當時立委林時機問到，公平交易法草案第十一條就事業之結合加以規範，但對於如何申請則缺乏明文規定，事業欲結合與否完全由事業單位自己決定，他主張將條文中「應向中央主管機關申請許可」，改為「得將結合計畫，向中央主管機關提出申請」，如未許可，事業單位可再提出訴願。

王志剛回答時，分成兩點：第一，基本上公平交易法並不禁止結合，只有在市場占有率超過三分之一以上才要提出申請，許可後，才可進行事業結合；第二，「我們認為『應』比『得』好」，因為在公平交易法施行細則草案中，第十條對於市場占有率超過三分之一以上且將提出申請者，其所具備之條件，應準備的文件、申請書表，在施行細則都已規定，故仍以現行條文為佳。

與立委的對談發生時間是一九八九年十二月，那時王志剛才就任商業司司長不到半年，但從當時條理清晰的回答來看，完全看不出這位官員接觸公平交易法律草案，才不過短短數月的時間。[5]

王志剛在一九九〇年十月便改以經濟部次長身分到立法院經濟委員會參與公平交易法逐條審查，一九九一年二月公平交易法公布實施，行政院便已安排王志剛做為公平交易委員會籌備處主委召集人，一九九二年公平交易委員會成立，王志剛順理成章擔任公平會第一屆主委。

王志剛在商業司一年多，不但推出外國期貨交易法草案，也參與公平交易法草案的立院審查，又提出公司法部分修法案，不只法律案，他在任內進行商業現代化的計畫，除推 GPS 認證規範，還實施公司行號營業項目代碼表，也推 POS 訂戶系統、銷售點管理資訊系統，以及促進商業連鎖化經營，說王志剛是商業司推動業務的加速器，並不為過。

推動商業現代化，帶進商業現代化新概念

那時的經濟部次長王建煊主管商業司業務，他在王志剛就任商業司長之際，就指示他加強推動商業現代化的政府政策。

崇越科技副董事長賴杉桂曾任台灣造船公司董事長，當年為負責商業現代化業務的商業司科員，也常有機會隨著王志剛出外簡報，宣導商業現代化，親炙長官多場精彩簡報的風采，有近身觀察及體會。賴杉桂說，過去商業司很重視公司登記業務，著重法規命令，很少司長像王志剛，非法律人出身，而是行銷、企業管理專才，「他來商業司，給我們很多啟發」。

待在商業司二十一年，歷經九任司長，對賴杉桂來說，王志剛是非常特別的一任司長。「他就有如生命中的貴人一樣」，賴杉桂說，王志剛部長任商業司長職務雖然只有一年多，卻改變了他，王志剛的言談及工作方法衝擊他的腦袋。賴杉桂表示，政府法規及條文都是一條一條，生硬零碎，但經過老長官王志剛的歸納彙整後，製作成簡報，居然可以讓法條結構化呈現，還有圖解，就像企業管理最常使用的組織圖，回想起來，還是覺得不可思議。

談起當年點滴，賴杉桂語氣忍不住帶點興奮情緒。那時他才入公門沒幾年，年輕人見到王志剛熟稔的簡報技巧及「工具」，感覺實在太新奇了，紅色、黃色的筆畫在簡報透明膠紙，王志剛告訴

5 商業司長王志剛與立委對話，根據立法院公報法律案專輯（第一三二輯經濟）刊載的會議逐字稿內容。

他們那是一種叫做 permanent（永久性）的筆；賴杉桂說，傳統的政府公務機構，少有主管使用如此簡報業務方法，真是讓人耳目一新，內容更是一目瞭然。

賴杉桂大學畢業服完兵役後，就到經濟部商業司當公務員，在王志剛這任司長任內，學到簡報敘事要具備「邏輯的表達、結構的呈現」兩要素，對他的日後工作真是受用無窮。除了有系統的簡報新方法，賴杉桂表示，因為王志剛是企業管理及行銷學者出身，時常跟商業司同仁在言談間，灌輸諸多商業現代化的新想法。

三十年前的台灣的社會，很難想像「什麼是商業現代化？」賴杉桂說，但王志剛談到他在投審會時，引入麥當勞速食店進台灣，這種美式速食連鎖店「清潔、整齊、明亮」，就是商業現代化概念的具體呈現，從王志剛的口中講出來，商業現代化有了清楚的樣貌。

王志剛擔任商業司長期間，不只對內跟同事講述商業新面貌，也積極跟社會大眾溝通，他在接受記者採訪時提到，配合經濟發展潮流，經濟部商業司正全力規畫「服務業發展方案」，其中鼓勵設立經營型態較現代化的連鎖商店，正是重要的一環。[6]

一九八九年十二月，政府核定「中華民國產業自動化十年方案」，在此之前，政府的專案都稱「工廠自動化」，從這個方案開始，政府產業升級的眼光就不只限於工廠，產業自動化十年大計畫，涵括農業、工業、商業服務業和營建業等四大領域。一九九〇年一月二十一日，經建會負責整體規畫產業自動化十年大計畫，各部會分工執行。

王志剛任商業司長時，十年產業大計畫成形，即使只是計畫前半段，但王志剛仍帶著商業司同仁往前衝。當時經濟部擬出的零售業與工商服務業現代化作業，在零售業部分，全面推動國內企業使用商品條碼，以利產製、運銷作業的進行，降低銷售成本，並推廣使用電信加值型網路，以電腦化作業來增進經營效率，同時也加速推動建立全國工商管理資訊系統。

積極落實商業現代化觀念

王志剛不是只循舊例的人，在商業司長任內，任期不夠長，因此，公司登記電腦化，是在他經濟部次長任內完成。公司登記電腦化，指的是商業司將公司及產業編碼，電腦化且有系統地，當公司到商業司登記時，就有公司名稱編號及財政部所發予的統一編號，當時是由賴杉桂負責，他以財政部統一發票號碼為準，發出的公司執照號碼與財部的統一編號一模一樣，如此有系統整理公司商業登記業務，是由商業司基層同事不斷與財政部財稅中心溝通協調，才能完成此浩大工程。

賴杉桂說，為了公司商業登記證件與統一編號同一個號碼，在沒有網路電腦連線的時代，要先跟財政部拿一批號碼，以磁帶紀錄下載，後來只要有人向商業司申請公司執照，商業司就通知財稅中心。除此之外，商業司還整理公司登記時的行業別，與主計處的行業分類能夠一致，這是王志剛在經濟部長任內才完成。

雖然不算是經驗豐富，但賴杉桂有商學院企管背景，在遇上王志剛前，經濟部公費送賴杉桂到

6 一九八九年十一月二十二日《聯合晚報》七版「專業經營 老店的下個春天」

美國念企管，回國後，長官指定他來負責此大型專案，他沒想太多，只覺得任務在前，不應推開學習機會，這也是當時王志剛任司長時，給他們年輕的基層公務員的工作觀念，做事就像練功，若推開可以磨練自己的工作機會，就好像拒絕好運來臨一般。

賴杉桂一開始執行計畫前的分析調查工作，在與王志剛互動時，一件事情令他印象深刻，他從王志剛身上學習到「環境分析」理論，後來賴杉桂於國內再深造念博士，才明白原來企業管理學說中，有一項ESSP分析方法，就是長官所提的「環境分析」理論。

第一個E是總體及個體環境，接下來的S為策略，結構（S），最後才會有（P）表現，賴杉桂恍然大悟，知道老長官王志剛其實是傳授他分析事物的方法，先研究環境（現況分析），找出問題，例如小商店不夠明亮、不知銷售商品的金流、物流過程，一旦商業現代化後，打開電腦便清楚呈現，倘若一家店有一千項商品，只要有條碼，便可追蹤管理，有利後續補貨、進貨。

產業自動化十年方案從零開始，賴杉桂稱自己年輕時光念了點死書，不知如何運用知識，甚至還有些「土法煉鋼」，他找外部專家開動腦會議，先拼湊出方案大樣，再有子計畫、分支計畫，共分成五個計畫。他舉其中的商品編列條碼計畫為例，有此基礎，之後才有供POS（銷售點管理資訊系統）使用的商品二維條碼，也才能發展訂貨系統（EOS）、銷售點管理資訊系統。

現今社會對每項商品都有條碼，習以為常，過去的台灣，卻沒有為商品編碼，商業管理當然也無法進入科學系統化的軌道，在快三十年前的台灣，商業現代化是件顛覆社會舊有商業交易習慣的大事。商業現代化（自動化）五大計畫，第一項為條碼，賴杉桂說，光是條碼，他就寫了上、中、下三篇文章。從條碼，再進展到銷售點管理系統以及訂貨系統，這都需要串接資訊流，當年沒有網際網路，須透過中華電信的VAN（加值網路）。第四項為物流計畫，發貨中心及時掌握商店貨架情況，隨時補貨，物流中心就像一個大型倉庫，連鎖店的不同門市，若需要某一款數量不等的商品，此時EOS透過VAN傳輸點貨，物流中心發貨，門市能迅速快速補貨；第五項計畫是推動像美日連鎖店的商店經營管理型態，店面「整齊、清潔、明亮」，當年很多餐廳、商家都響應，商業司還出版不少書冊，宣導商業現代觀念。

商業司還做了優良商店認證GPS（Good Practice Store）制度，那時王志剛擔任經濟部次長，商業司司長換成吳慶堂，由國內專家學者及政府認證這些GPS商店是安全且符合規範。

產業現代化十年大計畫正式執行日期為一九九一年七月一日，那時王志剛已升任主管商業司的經濟部次長。

後來，十年計畫一年一年做，賴杉桂要跟不同主管及長官簡報，講述計畫內容匡列近二十億元預算，打算如何運用，要讓上頭長官同意，也要立法院審過這鉅額預算，他說，此時，長官王志剛「傳授」的簡報Know how（技能），發揮很大作用。

「簡報要很溜、夠Qualify（合格）、結構要夠嚴謹、邏輯要夠清楚，觀點要夠前瞻，未來十年後，台灣的商業要長得像計畫內容一樣，要描述願景……」賴杉桂連珠炮般，說出一長串當年他如何「複製」王司長的簡報技巧及功夫，因此才得說服上、下、內、外長官與同僚，立委或跨部會長官。

賴杉桂回顧當年商業司推動的商業現代化工作，結構性翻轉台灣商業發展，從傳統柑仔店到連鎖店，速食店、超商、餐廳、書店、咖啡店，甚至洗衣店、相片快洗店到飲料，各種業態都發展出商業現代及自動化的連鎖加盟型式。

為了推動商業新模式，站在經濟部角度，主要是協助業者；當時早已引入日本 7-ELEVEN 的統一企業，一直未能適應本土環境，還沒能獲利，賴杉桂說，商業司幫忙之處，就是規畫投資抵減，凡業者購買自動化及提升商業現代化的設備，都可抵稅。賴杉桂提出「養雞生蛋」理論，居然說服了財政部，因為使用 POS 系統的商店，後端電腦系統紀錄每一筆交易，財政部反而能因此看清商店每筆交易，一顆茶葉蛋或一份報紙的交易，「商家的稅都漏不掉」。

不過，王志剛當年便已經考量到連鎖商店若過度擴張，也可能膨脹成為壟斷市場的商業巨獸，那時公平交易法草案還在立法院待審，他已先提醒社會，連鎖店固然有大量進貨、成本較低等優勢，但各先進國家都訂定法規予以適度規範，商業司也透過駐外單位協助，搜集其他國家相關法規，以作為連鎖店管理辦法的參考。

一九九一年二月四日立院通過公平交易法，時任經濟部常務次長的王志剛，也被長官交付籌備公平交易委員會任務，後來被郝柏村院長提名為公平會創立後的第一任主委，郝柏村院長還親自出席佈達典禮。

多年後，王志剛從他任台大企業管理及行銷學教授，又在投審會執秘任內執行開放麥當勞入台，到商業司時代，發展連鎖店、商業現代化，接著往維護經濟秩序的公平交易領域，公務生涯發展的軌跡，似乎一步一步、環環相扣，還有著因果關連，上天安排的際遇，實在太有巧思。

簡政便民績效獲獎，提升公部門形象

在接任商業司司長之前，時任經濟部次長王建煊曾經提醒王志剛，外界對商業司的評價有待提升。

過去的商業司曾經被媒體指稱積案，民眾申辦公司登記程序過於繁複，等待時間太久，王志剛上任之後，經常到商業司各組室「走動管理」，實地了解民眾需求，之後會立刻要求同仁改善工作態度及效率，根據當時的媒體報導，那時商業司凡事快辦，公司設立登記一天即完成，變更登記一星期內即可領到執照，這種為民爭取時間，一般人不需拜託特權的服務精神，是一年來很大的轉變[7]。

在王志剛任內，公司名稱與所營事業預查程序與審核，走向「透明化」，使新設公司與變更營業項目登記者得以根據此項辦法辦理預查，不再於不知情的狀況下提出預查申請，降低被打回票的機會。[8]

一九九〇年行政院舉行政府機關單位為民服務績效競賽，為了將商業司簡政便民的努力，展現在評審委員面前，凡事都要認真縝密規畫、親力親為的王志剛，要求同事充分準備。

在商業司工作二十一年的賴衫桂最了解商業司辦公室座落於經濟部大樓的狀況，他說，當時因公司登記尚未落實電腦化，光是置放公司登記紙本資料需要很大的空間，商業司內各組辦公室分居

7　一九八九年八月十四日經濟日報十八版「業者盼商業司加油」

8　一九八九年十月十六日經濟日報二版「落實公司名稱所營事業預查制度」

在經濟部大樓樓層內，比起其他單位座落位置較為零散「占地甚廣」；王志剛回想三十年前參加競賽情形，因考量到評審們審查時，必須經過不同樓層，行走路線與經濟部其他單位大不相同，需要多位同事舉著牌子來引導評審行進，也因此更需要預演練習評審可能行走的路線。

最後，商業司在兩千個政府機關單位為民服務績效評鑑中，被評為第一名，由當時行政院院長李煥親自頒獎，這對剛成為正式公務員且主掌一個部門的王志剛，以及商業司同仁，都是很大的榮耀與鼓勵；這麼多年過去，前商業司同仁郭宗雄、吳正忠、高靜遠等人，至今仍記憶猶新。

當晚餐敘慶功，王志剛說，那場與商業司同仁的歡樂聚會，場景畫面鮮明，宛如昨日，而且也讓他生平首次體驗到「在女士面前飲酒，不可逞強。」

一九八〇到一九九〇年代，一般餐廳時興提供印有黑松汽水LOGO的玻璃杯，裝盛酒水，那晚，有位女同事跟王志剛敬酒，王志剛倒滿一整杯紹興酒，跟她說，「你喝一杯，我乾三杯。」沒想到王志剛踢到鐵板，女同事冷不防地將一口氣喝下三杯，他只好硬著頭皮連乾九杯紹興酒，王志剛大開眼界，原來不可小覷女士的酒量；王志剛說，他在公平交易委員會時，一位女記者手拿一罐白酒，跟他「乾瓶」，幸好當時隨扈林標油替他擋酒，因為早見識過女性實力，不能夠強出頭。

第五章

使命必達的常務次長

王志剛通過甲等特考，成為正式公務人員之後，便連續跳級，不到兩年的時間，從投審會執行秘書、商業司司長，旋即升為經濟部常務次長，但才接任次長不久，長官就交付難度甚高的任務。

卸除台商心防「偷跑」赴陸投資者　報備補登記

一九八〇年代中期，台灣經濟隨著政府推動自由化、國際化政策而高速成長，並帶動新台幣大幅升值，物價、土地與工資成本倍增，加上國內勞資糾紛不斷、環保意識抬頭，因為生產要素價格上漲，「毛三到四」等低毛利產業被逼著外移；恰巧當時國際財經情勢改變了，東南亞地區興起、各國祭出投資獎勵優惠、國際區域經濟日趨整合和全球貿易保護主義等因素，國內廠商到國外直接投資，比起留在台灣更有利。

其中，中國大陸實施經濟改革開放政策，很快成為世界上主要的外貿與投資地區；一九八八年七月，中共國務院公布鼓勵台灣同胞投資二十二條規定，給予台商視同外資待遇，此項靈活策略發揮很大的磁吸效果，即使台灣明令本國企業不能直接到大陸投資，台商卻前仆後繼，到大陸投資家數與金額年年增加。

「蕭部長跟我講，美國人問他，你們台灣商人到底去大陸投資了多少？但他答不出來，因為沒有任何統計紀錄。」王志剛說，美國人的提問，讓時任經濟部長蕭萬長意識到問題的嚴重性，一味禁止台商往大陸挪移，卻不能掌握台商動態，這是經濟部應當要補強的功課。

蕭部長交付給王志剛的工作，就是整理出台商赴陸投資案件數量及金額，這件事看似簡單，卻是個「海底撈針」的大工程，如果沒有配套措施，恐怕無法令到大陸投資的台商卸下心防，向經濟部補辦登記。

由於政治因素，兩岸經貿與投資活動一直無法在正常的情況下發展，一九八五年，政府才開放兩岸間接貿易、間接投資；至於台商何時開始有赴中國大陸投資的紀錄？家數與金額有多少？當年的經濟部沒有可靠的資料足供解答。

一九九〇年以前台灣方面沒有建立正式的官方統計，一九九〇年六月，王志剛升為經濟部常次，明志科技大學榮譽講座教授余尚武時任常次秘書，為了協助長官達成任務，余尚武努力爬梳了不少「台商赴大陸投資」的資料，找到中國大陸對外經貿部資料，發現大陸官方有登錄的台商赴陸投資統計，最早始於一九八三年，大批投資熱潮是在一九八七年政府開放民眾到大陸探親之後。

一九八七年以前，由於政府嚴格禁止廠商赴陸，且當時的中國大陸投資環境仍差，台商到大陸投資金額與件數不多；根據大陸官方統計，歷年累計到一九八七年底止，台商投資大陸協議金額僅一億美元，投資項目只有八十件。

中國大陸官方資料顯示，一九八八到一九九一年間，台商赴大陸協議投資金額已達三十五億三千七百萬美元，投資項目數達三千八百八十四件，在此期間，台商赴大陸投資的態度確實已經轉趨積極。

法制與輔導管理雙管齊下 台商赴陸投資數字逐漸貼近現況

「民國八十年（一九九一年）政府正式許可第一家台商中興紡織投資大陸設立紡織廠，開啟台商投資大陸的新時代。」黃慶堂已離開公務部門到大學任教，過去政府解除企業赴大陸投資禁令之際，他躬逢其盛在投審會工作，回溯當年時空背景，他記得政府那時順應民意，決定讓先行赴大陸投資台商合法化，經濟部與陸委會協商後，給予補報許可。

黃慶堂說，照慣例，經濟部常務次長都兼任投審會主委，當時投審會在王次長督導下，動員全部同仁假日加班，簡化赴陸投資申請的表格及程序，為的是更方便大陸台商補報備投資概況。

但一開始，來到經濟部登記的大陸台商並不多。王志剛說，當年台商顧慮很多，經濟部必須盡量說服赴陸投資廠商，期待他們能夠正式到經濟部辦理登記；王志剛的作法是主動探訪各個公協會，安排說明會，在會中強調，企業只要在經濟部登記赴中國大陸投資，不會有任何處分，當時台商登記情況算是相當踴躍。

「短期內八千零六十七件台商合法登記，金額高達二十億三千美元，讓數千件『偷跑台商』得以合法化。」黃慶堂指的是一九九三年補辦許可赴陸投資的情況，王志剛在經濟部常次任內負責統整台商補登記一事，有了具體成果，且獲得外界正面掌聲，並使得經濟部能掌握台商在大陸投資動態資料，有利於政府訂定周延的產業政策與大陸政策，也使政府與廠商之間互動更加密切。

一九九一年開始，經濟部始有核准企業赴中國大陸投資金額的正式統計，根據投審會資料顯示，一九九二年起，台商對大陸地區投資占我對外投資總額比率急速飆升；一九九一年經濟部核准台商赴陸投資占整體對外投資金額比率只有九．五二%，一九九二年占比二一．七八%，一九九二年七月、九月，政府正式發布「台灣地區與大陸地區人民關係條例」（簡稱「兩岸人民關係條例」）、「兩岸人民關係條例施行細則」，一九九三年補辦赴大陸投資許可的家數與金額躍增，占整體對外投資金額比率高達六五．六%，就單一地區來說，大陸漸成為我國對外投資最多的地區。[1]

一九九二年起，我政府以「正面表列」准許部分製造業產品項目到大陸投資，再加上同年中共中央總書記江澤民在中共十四大報告中首次提到，大陸確定「社會主義市場經濟」是中國特色社會主義的一部分，政治氣氛改變，台商到大陸投資數字又因此大幅增加。根據中國大陸官方統計，一九九二年那一年台商赴陸投資項目六千四百三十件，協議金額達五十五億四千三百萬美元，較歷年累計投資項目三千八百八十四件、金額三十五億三千七百萬美元，高出甚多，此數字與投審會的統計仍有差距。

「考量許多台商以第三地公司名義赴中國大陸投資，故台商實際投資金額應高於經濟部官方統計。」余尚武當年協助王志剛進行台商赴陸投資補辦登記，對中國大陸官方與我方對台商統計數字不完全相符，甚至存有很大落差，他點出原因之一是台商經第三地往大陸投資的部分，依舊有不少未納入經濟部投審會的資料，而且中國大陸中央與地方的統計數字也有紛歧，但整體而言，經過一九九二年之後的補報登記、正面表列措施，經濟部多少已能掌握台商在中國大陸的投資輪廓。

BOX

台灣開放赴大陸投資的時空背景

台灣從不准台商到中國大陸投資，到一九八五年宣示「間接轉口貿易」原則，逐漸鬆綁兩岸商貿往來；一九八七年是政府調整兩岸政策內涵的重要一年，該年開放國人赴大陸探親且放寬外匯管制、允許中國大陸重要農工原料進口；為因應兩岸之間熱絡的交流，行政院大陸工作會報、經濟部、財政部陸續頒布對大陸通商、通匯、通航等行政管理與作業辦法。

開放國人到大陸探親後的隔年，政府對兩岸往來，密集開放措施如後：（一）一九八八年四月六日，政府宣布兩岸間接貿易合法化，只要求台商符合「三不原則」，即「不直接由大陸通商口岸出航、不直接與大陸進行通匯、不直接由台灣公司進行接

1　台商對大陸地區投資統計數字由余尚武提供，資料來源為經濟部投審會、中共「對外經濟貿易合作部」外資司統計。

觸」。（二）一九八八年八月，經濟部公告「大陸商品間接輸入處理原則」、「准許間接進口大陸產原料項目」。（三）一九八八年十二月十九日，行政院大陸工作會報將兩岸交流商品區分為開放、限制、禁止三類，並決定每年調整一次。

一九八九年五月十一日，行政院大陸工作會報決定兩岸間接貿易新原則，並於六月五日由經濟部頒布「大陸地區物品管理辦法」，允許大陸物品進口。

一九九〇年八月二十一日，經濟部發布「對大陸地區間接輸出貨品管理辦法，同步讓台商到經濟部補辦中國大陸投資申請，九月十三日發布「對大陸地區投資及技術合作管理辦法」，算是在法制上認可轉口貿易，並採取正面表列方式，規範台灣人民間接赴大陸投資。

為協助台商能有順暢正常的金流管道，財政部配合政府大陸政策開放腳步，於一九九一年八月二十日、十一月九日分別頒布「現階段金融機構辦理大陸地區間接匯款作業要點」、「指定銀行對台灣地區廠商辦理大陸出口台灣押匯作業要點」，提供台商在大陸融資的便利措施。

推動公平交易法　籌備公平交易委員會

一九八〇年代，政府推動國際化、自由化與制度化政策，台灣經濟快速發展，社會結構也面臨前所未有的變動，不只部分台商外移，國內也開始出現企業集團大型化的現象，再加上不少大型跨國企業來台投資，政府為了提供企業自由且公平競爭環境，參考西方先進國家「反托辣斯法」，並由行政院指派經濟部草擬公平交易法。

一九八五年，經濟部完成公平交易法草案報行政院，一九八六年五月，政院函請立法院審議，同年六月二十六日，立院經濟及司法兩委員會舉行首次聯席會議，但直到一九九一年元月十八日，立院才完成三讀程序，公平交易法擱淺在立院五年多，總計立院經濟、司法委員會聯席會議共召開十三次會議審查、四次大會討論，立法過程十分周折，加入各方意見後，草案也做了部分修改，在本書的公平會章節內有詳盡描述，此不贅述。

王志剛所以會跨入公平交易法領域，主要是因為行政院前院長郝柏村賞識拔擢；一九九〇年六月一日郝柏村接任行政院院長，他十分在意公平交易法立法延宕，並指派當時為商業司司長的王志剛負責與立法院及社會各界溝通，且由商業司配合增修草案內容，希望讓擱淺在立院多年的公平交易法草案，早日步出立院大門，以便有法源來管理監督市場公平競爭秩序。

在王志剛領著經濟部相關同仁努力之下，立法院終於通過公平交易法，在立院版本中，公平交易法的主管機關位階從隸屬經濟部，提升到直屬行政院，而且因為我國從未實施過公平交易法，其規範內容又密切影響事業經營及交易秩序，於是在公平交易法第四十九條明定，自公告法令後一年，即一九九二年二月四日起再正式實施，讓產業界能有一年的調整因應，免得各企業措手不及。

公平交易法第四十九條同樣也給行政院一年時間來籌設新單位，一九九一年三月二日政院核定設置「行政院公平交易委員會籌備處」，郝院長即刻指示經濟部常次王志剛為召集人，綜理籌備處各項工作。當時社會上有部分聲音質疑王志剛出任此職務為「橫空出世」，畢竟王志剛為行銷學博士，專長與過去經歷無關公平交易領域，但郝柏村獨排眾議，讓王志剛施展拳腳，從無到有主導政府新部門的設置。

郝柏村個性剛正，不愛官場拉幫結派風氣，過去他與王志剛毫無淵源，直到接任行政院長之初，成立跨部會治安會報，才注意到從學界轉到公務部門的王志剛，當時經濟部商業司負責與警政單位合作掃蕩不法八大行業、非法期貨公司及地下金融，王志剛在治安會報中簡報工作成果，郝柏村非常滿意商業司同仁日以繼夜配合查緝，王志剛的行動力讓院長留下極深刻印象。

閣揆郝柏村器重　充分授權籌備公平會

「我父親在家不太談公事，但有一次，他問我認不認識王志剛這個人？」在聽過商業司司長王志剛的簡報後，郝柏村跟兒子郝龍斌詢問外界對王志剛的評價，當時郝龍斌在台灣大學食品科技研究所任教，與王志剛算是學校同事，但因為科系與學院不同，鮮少有機會跟王志剛互動。

郝龍斌直接告訴父親，與王志剛不熟，不過，在台大商學院裡面，王志剛教學認真，曾被學生社團選為最受學生歡迎的老師，在同事之間的評價也很高；雖然郝龍斌不敢過問父親用意，但父親在言談間，對王志剛這位下屬工作表現也是正面評價。

從各種跡象看來，郝柏村很明顯地一開始就要王志剛負責政府新設部門，他打聽過王志剛為人、觀察過其工作表現，在認可王志剛之後，賦予重任。

王志剛在擔任商業司司長時，接到郝柏村交付推動公平交易法完成立法的任務，他積極邀請專家學者、工商團體及社會人士，就公平交易法草案、相關子法及公平交易委員會組織架構提供意見，在奉命籌備公平交易委員會時，王志剛也從當初請益的學者專家中，覓尋適合擔任公平會委員的人才，例如像法學教授廖義男從一開始參與草擬公平交易法，也被王志剛延攬擔任第一屆公平會副主任委員。

公平交易委員會採用委員制，七名委員均為專任，任期四年，主委和副主委比照十四職等，其餘委員為十三職等；王志剛說，公平會委員享有政務官待遇，有配車及司機，如果想私心酬庸，是個很好的機會，而且法令規定人事任命權在行政院院長手上，但郝院長卻完全交由王志剛決定人事，「用人不疑、疑人不用」，由此可見郝院長大公無私，而且充分授權給部屬的領導風格。

籌設新單位千頭萬緒，王志剛在經濟部老同事呂芳慶的協助下，完成辦公廳舍等硬體措施的租用與購置工作，在此之前，呂芳慶為經濟部物價督導會報執行秘書，也做過第二屆公平會委員，後來隨王志剛腳步，回到經濟部擔任主任秘書。

會找呂芳慶進來籌備處，有其原由，當年考量公平會職掌中有平穩物價功能，而藉由查核不公平競爭、壟斷可以控管物價，「公平會籌備處設置要點」明定物價督導會報人員轉任公平會，王志剛也可從原有的相關單位調兼人員到籌備處。

王志剛深感自身法學素養仍然不足，除了延聘法學專家擔任委員，還找了有法律背景的詹庭禎及林尚楨加入新部門，「兩人的法律專業，幫了我很多忙。」詹庭禎在商業司任職時，從無到有，擬定國外期貨交易法，助攻王志剛達成郝院長交付的任務；林尚楨畢業自台大法律系，曾任王志剛助教，退伍後立即到公平會報到，也赴美取得哈佛公共政策管理與波士頓金融法律雙碩士，為王志剛日後擔任經濟部長、外貿協會董事長時的重要幕僚。

有得力的幕僚相助，王志剛擔任公平會籌備處召集人時，還率領同仁研擬完成「公平交易法施行細則草案」、「多層次傳銷管理辦法草案」等兩個公平交易法子法。

隨李元簇副總統訪問中南美洲邦交國

在一九九〇年代，台灣為了鞏固日益減少的邦交國，一九九一年初原先安排總統李登輝親訪中南美邦交國，然而行程宣布夭折後，同年八月下旬改由副總統李元簇帶領的「友好訪問團」前往哥斯大黎加、尼加拉瓜和宏都拉斯三國，進行十四天訪問，有外交部長錢復、央行總裁謝森中、經濟部次長王志剛和農委會副主任委員林享能等官員陪同。

這趟友好訪問團，可說是以台灣經濟實力換取外交，由王志剛以經濟部常次身分代表參與，頗具意義。

根據當年媒體披露，在副總統李元簇中南美拜訪行前的幕僚作業中，已決定由隸屬經濟部的國際經濟合作發展基金（ＩＥＣＤＦ）評估三國需要，給予援助。透過ＩＥＣＤＦ貸款給友邦，欲申請者，必須有完整健全的計畫案，且要有助於我國經濟發展，這是開發中國家與我國共謀互利的經濟貸款，申貸國必須償還，不過利息很低；這是當年我國援助友邦的方式之一。

經濟部的ＩＥＣＤＦ評估哥斯大黎加「輔導外銷製造中小企業轉融資計畫」，決定貸給哥國一千五百萬美元，及以「協助中小企業發展無償性技術合作」名義，貸給一百五十萬美元；為了配合中華工程公司在哥國的工業區興建工程，在哥國與中工正式簽約後，將再貸給一千二百萬美元，協助哥國工業區發展周邊的中小企業。

除此之外，李元簇率領的訪問團實際到中南美洲哥、尼、宏三國，基於友好外交關係或人道考量，另外各貸三千萬美元給哥國、尼國償還外債。[2]

返國後，農委會則與三國加強農技合作，在哥斯大黎加教授蘭花、果樹、畜養家禽、養豬、養魚技術，還有造船合作計畫，撥款給哥國建造漁船，但須提供提撥專戶專用；另派有十二名成員的農技團常駐尼加拉瓜、尼國也派人來台受訓研習；宏都拉斯則對我方多年來農、漁技團工作成果，推崇備至，期待繼續給予協助。

2　一九九一年九月二日出版的二三四期《新新聞》

第六章

使命必達的公平會主委

號稱「經濟憲法」的公平交易法，早在一九八〇年，行政院即指示經濟部研擬公平交易法草案，孰料一眨眼十年過去，其間王志剛自投審會執行秘書、轉任商業司司長、再升任經濟部常務次長，公平交易法草案都還沒能完成。

一九八五年，經濟部研擬的公平交易法草案送到行政院，行政院於一九八六年，將公平交易法函送至立法院審議。同年六月二十六日立院正式安排經濟及司法兩委員會召開第一次聯席會議，在一九八七年十二月，第八次審查會議結束後，公平交易法草案即未再列入委員會議程，在立委激烈爭議下，公平交易法被保留了二十四條。

當時立院經濟委員會曾提付黨政協調，但社會對公平交易法很陌生，擔心一旦施行會影響企業、產業發展，想要「杯葛」此一草案的團體不在少數，另一方面，政治解嚴前後，身為執政黨的國民黨也忙著國安法等五大政治性法案的協調，分身乏數，因而無法突破公平法的修法僵局。

根據當時媒體報導，直到一九八八年九月經濟委員會新任召集委員選出之後，公平交易法草案塵封狀態始有轉機。[1]

一九八〇年代末期，全世界各國政府對市場經濟政策方向是建立合理遊戲規則，而非干預市場機制，但在WTO與區域性自由貿易協定下，各國努力推動進口自由化與解除管制等開放措施，導致全球經貿體系逐漸整合，形成全球市場競爭，我國政府必須重整經濟治理制度，才能順應國際環境的快速轉變。

攸關台灣經濟走向國際化、自由化的公平交易法案擱淺，讓那時候的行政院非常頭痛；王志剛從投審會執行秘書轉任商業司長後，行政院長郝柏村即刻交付此高難度任務給王志剛。王志剛是個即知即行、使命必達的人，他立即與商業司同仁一起找學者座談，跑立法院，希望早點完成院長交辦之事。

企業管理學者出身的王志剛，在這一階段，變身法律系、公行系的「學生」，商業司的基層公務員、現為公平交易委員會法律服務處處長吳翠鳳，就是王志剛請教的對象，吳翠鳳從一九八四年考進經濟部商業司當公務員，便負責草擬公平交易法，一九八九年王志剛任商業司長後，經常「就教」於她，在活頁紙上勤作筆記畫重點。

公平交易法在立院擱置的第四年，朝野立委鑑於「促進產業升級條例」通過後，經濟秩序獨缺

1 一九八八年十一月十四日《經濟日報》二版

基本規範的情形，一致表達優先審查「公平交易法」立場，也促使國民黨集思會、民進黨立委彭百顯、陳水扁和新國會研究室相繼在「公平交易法」進入立院二讀後，各提修正對案，一時之間出現三個異於原案的「修正版」，這些立院修正案提出的爭議，考驗王志剛的協調能力。

這些修正版中最易引起爭議的重點包括：

「公平交易委員會」的位階問題。行政院原案僅規定隸屬經濟部，但朝野三個修正版都認為應隸屬行政院，但新國會研究室又將「公平交易委員會」委員的任命增訂「須經立法院同意」規定，使版本合併不易。

「公平交易委員會」行使職權方式。雖然朝野版本都確認「依法獨立行使職權」原則，但立委的新國會研究室獨排眾議，要求將其準司法權程序另訂法律。

公營事業應否納入公平交易法規範。「修正版」都傾向將公營事業納入，但規範方式互異，集思會傾向依法彈性授權制約，「彭百顯、陳水扁版本」要求刪除「行政院許可不必納入」的規定，「新國會版」則建議應以法律明文界定適用規範。

對競爭、獨占、特定市場及結合、聯合行為的界定，立委的各版本寬緊之間都存在或大或小的差異，這些看似細節的分歧，隱含著各人抱持的經濟理念有所不同。[2]

公平交易委員會位階提升隸屬政院

不過，這些爭議較大的條文，在朝野不傷和氣的氣氛下，均以協調或表決通過，其中「公平交易委員會」的位階，由原條文隸屬經濟部提昇為隸屬於行政院；而公營事業方面也規定，在法令公布後五年內一併納入適用範圍。[3]

行政院並參考德國與韓國模式，使公平交易委員會成為具有準司法權的機關，且能實際從事市場調查，處分聯合壟斷等違法行為。

公平交易法一九九一年二月通過立法，一九九一年三月二日行政院長郝柏村指定王志剛為公平交易委員會籌備處召集人，籌備時間近一年，當年甚至傳出有不少人想爭取主委位置，在主委人事案公布之前，王志剛雖低調處理相關籌備事宜，但也盡量維持公平會與外界透明溝通的形象，應新聞界要求，以籌備處召集人身分，發表對未來公平交易委員會成立後，初期工作重點的一些「建議」。

王志剛以三項工作為初期工作重點：一是針對產業界進行密集宣導溝通；二是與檢、調單位聯繫，盼能得到支持；三是加強對新進人員的訓練。[4]

公平交易委員會未來將獨立行使職權，為支應成立此一機構的經費，一九九二年中央政府總預

2 一九九一年一月三日《聯合晚報》二版
3 一九九一年一月一九日《聯合報》十一版
4 一九九二年一月十五日《聯合晚報》五版

算案中已由主計處提出額度外需求一億元。[5]這筆預算讓「行政院公平交易委員會籌備處」有餘裕可以在一年內，完成辦公廳舍等硬體設施租用、購置工作，深入分析公平法相關問題，並研擬公平法相關子法草案，即「公平交易法施行細則案」及「多層次傳銷管理辦法草案」等子法。

一九九二年一月二十七日，公平交易委員會正式成立，行政院郝柏村院長親自出席佈達，顯示政府對這個新單位的高度重視。公平會採委員制，委員由院長提名，總統任命，王志剛就委員應提報的人選向郝柏村請示，郝院長當場兩眼一翻，瞪著他說，「將來委員跟誰做事啊？你不提、我怎麼提？」

王志剛對於郝院長的充分授權與對部屬的信任，至今仍十分感佩。

郝院長不循私，授權王志剛任用政務官等級的委員

公平交易委員會委員待遇等同於政務官，即使只任一屆，也能領退休金，如果行政院長想任用私人，這是最好的機會，郝柏村將公平會委員的人事任命權全交給主委決定，王志剛說，「郝院長這一點很了不起」。

那個年代，政府組織採委員會運作模式並不多見，公平交易法被稱為經濟憲法，公平交易委員受法令約束，不得有政黨偏好及色彩，王志剛說，這是已故立委盧修一在修法時的堅持，公平會委員同一政黨的比例須小於二分之一，任職期間也不得參加政黨活動要求，這些規定都列入公平會組織條例裡面。

朝野各界都盯著看新設的公平交易委員會，委員人選備受關注；第一屆（一九九二到一九九五年）九位委員除擔任主委的王志剛，副主任的廖義男，還有吳榮義、李伸一、王弓、朱雲鵬、黃茂榮、呂榮海及洪禮卿。

王志剛續任公平會第二屆主委後，於一九九六年六月請辭，轉任經濟部長，第二屆委員（一九九五至一九九八年）名單有所變動，賴源河接替廖義男擔任副主委，委員有王弓、呂芳慶、洪禮卿、朱雲鵬、鄭優、蔡英文、許宗力。趙揚清女士則於一九九六年六月接替王志剛任主委、蘇永欽教授於一九九六年九月接替賴源河擔任副主委。

由於郝柏村充分信任，王志剛也遵循院長公正不阿原則，以專業能力及立法院所設黨派比率規定等因素來考量，覓尋合適的公平會委員，完全不以私人喜好來任用。

公平會第一屆的副主任委員廖義男是台大法律系教授兼法學院教務分處主任，他是少數很早就參與公平交易法草擬及公平會籌備的學者，經濟部並聘為諮詢顧問，雖同在台大任教，但王志剛與廖並無私交。當時國際競爭法才剛成潮流，王志剛親邀及推薦廖義男為其副主任委員，就是看重他的法律專才，他也成為王初任公平會主委時，不可或缺的左右手，對日後公平會各項制度的建立，厥功甚偉。

賴源河接續廖義男擔任公平會副主委前，並不認識王志剛，一九九五年年底，王志剛邀請賴源

---

5 一九九一年一月二十日《經濟日報》二版

河擔任公平會副主任委員，賴源河本身是政大法學院院長以及國內著名的公司法、證券法學者，對公平交易法亦有專研，賴源河心想這是對他個人研究工作有助益的機會，當下約好與主委見面時間，「見面時，王主委誠懇邀請，真情感人，終於使我有機會追隨王主委，從而獲益良多。」

李伸一記得一九九一年十二月間，「有一天忽然接到王先生電話，問我有無意願到公平會擔任委員」，李伸一考慮兩天就答應，當時身兼律師的他，在消費者文教基金會擔任董事長，從事消費者保護工作，公平交易法也有保護消費者用意，公平會工作內容，與李伸一的志趣與所學相符，王志剛與李伸一原本並不認識。

許宗力談起王志剛找他擔任公平會委員過程，煞是有趣，許和王都是台大教授，但同校不同院，「可謂素昧平生」，一九九三年底，「我很意外接獲時任公平會主任委員的王志剛教授電話，希望與我一敘」。

「見面一談，王主委坦言根本不認識我，但因外界推薦，並經多方打探，認為我風評不錯，所以打算推薦我擔任第二屆公平會委員」。

「我當下內心的反應是好『大膽』的王主委，不知我的斤兩，不知我的為人，好像也不知我的『非國民黨立場』，只憑外界之言就敢啟用我。」許宗力也「大膽」答應下來，而有了人生意外的三年公平會之旅。

雖然王志剛第二屆公平會主委任期只有一半，許宗力等於和王志剛共事一年半而已，但法律專長的許宗力說，「王主委的專業學識、議事風格與領導能力，都給了我很大啟發，令我感佩，也讓我學習很多。」[6]

第一、二屆公平會委員都是一時之選，非常優秀，蔡英文成為民選總統，而廖義男、黃茂榮當過大法官，蘇永欽不只曾任大法官、司法院副院長、國家通訊傳播委員會（NCC）首任主委，許宗力是司法院院長，吳榮義則任過行政院副院長，賴源河為考試委員，李伸一為監察委員，他們都是中華民國政府體系不可或缺的高階領導要員。另外，王弓、朱雲鵬是學有專精的經濟學者，鄭優曾任中華電信董事長，現任鏡電視董事長，乃媒體和通訊領域的專家。

公平會「處室長」為「委員」的下一位階官員，與公平會委員搭配一起「辦案」，當年處室長陳裕璋、葉惠青和劉坤堂，他們均是在專業領域奮鬥二十多年的優秀高手；陳裕璋後來曾任台北市副市長金管會主任委員，葉惠青為新北市長朱立倫時代的副市長，劉坤堂也任過經濟部商業司長。

學有專精的公平會委員，與資歷深厚的處室長的初接觸共事，可以說是強強相碰，這讓主委王志剛深入思考，如何縮短新組織成員之間的磨合期，建立可長可久的公平會委員制度，應該是他任內第一件要做的事。

公平會委員會和諧運作　從未動用表決

現任台灣人壽法遵長林尚楨觀察到，公平會委員制的組織運作得以順暢，且持續至今，未發生

6 二〇〇二年十一月九日《前瞻管理新知與實研討會大會手冊》第八頁

委員間重大的歧異衝突，這可歸功於第一任主委王志剛的領導風格和設計巧思。

林尚楨人生第一份工作是公平交易委員會主委室秘書，當時他才退伍，正思考著要到律師事務所或公平會上班，後來選擇政府新部會，也讓他見識到少有的委員會組織運作模式。

「委員與公平會處室同仁的互動模式，有點像教授及研究生。」林尚楨說，公平會從創立運作至今，一方面讓處室主管保有領導統御的指揮權力，另方面則設計由委員抽籤輪值審查個案，輪值委員能夠提早參與個案辦案過程並指出方向，就好像論文指導教授指揮博士研究生寫論文一樣，研究生仍必須獨力完成論文寫作，但寫作過程中，指導教授有權力給予指導及建議，最後並簽名提請論文審查會議，也就是將個案送進委員會討論。

委員會開會雖然不是「討論＋表決」如此簡單的過程，但因仿效博士論文審查會議方式進行，使得王志剛領導下的公平交易委員會，多在和諧氣氛下開委員會，委員之間互相尊重，縱使有不同意見，「指導教授」（指輪值個案的委員）協助研究生向委員會說明，若仍有委員持不同意見，可要求將其不同意見書，列入委員會紀錄。

賴源河回想起當年公平會組織運作情形，主委、副主委內外分工明確，授權清楚，主委只關心不過問；委員會由財經與法律背景的專家學者所組成，因其專長及背景迥異，觀點與見解難免大不相同，委員會委員為釐清事實，辨明法理，開會難免會有爭辯，身為主席的王志剛雖非法律出身，於商業司長任內才開始接觸公平交易法，卻善於把握重點，剖析問題所在，所以最後都能取得共識。[7]

曾任公平會法務處處長的李憲佐為王志剛祝賀六十歲生日時，曾提及王志剛主持委員會議功力，「再複雜或意見分歧的議案，從未動用表決權，而且不論案件再多，會議時間都未超過中午十二點五十分，處事明快、果斷、有魄力、效率超高，確屬罕見。」[8]法學非王志剛所長，能如此精準掌握公平會審查個案內容與問題，並非僥倖，背後有不為人知的努力。

王志剛在公務生涯中有一大群機要秘書，詹庭禎是這一族組的大師兄，他從王志剛擔任商業司長時，就近身追隨，「王志剛在設定工作目標後，一定全心投入，嚴謹且嚴格的執行」。

詹庭禎以公平會委員會議的議案討論為例，每周委員會議的前一天，王志剛仔細研讀議案後，必召集習法的林尚楨和他，反覆討論所涉的法律爭議，從基礎的法學名詞到深奧紛歧的法律見解，「其態度如果用不恥下問，追根究柢形容，也不為過。企管大師如此鑽研法律，真得佩服他的毅力。」「幾個月下來，王志剛的用功加上其異常敏捷的機智及反應，在法學對話上，可與國內法學大師，如廖義男、賴源河、許宗力、黃茂榮、蔡英文等教授侃侃而談，毫不遜色。」[9]

在違反公平交易法的案件當中，不實廣告佔比相當高，某次王志剛主持委員會，討論到一件檢舉「某品牌牛肉麵火辣辣的，辣得噴出火來」的廣告誇大不實，他當場詢問：「請問各位委員，有

---

7 二〇〇二年十一月九日《前瞻管理新知與實研討會大會手冊》第三十六頁

8 二〇〇二年十一月九日《前瞻管理新知與實研討會大會手冊》第三頁

9 二〇〇二年十一月九日《前瞻管理新知與實研討會大會手冊》第二十八頁

誰認為吃了辣牛肉麵，嘴巴會噴火？」原本板著臉嚴肅開會的委員們此時也忍俊不住，哄堂大笑；王志剛於是下了結論：「公平法第二十一條禁止事業於商品或其廣告上，或以其他使公眾得知之方法，為虛偽不實或引人錯誤之表示或表徵；以行銷學角度而論，誇大為廣告之慣用手法，本案內容雖與事實不符，但尚不至於導致一般大眾錯誤之認知，因此不予裁罰。」

陳裕璋認為公平會委員都是具有高度理想性的專家學者，想要說服他們達成共識並不容易，王志剛做為委員會議主持人，公正無成見，運用圓融及幽默的處理手腕，各項議案均能有效獲得共識，在王志剛任內，成功建立起和諧的委員會運作模式。[10]

公平會一、二屆委員及各處室長因此在很短時間內度過磨合期，建立起默契，也一起參與宣導小組，更成為宣傳公平交易法及公平會職權的華麗部隊。

企業老闆專屬研討會，叫好叫座

公平交易法新法上路的隔一年，公平交易委員會才正式成立，一九九二年分成上、下半年深入各行各業說明新法內涵，並與業界充分溝通，從主委王志剛本人、公平會委員以及同仁，都是宣導小組成員；公平會針對水泥砂石業、百貨業行銷、券商手續費率、麵粉業聯合採購小麥、出版業等產業舉行數十場的公聽會或座談會，這些場次由宣導小組的成員們分工負責。

王志剛未進入政府組織之前，本就是台大商學院教授，也是著名的行銷學者，陳裕璋記得，王志剛以行銷學者理念及幽默風趣的演說技巧，向企業說明，深獲企業認同，使得企業充分體認在公平交易法規範下，建立良好競爭秩序的必要性，企業也願意配合公平交易法，調整其營運行為。

林尚楨記得，宣導小組初期採廣泛宣導的作法，後期則朝向案例分析的方向進行；對象從小蝦米到大鯨魚，一個都不放過。

一九九四年九月底公平會針對大型企業集團老闆規劃了首屆「企業負責人公平交易法研討會」，學員包括當時的國泰人壽董事長蔡宏圖、潤泰總裁尹衍樑、東元電機董事長黃茂雄、南僑化工董事長陳飛龍、東和鋼鐵董事長侯貞雄、台化總經理王文淵、台泥總經理辜成允等人。研討會師資則由公平會主委王志剛領軍，副主委廖義男、委員王弓、朱雲鵬、呂榮海、黃茂榮等，幾乎全員出動；而且為了避免大老闆中途翹課，另兼顧地點的隱密性、方便性和舒適性，特別安排在桃園鴻禧山莊，辦理為期兩天一夜的周末特訓班。[11]

繼首屆企業負責人研討班叫好叫座後，隔年第二屆的企業負責人研習班學員也是「星光熠熠」，包括統一集團董事長高清愿、宏碁電腦董事長施振榮、聯華電子董事長曹興誠、三商行董事長陳河東、美吾髮董事長李成家、味全董事長黃南圖、義美總經理高志尚（現任義美董事長及國經協會理事長）等。

公平會未讓這些大老闆級的學生失望，包括王志剛在內的九位公平會委員一齊出席，並安排由

10　二〇〇二年十一月九日《前瞻管理新知與實研討會大會手冊》第十四頁

11　一九九四年九月二十四日《經濟日報》大老闆不一樣的周末上課去

王志剛簡報「公平交易法執行情形及其成效」，接著蔡英文委員主講「由加入國際經貿組織談我國競爭法報行的國際因素」，王弓委員主講「由共同經營與策略聯盟談公平交易法對結合與聯合之管理」，壓軸則由王志剛演講「統御領導與激勵員工士氣的藝術」；不論師資或學員，都堪稱鑽石級陣容。事後有某電腦公司董事長特別致電給王志剛表示，參加這項研討會，讓他對政府機關的服務精神，重新評價。[12]

已故台塑集團共同創辦人王永在初識王志剛，是他擔任公平會主委時候，兩人曾一起打過高爾夫球，「王志剛擊球時非常專注，和他作學問的態度一樣，每次打完球總是汗流浹背、全身溼透，從這小地方也可以看出王部長事事認真的處事態度」，王永在曾如此描述他對王志剛的觀察。

王永在認為，公平交易委員會是個政府部門較為冷門的單位，但王志剛將公平會業務推動得有聲有色，公平交易委員會遂成為人盡皆知的行政部門。[13]

王志剛燒熱冷灶的功力，不只獲王永在認證，曾任政府主計長的韋端（後改名韋伯韜），也有類似的看法。韋伯韜與王志剛差不多同一時期自美國學成返台，都被延攬進入政府機關服務，王志剛任投審會執行秘書時，韋伯韜進主計處。韋伯韜在王志剛六十歲那年，用台語「舞嘎龍跳跳」，以及英文 Amazing 形容王志剛努力將公平會提升為眾人注目的財經部會。

韋端說，他任副主計長時，王志剛對他表示「他深知主計處官員是有名的丈夫無私交，所以他要努力證明公平會不應只有那一億的年度預算，而且不是靠交情去要經費。」

「果然，他將各業龍頭全數找來上課，學習公平交易法，他自己主講，可以想像當年他魅力四射的上課兼行銷，教學經驗得以充分發揮於新的工作領域，這台戲也如期得到全國注目。」[14]

除了大企業重要領導人短期課程，公平會還安排公協會成員上課，另外一種方式是培養種子成員，各公司或政府相關組織派人上三個月公平交易法規及內涵的課程，回公司或單位後當「種子部隊」。

有意思的是，王志剛在公平會主委任內撒下的種子，在他的下一個人生階段竟然開花結果；他在經濟部長任內進行的WTO入會談判，部分主談人正是種子部隊，他們在公平會受到的訓練，發揮極大功效。

林尚楨說，公平會剛成立時，奉行「宣導、宣導再宣導」準則，幾乎每天都安排溝通宣導課程或座談、公聽會，懲罰部分，先行政後司法，樹立這個原則，鋪排在公平會之前的執行政務路途，走起來就平坦許多。

一九九二到一九九六年，王志剛做為第一、二任公平會主委，宣導公平交易法及公平會職權，投入鉅大的人力與資源，舉辦七百三十五場次的說明會，發送一百三十餘萬文宣資料，已經促使國內產業交易行為走上經濟法治軌道，競爭秩序改變的範圍是全面的，各行各業，無論民營或公營事業，或是政府部門與社會大眾，都已知道實施公平法的意義與成效。

---

12 一九九五年十月二十六日《商業周刊》第四一四期　施振榮、高清愿等三十大企業老闆的那堂課
13 二〇〇二年十一月九日《前瞻管理新知與實研討會大會手冊》第十七頁
14 二〇〇二年十一月九日《前瞻管理新知與實研討會大會手冊》第六頁

曾當過王志剛副手的賴源河，認為王志剛將其專長揮得淋漓盡致，充分利用行銷的手法，達到最高效益。「他除了與最相關機關、學術界、新聞界及產業界保持良好而暢通的溝通外，還非常重視宣導，據稱他本人就曾主持一百二十四場的宣導會。」[15]

創辦《公平交易季刊》確立公平會學術地位

王志剛擔任公平會主委四年半的時間，與他共事的委員們全都是一方「學霸」，委員們不論來自法律或經濟等專業領域，學術底蘊皆深厚；一九九二年十月公平會創辦「《公平交易季刊》」，自一九九四年起，獲得行政院國家科學委員會社會科學研究中心（現今改制後名稱為科技部人文社會科學研究中心）持續收錄為「台灣社會科學引文索引」（TSSCI）資料庫名單。

這是第一個獲得TSSCI收錄的政府行政機關出版品，王志剛覺得是件非常光榮的事，他特別感謝第一屆公平會委員暨副主委廖義男。

當時競爭法剛成為學術界顯學，廖義男和學有專精的現任委員發表具學術價值的論文，並適當收錄發表，為了讓公平會成為競爭法的研究重地，因此在政府公報之外，另外再創辦《公平交易季刊》，季刊發行宗旨就是要促進國內公平交易相關領域的學術發展。

公平會季刊成為競爭法相關問題研究論述最專業的發表平台，學術界、相關專業人士及公平會委員、同仁，都可以發表公平交易法學術與實務各面向研究成果，讓各界更深入了解公平交易法內容及相關議題，當然也能藉此凝聚社會注意及力量，更有利推動競爭政策。

公平會除了創辦學術刊物外，也積極推動國際交流合作，密集派員參加各項國際會議，更於一九九四年三月間舉辦第一屆公平交易法國際研討會（現名為台灣競爭政策及競爭法國際研討會）。韋伯韜曾如此讚嘆過王志剛促進公平會與國際交流的功夫，「對外，王志剛弄了個全球公平交易資訊中心，儼然成了公平交易的小聯合國，當時行政院長連戰在中心剪綵那天，低呼小覷公平交易的威力，志剛兄再次發揮學術研究和國際交流的雄厚實力和經驗。」[16]

王志剛在第一任公平會主委任內，開始參與各國舉辦的各項國際競爭法會議，例如參加德國舉行的第七屆卡特爾會議，他也親自拜會美國、加拿大、日本、澳洲的競爭法主管機關，除了尋求國際主管機關的合作外，也邀請各國來台參加一九九四年由我國首辦的公平交易法國際研討會。

走向國際，獲邀為 OECD 競爭委員會觀察員

我國第一次主辦公平交易法國際學術研討會，帶來具體成果，因為研討會場合，台灣有機會獲邀成為 OECD（經濟合作暨發展組織）競爭委員會的觀察員，這是我國在 OECD 的重大突破。OECD 競爭政策與消費政策組組長 Mr. Bernard Philips 是推薦我國進入 OECD 的重要人物，

15 二〇〇二年十一月九日《前瞻管理新知與實研討會大會手冊》第三十七頁
16 二〇〇二年十一月九日《前瞻管理新知與實研討會大會手冊》第七頁

他與王志剛在競爭法的國際會議上認識，並成為好友，王志剛特別利用到巴黎參加國際研討會時，順道拜訪Bernard，兩人臨時起意，趁空檔球敘。「那個高爾夫球場沒有桿弟，我臨時客串，聽王志剛邊打邊不斷向Bernard推銷台灣加入OECD的好處，想不到公平會竟成為國內第一個加入OECD成為觀察員的單位」，同行的詹庭禎回憶當時的情景。

王志剛在第二任公平會主委任內，率領包括蔡英文在內的六名團員參加APEC一九九五年競爭政策研討論，爭取財經外交空間，這場會議在紐西蘭奧克蘭市舉行。

王志剛第二日也就大會主題「討論競爭法與競爭政策之運作與目的」發表演說，說明我國歷經一連串改革，已發展成一個以市場為導向的經濟體，政府介入已無法達到像以往那麼有效，我國經濟自由化過程中，所包涵各層面與紐西蘭所建議的競爭政策所涵蓋的層面相同，即貿易自由化、解除管制、民營化、制定競爭法及工業政策。

此次國際會議也安排拜會澳洲交易行為委員會，就兩國競爭法的內容及執行情形交換意見，並嘗試建立執行過程、經驗及資料交流的聯繫管道。

王志剛任公平會主委三年多來，已逐漸提高市場競爭程度、也愈來愈改善市場交易秩序。

陳裕璋原在財政部證管會擔任組長，是王志剛任教於台大商學研究所時期的學生，因為對維護企業公平競爭的工作深有興趣，向王志剛表示有興趣投入維持競爭秩序的工作，從財政部調到公平會，追隨王志剛到一九九六年為止，陳裕璋信手拈來，便歸納王志剛在公平會主委任內完成的多項開創性及建制性重要政策。

諸如，砂石業壟斷行為之防制、電視公司節目搭售的規範、有線電視市場的公平競爭、銀行定型化契約的建制、不當推銷手法的遏止、規範不實或引人錯誤的廣告、多層次傳銷的管理規範、完成獨占事業公告事項及規範獨占涉法行為、處理事業仿冒行為、審理事業結合行為、管理事業聯合行為、規範限制轉售價格行為、處理妨礙公平競爭行為、規範其他欺罔或顯失公平行為。

在推動市場開放成果方面，例如高雄港區解纜業務開放民營、檢討開放票券承銷範圍、放寬融資融券業務、開放家用液化石油氣經銷權，以及放寬小麥進口人資格限制，希望根本改善市場存在已久的結構問題。

另也排除事業濫用市場地位行為、取締事業聯合行為、樹立有礙公平競爭之虞行為的規範、發揮事業大型化的利益、例如排除證券市場交易行情資訊的公開及其計價標準，以及當年的老三台電視公司（台視、中視及華視）廣告搭售行為，並同樣排除中油公司差別取價，使得國內獨占或寡占市場中部分積習已久的交易方式得以改變，或提高服務水準。

王志剛任內取締事業聯合行為，處分案例甚多，包括信用合作社共同協商訂定存款利率調整標準，汽車貨櫃貨運公會聯合調升貨運費率，台電公司配電管路工程五十六家承包商圍標行為，三家票券公司聯合議定簽證費率行為。

另外，王志剛也希望能藉由處分案，樹立有礙公平競爭之虞行為規範，例如，以杯葛方式打擊競爭對手的企業，以及無正當理由對其他企業處差別待遇，都違反公平競爭原則，公平會不能放任不罰。而以不正當方法爭取交易相對人、迫使其他事業參與限制競爭、限制下游業者促銷活動及經銷區域或交易對象的行為，也是公平會處分的行為。

除弊、興利，積極培訓執法人才與談判高手

除弊之外，王志剛率領的公平會從競爭角度也有興利措施，公平會並不只是禁止事業結合，還會從經濟發展與公益角度來看，如果企業結合可以發揮大型化的綜效，有利經濟與公共利益，公平會均會許可；而對某些產業透過結合擴充規模，可提高事業競爭力、增進經營效率，公平會採取支持態度；例如對金融業、航空、電腦、鋼鐵、百貨等多業結合許可；此原則不只可以促進事業合理經營，對整體經濟發展更有觸媒催化的效果。

公平會也不以處罰為手段，而是用行業導正及加強宣傳，建立新的交易秩序。導正部分行業的行為，例如限制轉售價格，包括化妝品業、藥品業、食品業、出版業及多層次傳銷；例如散見各行業中以不實廣告爭取交易機會，而此舉對建築業所產生的規範效果最顯著；又有部分行業長期高標低賣的標價行為，例如燈飾、眼鏡及衛浴器材等；也有假公益之名銷售商品，如瓦斯器材、治療器材或保險業；導正濫用專利權保護權範圍行為，如對部分精密儀器事業的處分；也導正損害他人營業信譽行為，例如處分部分雜誌業或科技業。

公平會成立後，嚴格管理多層次傳銷事業，制定多層次傳銷管理辦法，取締違法、保障合法，希望能讓台灣的多層次傳銷可以往健康、合法方向發展。

做為第一任公平會主委，王志剛從無到有培養公平交易執法人員，以調查實務案例方法，採取密集研討及培訓，培養一批素質優秀的執法尖兵，為我國公平交易法打下厚實的基礎。

王志剛對部屬甘苦非常了解且體恤，例如在委員會議中，由各業務單位選拔口才流利且聲音和

悅的職員為報告人，以減輕處室主管逐案報告之苦，又為了保障業務同仁安全，避免同仁辦案遭黑道或其他利益團體阻礙，指示成立檢警調會報，在調查遇有危險時，可以洽當地警政、調查單位協助，這樣的作法受到很多同仁感念。

為了讓行政體系各部門公平交易觀念更為齊一，公平會除與衛生署、經濟部、中央銀行、財政部、農委會及新聞局（新聞局已廢除）等單位協調；在個案處理上，公平會也積極對外溝通，以促使國內競爭環境，更能符合公平交易精神。

與各部會往來溝通案例繁不勝數，例如跟央行、財政部談對融資融券基礎公平與否、貨幣市場票券承銷業務競爭不足等問題；與交通部、經濟部就開放高速公路加油站經營權洽商；與經濟部就冷媒進口配額、中油限制民營加油站販售其他廠牌潤滑油進行協商。另外，和交通主管機關就台港、中美航線票價、行動電話服務品質等二十項問題進行協商；跟環保署談開放廢棄物回收體系，與衛生署就公立醫療院所藥品採購時，強制南取進口報單等營業祕密問題進行協商。

公平交易法及公平會對台灣社會而言，是全新的法律及部會，需要對各階層既廣且深的宣傳，王志剛及其公平會同僚栽植的種子發芽茁壯，有心培育，得到意外的豐收。

一九九六年他轉任經濟部長，立即面臨嚴峻的WTO入會談判情勢，三年多期間，王志剛完成且簽署二十三國的雙邊諮商協議，談判過程中，部分主談人例如曾任國貿局局長、現任台灣美國事務委員會主席楊珍妮等經濟部官員，就是上過公平會課程的種子部隊。依據他們所述，不論是在談判或交涉過程，都或多或少遇到競爭議題，此時公平會的種子部隊課程訓練，讓他們得以從容應對，為國家爭取更多的利益。

制定多項商業規則，影響台灣民生甚鉅

公平會是可說是第一個獨立且自行運作良好的合議制獨立機關，迄今仍然沿襲最初的設計。

公平會主委召開委員會討論個案，從個案中找出原則，進而創造公平會獨立行使職權的制度，公平會一開始為要舉行多場宣導說明會，準備資料，因此訂出很多工作指引，相當多規範到現在都還在用。

重要規範一：贈品贈獎原則、平行輸入影響台灣社會

公平會第一屆委員會訂立很多工作指引，例如贈品贈獎原則，要符合商品價格比例，從公平會成立至今，只要遇有房屋銷售、百貨公司贈品，都要參考一九九三年到一九九五年的公平會委員制訂的大原則規範。

從無到有制定規則，林尚楨說，「那是個很艱辛的過程」。另外，讓林尚楨印象深刻的是平行進口的規定。當時國人喜歡從海外攜帶維他命、化妝品返國，前者在台灣的價格約是國外的七倍，有些外國品牌的化妝品在台灣甚至可比國外貴上十多倍。若涉及銷售行為，會侵犯總代理商的權利嗎？此現象大家注意很久，在第一屆公平會委員會討論可口可樂事件前，大家並無可遵守的遊戲規則。當時可口可樂的台灣總代理還在台灣設工廠製造生產，有個貿易商從新加坡進口一批可口可樂，但可口可樂在台總代理認為，這名貿易商侵犯總代理權，新加坡進口商品的貿易商認為自己賣的是

真品，又不是假造仿冒商品，並未違法。

林尚楨回想，可口可樂案在委員會內引發極大爭議，委員分成兩派，主張截然不同，有一派認為不違反公平交易法，因代理權是公司內部契約，若其他人販售真品，要不要禁止，主張權在原廠，就像一個人在海外買了原版書，能不能帶進台灣轉售？一本就可以嗎？如果大量呢？

最後，大法官提出的見解是，是否禁止真品在台銷售由原廠決定，而不是台灣總代理。公平會准予平行輸入，確認案件處理原則後，對台灣社會影響甚大，自此大幅降低台灣的物價水準。當時公平會委員的目光非只限於個案的處理，而是歸結且訂出原則。

重要規範二：有線電視系統（第四台）一區一家的放寬

一九九三年八月間台灣正式訂定「有線電視廣播法」，公平會在立法階段就多次表達看法，認為應採「競爭政策」的立場，尤其對於市場開放是一區一家原則的政策，表達不同意見。

事隔多年，一九九九年目的事業主管機關稍微放寬，一區不超過五家的系統台，國家通訊委員會NCC在二〇一六年再次修法，容許業者以縣市為最小單位，自行選擇營業範圍，這也呼應最早公平會所主張的競爭政策。

有線電視的發展後來不單是電視節目的播送，已打破電子媒體跨業經營限制的藩籬，有線電視系統提供的服務包括了網際網路、衛星電視、有線電視、廣播電視、固網通訊等，「數位匯流」時代，還涵蓋了紙媒、網路或社群媒介，讓原來獨立發展的不同型態的媒體產業，開始產生競爭。

公平會曾經處罰系統商同代理有線電視頻道HBO，認為這涉及業者給予不同的交易條件，重罰一・二六億元。

為了規範全新的媒體競爭型態，NCC延攬許多從公平會出身的官員，或長期研究競爭法律的學者，競爭政策的精神早已深入NCC的規範裡，公平會委員及主委蘇永欽，後來還曾任NCC主委。

重要規範三：導正欺罔顯失公平行為

過去被商家大量使用的「高標低賣」促銷手法，讓消費者誤以為撿到便宜商品，公平會徹底糾正此種商業行為，例如眼鏡銷售、燈具販售，過去大都能以標價的三〇％購得，對於這種不對稱價格資訊，讓一般消費者處於不公平的劣勢。經過公平會與相關公會共同進行行業導正的行政措施後，徹底打破此種不對稱的顯失公平狀態。

重要規範四：統一超商7-ELEVEN個案許可通案化，加速台灣服務業現代化

統一超商是台灣服務業現代化的一項重要指標，其實公平會不拘泥於法律文字束縛的精神、不墨守成規，對大部分便利的生活，有些許貢獻。

當時統一超商達一定家數之後，公平會委員認為其每再加盟一家新店面，都屬於結合行為，依法要向公平會提出申請。但統一超商當時加盟店剛要從三百餘家快速擴增之際，若每一家加盟者都要經過詳細市場調查分析，又要列出對市場影響，那麼每周數十件申請案，勢必也加重公平會同仁的工作負擔，也阻礙統一超商急速擴點的企業發展。

此案經委員會同意，改採包裹式決議，委員會不再逐案審核，包裹同意即可。經公平會委員會同意折衷的審理方式，統一超商由開始申請的三百餘家盟店，發展到王志剛一九九六年離開公平會，快速成長到逾千家加盟店；截至二〇二一年的統計，全台灣7-ELEVEN已擴張到六千零二十七家[17]。

重要規範五：智慧財產權人侵權指控流程

第一屆委員會曾處理韓籍美商以存證信函警告市面上各重要藥品通路案件，這位韓籍美商主張各藥品通路販售的部分驗孕器材，已違反他的專利權，不停止銷售，他將進行專利侵權賠償訴訟。

此案在委員會有激烈辯論，終於因該案件訂定事業侵害著作權、商標或專利權警告函案件的處理，有三項標準，當年的標準，與現在略有差異，一為發函者必須證明自己為合法權利人或經授權之人，二是發函者必須已經採取法律上的救濟程序，提出假處分、扣押及訴訟。三是發函者必須在警告函內具體主張權利受侵害的內容。

此個案所訂定標準，在一九九七年經委員會決議成為通案性質的處理原則。而這個處理原則也成為我國廠商參加「世界各大展覽」所遵循的通則，因為展覽場所常有參展廠商互告對方侵犯智慧財產權的情形，主辦單位不知如何處理，尤其遇有訟棍律師帶隊，被坊間稱為「智慧財產權蟑螂」

17　二〇二一年二月十九日《自由時報》甩開老二！7-ELEVEN衝破六千店

時，便有依據可循。

王志剛公務生涯另一重要階段在外貿協會，自從引進這項處理原則之後，不論在德國、義大利或台灣的展場上，都可運用此法律邏輯，輕鬆解決爭議。現在更已經訂定為參展廠商準則及公約，再經由貿協的推介，普遍為展覽界所使用，而我國公平法第二十三條修法時也納入了。

公交會簡稱改公平會，宣傳效果十足

公平交易委員會組成之初，外界及媒體原皆以「公交會」簡稱，而當時公平交易委員的辦公室設在台北市長春路及敦化北路交會處的一棟大樓，樓下有一間美式連鎖餐廳 TGI FRIDAYS，其中文譯名「星期五餐廳」，碰巧和台灣一九八〇年代一家曾紅極一時、後遭勒令停業的牛郎店「星期五餐廳」同名，因此偶有人以「上星期五餐廳公交」說嘴、開玩笑。公平會同仁向王志剛反映這個困擾，他靈機一動，發揮行銷廣告專長，將此事件化為宣傳公平會的好機會。

王志剛當時召開記者會，說明公平交易委員會簡稱，從「公交會」正式更名為「公平會」，因為此事件具新聞趣味性，媒體大幅報導，宣傳效果十足，反而達到王志剛推銷公平會名號的目的。

公平會當年是新成立的單位，同仁們相對年輕，但受到王志剛的人性領導與精神鼓舞下，都能戮力從公，工作效率甚高，就連行政院舉行的中央各部會運動會，也都拚了命爭取最好的成績；公平會第二屆委員賴源河說，當時公平會員工只有兩百多人，跟經濟部、交通部等大部分動輒上千人不能相比，但競賽成績非常優異，曾得過三次冠軍、一次亞軍及一次季軍。

林尚楨回想，那時連主委王志剛都親自下場參加游泳比賽，拿到季軍，而冠、亞軍都是海軍蛙人，也算雖敗猶榮；事隔數十年，王志剛倒是忘了自己曾經「親自下海」，不過他對公平會第一年參加中央部會運動比賽，頒獎台上抱蛋回家，印象深刻。

公平會同仁人數比不上大型部會，而且才成立，同仁也沒組成什麼運動性社團練習，行政院其他部會眼看公平會盡是些文弱書生，應該拿不到什麼好成績。王志剛想起行銷學的「niche market（利基市場）」概念，有一些剛形成而尚未被看好的市場，或被大公司所忽略的小眾市場，如能加以深耕，練就成長功夫，培植競爭力，小公司也能成為大企業。

於是王志剛仔細研究後，決定專攻其他部會較輕忽的兩人三腳等趣味競賽項目，指示由陳裕璋領隊，帶同仁到附近的國小操場勤奮練習。往後的行政院運動會上，公平會先後拿回三次冠軍、一次亞軍、一次季軍，揚眉吐氣。[18]

王志剛在公平會主委任內，每年舉辦二次自強活動，每次二天一夜，且都會安排一上午的爬山時間，他每次拚速度，達頂點或終點時，同仁落後一大截，被同事們稱王主委包括工作在內，事事都要追求第一。前公平會法務處長李憲佐談到他所認識的王主委，追求工作效率，就連吃飯速度，也是第一。[19]

18　二〇〇二年十一月九日《前瞻管理新知與實研討會大會手冊》第三十六頁

19　二〇〇二年十一月九日《前瞻管理新知與實研討會大會手冊》第三頁

蔡英文總統在擔任陸委會主委時，曾回顧和王志剛共事的經歷，不論是公平會委員會議上的討論，或數年後兩人在經濟部為WTO入會談判的合作，「管理與行銷理論的充分發揮與實踐，使得王董事長在任何職務上，都有出色的表現。政府部門由於他的加入，注入許多新的觀念與作法，實為學者從政的一個典範。」[20]

20 二〇〇二年十一月九日《前瞻管理新知與實研討會大會手冊》第三十五頁

第三篇

安內攘外，重責道遠跨足新域

第七章

台海危機臨危受命掌經濟部，還原戒急用忍歷史現場

王志剛於一九九六年到二〇〇〇年之間擔任經濟部長，當時台灣經濟發展遭受內外夾攻，正處在需要振衰起敝、等待轉型的關鍵時刻。

一九九四年，台灣的《商業周刊》出版《一九九五年閏八月：中共武力犯台世紀大預言》，此書一出，不但成了那幾年的暢銷書，也形塑中共可能攻台的社會緊繃氛圍；一九九五年李登輝總統訪美，發表「民之所欲、常在我心」的演講，強調中華民國台灣主權事實，以及民主化發展進程，引發中國大陸不滿，一九九六年台澎金馬地區舉行中華民國史上第一次直選總統、副總統的選舉，中共在總統大選前，在台灣海峽試射飛彈，兩岸間一觸即發的「台海危機」，讓整個台灣陷入朝不保夕的不安氣氛。[1]

雖然兩岸政治關係有如壓力鍋，但中華民國優秀的技術官僚，還是規畫促進經濟發展的大型戰略計畫。一九九〇年代，台灣推行企業南向政策，也喊出成為亞太營運中心的目標，一九九四年，

吸引了德國拜耳公司來台，並準備在台中港區投資新台幣五百億元，但台灣社會環境保育意識興起，環保團體發起反對拜耳運動，讓這一項重大投資案遲遲無法落實[2]，不幸地，此案成為台灣排拒外商投資的指標案例，為往後幾年台灣經濟發展埋下阻礙因子。

台灣經濟發展遭逢各項國內外環境變數，風雨飄搖中，王志剛奉命接下經濟部長，王志剛回憶初上任時，總統李登輝及行政院長連戰多次對他耳提面命，要他擺脫國內外不利經濟發展因素，設法吸引資金投資台灣，兩位長官交待了二項任務，一是振興投資，二是加入WTO。

一九九六年六月，王志剛卸下公平會主委職務，被調回經濟部，他被賦予的使命非常重大，卻先被媒體唱衰，媒體輿論直指王志剛面臨資金外流、投資信心潰散的局面，想要扭轉乾坤，改善經濟情勢，簡直是「不可能的任務」。

臺北大學主任秘書暨金融與合作經營學系教授黃啟瑞時任經濟部長室秘書，他在王志剛身邊共同經歷那個震盪起伏的大時代，他看見了「學者王志剛」活用管理理論，讓「部長王志剛」有效率地完成原本外界並不看好的工作，整個過程依循「擬定目標，建立組織，全力執行，追蹤管考」的企業管理原則，以便確實達成長官交付的任務。

投資台灣運動穩住民間投資信心

黃啟瑞記得，那時的王志剛立即發起「投資台灣運動」，將鼓勵民間投資視為首要經濟施政重點，就任經濟部長不到三個月，於一九九六年九月二十六日成立「促進投資指導委員會」，指導委員會由經濟部長擔任主席，成員包括內政部部長、台灣省政府副省長、環保署署長、農委會主委、研考會主委等部會首長，由於各項重大投資散落於台灣各地，所以委員會開會時視重大投資所在地，邀請當地縣市首長參加。

指導委員會負責政策性決策及部會協調，委員會下設置「促進投資推動小組」、「工商用地協調推動小組」、「民營電廠專業輔導小組」及「法規鬆綁委員會」等四個工作小組，逐案解決民間在重大投資案中遭遇的土地、資金、水、電、勞工、環保等困難，以挽回企業投資台灣的信心。當時張昌邦及尹啟銘尤其著力甚深，透過個案的追蹤列管，對每一個重大投資面臨的問題抽絲剝繭，每周開會追蹤進度，無法處理的問題再彙整報告到委員會裁決。

時任部長辦公室主任詹庭禎回憶，由於日常大家都有不同的繁重工作，要固定每周聚在一起開會並不容易，所以各投資推動小組都是在上午七點半開會，備有早餐，一案一案的討論，把業者投資碰到的問題分階段列出來協助解決，政府積極的態度同時也影響了業者，持觀望態度的業者逐漸投入。「促進投資指導委員會」及各推動小組是王志剛鼓舞民間投資的主要設計，是投資台灣計畫的核心指揮中心，執行結果確實發揮了應有的效益。

1 二〇一七年十一月十日《故事》網站，作者汪浩，原文刊載《風傳媒》「汪浩觀點：一九九六年台海危機是怎麼發生的」。

2 一九九四年，拜耳公司準備來台投資，計劃投資近新台幣五百億元在台中縣台中港區設廠，在「亞太營運中心」的概念下被政府認為是推動亞太營運中心的旗艦。此案經行政院核定為重大經濟建設投資計畫。在環保團體及各方勢力拉扯中，拜耳公司決定撤資，二〇〇〇年一月十九日，臺中港務局正式宣布，中止拜耳公司在臺中港的土地承租權。

除了經由公部門實際協助推動投資，王志剛認為投資最重要的在於信心，投資群體效應因而產生，「看你積極投資，我也不甘落於人後，你投資一百，我加碼成為二百，相互比較，不落人後，整體的投資氛圍就會一路往上。」

在此思維下，王志剛做了兩件事，第一件事是積極接受媒體採訪，並藉由媒體報導，讓企業及社會大眾知道政府的決心，建立對台灣的投資信心；一九九六年九月十六日，《工商時報》發動產業記者，採訪台塑、遠東、裕隆、味全、中鋼及新光等集團，詢問他們投資台灣意願，各公司受訪時均表示，看到王志剛的積極作為，樂觀其成，而只要投資環境能改善，業界將會投入更多資金，具體展現根留台灣的決心。

根據黃啟瑞的回憶，王志剛做的第二件事，就是自己下場擔任「業務員」，「拉投資」，那時王志剛積極遊說大企業根留台灣，某企業家在晚上餐敘場合上開玩笑，「部長，你喝一大杯高粱，我投資十億元」，陪同王志剛的同仁詹庭禎描述現場畫面，「那不是一般盛裝高粱酒的一口杯，而是一百五十CC到二百CC的一般飲料杯，王志剛一口氣喝四杯，那位企業家也一諾千金，投資四十億元以上。」

根據經濟部當時的統計，上任兩個月餘，王志剛利用餐敘機會分別與企業集團負責人接觸，希望企業主多多捧場增加對國內投資，結果有二十一位企業負責人，總計允諾投資國內超過新台幣二千三百億元（詳下頁附表）。

企業主答應在兩年內有所行動，但為加速並落實企業的投資計畫，王志剛指示幕僚人員，對企業界人士所允諾的投資金額、計畫做進一步了解，並追蹤進度；一旦發現投資上的困難或障礙，經

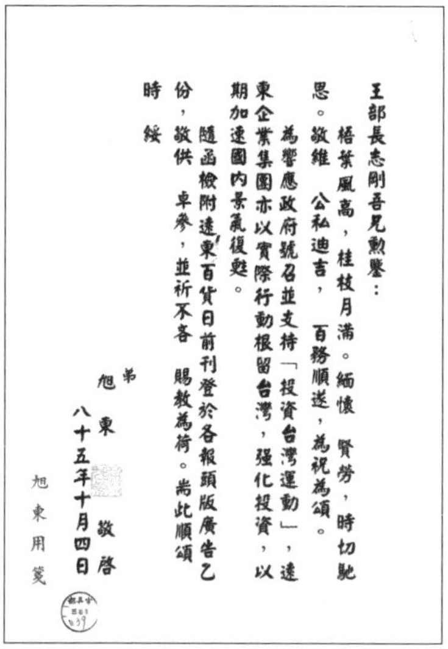

王部長志剛吾兄勳鑒：

梧葉風高，桂枝月滿。緬懷 賢勞，時切馳思。敬維 公私迪吉， 百務順遂，為祝為頌。

為響應政府號召並支持「投資台灣運動」，遠東企業集團亦以實際行動根留台灣，強化投資，以期加速國內景氣復甦。

隨函檢附遠東百貨日前刊登於各報頭版廣告乙份，敬供 卓參，並祈不吝 賜教為荷。耑此順頌

時綏

弟 旭東 敬啟

八十五年十月四日

旭東用箋

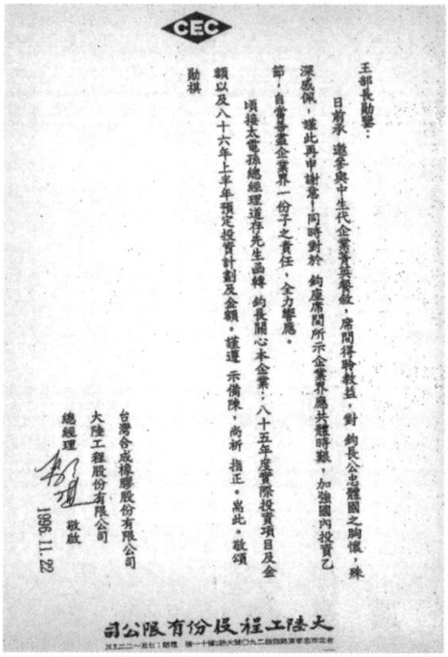

CEC

王部長勛鑒：

日前承 邀參與中生代企業菁英餐敘，席間得聆教益，對 鈞長公忠體國之胸懷，殊深感佩，謹此再申謝意！同時對於 鈞座席間所示企業界應共體時艱，加強國內投資乙節，自當善盡企業界一份子之責任，全力響應。

頃接太電孫總經理道存先生函轉 鈞長關心本企業：八十五年度實際投資項目及金額以及八十六年上半年預定投資計劃及金額，謹遵 示備陳，尚祈 指正。耑此。敬頌

勛祺

台灣合成橡膠股份有限公司
大陸工程股份有限公司
總經理 敬啟

1996.11.22

大陸工程股份有限公司

投資台灣運動向經濟部允諾兩年內投資國內的企業主及投資金額

序號	企業 / 企業主	預計投資金額（單位：新台幣億元）
1	力霸集團 / 王令台	300
2	太電 / 孫道存	225
3	大同 / 林蔚山	250
4	遠東集團 / 徐旭東	200
5	華新麗華 / 焦佑倫	200
6	新光合纖 / 吳東亮	100
7	裕隆汽車 / 嚴凱泰	100
8	聯華電子 / 曹興誠	200
9	個人投資 / 王文洋	80
10	太平洋建設 / 章啟正	70
11	潤泰 / 尹衍樑	60
12	台玻 / 林伯實	60
13	味全 / 黃南圖	60
14	富邦 / 蔡明忠	50
15	神通 / 苗豐強	50
16	大陸工程 / 殷琪	65
17	日盛證券 / 陳國和	50
18	嘉新水泥 / 張安平	26
19	國齊實業 / 洪敏昌	20
20	東南鹼業 / 陳開元	10
21	茂矽 / 胡洪九	150
總計		2,326 億元

資料來源：經濟部（統計至 1996 年 8 月）

濟部一定全力協助排除。企業主還會收到一張經濟部提供的企業家投資台灣簡表，除了基本聯絡資料之外，還要有簡單的投資計畫，分成一年內短期投資金額和項目、產品、地點等投資內容，以及中長期追蹤的預定進度表、需要政府協助事項，這些來自經濟部的全力動員、溫馨提醒，確實獲得若干成果。

王志剛感念工商界對「投資台灣運動」的熱情響應，尤其好幾位企業友人實際投入的金額還遠超過最初的承諾。例如徐旭東就非常幫忙，遠東集團原本預計投資二百億元，最後在聚酯加工絲、聚酯絲、大哥大基地台及棉紗等項目共計投入三百八十五億二千一百萬元，為當時最高金額。嘉新集團投資一百三十億八千兩百萬元在水泥、聚酯粒絲，是當初承諾金額的五倍；潤泰集團在量販業的投資金額一百一十六億六千五百萬元、大陸工程投資三十五億元，皆高出原始金額的二倍之多，根據經濟部於一九九八年九月所整理的彙總表，近九成的企業都達成當初允諾的投資。

台玻董事長林伯豐是王志剛初中同學，他表示，一九九三年蕭萬長擔任經濟部長時，核准台玻到中國大陸投資，一九九六年到一九九七年遇亞洲金融危機，台玻因而減少大陸投資。台玻與南亞生產的電子玻璃纖維布，為印刷電路板產品的重要上游材料，減少大陸投資的同時，台灣這裡的電子產業正快速成長，玻纖布供不應求，為了本地市場需求，台玻與南亞都增資投入玻纖布工廠。

林伯豐說，政府也祭出鼓勵廠商取得工業區土地的優惠政策，台玻在桃園及鹿港都順利取得用地，興建玻纖布工廠，總投資額分別是十一億和六億元，一九九八年又投資了鹿港廠四十二億元，共計在王志剛擔任經濟部長任內，台玻在台灣投資了七十四億元。

經濟部投審會、國貿局、工業局被《天下雜誌》選為行政效率最高部會

一九九六年十月五日，王志剛召集「經濟部促進投資推動小組」第一次會議，決定將投資案件最多的桃園縣鎖定為優先協助排除障礙的縣市，並擇期邀請相關機關及桃園縣長出席會議，幫業者解決投資所遭遇的困難。

前財政部次長張璠當年為工業局官員，王志剛拔擢他為工業局五組組長，張璠說，投資推動小組每個周六早上七點三十分開會，王志剛代表行政院負責開會，各相關部會首長或副首長通通在座，土地有問題就現場解決，需要購買機器設備資金及貸款，則由中小企業信保基金提供融資保證。

經濟部促進投資推動小組第二次會議時，小組與桃園縣政府代表，一起以單一窗口方式，共同協商專為桃園縣轄的五件重大投資案解決困難，其中一件是當時最有名的宏碁智慧園區，王志剛在會議中決裁，要在最短時間內，促成桃園重大投資案實現。

接著，第三次會議解決的是新竹、苗栗、台中縣等地投資案，關西機械科技專業區開發等六件重大投資案一起處理，會中共識是由經濟部長王志剛協調台糖釋出一萬四百公頃土地供企業租用。

全省從北往南，各縣市都政府代表和王志剛主持的投資推動小組分別開會，台南、嘉義、雲林等地就「濱南工業園區開發計畫」等六項重大投資案協商解決困難。

各縣市長也都盡量出席投資推動小組會議，除了國民黨同黨籍的縣市首長之外，王志剛回想當年連不同政黨的桃園縣長呂秀蓮、台南市長陳唐山和高雄縣長余政憲等地方首長，都很支持重大投資，不分藍綠執政，大家都把繁榮地方發展和振興經濟，視為要務。

投資小組會議也決定設置單一窗口「促進投資聯合協調中心」，一九九七年十一月三日正式成立，地點設在工業局一樓，由經濟部本部、內政部、環保署與交通部等各部會派員進駐實體辦公，以解決重大投資問題及障礙，而「促進投資聯合協調中心」到現在還在運作中。

之後，政黨輪替執政，財經各部會首長或地方縣市長更迭換人，這套為國內招商引資所建立的制度，持續發揮功能，「自己躬逢其盛，有機會成為王志剛領導下的投資推動小組一員，於政府力推政策、促進台灣經濟躍進的大時代，在公務單位任職，為別人解決問題，這是非常有光榮感的過往。」張璠有感而發地說，與王志剛一起奮戰的那幾年，令他非常驕傲。

根據《天下雜誌》一九九八年「外資投資意願調查」結果，經濟部相關部會如投審會、國貿局、工業局，被評為行政效率最高的政府部門；而地方政府則與稅務機關、海關、環保署等機構，一同名列行政效率不滿意榜單。

賣力推廣成效斐然，台灣重現投資熱

一九九六年上任經濟部長不久，王志剛就擴大了招商引資範圍，飛到美國找更多機會；他找成功高中老同學杜紀川與其合夥人孫大衛回台投資，這兩位是大名鼎鼎的金士頓科技公司創辦人，王志剛努力勸進，兩人回到新竹科學園區設立金士頓分公司，當年雇用八百名員工。

金士頓科技兩位創辦人孫大衛與杜紀川，當年為犒賞員工，主動拿出一億美元給員工分紅，位在美國加州洛杉磯的華人公司有此創舉，美國媒體爭相報導，美談也傳回台灣，二位好老闆回台設分公司，有如鯰魚般，對當年竹科的其他企業，產生正向影響，也讓王志剛發起的投資台灣運動，更加熱絡。

王志剛賣力往前衝，成效卓然，一九九七年國內民間投資較一九九六年成長十八％，為一九九〇年代的新高，一九九七年全年經濟成長六．〇五％，高於其他亞洲地區，當時正值亞洲金融風暴，鄰近國家的民間投資普遍負成長，台灣在一九九八年仍維持十二％的高成長。

根據經濟部資料，二億元以上重大投資案所面臨的經濟或非經濟因素，一九九七年都已獲初步解決，產業整體投資環境也出現明顯改善跡象。例如，一九九六年七月後一年間，新增二億元以上民營製造業重大投資案共計增加二百一十五件、金額高達三千零七十四億元，一九九七年前五月投資金額即達一千二百二十九億元，較一九九六年增加六〇．五％。

BOX

任內多元開發工業區，南港經貿園區深具指標意義

王志剛任內對工業區的開發類型很多元，協助民間完成開發的有「宏碁智慧園區」、「龍港智慧型工業園區」；以及經濟部規畫二十處智慧型工業園區，包括新竹科學園區第三、四期，台南及雲林科技工業區、南港軟體工業園區及台南科學工業園區等六處開工。其中南港經貿園區甚為指標性案例。

行政院於一九九二年正式核准「南港經貿園區」開發計畫，在台北市南港區興建南

港軟體園區、台北第二世貿中心（包括南港展覽館一館和南港展覽館二館）、國際會議廳、商業娛樂中心及旅館等設施，根據經濟部規畫以BOT方式開放民間參與，總投資額超過五百億元。

經濟部為南軟前二期徵收台肥土地共八．二公頃，自一九九六年一月開工，至一九九九年八月完工，南港軟體工業園區是以我國成為「亞太軟體中心」為目標、所規畫設置的智慧型工業園區。

一九九八年九月，經濟部召開「中小企業發展基金管理委員會第十七次會議」，審議通過「南港資訊創新育成中心計畫」，決定提撥基金新台幣九億九千五百萬元，在南港軟體園區設置資訊軟體創新育成中心，讓廠商進駐，以培育新世代軟體產業競爭力的中小企業，協助開拓台灣軟體產業的國際市場。

南港軟體工業區一期、二期、三期，總占地約十公頃；產業以軟體IC設計、數位創意、生物科技，以及文化創意等智識密集型產業為主，也允許支援性服務產業進駐，以完備園區的生活機能，並保留引進新興產業的彈性，以增加產業競爭力。

全國最高研究機構「中研院」緊鄰在旁，並與國家衛生研究院、工業局計畫推動辦公室共同在此設立研究中心；豐沛的產、官、學、研資源，也分別設置「育成中心」、「人才培訓機構」，二〇〇八年三月獲英國經濟學人智庫」（EIU）評比，在台灣、馬來西亞、中國大陸及越南等亞洲四大軟體園區之中，台灣南港軟體園區廠商進駐率達九八%，且新創公司兩年後存活率八〇%，績效表現居亞洲四大軟體園區之首。[3]

協調六輕計畫排除障礙　尋求投資與環保的平衡點

雲林離島工業區是一九九六年一月，由工業局和榮工處簽訂開發契約，在王志剛任內，准列為重大經濟建設投資案。該工業區規劃包括麥寮、新興、台西、四湖等四區暨麥寮、四湖工業專用港，預計引進石化、煉油、煉鋼、電力及相關中下游產業[4]；其中最廣為人知的就是台塑麥寮的六輕計劃（第六套輕油裂解廠，通稱六輕），也是台灣第一座民營煉油廠[5]。

由於石化基本原料長期以來嚴重供應不足，台灣石化業中下游的發展受到限制，台塑王永慶董事長為了紓解原料短缺的困境，一九七三年即向政府申請提出六輕計畫，經過多次爭取，最後才在一九八六年獲准興建。但是之後的廠址選擇仍一波多折，四度遭地方政府以空氣汙染等環保為由堅決反對，最後才在一九九一年確定落腳在雲林麥寮。

「與地方溝通苦不堪言，」時任工業局第五組組長張璠，接受天下雜誌採訪，在一九九八年十月出版的雜誌內容中，他描述麥寮工業區籌設遇到的實際困難，一個工廠要設立在海邊，需要中央

3 行政院經建會二〇〇八年四月二十八日發布新聞稿
4 經濟部工業局雲林離島式基礎工業區服務中心網站
5 維基百科《第六套輕油裂解廠》

官員拜訪縣長。縣長同意後，漁會有意見。漁會疏通後，漁民不承認協商結果。好不容易也過了漁民這關，隔壁漁村漁民跑來說他們也受影響⋯⋯。

張璠舉例，那時麥寮附近有二十一個自救會，只要工業局跟其中一個協商，「隔天馬上變成兩百一十個自救會。」

一九九〇年十二月，時任行政院長郝柏村在行政院會議公開表示：「六輕是政府已經核定的計畫，一定要建」，一九九四年三月，台塑取得經濟部核准六輕廠址土地同意書，同年七月動工，以填海造地方式在雲林縣麥寮西海岸鋪出新生地。[6]

六輕動工後，由於尚涉及興建麥寮工業港、小松晶圓廠用地、隔離水道、公共設施歸屬、申請增購淺海地價格等多項問題懸而未決，一九九六年六月王志剛接任經濟部長，同年七月十五日即指派政務次長張昌邦找工業局局長尹啟銘，與台塑總經理王金樹秘密協商，為避免外界干擾，地點選在經濟部和台塑公司以外的來來飯店（現易主更名為喜來登飯店），會談進行將近六個小時。

協商最後有了共識，王志剛終於在一九九六年七月二十日對外宣布，六輕投資障礙基本上已取得協議，但有關台塑要求將隔離水道由五百公尺縮減至一百公尺的問題，工業局認為這涉及環境影響評估，至少要等環評通過後才能討論。[7]

在正式對外宣布前，王志剛做了許多外界看不到的努力，不知道有多少個假日，他下鄉到麥寮視察六輕工地，就是想深入了解六輕建廠障礙，研究突破困難的辦法。

王志剛協助企業界解決問題的熱誠，得到業界回應，當年從不會親自跑到經濟部拜會的台塑集團董事長王永慶，也在一九九六年的七月下旬主動前往經濟部，與王志剛會面，雙方握手言歡，給足王志剛面子。[8]

王永在與兄長王永慶是台塑企業共同創辦人，王永在生前祝賀王志剛六十歲生日時，也曾為文提過王志剛協助六輕投資案，稱他為勇於任事的王部長；王永在於文中指出，六輕建廠工程是首例由民間自立開發海埔新生地作為工業區使用，無前例可循，更因為當時法令不夠周延，甚至付之闕如，以致六輕籌建期間遭遇諸多問題，無法獲致解決，難以順利如期推動。

「王志剛率領各級主管盡心盡力，排除萬難，是推進六輕進度的一大助力。」王永在非常肯定王志剛的行政作為。王永在於二〇一四年十一月二十七日逝世，生前曾任台塑企業副董事長，他是台塑企業內主導六輕工程的重要人物。

六輕營運至今，環保人士的質疑聲浪不曾少過，前面提及的「隔離水道」議題就是其中之一；隔離水道的主要作用即為六輕廠區和麥寮土地的汙染緩衝帶，同時也提供地勢較低窪的麥寮鄉和台西鄉在雨季期間的排水功能。六輕建廠時，經濟部工業局堅持台塑必須建造五百公尺的隔離水道，減緩六輕對鄰近地區的環境衝擊。台塑則基於隔離水道上游狹窄下游寬，容易造成瘀塞，形成水患，提出將隔離水道縮減為一百公尺，否則原先同意回饋地方的建設，包含醫院、學校、老人安養中心

---

6 二〇一四年十二月四日《今周刊》無聲王永在 把光環留給「阿兄」

7 一九八六年七月二十一日《自由時報》王志剛：六輕投資障礙 已經排除

8 一九九六年八月一日《天下雜誌》王志剛：行銷高手碰到經濟難題

等，將因無地可用而取消，。

隔離水道的爭端就這樣持續逾四年，直到政黨輪替，二〇〇一年底，雲林縣政府以寬度五百公尺不變的原則，提出其中二百公尺為水道、三百公尺為行水區可供綠化之河川高灘地，且不影響內陸排洪、內陸養殖業引用海水水質以及不變更水道土地使用規定的情形下和台塑公司達成共識，並終於獲得工業局同意。

從地方經濟與產業發展的角度來看，六輕計畫的實現大幅創造當地就業機會，帶動麥寮鄉的經濟繁榮，也是雲林近年來人口唯一穩定正成長的鄉鎮。截至二〇二一年，六輕計畫一至四期投資金額高達九千一百〇七億元，其中環保支出計一千二百九十六億元；台灣乙烯自給率由一九九四年的三八%，到二〇一九年已逾一〇〇%，石化業整體產值已達一兆三千一十七億元。

台塑在雲林麥寮填海造陸，增加台灣面積有二千二百五十五公頃，近五年平均每年增加政府稅收逾一百八十億元。整體而言，六輕對穩定台灣石化工業發展、促進石化工業升級、促進及縮短城鄉差距等，實有巨大貢獻。[9]

八輕等其他輕油裂解廠投資告吹，卡關地方政府

一九九四年，吳春台擔任國喬石化董事長，當時台塑集團正進行六輕計畫，回想那時的產業環境，吳春台表示，若台塑六輕計畫成功，等於整合上下游產業，其他石化業者將面對來自台塑集團更加嚴竣的競爭，為了找出路，不讓台塑集團獨占鰲頭，排擠其他石化業者，因此出現了東帝士七

輕、中油與部分石化業者策略合作的八輕計畫。

吳春台記得當年跟時任中油董事長張子源深談後，有了共識，因為國營企業主導的投資案必須要編預算，而且可能會要到立法院接受質詢是否符合政策目的，過程冗長，若是中油與民間合作成立輕油裂解廠，中油持股不要過半，就非屬國營事業，八輕計畫也比較容易啟動。吳春台現為中信金資產管理公司董事長，當年為八輕籌備處召集人，八輕持股結構為中油持股占比三五%、和信持股三四%，其他石化業者共同出資持股比三一%，並由民間股東選任籌備負責人。

八輕為重大投資案，計畫的第一要務為取得政府支持，土地由八輕籌備處先找，規模約一千公頃，除了避開地震帶之外，吳春台說，籌備處選址還有一些前提，例如這塊地要有水源，也必須臨近港口，並且空曠，符合這些條件才不會造成污染。

當時八輕籌備處相中的地點在中央山脈最南端的台糖南州糖廠，約有六百公頃，這個地點附近有空軍炸射用地，惟空軍有意搬遷，另還有大陳島義胞居住的村落，若整合加上這二處，八輕用地就可達千坪；往南十公里，也有軍方用來登陸訓練的海邊，此處海象不錯，風平浪靜，適合興建運送原油的港口。而這地點離高雄林園約十公里，距離並不遠，假使將管線拉到林園，煉油廠的原油從海運進來，煉製好的產品透過管線運送到林園，整個石化工業區從上游到下游就都可以串起來了。

吳春台跟八輕其他合作夥伴一致都覺得這塊地最理想，地也夠大，位址在屏東最北邊，接近高雄，距離屏東熱門觀光景點恆春半島甚遠；這個地區還有看不到的豐沛地下水，也符合輕油裂解廠需求，更令八輕籌備處成員滿意的是，此處民宅不多，不是台糖，就是軍方用地，土地取得較無爭議。

王志剛為協助八輕計畫，找了經建會高層及空軍等軍方將領開會協調，由王志剛親自主持，大約一個月開一次會，追蹤八輕計畫進度。當年王志剛發起的投資台灣運動，獲企業界迴響，廠商有投資障礙，都被安排在早上跟經濟部長開會，吳春台記得，每個月有一天，他會一大早七點鐘到經濟部開會，由經濟部準備燒餅油條豆漿，吳春台開玩笑地說，「經濟部準備的早餐很豐盛，不過，這不是重點」，「外傳王部長每次開會時，都很聰明地利用李總統全力推動投資台灣的大招牌，這我不知道，但各部會還算是配合。」

吳春台指出，經濟部長王志剛是個行動派，盯進度、協調各部會，有效率推動各投資案，但八輕案進行超過二年的時間，卻因當時屏東縣地方政府有不同意見，功虧一簣。

不只八輕，當年不少大型投資案，都卡在地方政府這一關，一度傳出八輕大股東中油想挪移到嘉義布袋開發濱海工業園區，並設置工業專用港或工業專用碼頭，吳春台說，大股東中油和地方政府簽下備忘錄，但八輕籌備處評估此地點的海港為喇叭口，喇叭口形狀容易召聚風浪，不宜設置輕油裂解廠，另外，嘉義縣政府擔心中央換黨執政，新政府改組後，中油人事可能有大變動，對八輕案會造成絕對性的影響，因此提議二〇〇〇年五月二十日後再討論相關細節。[10]

上列六輕、七輕、八輕，以及其他工業區，不論最後是否能夠成案，都會經歷許多關卡，張璠記得王志剛跟他講過一句話，「經濟部長是台灣所有企業董事長的董事長」，但「不可從單一廠商角度看事情，也不能只為了企業，什麼都不管，雖然發展經濟目的正確，卻要能接受社會公評。」

修改促產升級條例，減輕企業稅負成本

促進產業升級條例中，本就有毗連工業用地辦法，主要是想解決中小企業工業用地問題。當時辦法規定，企業若要在原工廠旁邊找地，擴張原有的零星工廠規模，需捐三〇%的用地，做為國土保安用地，且上面必須植林種樹。

但這項辦法有實務上的執行困難。首先，從企業角度來看，因毗連的土地並不容易找，要跟許多地主談，好不容易收購不同地主的土地，三〇%卻要用來種樹，恐怕難以負荷這些土地成本。第二，就工業局角度來看，三成的國土保安用地由誰管理是個問題，經濟部的投資服務中心若要管理四散全省的毗連工廠土地，也很困擾。

這兩因素讓經濟部工業局決定修法，業者往後可不必捐地，改捐土地公告現值計價的三〇%代金即可。

10　二〇〇〇年四月十四日《聯合報》八輕案 新政府上台後再談

此工業區土地回饋的修法，從一九九六年王志剛初任部長，一直到卸任離開後才通過，修法草案送進立法院後，還遭遇不少波折，立委對回饋三〇%的代金有不同意見，立委認為捐那麼多回饋金並沒有用，政府要輔導企業，才是養雞生蛋，立院版本修改為只要捐出公告現值的一〇%的代金即可。

王志剛在經濟部長任內修訂的促產升級條例，除了解決令企業頭痛的毗連工業用地問題之外，也努力減少企業稅負成本，經濟部與財政部協商相關租稅減免措施再延長十年，修正重點包括研究發展及人才培訓投資抵減率上限由二〇%提高到二五%，並將公司研發或人才培訓的支出，抵減營利事業所得稅，以持續提供研發誘因，個人股東投資抵減率也要調整。為了個人股東投資抵減率調整幅度，財政部與經濟部各有主張，財政部其實希望個人股東投資抵減率越少越好，最好能刪除這項優惠，但站在經濟部為促進投資意願的角度，當然要爭到最大空間。

在一九九九年三月下旬某日，在當周行政院會舉行之前，王志剛隨同當時行政院長蕭萬長赴台中參加中科院台中園區開幕，王志剛向院長表達經濟部立場，當時銀行定存利率超過五%，若少於此利率水準，投資人將資金放在銀行就好，誰要冒風險投資產業，他當場向院長建議，一開始一〇%可以接受，但十年結束後，抵減率要超過五%。

蕭揆接受王志剛建議，於三月二十五日行政院院會上裁示，產業升級條例中的個人股東投資抵減，初始抵減率為一〇%，往後每兩年調降一個百分點，也就是促產條例再延長的十年內，個人股東投資抵減率平均為八%，且十年終了，仍有六%的抵減率，這個優惠尾巴，照顧到財政部能接受的股東投資抵減初始利率一〇%的需要，蕭萬長認為，如此作法，財、經兩部會都能顧及。[11]

促進資產活化，鼓勵設置工商綜合區

「獎勵投資條例」、「促進產業升級條例」兩項政策之外，工商綜合區的開發與設置是經濟部另項影響我國經濟發展的重要土地開發措施。

隨著經濟發展與產業結構的轉變，一九九〇年代，不少台灣製造業廠商外移，在此時空背景下，催生「工商綜合區開發設置管理辦法」，一九九四年，政府公布此辦法，以鼓勵工商綜合區的設置，並一舉解決當年國內企業生產線外移後所衍生廠房關廠、閒置問題。政府希望藉由工商綜合區的開發，配合國家整體的發展，協助業者突破工商用地取得不易的瓶頸，以滿足第三級產業（即商業、服務業等）活動對土地的需求。[12]

關廠廠區一般位在都會區近郊，業者申請變更為「工商綜合區」，可順利將資產活化；早期申請案件多半是傳產業者，包括歌林、黑松、環泥等。[13]由於土地使用類別的轉變將導致地價大漲，工商綜合區的申請開發者必須以一定比例捐地與回饋金，將開發利益回饋給社會，以維護社會公平

---

11 一九九九年四月一日《商業周刊》第五九三期

12 一九九五年十一月《台經月刊》第十八卷第十一期，何俐禎——工商綜合區 置與開發之政策意義

13 二〇一九年一月十日《風傳媒》設置購物中心算政績嗎？台灣購物中心遍地開花，背後推手其實是政府

之原則與落實生態環境保護。

按照規定，工商綜合區開發人得要勘選土地、擬具開發計畫，並與地方政府簽訂協議書，接著需要經中央商業主管機關（經濟部）所邀集政府機關及學者專家組成的審議委員會審查，通過後委員會發予推薦函，即可向地方政府申請開發許可、雜項執照、建造執照等後續事項。[14]

工商綜合區的設置是為了達到促進城鄉均衡並健全都市發展的目的，而且要考量全台十八個生活圈的發展需要，依據各生活圈的人口規模及中心都市之特質，於生活圈中心都市邊緣、交通便捷區域規劃設置。[15]

就消極面而言，工商綜合區可突破既有土地使用管制形態，解決土地管制僵化的問題；積極面而言，可藉此輔導民間企業投資，促進產業轉型及升級，增加就業機會，配合發展台灣成為亞太營運中心的理想。因此，李登輝總統多次下達指示，應排除萬難，盡速成立工商綜合區。

王志剛當年受訪時曾表示，經濟部長的責任本來就是「圖利他人」，他個人的施政理念是在合法的大前提下，創造適合投資與獲得合理利潤的大環境。[16]為此，經濟部與內政部積極協調，提出聯合審議的構想，整合經濟部審查委員、環境影響評估、用地變更、水土保持、國有土地合併發展、農地釋出等項目；使得原本曠日廢時的審議流程至少縮短半年，提升效率。[17]

一九九九年七月，全台第一個依據「工商綜合區」政策開發的桃園台茂購物中心率先啟用，台茂購物中心總投資金額約為新台幣七十億元，基地總面積為五公頃，商場總營業面積達二萬九千餘坪，規劃有三千一百個汽車停車位及一千五百個機車停車位，為當時台灣最大的購物中心。開幕當天，排隊進場的車龍從南崁街道綿延，一路堵到南崁交流道，再塞到中山高公路的景象，全台轟動，當年媒體大篇幅報導，推波助瀾，台茂來客盛況，當時沒有購物中心足以匹敵。

台茂開幕典禮貴賓包括副總統連戰、總統府資政吳伯雄、台茂開發公司董事長衣治凡、經濟部長王志剛、桃園縣長呂秀蓮等。副總統連戰致詞時表示，台茂為桃園地區創造了二千二百個就業機會，每年預計為桃園帶來約五億元之稅收，更將使台灣的零售業邁入大型化、國際化、複合化新時代。[18]

台茂中心開幕初期，一年平均人潮達一千萬人次，成為相當受歡迎的觀光據點，中南部甚至有遊覽車北上，帶著老阿公、阿嬤來參觀，南崁地區的房價和店租，在台茂開幕後分別成長了五％到一五％，對周邊的生活品質，更是有正面的提升。[19]

---

14 一九九四年七月二十二日《工商綜合區設置管理辦法》
15 二〇〇七年六月行政院研考會《大型購物中心設置政策之影響評估》
16 一九九六年八月五日《中國晨報》李總統促速成工商綜合區
17 一九九六年八月五日《工商時報》工商綜合區審議 可望縮短半年
18 一九九九年七月四日總統府新聞稿：副總統主持台茂南崁家庭娛樂中心開幕典禮
19 二〇〇一年十一月十五日《今周刊》一度大轟動的台茂讓衣老闆感概萬千

BOX 工商綜合區發展不易

王志剛擔任經濟部長時成功推動全台首件工商綜合區，然而，自一九九四年開始推動的工商綜合區計畫案，後續發展卻不如預期。

根據二〇〇六年行政院研究考核委員會《大型購物中心設置政策之影響評估》研究統計，截至二〇〇七年六月，歷經十三年，由經濟部核發推薦函的工商綜合區開發案共計四十五件，但實際開幕營運僅有台茂、中壢大江國際購物中心及台南嘉年華購物中心等三件；可能的原因包括：

1、投資開發案的業主，大多靠「財務槓桿」調度資金，向銀行貸款、股市操作，一旦資金的流動出問題，投資計劃即卡關。例如台茂，雖然購物中心的本業有賺錢，現金流量也正常，但是因為當年投資興建時的貸款利息負擔過高，曾一度出現一年一億九千萬元之虧損。而規劃中的項目例如苗栗三義的台灣農林，因投資方之一的台鳳集團於二〇〇〇年爆發炒股財務危機，導致開發案停擺。

2、工商綜合區後來發生供過於求現象，部分業者在申請都市計畫變更過程，在討論捐地與回饋金過程，跟縣市政府一直喬不攏，導致不少案件撤件。

3、由於土地取得不易，幾乎所有的工商綜合區營業設點的狀況是「有土地就開店」，而非經過嚴密的市調評估。以量販店為例，只要有土地出現，就趕緊跳進來卡位的布點方式，造成不少工商綜合區量販店即使開幕，很快地陷入流血競爭的困境，黯然退場。[20]

亞洲金融風暴來襲，多管齊下解決企業問題

一九九七年發生亞洲金融風暴，當年九月蕭萬長接任行政院長，他的原則是少說話、多做事，蕭萬長召集經建會主委江丙坤、財政部長邱正雄、央行總裁許遠東，以及後來接任的彭淮南、經濟部長王志剛等重要財經部會首長，成立財經會報，每周開一次會，緊急情況兩、三天就要開一次，彙報國內股市、匯市、物價、房市，以及進出口情形，以便採取相對應變措施，政院的財經小組密集開會，持續一年多時間。

蕭萬長在《微笑的力量：蕭萬長公職之路五十年》的回憶錄裡，談到亞洲金融風暴時，行政院財經小組每周舉行臨時會議，有安定人心的功能；每個成員都從各自專業提供意見，經過充分溝通後，做出決定，「菁英的腦力激盪，確能掌握外在情勢，並能適時提出有效方案，因應各種不同狀況，雖然國內也感受到風雨欲來，卻始終沒有失去信心。」[21]

---

20 二〇〇〇年六月一日二二九期《天下雜誌》量販店競爭 八國聯軍 vs 本土小霸王

21 《微笑的力量：蕭萬長公職之路五十年》第二五四頁至二五七頁

從經濟部的角度來看，想了解企業營運是否受金融風暴衝擊，最直接有效的方法是，主動探訪業者需要，傾聽企業心聲，協助企業解決問題。

經濟部邀請鋼鐵、石化（塑膠）、紡織、電機、租賃、建材、水泥業及流通業等相關公會及主要廠商，舉行工商座談會，提供產業發展、對外貿易、內需商機及企業因應千禧年資訊危機的各種訊息，也邀財務或經營管理專家提供專業意見，協助企業提升經營能力。

廠商遇景氣衝擊所提出的問題，都特別急切，經濟部做了協助措施有，降低經營成本，例如降電價，台電則給製造業用戶離峰用電的優惠，一九九九年二月十一日到六月底，打了九折，未滿全月按日比例計算，以降低業者成本；或者降低商品檢驗費用。

在企業拓銷海外市場方面，經濟部透過上百個駐外單位積極蒐集商機，成立「促進外銷服務團」，以個別廠商做輔導對象，協助公會共同拓展外銷，整理各國關稅、進口商名單、商展資訊及拓銷建議供業者參考。

鼓勵民營電廠避免缺電危機，有利引資振興經濟

以台灣電力公司的經驗估算，一年的經濟成長率若有三%，用電需求會成長二%，甚至更多。一九八〇年代末到一九九〇年代初期，台電開發興建電廠，常因為賠償條件談不攏，遭到民眾抗爭，蓋電廠處處碰壁。但是國內用電需求越來越高，電力的備用容量率也不斷下降，從一九九〇年的七．四%，到一九九四年時只有四．八%，遠低於合理的十五%到二〇%，多次出現分區限電的窘境，

一九九一年到一九九四年發生三十六次限電，一九九一年限電次數就有十四次，一九九五年一年內也限電十六次，受到外界嚴厲的批評，電力不穩定甚至已經影響經濟發展和外商來台投資意願。[22]

經濟部意識到缺電危機，將鼓勵民間經營電廠列為重要政策，為了利用民間經營活力與彈性提高電業經營效率以確保電力穩定供應，一九九四年九月，經濟部頒布《開放電業作業要點》，由經濟部公告開放民間設立發電廠方案，一九九五年一月及八月，分兩次接受民間申請經營電廠，從四十三家有意申請的業者中，選出十一家民營發電業者，且由台電公司依《電業法》躉購民間電廠的電能，自此開啟了民間參與國內電力建設的新頁。[23]

不過，民營發電廠同樣會陷入台電設置發電廠的困境，例如環境影響評估、土地變更作業、購售電合約規範、融資取得、與居民溝通協調等項目；王志剛接掌經濟部之後，邀請相關部會與地方政府首長組成「促進投資推動小組」，定期會商協調解決業者投資台灣時遭遇的困難，排除民間業者設置電廠投資障礙，也是其中一項；經濟部另也陳報行政院，將民營電廠興建計畫納入「擴大國內需求方案」中的重要投資計畫，加強協助輔導。

王志剛也自一九九六年七月起，定期於每周六召開民營電廠列管案件專案報告會議，督導經濟部協調各相關權責單位修訂相關法令、簡化行政程序，舉凡業者申請中長期資金貸款、準備環境影響評

22　二〇一三年三月一九日《中央廣播公司》「台電和民營電廠 相互依賴不得已」
23　一九九九年九月經濟部能源委員會「推動民營發電業工作成果報告」

估報告聽證會及現場勘察、和地方政府申請電塔用地需用行水區，經濟部相關同仁都要協助民間業者，甚至是業者自國外進口電廠設備而遭遇的匯率變動風險等，王志剛都親自指示能源會研商處理。[24]

在結合政府政策及與民間業者的共同努力之下，一一克服各項難關，一九九九年五月三十一日，台灣第一座民間電廠麥寮發電廠正式商業運轉，我國民間電廠競爭的新局也就此展開。[25]

我國自一九九五年起經過十年、共四階段開放民間設立發電廠政策推動下，目前共有九家民營火力電廠，總裝置容量達七百七十一萬瓩，二〇一六年售電量約四〇四・一九億度，約占台灣電力系統總發電量的一七％，已成為我國電力供應的重要來源。[26]

民營電廠順利營運要挺過三個挑戰

當時的能源委員會執行秘書，現任台糖董事長陳昭義回顧開放民營電廠的過程，實際完成商轉的業者並不多。以王志剛擔任經濟部長任內為例，當時雖然核准開放十一家，最後成功商轉者僅有海湖（長生）電力、麥寮汽電、嘉惠電力、和平電力以及新桃電力等五家。

民營電廠營運的第一個挑戰是，建廠過程中遭到資金、財務或土地取得的困難。蓋一座電廠，從土地取得、環評作業、動工興建，到完工商轉，最快也要四年半時間，所投入的資金回收速度，其實並不如業者想像中快。包括富保和中、富保電力，及長宏、海渡、苗栗、花東等電廠，背後出資的華隆、中石化、三福、海渡等各大企業，在建廠過程中遭到資金、財務或土地取得的困難，主動或被動地不再玩下去。[27]

第二個挑戰是地方和中央政策不同調。

民營電廠投資計劃，雖是未來經濟成長動力，中央與地方卻始終沒有相同步調。天下雜誌曾報導，一位學者批評，一些民營電廠依據經濟部與台電規定得標，並逐步通過環評、取得土地、申請融資。結果，卻被地方政府以「一縣只能有一個電廠」、「不接受燃煤發電」為由，拒絕核發建照。過去威權時代由上（中央）而下（地方）、命令式的經濟開發模式，隨著民主化快速進展而失效，地方政府或當地勢力左右重大投資案存活。

第三個挑戰是法規不合時宜。

當年諸多法令跟不上社會及經濟成長，讓許多投資活動呈現「先比賽，再定規則」的怪現象，也令外商無所適從，一家投資民營電廠的英商，因遲遲無法取得建照，在損失五千八百萬台幣後決定退出。計劃負責人也被母公司開除，原因是：「沒有認清中華民國法律，以及社會規矩。」

王志剛回憶當年法規落後，像地目變更程序冗長、投資事項審查繁瑣，根源是「法綁死了」，若要避免外資來到台灣又失望而去，法規要先鬆綁修改。[28]

24 一九九九年九月經濟部能源委員會「推動民營發電業工作成果報告」
25 一九九九年九月經濟部能源委員會「推動民營發電業工作成果報告」
26 二〇二一年十二月經濟部能源局網站 民營電廠現況及分布
27 二〇〇三年九月八日《蘋果日報》民營電廠幾家歡樂幾家愁
28 一九九八年十月一日二〇九期《天下雜誌》制度不立 成長歎氣

BOX 民營電廠成功指標案例

（一）麥寮汽電公司

台塑企業自一九九五開始申請籌設麥寮汽電公司，但自建廠後，遭遇電源線施工抗爭致進度受阻，當時經濟部在王志剛領導下，努力排除困難，在一九九九年商轉，是第一家達成營運供電目標的民營發電廠，當年商轉後，將台灣電力系統備用容量率由七．七%提升到十二．五%，解決那時台灣社會面臨的限電危機。

台塑企業在興建六輕麥寮電廠時，就選用先進設備，麥寮三部六十萬千瓦機組，用的是當時最好的超臨界機組，從一九九九年商轉以來，效率及污染防制均優於其他電廠，直到近年才略遜於台電林口及大林電廠，兩家電廠使用的是超超臨界機組；但麥寮電廠在眾多燃煤機組中仍然名列前茅。

（二）台泥和平電廠

台泥和平電廠於王志剛經濟部長任內的一九九八年九月取得電廠施工許可，一九九九年興建、二〇〇二年完工啟用商轉；電廠位在花蓮縣秀林鄉和平工業區內，廠址占地面積二十七公頃，全廠裝置容量一百三十二萬千瓦，是台灣東部發電量最大的電廠。

二〇〇〇年，台泥前董事長辜振甫在和平斥資打造港口、電廠、水泥廠三合一廠區，同時也是亞洲首座零廢棄物的「港電廠循環經濟」工廠。和平電廠發電過程中產生廢棄物可分為飛灰及底灰等兩種煤灰物質，台泥將電廠產生的煤灰全部供做和平水泥廠生產水泥的原料，和平火力發電廠每年約產生四十二萬公噸煤灰，不僅避免造成海洋汙染，亦達到資源全部再利用的目的。電廠與水泥廠具環保互補特性，讓經濟發展與環境保護相輔相成。[29]

簽下資訊科技協定（ITA）助台灣科技產品外銷免稅

王志剛執行的經濟政策，大抵延續著李國鼎、孫運璿及趙耀東等財經大老自由化、國際化路線，對內推動投資台灣運動，修定促進產業升級條例、開放民營電廠、台塑集團等開發六輕工業區等措施，是建立市場自由化的競爭新規則；而對外，則嘗試與各國建立良好經貿關係，他接下經濟部長沒多久，就和世界貿易組織（WTO）會員國簽下資訊科技協定（Information Technology Agreement，ITA），在台灣成為WTO會員國之前就先簽下的單類產業協定，幫台灣科技產業拿下全球免稅通行證，在台灣仍面臨貿易壁壘之際，稱ITA是助攻台灣科技產品外銷的神器，並不為過。

簽署ITA一事，是從一九九四年就開始醞釀。當時我國申請加入世貿組織，在過程中，必須

29 二〇二一年台灣水泥公司網站

先與每一WTO會員國分別談判諮商，在我國準備與美國展開雙邊諮商過程中，美國開口要求台灣先參與ITA。[30]

王志剛說，經濟部貿易局跟工業局對台灣先加入ITA，各有立場，工業局站在保護產業立場，認為我國科技業還不夠成熟，不宜貿然加入；貿易局則從促進國際貿易角度來思考，態度積極。

一九九六年十二月新加坡舉行WTO部長會議，ITA就列為其中的重點議題之一，由於ITA涉及WTO最惠國待遇，美國國會要求，ITA必須以「關鍵多數」方式，讓全球生產資訊科技產品貿易量九〇%以上的國家都簽署，才能生效；極力要促成ITA的重要國家包括美國及日本等，但他們所代表的資通訊產品貿易量不足九〇%，當年台灣占有全球資通訊產品貿易量約二·五%左右，是美國力邀締約的對象之一。

參加WTO部長會議之前，王志剛邀請貿易局局長林義夫、貿易局副局長陳瑞隆、工業局局長尹啟銘和工業局副局長何美玥等相關官員，到青田街台電一棟日式建築物內的會議室低調開會，避開媒體耳目；時任王志剛隨扈、現為刑事警察局研究員林標油記得，這個不讓記者知道的會議開了很久，當年他們還特別準備鼎泰豐小籠包餐點，讓開會的同仁們果腹。而經過冗長討論後，會議有了共識，並由王志剛拍板決定簽署ITA。

從促進我國資訊業發展的角度來看，先爭取一類產品國際化、免關稅，是當時較務實的作法，而且資訊科技產品的自由貿易，有助台灣擴大外貿市場；另外，簽署ITA，還有加速我國與美國WTO雙邊談判的附帶好處，簽署ITA利大於弊。

當時王志剛率團以觀察員身分參與新加坡WTO第一次部長會議，因此有機會與多國官員舉行雙邊會議，就台灣是否加入ITA進行討論。

一九九六年十二月十二日上午九點，王志剛就利用新加坡WTO部長會議的空檔，與時任美國貿易代表署（USTR）代理貿易代表Ms.Charlene Barshefsky（白茜芙）會談，此為王志剛第一次與白茜芙大使見面，王志剛首先就台灣入會談判及立法工作進展向她提出說明，並促請美方早日結束與我雙諮商，讓我方行政及立法部門有充裕時間完成必要的準備工作。

白茜芙大使對台灣在智慧財產權保護及政府採購透明化方面所作之努力表示感謝；她也表示將於返國後召集相關單位會商，並指示美方主談人全力推動與我雙邊談判，以免我入會案受到延誤。

另外，白茜芙大使表示，各國倘能就資訊科技協定的內容達成共識，將是該次部長級會議最大成就，希望會議中能就產品涵蓋範圍獲致共識。由於我國是重要資訊產品製造國，至盼我方能勉力支持。王志剛則正式回覆：我方了解美方推動本協定之強烈意願，如能給予參加國所需的彈性，我方自可全力支持。

當時台灣以非WTO會員國、僅為觀察員的身分，即獲邀請加入資訊科技協定連署，顯示台灣的資通訊產業實力受到國際認同。由於該協定必需達到全球資訊科技產品貿易百分之九十以上方能生效，台灣此時扮演關鍵少數，重要性不可言喻。最後我方由對ITA著力甚深的第一線談判人員工業局副局長何美玥加入連署，在WTO部長會議上，由經濟部長王志剛代表台灣以「台、澎、金、

30《迢迢入關路》第二〇五頁

馬個別關稅領域」之名，與其他十四個WTO會員國共同發表「關於資訊科技產品貿易之部長宣言」（Ministerial Declaration on Trade in Information Technology Products，後稱 Information Technology Agreement, ITA）。

但台灣只是WTO觀察員，WTO貨品理事會還為此做出讓台灣能加入ITA的解套決議，即參與會員依據ITA談判結果，修正「關稅約束表」，未來入會中的觀察員正式入會時，可以將ITA談判結果，列入其入會的承諾關稅表。

ITA締約者必須將資訊科技的相關貨品列入WTO的減讓時程表，主要貨品有電腦、電信產品、半導體、半導體製造設備、軟體、科學儀器及製造測試設備等，ITA要求締約者階段性地消除資訊科技的關稅，並於二〇〇〇年一月一日達零關稅。台灣為最早簽署ITA的二十九個國家之一。王志剛說，當時並不知道簽署這項科技產業貿易免關稅的協定，對台灣科技產業影響如此深遠，幸好有這項協定，讓台灣資通訊產業即使跟其他國家沒有FTA（自由貿易協定），也能在歐美享有零關稅待遇，這對台灣科技產業的發展很重要。

台灣經濟研究院景氣預測中心主任孫明德指出，資通訊科技產品占我國出口比重很大，二〇二一年一月到十一月整體ITA產品占出口比有五一．九％，其中電子產品占比三八．四％，資通產品占比為十三．七％。

從上列數字可見若沒有當年王志剛於經濟部長任內簽署ITA協定，我國資通訊產品想要銷到海外，可能會有關稅的沈重成本，更不會有如今台灣科技業的蓬勃發展，台灣經濟發展及成長的根基更不像如今如此穩固。

王志剛認為，尤其當前與我國簽署全球雙邊、多邊的貿易協定如FTA寥寥無幾，台灣加入區域全面經濟夥伴協定（RCEP）機率渺茫，參與跨太平洋夥伴全面進步協定（CPTPP）也會有重重阻礙，台灣在全球經貿體系中有如一隻孤鳥，ITA可說是台灣另一座護國神山，這是當年簽署ITA時，從未料想到的結果。

安度Y2K千禧蟲危機

王志剛在經濟部長任內，經歷許多重要的歷史時刻，任內最後一年的Y2K千禧年危機也是其中之一。

一九九七年，曾任美國IBM工程師的傑森凱利出版《兩千年資訊年序危機》（Y2K-It's Already Too Late），描述一九九九年將跨入二〇〇〇年時，電腦時序無法自動調整，由電腦系統控制的交通燈誌或各種設施可能停擺，醫院、銀行及政府機關的電腦都可能大當機，社會將陷入混亂。

美國聯邦準備銀行也在一九九七年時下令要求各銀行必須具有二〇〇〇年認證許可，如果二〇〇〇年前銀行沒有完成因應資訊年序工作，將可接管銀行。英國首相布萊爾還親自監督全國電腦Y2K修正小組，中國大陸也在一九九七年舉辦大規模會議，派遣五千人組織抓蟲（千禧蟲）大隊，還請IBM協助解決問題。當時世界第一大汽車公司通用汽車請顧問公司到通用汽車全世界三十五國、三七個生產據點巡迴改善，動員各階層電腦人員檢查公司二十億個軟體程式，並淘汰一千七百個舊設備。[31]

二〇〇〇年前，世界瀰漫在浮動不安的氛圍中，全球各地充斥著各種千禧災難傳言，世界大國及各跨國公司都認為電腦系統年序重設帶來混亂，實際上可能發生的機率極高，而對科技立國的台灣，這是一樁最緊急首要解決的事，臺北大學黃啟瑞教授那時為部長室秘書，根據他所提供的資料，可以看出經濟部在王志剛的領導下，早在授權工業局及各部室承辦人員於一九九八年就超前部署，授權工業局規畫因應之道。

經濟部彙整先期準備規畫及聯繫工作後，一九九九年初成立「Y2K技術服務團」，著重在產業別、體系別及中小企業輔導；當年選定資訊、石化、水泥及人纖等三十九個重點產業，涵蓋三千九百三十一家廠商。

體系別輔導則包括中衛、上下游及登記體系等一百八十八個中心衛星體系、三千零八十四家廠商。中小企業輔導則以磐石獎、創新獎及互助合作體系等一千家廠商為標的，協助製造業因應二〇〇〇年的年序問題，預期目標希望有三階段，依序是掌握原料產業供應無虞、主力產業持續成長，以及穩定核心產業及確保重點產業營運。

根據經濟部調查到一九九八年五月十三日為止，仍有半數大型企業並未編列二〇〇〇年資訊危機的修正費用，隨著千禧年即將到來，王志剛當時公開呼籲企業盡早因應且採取行動，更指示工業局找各產業公會成立技術服務團、稽核管理服務團來加強輔導及服務工作，並且提供企業優惠貸款及投資抵減租稅優惠等獎勵措施。

在經濟部上下同仁合力的嚴謹規畫下，一九九八年九月十四日王志剛主持「製造業Y2K服務團」成立誓師大會，千人誓師大會由當時的行政院長蕭萬長致詞並為服務團授旗，資策會執行長果芸代表服務團接受。Y2K服務團由資策會、工研院等機構組成，全國工業總會高清愿為首的產業領袖加上產官學代表有千人與會見證，大會後就針對製造業重點產業展開全省巡迴技術服務。

一九九九年中旬，經濟部轄下的台電、中油都觀摩應變計畫實作演練，一九九九年十二月則確認非製造業的Y2K因應，已有九二%的業者完成，經濟部甚至以專案電話追蹤或實地輔導。

經濟部內做足因應Y2K的準備，一九九九年十二月二十一日，王志剛主持在經濟部會議室舉行演練，模擬因電腦Y2K造成全台大停電或中油煉油廠火警，總共投入十五億元經費進行汰換及修復有問題設備與系統，行政院評定經濟部及所屬國營事業都是低風險的「綠燈」狀況。

王志剛記得，事先全力投入因應Y2K計畫，在一九九九年十二月三十一日跨年各單位會報演習時，交了滿分的功課；而二〇〇〇年一月一日凌晨，王志剛向行政院通報，並且宣布核能發電等二百七十二家跨年設施運轉機構，全都順利通過Y2K的資訊年序危機，整個計畫圓滿落幕，他和相關同仁當夜還特別開了香檳慶祝。

孫運璿最早提出對陸投資「戒急用忍」概念

與兩岸政治敏感政治相比，千禧年危機還算是能預期的可控事件，非經濟的政治變數，對學者從政的王志剛來說，可說是一大考驗。

一九九六年，李登輝的「戒急用忍」政策一出，社會嘩然，兩岸經貿往來受到限制，企業界反彈聲浪不斷，那時，王志剛才升任經濟部長不久，夾在政府政策及產業無奈被迫出走的矛盾之間，左右為難，只能與工商團體、企業大老積極溝通，希望企業界能配合政策，謹慎考量赴中國大陸投資的後果。

「戒急用忍」一詞從清朝就有，前李登輝總統辦公室主任蘇志誠借用，寫入李登輝的致詞稿內，後人以為這是李登輝勸戒台商勿大舉赴大陸投資的「創意」，但溯本追源，「戒急用忍」政策概念其實最早是由前行政院長孫運璿所提出。

孫運璿在一九八七年接受《天下雜誌》專訪時，就對台商一窩蜂投身中國大陸市場，憂心忡忡，「對大陸投資我不贊成，政治上不講，經濟上太冒險。」

當年工商界人士要求政府大幅開放到大陸投資，盈虧由企業自負，政府不必管太多，孫運璿直言不諱地說，「經濟上，我實在不願意看到我國太依賴一個國家，例如當年，我們鼓勵對美國貿易，而美國政府又給我們種種優惠，於是我國對美國出口比重逐年增加，到現在他們出現保護主義潮流，不滿對我國貿易赤字太高，就對我們施出各種壓力。面對中共經濟太依賴，除了我上述所講的危機外，更可怕的是，他們會以這個為籌碼向我國施展壓力，逼得我們政府聽他的。」[32]

孫運璿會有如此苦口婆心的談話，有其時代背景；一九八六年到一九八八年的三年之間，由於台灣外匯存底快速累積的結果，造成新台幣大幅升值，由每一美元兌換新台幣三十八元上升到每一美元兌換二十六元。新台幣大幅升值的結果，使得出口導向的中小企業形成流血輸出，在台灣生存不易的情況下，中小企業才興起出走的念頭。

一九八七年十一月，前總統蔣經國宣布解嚴，並以人道的理由開放台灣人民赴大陸探親。許多台灣企業界人士到大陸去了以後，發現大陸有廉價又充沛的勞力，投資成本很低，且無語言障礙，再加上大陸地方政府的各項政策優惠，於是大量台商開始登陸，台商赴大陸投資熱潮一發不可收拾。[33]

李登輝總統時代所提出的「戒急用忍」

一九九六年九月十四日，工業總會召開第三屆「全國經營者大會」，在開會前三天，時任工總理事長高清愿接受媒體訪問公開發表支持西進的言論，讓李總統非常不高興，拒絕出席經營者大會。

就在一個月前，即一九九六年八月，李登輝總統才在國民大會上講出「亞太營運中心不以大陸為腹地」，道出政府對兩岸經貿政策的走向。國內政治風向不變，但高清愿自家統一集團大舉投資大陸之外，還打算以理事長身分籌辦工總大陸行[34]，似乎不理會李登輝先前宣布台灣對外發展的大戰略，以當今年輕人慣用的語言來說，高清愿「打臉」李登輝主張，還要邀請李登輝參加工總舉辦的會議，李登輝改以書面致意，不到場參與開幕式，「也只是剛剛好而已。」

32 一九八七年十月第七十七期《天下雜誌》孫運璿：「有公信力才有公權力」

33 二〇〇六年六月二十八日 政大經濟系教授林祖嘉《1987 年以來兩岸貿易與投資環境的變遷與發展》

34 一九九六年九月二十三日《商業周刊》：王志剛硬是向高清愿要了十分鐘

蘇志誠記得，高清愿同時也擔任國民黨中常委，此時當然明瞭事情嚴重程度，於是透過李棟樑傳達歉意，並拜託李總統一定要出席「全國經營者大會」閉幕式。

李棟樑是統一集團南聯國際貿易公司董事長，另外還有屬於自己的事業集團，高清愿當年就是在他的引薦下競選國民黨中常委。李棟樑處世圓融，古道熱腸，曾任軍友社理事長，多年來慷慨解囊，個人挹注勞軍款逾台幣十億元，因此於二〇二二年榮獲國防部頒贈二等雲麾勳章，表彰其長年對國軍的貢獻。他在王志剛經濟部長任內，兩人無特別交集，等王志剛卸任部長之後，才開始邀約吃飯，成為相見恨晚的好朋友。

李棟樑居中斡旋，李登輝勉強答應出席，蘇志誠的工作便是要趕出閉幕式致詞稿，他連夜撰寫，當時坊間流行雍正皇帝連續劇，蘇志誠因此借用這段歷史中，康熙皇帝勉勵雍正的四個字「戒急用忍」，以此意喻「你們（工商界）要去可以，但不要只看到賺錢的一面，虧損的那一面也要算進去，風險要自己評估。」

「李總統不是『禁止』台商到大陸，而是『警示』」，蘇志誠回憶當年，認為「戒急用忍」對台商來說，應該是正面的提醒。

不過，李登輝正式在經營者大會閉幕式上以「戒急用忍」代表其對台灣企業界投資中國大陸的主張，仍然引起工商界強烈反彈，而政府如何落實「戒急用忍」政策，也成了行政單位的功課。

就在工總經營者大會結束後約兩個禮拜，李登輝召開高層會議協商，與會人士包括副總統、行政院長、國安會秘書長、總統府秘書長，還有經建會、經濟部等相關部會首長，此會議由經建會時任主委江丙坤做簡報分析，內容深入，強調戒急用忍之必要性。大家聽完後，皆無反對意見，李登輝裁示由負責投資業務的經濟部擔任執行單位。當時的場景，蘇志誠至今仍印象深刻。

高層會議後，王志剛特別向李登輝請益，關於台商赴大陸投資的戒急用忍政策涵義，李登輝用台語對他說：「你要知道，早去早死，慢去慢死，早晚攏 A 死。」王志剛對這句話自我解讀，認為李登輝應該是預見台灣整體經濟發展的趨勢，而非針對個別企業。

王志剛回到經濟部後，責成投審會研擬戒急用忍的執行辦法，最後提出「高科技、五千萬美元以上、基礎建設」不可赴大陸投資的原則，經層峰同意後，公布新版《在大陸地區從事投資或技術合作許可辦法》。面對外界質疑，王志剛親上火線，一一拜訪工商協進會、工總、商總等工商團體，並與工商界大老溝通說明、尋求支持。

BOX

戒急用忍政策評價有待歷史判定

李登輝於二〇二〇年七月三十日辭世，他在十二年的總統任期之內，做了不少驚天動地的大事，「戒急用忍」政策就是其中之一，一九九六年至今，這項政策引來的正負兩極評價，以及衍生的爭議，並未隨之而逝。

有媒體認為「戒急用忍」是中華民國近代經濟史的重大轉折，不少台灣企業當時沒搭上中國大陸經濟起飛的順風車，失去拓展市場的機會，「中小企業為生存一定會去，中國市場實在太大了！」遠見・天下文化事業群創辦人高希均強調，當年大陸很需要資金，如果台灣放手讓大公司前去，就有機會變成世界級大企業，「一個鴻海，可以變成很多個鴻海。」而這一煞車，導致台灣經濟二十年來不可挽回的傷害。[35]

也有評論認為，「戒急用忍」政策阻斷部分關鍵企業西進之路，對台灣有利，像是把高科技產業留在台灣，就是功德一件；如今高科技產業已經變成台灣主流產業，更傲視全球，歐、美、日各國政府爭相邀請半導體龍頭台積電到當地設廠投資，而二〇二〇年五月到八月間，台灣新冠肺炎疫情拉警報，在缺乏疫苗之際，台灣民間更流傳「以晶片換外國疫苗」的說法，台積電已儼然成為台灣社會的「護國神山」。

李前總統當時的經濟幕僚陳博志，接受媒體訪問時曾說，這套政策的確引發爭議，如今在中美貿易戰的背景下，「現在主要國家都要戒急用忍，當時批評的人，都欠李總統一個道歉。」[36]

一九九八年七月二十七日，李前總統到國民大會聽取國大代表的國是建言，在總統答覆文中，完整詮釋戒急用忍政策意涵。

李登輝統以「戒急用忍、行穩致遠」之意義與作法為題，先提到國內廠商赴大陸投資基於成本及市場開發的考慮，其動機無可厚非。「但兩岸關係具有特殊性，我們必須從國家安全與整體利益來考量有關問題。」

站在國家安全及整體利益角度，李前總統認為有三大面向需要思考，首先，大陸當局對台政策十分不理性。其次，大陸政經發展情勢仍不穩定。第三，兩岸經濟規模及發展程度有別，在發展兩岸經貿時，必須考量是否過分偏重大陸市場，而使台灣經濟發展陷於不利地位。

至於「戒急用忍、行穩致遠」政策的消極意義，李登輝統認為就是要提醒國人認清兩岸形勢，在從事兩岸經貿交流時，須注意其中隱含的政經風險，以確保企業的經營安全與國家整體利益。

李登輝特別強調，政策的用心是善意的，而執行則是理性的、溫和的，並無使兩岸經貿關係倒退的用意。主要是針對大陸投資作合理規範，對一般投資及中小企業幾乎沒有任何影響。此一政策的主要意義是促使企業能夠「根留台灣」，先壯大台灣經濟，才有力量再投資大陸，發展兩岸經貿。[37]

在李登輝去世之後，《自由時報》評論，戒急用忍政策是讓台灣得以度過一九九七年的金融風暴的重要原因之一，而與戒急用忍同時期執行的經濟政策，藉由公共投資（如國家建設六年計畫）及租稅優惠（如促進產業升級條例）等政策，積極協助產業轉型升級，時值美國去工業化，台灣承接其產業鏈的分工，台灣科技產業受惠最大。[38]

而從長期趨勢來看，戒急用忍政策並沒有影響兩岸經貿交流日益緊密的趨勢，從

---

35 二〇二〇年九月《遠見》李登輝「戒急用忍」蓋棺難定？經濟失落20年vs.高科技根留台灣

36 二〇二〇年九月《遠見》李登輝「戒急用忍」蓋棺難定？經濟失落20年vs.高科技根留台灣

37 一九九八年七月二十七日，總統府新聞稿：總統在國民大會的綜合答覆文。

38 二〇二〇年七月三十一日《自由時報》李登輝辭世戒急用忍安度金融風暴

一九九六年到二〇〇〇年的五年間，兩岸貿易金額仍持續增長，截至二〇〇〇年止，兩岸的間接貿易額累計達到二千一百二十一．二億美元，台灣從兩岸間接貿易中獲得順差一千五百零三億美元，中國大陸已成為台灣第二大出口地區和第一大貿易順差地區。根據大陸官方的統計，台商對大陸的投資也有突破性發展，迄二〇〇〇年止，在大陸台資企業累計達四萬七千零六十二家，台灣企業前一百大已有一半在大陸設廠。

二〇〇〇年政黨輪替後，陳水扁總統以「積極開放、有效管理」取代「戒急用忍」，「戒急用忍」時期的管制曾對台商赴陸投資產生短暫的影響，但企業透過維京群島等第三地赴大陸投資有顯著的增加，且並不影響兩岸之間的貿易；「積極開放、有效管理」時期，由於兩岸已分別加入WTO，赴陸投資的台商轉趨大型化、科技化且項目投資金額較高，兩岸之間的貿易金額持續成長，台灣對大陸貿易順差也持續增加之中。[39]

39 二〇〇六年三月法務部期刊《展望與探索》，論大陸經貿政策演變及影響—從「戒急用忍」、「積極開放、有效管理」到「積極管理、有效開放」第九十頁與第一百頁

第八章

拓展國際貿易 促成我國加入國際經貿組織

一九七一年，中國大陸取代中華民國成為聯合國一員，台灣外交空間遭到擠壓，在國際政治現實的考量下，政府以台灣經貿實力為後盾，期能參與國際經貿組織，拓展外交空間。在此戰略思考下，經濟部被政府賦予重任，除了要搞好國內經濟，也必須扛下經貿外交的擔子。

不只王志剛，歷任財經部會首長與同仁都因為使命感，催動著他們焚膏繼晷地投入台灣參加國際經貿組織或其相關會議的準備工作，這些幕後功臣勞心費神，目的就是極力爭取台灣現身國際社會的機會，希望世界看見台灣這個擁有雄厚經濟發展潛力的蕞爾小國，也讓我國能夠繼續維持國際化、自由化政策，不斷地壯大國力。

時代巨輪就這麼推著王志剛走向原來從未想像過的領域。

王志剛的專長為企管行銷，本來以為此生只在學術圈，卻因緣際會成為財經官員，在經濟部常務次長任內陪同部長蕭萬長出席亞太經濟合作會議（APEC），之後的幾年內，不論是擔當公平會主委或經濟部部長職務，總是在台灣參與國際經貿組織、啟動經貿外交的關鍵時刻，扮演著重要角色，整個歷程，超乎「學者王志剛」對人生的預期。王志剛也對自己達成使命，為我國拓展國際貿易、促成台灣加入國際經貿組織，有著難以言喻的成就感，自小受到父執輩經世濟民思想影響，王志剛覺得這段公務生涯過得非常有意義，多少也做到孟子所講的「俯仰無愧於天地與人民」。

參與台灣以 Chinese Taipei 加入 APEC 的關鍵時刻

台灣為亞太地區不可忽略的經濟體，在台灣廠商辛勤努力下，逐漸成為國外大廠代工生產鏈重要一員，因著外銷出口成長，GDP表現甚佳，根據主計總處的統計，一九七〇年代（一九七〇年到一九七九年）我國經濟成長率平均為十．一％，一九八〇年代的GDP為七．七％，一九九〇年代的平均GDP為六．三％[1]。當澳大利亞（澳洲）發起亞太經合會議（APEC）時，台灣就是十多個受邀參與的經濟體之一，這其中還包括中國大陸、香港。

一九八九年一月底，澳洲總理霍克（Robert Hawke）藉著走訪南韓機會，倡議成立亞太經濟合作會議（APEC），他認為亞太地區經濟成長迅速，需要成立一個由各國外交及經貿部長級組成的官方定期經濟諮商論壇，來加強亞太地區各經濟體之間的合作，以因應新的國際經貿秩序及抗衡歐洲單一市場及各國保護主義。

霍克本來計畫邀請美國、日本、加拿大、澳洲、東協六國（泰國、印尼、馬來西亞、新加坡、菲律賓、汶萊）、韓國、中國大陸、中華民國及香港等十五個國家及地區，但是，在籌備期間發生天安門六四事件，再加上中華民國、香港入會的名稱未能達成共識，一九八九年十一月於澳洲坎培拉舉行的首屆亞太經合會，以及一九九〇年七月於新加坡舉辦的第二屆會議，只有十二個經濟體參加，其中一項關於中港台進入APEC的名稱議案，留待下次會議中討論。[2]

對台灣而言，雖然以什麼名稱參加APEC會議，還需要進一步整合各方意見，但APEC是自一九七一年退出聯合國之後，我國所能參加的最高層級政府間組織，其重要性不可言喻。一九九一年十一月十三日在漢城（現譯名為首爾）舉行第三屆亞太經濟合作會議（APEC）部長級會議之前，時任經濟部次長的王志剛負責與外交部聯繫，他多次到外交部協調，和前外交部次長房金炎及外交部國際組織司司長吳子丹討論各式名稱，並提出好幾個方案給主辦國韓國居中斡旋。

韓國外務部次長李時榮與海峽兩岸官員一共召開六次穿梭會議，最後一次是一九九一年九月十九日至二十三日，李時榮分別邀請中國大陸及我方資深官員赴南韓做最後諮商，在「重疊而不同時會談」情況下，達成共識，大陸以「中華人民共和國」、我國以奧會及PECC（太平洋經濟合作理事會）模式的「Chinese Taipei」稱謂、香港以「香港」名稱同時入會[3]

一九九一年，身為次長的王志剛陪同經濟部長蕭萬長出席漢城舉行的第三屆APEC部長級會

---

1 二〇一三年十月《台灣經濟發展歷程與策略》，行政院經濟建設委員會，第十二頁，二〇〇〇到二〇〇九年平均為三．四%，二〇一〇到二〇一二年GDP平均為五．三%

2 《亞太經濟合作會議探討》，出自《問題與研究》第三十一卷、第一期，第十四頁

3 一九九二年十一月二十五日《中時晚報》二版

議，蕭萬長為APEC代表團團長，王志剛為隨團發言人，當時媒體形容，「是我國退出聯合國以來，重返國際經貿組織的一項突破。」

媒體關注海峽兩岸官員在APEC會議互動情形，王志剛陪同蕭萬長參加會前的閉門茶會；有一大群台灣派來採訪的記者聚在外面，他們特別關心蕭萬長部長跟陸方代表錢其琛有沒有見面握手，這是當時不往來的台海兩岸，少有的高階官員接觸。

「蕭先生很自然地跟錢其琛握了手」，王志剛記得錢其琛從飛行時間聊起，「我們北京來，時間長一點」，兩人就像話家常般對話。

王志剛向媒體朋友說明情況，記者們異口同聲地問道，「誰先伸手？」「同時伸手」，王志剛的回答成了隔天台灣媒體的頭條重要新聞。各國代表團團長則在稍後的APEC全體部長級共同記者會中，談到港中台三個經濟體同時入會，一致認為對亞太地區的經濟合作將會有積極貢獻。

當年蕭萬長在記者會上表示，APEC是兩岸良性互動的開始，我國是以中華台北（Chinese Taipei）的名稱入會，且各國均以「經濟體」替代「國家」為單位。因此，我方在演講稿中絕口不提「中華民國」，也不使用我方接受但不滿意的「中華台北」，只以「我們」含混的帶過，既不傷大會和氣，也不失國家尊嚴。[4]

把握APEC國際舞台，爭取各國支持我加入WTO

我國於一九九一年正式成為APEC會員，隔年，台灣加入GATT（關稅暨貿易總協定）申請案就傳出捷報，GATT理事會並授與台灣觀察員資格，GATT透過貿易談判來建立貿易規範，一九九三年GATT會員決議建立「世界貿易組織」（WTO），之後，為了爭取加入WTO，我國經貿體系事務官僚從上到下，一起打了十年團體持久戰，直到二〇〇二年一月一日我國才正式加入WTO。

APEC是亞太地區最重要的多邊官方經濟合作論壇之一，經過多年的發展，如今成員涵蓋東北亞、東亞、東南亞、大洋洲、北美及中南美地區共二十一個全球重要經濟體，總人口占全球四成、貿易總額約占全球五成。由於組織決策最高層級達各國元首，所涉及的議題涵蓋大多數行政部門的業務，APEC無異是我國所能參與的重要國際組織之一。

在四年經濟部長任內，王志剛多次代表台灣出席APEC，其中部長級年會會議有四次，依時序分別是菲律賓馬尼拉（一九九六年十一月二十二日到二十三日）、加拿大溫哥華（一九九七年十一月二十一日）、馬來西亞吉隆玻（一九九八年十一月十四日到十五日）和紐西蘭奧克蘭（一九九九年九月九日）APEC部長會議。

其他重要會議還有紐西蘭基督城（一九九六年七月十五日到十六日）、加拿大蒙特婁（一九九七年五月九日）、馬來西亞古晉（一九九八年六月二十二日）、紐西蘭奧克蘭（一九九九年六月

4　一九九一年十一月十二日《聯合報》二版

二十九到三十日）等地舉行的APEC貿易部長會議，以及在馬來西亞吉隆坡（一九九八年九月七日）中小企業部長會議、韓國漢城第一屆APEC投資展覽會。

王志剛強調，參與APEC會議最主要的目的不只是開會，會中我方可就國際重大議題發表談話，除了突顯台灣觀點，還爭取台灣於國際組織中擔任重要工作，並且可以利用空檔時間，安排跟各國部長級官員見面。

「通常一場APEC會議，能夠見到十多位其他國家的重要官員」，王志剛說，當年我方緊鑼密鼓準備進入WTO，需要分別與WTO會員展開雙邊談判，讓對方支持我方入關，藉由APEC各類型的會議，努力與各國拉近距離，是一個難得與各國增加外交互信關係的絕佳場合。

例如，一九九六年十一月，在菲律賓馬尼拉舉行的APEC部長級年會，主要探討執行一九九五年年會決議-大阪行動綱領（Osaka Action Agenda）進度、加強經濟合作與發展、「糧食、環境、能源、經濟發展與人口」及其他多項議題；王志剛對該次會議印象很深刻，年會開幕式由主辦國菲律賓總統羅慕斯親自主持，羅慕斯除了提出馬尼拉行動計畫（Manila Action Plan for APEC；MAPA），於台上演講時，還稍稍「離題」，呼籲各會員體支持台灣早日加入WTO，毫不掩飾地公開力挺台灣。

在APEC場域，台灣得以在各產業及議題上，扮演重要角色，也因此活躍於國際社會，一九九六年APEC會議提出「農業技術合作」倡議，台灣並自此至一九九九年間擔任主導成員及主席（Lead Shepherd）。

除了農業技術，台灣科技產業的實力也受到APEC其他會員的注意，一九九八年十一月，馬來西亞吉隆坡舉行APEC部長年會會議，由時任經濟部長王志剛及財政部長邱正雄率團，參與APEC「電子商務任務小組」，並與會員體共同研擬「APEC電子商務行動藍圖」，王志剛及邱正雄表達我國願意透過多邊架構及APEC機制下，配合參與各項經濟復甦的行動。

王志剛在該次會議上發言強調，電子商務有助於貿易的便捷化、跨境經貿活動以及無紙化交易活動的進行，且中小企業為亞太區域經濟發展的主力，所以電子商務的普及與廣泛使用更顯重要；此外，鑒於電子商務活動正面臨千禧年危機問題，為免此一危機影響本區電子商務活動的推展，王也代表台灣呼籲各會員體應致力合作共謀解決之道。

在金融議題上，台灣穩健走過亞洲金融風暴，堪稱亞洲各國典範，台灣也曾透過APEC場域，為穩定區域金融局勢做出若干努力與貢獻。

邱正雄代表台灣分享因應金融危機的經驗，歸納我們安度金融風暴有四大原因，一是健全的整體經濟與財政政策、二是嚴格的金融監理、三是中小企業承受危機的韌性、四為充沛的外匯準備與彈性的外匯管理政策。

同年，在「APEC企業諮詢委員會（ABAC）」會議上，我國代表、時任中國信託商業銀行董事長的辜濂松先生在「金融危機任務小組」發言時，提出由金融危機受創國以主要貨幣發行政府公債，以及透過資產抵押債券（CBO）等配套機制來引進國際資金、並進一步穩定亞洲金融市場之構想。

ABAC當年度報告中關於「金融危機任務小組」，把紓困方案分成區域層面及經濟體層面來考量，共有七項建議，大致以我方提出的方案為主。[5]

實踐經貿外交，晉見馬哈迪，強化與美日韓等國互動關係

一九九八年六月，馬來西亞古晉舉行APEC貿易部長會議，王志剛在此期間與各國經貿官員都有互動，並且晉見了馬國總理馬哈迪。王志剛在第一天的開幕會議之前，分別和日本通商產業大臣崛內光雄及美國貿易代表白茜芙（Charlene Barshefsky）進行雙邊會談，接著下午參加由馬國國際貿易暨工業部長Rafidah主持的大會。

值得一提的是，在參加APEC會議之餘，王志剛在馬來西亞綠野集團（Country Heights Holdings Berhad）創始人、華裔丹斯里（Tan Sri）[6]李金友的陪同下，和馬國總理馬哈迪闢室密談。

王志剛非常感謝李金友的熱心，他也認識到馬來西亞的官方榮譽制度，拿督已是非常尊榮，但Tan Sri丹斯里更勝一籌，丹斯里頭銜的受封者多為顯要人物，數量限制為三百二十五人，由此可見李金友在馬國的社會地位。

經由參與APEC會員體主辦的會議，王志剛試著以經貿外交方式，拉近與非邦交國的距離，一九九九年六月到南韓參加APEC第一屆投資展覽會，可謂為台韓外交上的「破冰之旅」。王志剛率領我方代表團第一天跟韓國總統金大中及十名部長共同主持開幕剪綵儀式，儀式結束後，隨即在韓方的安排下，會見國務總理金鍾泌，更特定再前往青瓦台晉見韓國總統金大中。第二天王志剛到漢城政府大樓「生產性本部」，與韓國產業資源部長鄭德龜共同主持部長會議，就雙邊經貿問題進行協商，達成多項共識，這是我與韓國一九九二年八月二十三日斷交以來，兩國經貿領域最高層

級官員的會面，意義非凡。

根據當年媒體報導，台韓斷交後，兩方連航線問題都談不定，外交關係降到冰點，不過，在王志剛六月去漢城參加APEC第一屆投資說明會之後，台韓關係似有解凍跡象；一九九九年台灣發生不幸的九二一大地震，韓國迅速派遣十六人搜救隊來台，韓國三星及其他電子公司也都來台援助，韓航還專機運來睡袋、飲用水等四十噸物資，一切舉措，令外交部意外，更讓台灣人民感佩韓國人道救援精神。[7]

APEC場合與大陸官員言語交鋒

一九九七年十一月加拿大溫哥華舉行APEC部長及領袖級會議，那一年，大陸前外交部長錢其琛與王志剛在APEC會後的共同記者會，因為「中華台北」、「中華民國」名稱問題，言語交鋒，擦出了火花。

5 台經院國際處、ABAC中華台北秘書處《一九九八年十一月十一至十四日 APEC企業諮詢委員會（ABAC）吉隆坡大會會議報告》

6 Tan Sri 丹斯里是馬來西亞聯邦榮譽制度的一種稱謂，為二等護國有功勳章（PMN）和第二等王冠效中勳章（PSM）佩戴者的頭銜，是由最高元首冊封象徵式終身榮譽身分，受封者多為部長、大法官、高級公務員、高級軍官、高級警官、黨魁、知名商人和社會賢達等顯要人物，數量限制為三百二十五人。

7 一九九九年十月四日《工商時報》台、韓航權重開談判 出現好氣氛

王志剛記得，部長級會議結束後召開國際記者會，場面浩大，各國記者都搶著發問，而來自台灣的記者發言太踴躍，且聚焦在台灣參與國際組織的名稱問題，讓主席不得不限制每人只能發問一次，還有台灣女記者為了多提問，離開記者會大廳，換件外衣變裝成另一人，立即再回現場爭取發言。

前中視主播記者張麗芬憶起那個年代，中國大陸在國際經貿組織矮化台灣，全台灣都有同仇敵愾的共識，採訪溫哥華APEC的台灣記者們私下討論，以台灣處境，國際場合少有機會發聲，這類國際記者會，其他國家的記者絕對不會指名要台灣代表答題，此時台灣的記者們難得團結，在國際場合為中華民國正名的愛國心，勝過個別電視台搶獨家的企圖心。

當年比起其他記者，張麗芬主跑經濟部，算是國際採訪經驗稍微豐富的記者，她記得溫哥華APEC記者會在一個狹長且橫向的場地舉行，各會員體的部長坐在前面，接著兩側各設一隻的直立麥克風，記者座位就在麥克風後面；提問記者需在放置麥克風之處排隊，她說自己運氣很好，搶得地利之便，主辦單位一開放提問，她一個箭步衝上去，成為第一個發問記者，後面排了十幾個各國記者。

張麗芬說，中視駐華府記者也是第一時間搶到另側麥克風，「我們兩人分頭進擊，我問王部長及錢其琛，他問歐布萊特，都是針對『名稱』問題。」張麗芬找出多年前採訪影帶，內容紀錄王志剛靈活的現場反應，也「回味」了王部長守住國家尊嚴，卻不失國際外交禮儀的機智妙答。

「中共即將二〇〇〇年爭取主辦APEC領袖會議，請問一下，基於APEC各會員國平等狀況下，中華台北要不要出席？而中共是否邀請我方代表參加？」張麗芬拋出第一個問題給錢其琛，並不忘做球給王志剛，讓王部長有回答機會。

王志剛當時回答表示，基於平等原則，各APEC會員國都有區域經濟合作的目標，對任何會員國主辦的會議，都非常樂於參加，並在會中報告發展經驗。被王志剛搶答後，錢其琛並未接續發言，又有記者接著問錢其琛，「中華民國如果舉行APEC會議，你會不會參加？」聽完提問問題，錢其琛勃然大怒地回應，「中華民國早在一九四九年就滅亡了！」

王志剛聽到這樣的發言，立即從位子上站起來，直接用英語說，「中華民國在一九七一年以前，還是聯合國會員國，當時還有六十多個邦交國，怎麼能說我們在一九四九年就滅亡了！」

機警回應錢其琛的發言，鄰坐在王志剛位置之旁的美國國務卿歐布萊特（Madeleine Albright）低聲對他說，「你說的非常好。」

張麗芬說，那場仗打得很好，王志剛部長搶了發言先機，對方回答後，部長又來個回馬槍，很清楚講出台灣的立場。「我也很開心，搶到第一個發問權，果然沒有浪費。」

兩國論讓兩岸官員在國際場合直球對決

王志剛與對岸官員在國際場合交鋒，不止於一九九七年加拿大溫哥華的APEC。一九九九年七月九日，前總統李登輝接受德國之聲訪問，提出大陸與台灣是「特殊的國與國關係」，被稱為「兩國論」。一九九九年九月，我國到紐西蘭參加APEC，中共外長唐家璇在此場合，發表貶低台灣及領袖的發言，王志剛回國後，接受陳文茜採訪，訪問內容以「王志剛之怒」為題，發表於一九九九年九月台灣的《商業周刊》。

王志剛還原當時參加APEC部長級會議前準備，以及會後國際記者會發言；他說，行前經建會、陸委會、外交部與經濟部開過會，大家有共識，在國外出席會議，原則上對政治議題，儘量不造成極端的激化，需要反駁的話，由台北去反駁。

才到紐西蘭，王志剛就得到消息，中共外長唐家璇在APEC發表貶低我元首言詞：「兩個月前他（唐家璇）在新加坡稱李登輝為麻煩製造者，今天顯然情況沒有改善」。

王志剛對此說法並不意外，「這個講法並無新意，只是重申他（唐家璇）在新加坡的講法，但對台灣已造成某程度的傷害。」

王志剛也立刻召開臨時記者會，強調APEC是經濟論壇，以討論經濟問題為主，不應有太多政治問題的爭執，基於尊重主辦國，尊重APEC的基本精神，兩岸在這個場合不應有太多爭議。

第二天，APEC舉行官方記者會，有二十幾個國家的外交部長，以及四、五十位經濟或貿易部長在座，然而因為台灣記者的敏感提問，王志剛不得不提高音量。

還原當時的場景，王志剛記得有一位台灣記者發問，要求王志剛回答，「中華台北申請加入WTO，目前準備工作相當完備，會不會遭受政治上干預？」；而身為主席的紐西蘭外交部長立刻說，這個場合不討論這個問題，主席避開兩岸之間的政治爭議，沒讓王志剛說話。

而後，中國大陸的記者提問其他問題，但唐家璇趁此機會，卻先以中文回應台灣記者問題，再次表示台灣怎能說自己是主權國家，王志剛說，主席當時拿著耳機，來不及調整至中文翻譯頻道，「美國代表坐我旁邊，一直問我中文在哪裡，跟不上他（唐家璇）說什麼東西，但其實在場很多人都聽得懂他說什麼，我們如果不做合理的澄清，就沒有辦法交代，我立刻舉手要求發言兩分鐘，不管主席同不同意，我就按下麥克風。」

當時，王志剛看到旁邊幾個代表，拿著耳機對著他搖頭，表示翻譯頻道切換不及，「所以我就直接用英文，表達我們的立場。」

王志剛回憶，在APEC各個會議及場合，唐家璇一再貶低台灣，而且紐國外長先前也附和中國大陸對台態度，認為台灣不是主權國家，因此不被受邀參與非正式外長會議。

「我們絕對不承認我們不是沒有主權的國家」，「我們可能比中共晚一點加入WTO，但得拿出理由告訴我們，那裡做得不夠，」「不能接受強權國家一紙書面聲明說我們不是主權國家（就不能加入WTO），WTO沒有這種明文規定」。王志剛利用這次發言機會，一吐而快，他力抗大陸壓力，對著國際社會，力陳台灣積極爭取進入國際經貿組織的堅定立場。[8]

此後的公務生涯，對外守護國家立場、台灣利益，是王志剛不能被挑戰及更動的原則，例如在外貿協會董事長任內，成功在上海世博會設台灣館，中國大陸運用各種方式，想要使台灣納入中國展館區內，但王志剛向主辦單位大陸世博會力爭，最後落腳在鄰近中國館區及各國國家館區附近，且台灣館甚受大陸民眾喜好，更拉近兩岸人民距離，化解中國大陸與台灣的對立緊繃。

王志剛與錢其琛在APEC部長級會議雖然曾經言詞交鋒，但有一小故事，卻讓王志剛留下不同的感受。

8 一九九九年九月十六日《商業周刊》王志剛之怒

當年APEC的酒會場合，錢其琛與王志剛都偕同夫人出席，王志剛妻子身著旗袍，在王志剛與其他人寒喧之際，錢其琛跟王夫人聊天，「聽你口音是那裡人？」「我是台灣來的，上海出生、祖籍杭州」。

錢其琛也是上海人，因著出生地話題，王志剛伉儷與大陸部長級官員有了柔軟的對話。

二〇〇〇年以後，王志剛卸下經濟部長一職，拜訪中國大陸，第一次帶著太太探望自己出生地北京，七歲少小離家，成長於台灣，青年時赴美深造，六旬年紀時返鄉，王志剛這才感受到「不勝唏嘘」，原來是如此的心情。

王志剛與夫人下榻北京飯店，國台辦人員特地拜會，轉達國台辦主任陳雲林想見王志剛一面；次日，國台辦人員告訴王志剛，錢副總理也想跟他談一談，王志剛與太太便赴中南海會見錢其琛。「歡迎北京先生、上海小姐回家了」，錢其琛一見面，便幽默迎賓；兩人聊到兩岸問題，王志剛覺得氣氛也有轉變。

錢其琛說，「過去都說台灣是中國的一部分，現在我們想法不一樣了，認為兩岸都是中國的一部分。」

王志剛在經濟部次長、公平會主委及經濟部部長任內，代表我方參與十多次的APEC會議，多次部長級年會後的聯合記者會，記者與各國部長級官員往來問答，只要一提到兩岸問題，總不免有劍拔弩張的緊張氣氛，相對以往，錢其琛這次的說法和緩，王志剛表示，甚至有兩岸地位平等的感受。

BOX

APEC目前所面對的發展困境

多年來，台灣藉由參與APEC，得以正式會員身分參與的國際組織。雖囿於國際政治現實，台灣領導人無法親自參加APEC領袖會議，但仍可藉由代理人和各會員領袖或領袖代表進行正式雙邊會談或場邊晤談，提升雙邊實質關係。APEC是台灣加入國際社會重要的場域。

不過，根據台灣經濟研究院國際處研究指出，APEC目前面對三種困境。首先，APEC成員政治化，自中美貿易戰白熱化之後，APEC各重要倡議當中除了經貿利益的計算，還必須同時結合戰略外交的考量。

其次，APEC集團地緣化，APEC原來強調的亞太區域概念，受到美中貿易戰而逐漸出現太平洋兩側的對立。APEC原本就存在成員體之間經濟開發程度不一的問題，如今更要面對太平洋兩側的緊張對峙，換句話說，APEC同時面臨上下左右、地緣政治與地緣經濟的雙重困境。

其三，APEC議題複雜化，APEC發展到現在，所探討的議題從早年的「貿易與投資自由與便捷化」（Trade and Investment Liberalization and Facilitation, TILF）到現在的廣泛目標，包括環境商品清單、疫苗專利等，都突顯議題所呈現的複雜化與巨大化，增加會員體之間達成共識的困難度。

台經院分析，APEC有著國際組織發展歷史上十分特殊的運作模式，強調共識決、自願主義以及不具約束力的決議等，過去曾被批評為效率低落，無法發揮應有的功能；然而，自COVID-19疫情爆發以來，國境關閉，傳統國際經貿組織受限於正式外交規範而無法召開實體會議；此時的APEC充分展現其彈性、包容多元性的特質，在遠距視訊會議的模式下，得以快速、有效的溝通、討論，維持全球供應鏈正常運作、進而加快防疫必需品及疫苗的自由流通，為各經濟體提供即時資訊交流和適當的因應機制。

長久以來，APEC同時也扮演著提振、彌補WTO貿易談判的重要功能，例如，一九九六年因各國透過APEC先尋求亞太區域內各主要經濟體的共識，WTO方能於同年完成資訊技術協定（ITA）的談判。在WTO面臨貿易爭端機制停擺及其他體制性爭議的此刻，APEC身為非約束性論壇，可持續以多邊互動途徑、多元領域議題、以及多年累積之動能，提出新的貿易議題以供WTO參考。在後COVID-19時代，因應疫情而施行的補貼措施或推進電子商務、數位貿易治理等，輔助WTO再次發動全球經貿成長引擎。

王志剛認為，展望未來，台灣應持續善用APEC支持多邊貿易體系，對於推進APEC架構下的區域經濟整合，例如亞太自由貿易區（Free Trade Area of the Asia-Pacific, FTAAP）保持樂觀其成的立場。另外，配合APEC推進下世代貿易及投資議題（Next generation issues），發揮自身優勢，積極參與包括提升服務業競爭力、協助研究數位經濟暨縮短數位落差、以及貿易暨投資的自由化與便捷化等項目。

綜觀台灣經貿的規模實力，屬於「中等強權」（middle powers），因此更應該與APEC其他中等強權會員體合作、互補，跳脫地緣政治與地緣經濟的限制，改採以議題為取向的合縱連橫，方能在美中強權抗衡兩極化的國際現實中，創造嶄新契機。

積極查緝仿冒，擺脫三〇一觀察名單

爭取美國支持台灣成為WTO會員體的同時，不能不提特別「三〇一條款」，此為美方做為平衡進出口貿易的順逆差的工具，台灣入關前對美雙邊諮商時，我方必須有因應三〇一條款法令的實際作為，王志剛擔任經濟部長，積極查緝仿冒，贏得美方肯定，有利我與美方的談判。

美方為避免國內產業遭受國外競爭壓力影響，透過國會立法授權總統實施保護措施，其方法包括對進口產品設定高關稅、限定或減少進口配額等經濟政策。一九八八年，美國修法提出《綜合貿易與競爭法（Omnibus Foreign Trade and Competitiveness Act of 1988）》，在原先的三〇一條款基礎上，發展出聚焦於智慧財產權相關的「特別三〇一條款（Special 301）」，受調查的貿易對手國可與美國政府談判，或減少出口、或限定價格，若最後未能達成共識，美國政府往往會提高關稅以作為報復性懲罰。

美國於一九八九年啟動超級三〇一報復條款，直至一九九五年，我國皆因非法播映美國音樂影片及對智慧財產權保護不力，連續將我國列入三〇一報復「優先觀察名單」或「一般觀察名單」中。

一九九六年六月，王志剛初接任經濟部長，即意識到智慧財產權關係著一個國家經濟的成長，也是我國發展成為科技島的基礎。面對知識經濟，保護智慧財產權不僅是我國應承擔的國際義務，同時也攸關台灣產業升級與全球競爭力的提昇。

為因應美方每年一度公布三〇一條款名單壓力，及避免美國三〇一條款報復對我國造成經濟嚴重傷害，王志剛要求保安警察第二總隊（主要任務為掌理國營生產事業機構財產、設備之護衛業務，兼受經濟部指揮）成立警力，專責打擊仿冒，期使台灣從「盜版天堂」，成為「創新天堂」，以提升國際競爭力；一九九六年七月才接掌保二總隊的新任總隊長魏境銜命，立即於保二總隊北（景平分班）、中（加工出口區）、南（中油煉油廠）分別成立任務編組，屬「兼辦」性質，初期人力三十人，後擴充至二百人。

查緝仿冒成果豐碩，連美國都很滿意，一九九六年十二月十二日於新加坡舉行的第一次WTO部長會議，時任美國貿易代表署（USTR）代理貿易代表白茜芙，還特別向王志剛致謝，非常肯定台灣保障智慧財產權的努力。

刑事警察局研究員林標油博士，當年為王志剛隨扈，他跟保二總隊時任大隊長陳金能及督察林同志，目睹及參與那時查緝仿冒品的任務，任務初期主要以全省各大夜市及商圈為查緝範圍，扣押仿冒品塞滿整個大禮堂，而與美國的談判中，台灣承諾強化台商涉及仿冒問題與加強執法、教育和出口監視制度等行動計畫，「在王部長超前部署及各方努力之下，讓美方感受到台灣在智慧財產保護方面有顯著的改善與決心」，林標油見證一九九六年十一月美國把台灣從「觀察名單」中剔除的過程。

一九九七年，我國除繼續強化警方的仿冒查緝外，經濟部、立法部門及民間採取五個強化保護智慧財產的行動，讓美方看到我國仿冒問題上的努力，將台灣列於仿冒問題最輕的「特別陳述」名單，並列為查禁仿冒持續有進展的國家，那一年，台灣未被美方列入「觀察名單」。

警方在國內查獲仿冒案件持續升高，不過，一九九八年我國仿冒品出口被查獲的案件大增、金額也高，造成美方嚴重關注，政府相關單位相當緊張，但由於四月中旬美方代表來台後，王志剛部長與美方多次溝通，說明我國取締仿冒的決心與成果，並制定公布《經濟部智慧財產局組織條例》，研議成立「智慧財產局」，這是一九九八年我國未被列入三〇一主要原因。

成立經濟部智慧財產局 推動保護智慧財產權

打擊仿冒之外，王志剛為了貫徹保護智慧財產權的決心，於一九九九年一月二十六日成立「經濟部智慧財產局」，將原先中央標準局及著作權委員會有關專利、商標、著作權、營業秘密、積體電路佈局保護的相關業務，納入其主管範圍，並包括反仿冒事務。

智慧財產局首任局長，由出身中央標準局、嫻熟相關業務的陳明邦擔任，「王部長當時指示，要全力強化法規制度、激勵同仁士氣，並積極籌畫建立保護智慧財產權組織體系。」陳明邦回憶，王志剛親自出席智慧財產局揭牌典禮，並明確宣示智慧財產局的業務目標，包括提升專利審查品質、加速專利商標審查作業、促進智慧財產權制度國際化、加強專業人員訓練，並落實智慧財產權保護。

三〇一報復條款的成因相當多且複雜，需政府各部門共同心協力，始能克服。

一九九九年，儘管警方在仿冒案件的打擊與防制，持續有不錯的成績，惟美國業者認為台灣司法訴訟程序時間過長，致仿冒業者繼續販售仿冒品，且涉及偽證的律師也無須擔心被處罰，由於我國司法程序未能有效嚇阻仿冒行為，導致美國政府當年將我國列入「觀察名單」內。

二〇〇〇年初，王志剛再度指示保二總隊，為落實政府保護智慧財產決心與行動，成立法制化（非任務編組）的專責警力，實有必要，而接任魏境總隊長的梁建銘，於二〇〇〇年一月配合智慧財產局成立「掃蕩盜版光碟行動小組」（保智大隊前身），強化掃蕩仿冒。

王志剛在經濟部長任內，一九九六年到一九九八年的前三年，我國皆自三〇一名單除名，卸下職務前的最後一年，因我國司法訴訟程序問題，包括司法訴訟代理人委任狀及優先解決司法層面的專利訴訟委任代表權（POA）和成立「智慧財產法院」等未能解決，美國依然祭出三〇一條款，讓台灣重回一般觀察名單，至今王志剛心中仍深以為憾。

二〇〇〇年政黨輪替，我國在往後連續八年都被列入特別三〇一條款的觀察名單中，其中二〇〇一年到二〇〇四年為「優先觀察名單」，二〇〇五年到二〇〇八年為「一般觀察名單」除了保智大隊長年持續查緝打擊仿冒案件，成效卓著外，台灣持續積極解決智慧財產權（Intellectual Property Rights，IPR）保護立法及執法，落實IPR法院、校園IPR保護及網路侵權等各項工作，直至二〇〇九年，美方始將我國自「觀察名單」除名。

加入WTO，王志剛披掛上陣的雙邊諮商

前一章節提及，一九九五年到一九九六年間，受到台海飛彈危機影響，民間投資意願低落，國內景氣疲軟，王志剛於一九九六年六月十日由行政院公平交易委員會主委轉任經濟部部長，上任後李登輝總統及連戰行政院長分別召見，指示當時經濟部長最迫切的兩項任務為提振國內民間投資意願、儘速完成WTO入會工作。當時入會雙邊談判，因中國大陸進度延宕，台灣多少也受到兩岸特殊關係的牽連，也停滯相當時間，如何加速WTO雙邊諮商，成為王志剛首要之務。

近四年的時間內，王志剛在台北或在東北亞、東南亞、歐洲、北美、中南美洲各國單獨會見或利用APEC及WTO部長會議期間闢室會談，共見了近三十位國王、總統、總理（包括一次以上者），一百七十二人次經貿相關部會首長，僅美國貿易代表署（USTR）貿易代表白茜芙大使（Charlene Barshefsky）即在不同場合做過七次雙邊會談，每次與外國元首或相關部長見面，最重要的議題就是呼籲各國早日與我結束雙邊，儘速支持我方早日入會。

王志剛至今回想起來，去過的地方雖多，但對各國城市的印象竟是如此地模糊，不變的就是機場、旅館與貫穿其間的高速公路，在跟各國談判過程中，以美國及歐盟的過程最令人難忘，也最為關鍵。與這兩國結束雙邊諮商，不僅對我入會案具指標性作用，且促成了其他會員國儘速與我結束

9 劉耀仁，〈台灣音樂著作盜版防制政策工具之系統動態研究〉，國立交通大學科技管理研究所博士論文，二〇〇八年，第五頁。

雙邊，加速了我國入會時程。

雙邊諮商為入會關鍵，依各會員國通例，多由局長級甚至次長級官員先談，必要時再由雙方次長或部長出面，以王志剛經濟部長任內簽署的二十五個雙邊協議而言，由王親自出面的有十一次，其餘多由林義夫（時任貿易局局長）及陳瑞隆（時任貿易局副局長）主談，每次林、陳出征前，王志剛都會邀請他們二位進行沙盤推演，瞭解過去與該國諮商情況，決定此次任務的具體目標，返國後立刻檢討目標，達成情形，並決定下次出征任務，這就是由現代管理科學之父，彼德杜拉克（Peter Drucker）所發展出的目標管理（Management by Objective, MBO），在經貿談判事務上，王志剛靈活運用學界的管理科學。

我國與美國自一九九四年開始第一次雙邊談判，因我國對美享有鉅額貿易逆差，美方要求自然最多，因此進度極為遲緩，談判幾陷僵局，以一九九五年六月至一九九六年十一月期間台美雙邊曾中止談判達一年半之久即為佐證。王志剛自接任經濟部長後，隨即召集時任常務次長的許柯生、貿易局長林義夫及副局長陳瑞隆，深入研討策略，最後王志剛拍板定案，先難後易，採「頭過身就過」策略，儘速結束與美雙邊，後面幾個難纏的對象，如瑞士、歐盟、加拿大等，將會跟進。

在此原則下，一九九六年十二月起，即由王志剛親自率隊利用各種機會、場合，與美方關鍵人士及國內相關部會首長就美方所提要求進行綿密的遊說、諮商，終於在一九九八年二月二十日與美國達成協議，前後歷時四年、十七次會談，冗長的談判與折衝過程中，其艱辛及困難實不足為外人道。

BOX 台灣加入WTO的前奏

二〇〇一年十一月十一日，是我國經貿史上極重要的一天，因為經過十二年的努力，我國的世界貿易組織（World Trade Organization, WTO）入會案終於獲得會員國的採認，完成簽署後，於二〇〇二年一月一日，我國成為WTO正式會員，全國人民及十二年來參與入會案的朝野人士，都深感欣慰。

我國申請加入WTO前身「關稅暨貿易總協定」（General Agreement on Tariffs and Trade, GATT），起始是由當時擔任外交部長的連戰先生、經濟部長陳履安先生及國際貿易局局長蕭萬長先生所共同倡議，原因是台灣是海島經濟，資源缺乏，市場狹小，國際貿易可說是台灣經濟的命脈。但因我國非屬GATT會員，因此世界各國制定國際經貿規範及進行多邊貿易談判時，我國非但無法參與，且遭受其他不平等貿易的歧視對待時亦無法透過正常管道尋求解決，為維護國家整體利益，順應國際情勢，在深入評估後，於一九九〇年一月一日，正式以「台灣、澎湖、金門、馬祖個別關稅領域（Separate Customs Territory of Taiwan, Penghu, Kinmen and Matsu）」的名稱，由時任經濟部長的陳履安先生署名向GATT提出入會申請。

一九九〇年六月一日，蕭萬長升任經濟部長，肩負起入會總指揮的任務，在其持續的努力斡旋下，一九九〇年九月二十九日，GATT通過受理我入會案，並成立工作小組審查我入會資格及各項相關法規，同時授予我觀察員身份，開放有意願的締約國與我進行雙邊諮商，此為極重要的起點，江丙坤先生於一九九三年二月二十七日接任經濟部長負起入會總指揮的重責大任。

一九九三年十月GATT進行第四次我入會工作小組審查，時任經濟部常務次長的許柯生擔任我方主談人，正式對外宣布我開啟雙邊談判。最初表達意願的有二十六國，最終又增加到三十國，其後在江丙坤領軍下，陸續完成南非、捷克、斯洛伐克、土耳其及薩爾瓦多等五國。一九九五年一月一日GATT轉型為WTO。

對美雙邊談判路艱辛　頭過身就過

遊說、溝通是台、美雙邊談判最困難的部分，有好幾次重要的活動與會面，影響後續我國加入WTO的進程，回想當時情景歷歷在目，都深刻烙印在王志剛的腦海裡：

一九九六年十二月十二日上午九時，利用新加坡第一次WTO部長會議的空檔，與時為美國貿易代表署（USTR）代理貿易代表白茜芙會談。此為王志剛第一次與白茜芙大使見面，他首先就最近我入會談判及立法工作的進展，向白茜芙大使提出說明，並促請美方早日結束與我雙邊諮商，讓我相關行政及立法部門有充裕的時間完成必要準備工作。

對我方在智慧財產權保護及政府採購透明化方面所作的努力，白茜芙大使表達感謝之意；她指出，各國倘能就資訊科技協定內容達成共識，將是一九九六年WTO部長級會議最大的成就，更希望會議中能就產品涵蓋範圍獲致共識。由於我國為重要資訊產品製造國，至盼我方能勉力支持。另外，白茜芙也承諾，將於返國後召集相關單位會商，並指示美方主談人全力推動與我雙邊談判，以免我入會案受到延誤。

王志剛則對白茜芙強調，我方了解美方推動本協定的強烈意願，如能給予參加簽署的台灣一定彈性，我方自可全力支持。

當時台灣以非WTO會員國、僅為觀察員的身分，即獲邀請加入資訊科技協定連署，顯示台灣的資通訊產業實力受到國際認同。最後，台灣同意加入連署，與其他十四個WTO會員國共同發表「關於資訊科技產品貿易之部長宣言」（Ministerial Declaration on Trade in Information Technology Products, 後稱 Information Technology Agreement, ITA）。

一九九七年二月四日，王志剛接見美國貿易代表署助理貿易代表 Lee Sands 一行三人，並就我加入WTO中美入會諮商事宜交換意見。由於 Lee Sands 為我方同仁認為最難纏的美方代表，王志剛特別以懇切態度與其溝通後，Lee Sands 態度因而轉緩。

這一天，王志剛也宣布經歷三年餘，前後十二次會議的中日WTO入會雙邊諮商，已於二月三日達成協議，並簽署會議紀錄，雙方同意在三月底前正式簽署雙邊協議文件。日本為WTO四大強國中第一個與我國完成諮商的國家，亦為第十六個與我完成入會諮商的會員體。

一九九七年二月，王志剛部長於二十二日啟程訪美，自二月二十四日起分別拜會正式真除美國貿易代表署代表的白茜芙大使、商務部長戴利（Daley）及財政部副部長桑莫斯（Summers）等重要官員，並且會晤參、眾議員，爭取美方支持我國加入WTO及就我國可能重新被列入「特別三〇一」事宜與美方溝通。

此次訪美，王志剛也在二月二十七日接受母校德州農工大學（Texas A&M University）頒贈第四屆國際傑出校友獎。二月二十八日，王志剛在前駐休士頓代表處長林永樂（後任外交部長、駐英代表，現已退休）陪同下，到休士頓布希宅邸拜會了前美國總統老布希先生（George Herbert Walker Bush）與老布希夫人（Barbara Bush），趕來參與見面的還有時任德州州長，後來當選第四十三屆美國總統的喬治．沃克．布希（George Walker Bush）及小兒子尼爾．馬倫．布希（Neil Mallon Bush）。

原來，布希家族與王志剛的母校德州農工大學淵源深厚，老布希總統的紀念圖書館及布希家族墓園皆設在德州農工大學的校園內，因此老布希總統一家對這位剛出爐的國際傑出校友表達熱烈的歡迎。當年老布希總統公開表態支持台灣，是我國得以順利敲開WTO入門磚的關鍵。一九九一年六月十九日，美國參議員包可士（Max Baucus）領銜十五位參議員致函老布希總統，要求美國行政部門對台灣GATT申請入會案應立即給予強烈的支持。一個月後，即一九九一年七月十九日，老布希總統函覆包可士參議員，文中表示「美國將堅定支持台灣加入GATT，並將與其他締約國以有利態度解決台灣入會案，在各締約國同意條件下入會」。

老布希總統的力挺在國際間發揮了明顯骨牌效應，歐聯（後改稱歐盟）和其他GATT締約國的態度遂轉趨明朗，且多為肯定的立場，這使得我方士氣大振。王志剛藉此機會，向老布希總統表達了台灣政府及人民的最高敬意及謝意，同時並懇請老布希總統能運用他的威望及影響力，進一步說服美國行政部門早日結束中美WTO雙邊諮商，並對日後台灣以「TPKM獨立關稅領域」名義成為WTO會員給予支持，老布希總統當下即欣然同意。

王志剛該次拜會老布希總統，老布希夫婦及二位公子全程熱情、親切招待，老布希夫人不但親手烘焙糕點，更導引王志剛等一行人參觀其整潔溫暖但並不奢華的退職總統宅邸，令王志剛和同仁非常感動，據安排此訪的林永樂表示，這是很少看到的榮寵。

老布希夫人於二〇一八年四月十七日過世，享壽九十二歲，她是美國歷史上繼阿比蓋爾・亞當斯（Abigail Adams）以來，第二位見證丈夫及兒子先後當總統的女性，布希夫人離世後安葬在王志剛的母校德州農工大學布希圖書館墓園，四位總統出席告別式，哀榮備至。

一九九七年五月九日，王志剛利用赴加拿大蒙特婁參加APEC貿易部長會議的機會，與USTR白茜芙大使三度會談。王志剛表示，有關政府採購、服務業、工業，入會議定書等方面立場差距已大幅縮小，雙方應該盡速就該等問題達成協議，惟有關農業方向，因國內爆發口蹄疫，我豬農遭受重大損失，美方要求我降低豬肉關稅，變成極為敏感的問題，米酒分類課稅問題亦然，盼美方瞭解。

白茜芙回覆我方提及的議題表示，上述問題對美方而言亦深為敏感，將於當年六月到七月之間派助理貿易代表Bob Cassidy赴台訪問，屆時可就雙方既存問題進行全面評估，接著便會決定是否可對雙方皆具高度敏感性問題研擬較具彈性的立場。白茜芙亦就APEC確認提早自由化部門之議，與我方交換意見，對我主張將防治汙染設備列為提早自由化部門及願支持政府採購透明化等事表示贊揚，並期待王志剛在此次APEC會議中，就政府採購自由化一節發言支持，鑒於美方要求符合我方既定立場，王志剛欣然同意。

一九九七年六月十八日，王志剛與財政部部長邱正雄，在晶華飯店就美國關切的資訊科技產品降稅方案（ＩＴＡ），菸酒及小汽車等關稅底線與降稅期程交換意見，財政部立場是至少不能大幅減少政府稅收，經濟部立場則為儘速結束與美雙邊諮商，早日加入ＷＴＯ以符合國家最大利益，財經兩部會你來我往，但最後總算有一個不滿意但尚能接受的結論。

一九九七年十一月五日，王志剛在經濟部接見新任美國在台協會理事主席卜睿哲（Richard Bush）一行四人，就兩岸關係、台灣對亞洲金融風暴處理情況、及加入ＷＴＯ等事宜交換意見，王志剛對卜睿哲提到，台美ＷＴＯ雙邊諮商已歷時三年有餘，台灣幾乎讓無可讓，希望理事主席能促成雙方早日完成諮商。

一九九七年十一月二十一日，王志剛率團赴加拿大溫哥華參加ＡＰＥＣ年度部長會議，第四度與白茜芙大使會談，他呼籲美方應展現適度彈性，並敲定一九九八年二月將率團再訪美，期待能完成雙邊諮商，白茜芙亦同意此看法。王志剛返國後，立刻向同仁傳達美方善意，並指示同仁不管多難一定要利用此機會，結束與美雙邊談判。

一九九八年二月九日到二月二十日，我國加入世界貿易組織（ＷＴＯ）中美第十七回合雙邊諮商談判正式開始，起初進展不順，在背負沉重壓力下，王志剛決定提高談判代表層級親自出征，二月十四日啟程赴美，並自二月十七日起陸續與美國貿易副代表費雪（Fisher）及貿易代表白茜芙大使等官員就策略層面展開部長級諮商談判。歷時兩周，終於在二月二十日正式達成協議。

一九九八年六月二十二日，王志剛率團赴馬來西亞古晉市參加ＡＰＥＣ貿易部長會議，並於當日與白茜芙大使進行第六度雙邊會談。會談中，王志剛首先感謝白茜芙大使促使台美完成WTO雙邊談判協議，並說明我方已解決美方關切的農畜產品SPS協議（食品安全檢驗與動植物檢疫協議）問題，白茜芙大使回應表示此成果對促進台美雙方全面關係頗有助益。

另外，白茜芙大使指出EVSL（部門別提前自由化）為去年領袖會議的共識，日方反對漁產品提前自由化，希望我方勿支持日方立場。王志剛對此表達我方立場，因漁產品為我方重要產業，我國共有二百五十萬漁民，大部分人收入均不穩定，驟然開放將造成強烈反應，我國漁業界亦推代表至古晉與會觀察，給予我方極大壓力。儘管如此，我方仍支持EVSL，其中我已支持八個部門提前自由化，只有漁業部門仍有爭議，並強調我方不會阻撓共識的達成，但保持彈性仍屬必要。

此次會談，王志剛也再度要求美方能在多邊談判時給我支持，協助我早日入會。

一九九九年五月三日，王志剛和當時的次長林義夫啟程赴美，自五月五日起，先後在華府拜會美國貿易代表署副貿易代表費雪、貿易代表白茜芙及商務部長戴利，分別針對我國加入WTO案所涉多邊工作議題及出席美中商務協會年會等事宜進行諮商，獲致多項共識；同時，密集拜訪美國國會議員，例如參議院民主檔領袖Tom Daschle、能源暨天然資源委員會Frank Murkowski參議員、眾議院歲入委員會貿易小組主席Philip Crane眾議員等多位要員，並會見美國總商會代表與企業界領袖等，以尋求各界支持我國入會。

五月八日清晨，王志剛正準備束裝返國，看到旅館房間的服務生剛送來的當天《華盛頓郵報》頭版頭條斗大標題，「美軍誤炸中國駐南斯拉夫大使館」，王志剛即向同行的林義夫說「陸方必反彈激烈，將會嚴重延誤我入會時間」。果不其然，此事讓中美關係趨於緊張，影響中國大陸入關時程，台灣也受池魚之殃。

一九九九年十二月十四日，王志剛在經濟部接見美國在台協會理事主席卜睿哲等一行四人，王首先感謝卜睿哲在台美雙邊諮商上給予台灣的協助，並請卜氏在WTO入會多邊工作議題上能繼續給予我方支持，促使台灣能以「TPKM個別關稅領域」名稱，早日成為WTO的一員。

終局之戰——與美國第十七回雙邊談判

自一九九四年起，台灣和美國展開長達四年的雙邊諮商，陳瑞隆與童本中幾乎無役不與，一致認為以美國這一段最為精彩，特別是一九九八年在華府的最終回合達陣，創下歷年來層級最高、歷時最久，過程最艱辛等歷史紀錄。[10]

為期早日完成台美雙邊諮商，王志剛曾在一九九七年十一月二十一日在加拿大溫哥華出席APEC部長會議期間，會晤美國貿易代表白茜芙大使，呼籲美方適度展現彈性，並敲定隔年二月再訪華府，雙方皆期待能儘速完成雙邊談判協議。

王志剛自溫哥華APEC會議返台後，很快派遣工作階層赴美，先進行技術性諮商。一九九八年二月六日，在赴美談判前二周，王志剛召集時任經濟部次長林義夫及貿易局局長陳瑞隆、農委會副主委林享能、副主委李健成等，就有關農業談判底線和策略事宜進行研商，並達成多項共識。

經過事前縝密籌備，我國加入WTO中美第十七回合雙邊諮商談判，自一九九八年二月九日起，終於在美國華府密集展開。我國技術層級談判代表由經濟部林義夫次長領軍，農業部分由農委會林享能副主委主談，服務業由經建會副主委薛琦主談，工業則由次長林義夫率工業局副局長黃癸榕主談，菸酒部分由財政部次長吳家聲主談。

孰料，談判剛開始不久即陷入膠著，力求於此役結束與美雙邊談判的王志剛，決定親自領軍趕赴戰場擔任談判代表團團長，一九九八年的二月十四日啟程赴美，隔天甫抵達下榻飯店 JW Marriott Hotel，立即在房間內設立台美諮商指揮總部，經貿人員在前線 USTR 談判，他在後方 JW Marriott Hotel 督軍，隨時聽取軍情報告，支援協助。

主帥親自壓陣，讓我方談判人員士氣大振，越戰越勇。王志剛每日清晨即邀集代表團三十餘位成員，集中在他的套房大廳裡共用酒店提供的美式 buffet 早餐，大家一邊用餐、一邊沙盤推演，在早餐會議上決定當天預期要達成的目標後即整裝出征趕去美國貿易代表署。軍情緊急，分秒不容鬆懈，這段期間王志剛在酒店中寸步不離，唯恐發生臨時情況要親自趕往處理。早餐會後經常剩下許多炒蛋、培根、香腸、蔬果、麵包及各種飲料，這些吃不完的食物就是王志剛的午餐。

某日，時任美國在台協會理事主席卜睿哲邀請王志剛到附近餐廳共用午餐，討論雙邊的談判進展及我方的問題，王志剛禮尚往來，也邀卜睿哲隔天到套房享用了一頓牛排、龍蝦大餐，雙方談的非常盡興。晚上戰友們回來，王志剛把中午與卜睿哲主席見面情況給大家做了報告，突有同仁冒出一句：「前方吃緊，後方緊吃」，引來大家哈哈大笑。不久之後，王志剛再訪華府，和卜睿哲打了

10 《迢迢入關路》第一九六至一九七頁

一場高爾夫，那次球敘非常愉快，「因為他的球技跟我一樣爛」。

的確前方戰情吃緊，在談判中，美方對農產品及小汽車關稅等提出的條件，許多項目高於我方在台北已經決定的底線，大家希望王志剛能跟台北的相關部會首長溝通。有關農業項目，王直接打電話給農委會主委彭作奎，但因故能沒通上電話，事情緊急，林享能副主委拍胸脯說由他負責，王立刻告訴他，「我是院長指定的代表團團長，一切責任由我來擔。」

汽車也是個棘手的問題，林義夫告知美方的要求國內業者很難接受，王志剛致電當時的車輛工業同業公會理事長林信義，林信義曾是王志剛教授的政大企家班學生，平日對王都以老師相稱，但這次為了同業的利益堅持不讓步。隔天兩人又通一次電話，王向林信義保證只會做些微的讓步，希望他能諒解，林信義雖不滿意，但體諒前線的辛苦，勉予接受，王志剛對此深表感激。

一九九八年二月二十日，華府時間中午十二時左右，在旅館任聯絡員的童本中通知技術性談判已到最後階段，目前僅餘少數問題，有待王志剛到USTR就最困難部分，做政治性、政策性協商。

得到消息後，王志剛即刻動身趕到美國貿易代表署，聽取林義夫、陳瑞隆簡報，隨後立即與白茜芙大使關室密談。因為當時在場只有二人，且兩年多來已多次見面，堪稱老友，王就很坦率地直接切入正題，他提出美方應盡快達成台美雙邊談判協議的三點理由，首先，台灣雖對美國有鉅額出超，但台灣從美國最重大的進口就是美國的民主自由制度，因此這次與美雙邊，我方肩負著極大的人民、國會及媒體的壓力，已讓無可讓，希望美方能體諒我們的苦衷，當天就能結束雙邊。

其次，國民黨在台執政已五十年，兩年後即將進行總統大選，若政黨輪替，一切談判可能從頭開始，我入會案將充滿新的變數。第三，結束台美雙邊可能會加速結束美國與大陸的談判，讓兩岸都能早日入會，這也符合美方的利益。

白茜芙隨即接話表示，美國貿易單位近期公布美國一九九七年貿易赤字又大幅增加，國會議員對此次台美WTO雙邊諮商表達強烈關注，美方亦承擔相當的壓力，不過美方對我方率先簽署資訊科技協定（ITA）表達謝意，並稱讚台方談判團隊專業知識之豐富，以及在談判過程中表現的禮貌風度，不像某些國家代表只會說「不」，美方願意在農業、工業、服務業及菸酒問題上都適度的彈性，同意結束長達四年、經過十七次會談的台美WTO雙邊諮商。

王志剛與白茜芙大使關室談後不久，美方終於在華府時間一九九八年二月二十日下午二時宣布與台灣達成台美入會諮商雙邊協議，並已於下午一時三十分在美國貿易代表署總部完成草簽工作，由白茜芙大使及王志剛部長分別發表講話，我駐美代表陳錫蕃與美國在台協會理事主席卜睿哲代表簽署，王志剛與白茜芙擔任見證人。在場觀禮者除美國貿易代表署副代表費雪外，尚有三位美國貿易代表署官員及美國農業部、商務部代表，儀式隆重，據美方官員稱此規格為歷年僅見。只是在草簽之後，雙方又逐項細部核驗的動作，再花半年時間才算正式定案。

雙邊談判完成後，白茜芙大使即向柯林頓總統報告，白宮原訂中午記者會由發言人正式宣布，可惜因最後確認工作費時頗長，於下午一點多才結束，未能如願，惟此事顯示美方亦甚為重視。

對於談判結果，美方宣布獲得重大勝利，但我方亦盡全力確保整體經濟利益並降低對產業的衝擊，由於議定結果與美方最初的主張差距甚大，美方私下對我表示，這也是我方的重大勝利，誠如卜睿哲理事主席會後的聲明「這項協議是一項雙贏的了不起的成就。」

事實上，WTO雙邊談判就是對方針對我方某些產品或服務的進口關稅「頭期款」，限制進口項目要求降低、開放或取消限制，並非對等談判，因此過程極為艱辛，對方常漫天開價，我方則盡力殺價，簡單而言，就是少輸為贏。農業議題如豬腹肉、動物雜碎、雞肉；工業議題如汽車自製率、汽車貨物稅、汽車零件關稅；服務業議題如保險業、銀行業、電信業之開放；菸酒議題如米酒價格、香菸關稅、國內菸酒稅及走私菸酒之處理等，我方談判團隊皆能殫精竭力，奮戰到底，使得最後的協議較美方開價低出甚多。

BOX 啓動十多國雙邊諮商，用經貿打破外交僵局

除美國外，王志剛自一九九六年七月開始即利用雙邊經濟合作會議、APEC部長會議、WTO部長會議及雙方經貿首長互訪機會，積極與菲律賓、馬來西亞、新加坡、美國、瑞士、歐盟、泰國、加拿大、智利、墨西哥、匈牙利、波蘭等國進行雙邊會議，並參與最終一次協商後，簽署或見證雙邊入會協議。

美國、瑞士、歐盟及加拿大為要求減讓項目最多的國家，但在我國和最難纏的美國完成最雙邊協議後，其餘三國皆可較順利地結束談判，其中瑞士、歐盟皆由王志剛簽署；加拿大由陳瑞隆局長簽署，由王志剛做見證。由此可見，當時採取「頭過身就過」戰術是正確的。一九九八年五月，王志剛率團參加WTO第二屆部長級會議，會議期間與瑞士的雙邊談判原則上達成協議，五月二十日在日內瓦世界貿易組織總部與瑞士羅瑟耶大

使簽署加入WTO雙邊協議書，與瑞士完成雙邊協議過程，發生了有意思的小插曲，容後於WTO部長會議小章節中再提。

一九九八年七月，王志剛率團赴歐洲訪問期間，七月二十三日與歐盟簽署雙邊協議，歐盟談判代表、歐盟副主席Sir Leon Brittan在歐盟總部史無前例的和我國舉行正式記者會並開香檳慶祝，此等規格在我國艱困的外交處境下，誠屬不易，更加印證了加入WTO是我國以經貿打破外交僵局的最好方法。

連續三屆WTO部長會議，提升經貿交流

由於加入WTO不僅止於市場開放的承諾，亦涉及我國總體經貿體制之建置，故相當多的法令必須依照我入會承諾進行修改。為使立法委員了解加入WTO對我國的重要性，在參與第一到三屆WTO部長會議時，王志剛皆邀請朝野立委籌組宣達團，除協助我代表團進行入會案溝通工作，亦爭取立法委員對WTO入會法案的支持。

＊第一屆WTO部長會議（新加坡，一九九六年十二月九日到十三日）

新加坡WTO部長會議時，由於破例讓觀察員台灣加入ITA資訊科技協定，以及後陸續有許多國家聲明加入，ITA總算如期達到全球資訊科技產品貿易百分之九十的生效要件，順利於

一九九七年七月一日正式生效。

另外，在進行台灣與其他國家的雙邊談判諮商的部分，我方與紐西蘭雙邊進展順利，僅餘教育服務業一項，原擬在本屆新加坡WTO部長會議即可對外宣布完成，沒想到發生預料之外的插曲：紐方希望在台辦理留學展，且明文列在雙方協議上。王志剛致電時任教育部長吳京，吳京說：「你不要做現代李鴻章！」表達反對；紐方認為我方此舉形同對服務業緊縮，因此拒簽。往後又拖了十個月，延至一九九七年十月三十日才完成台、紐雙邊協議。

除在部長會議期間把握機會與各國進行雙邊會談外，王志剛亦利用各項宴會場合密集與各國代表接觸，籲請他們協助我方入會。在新加坡貿工部部長姚照東主持的早餐會上，王志剛恰巧與中共代表團團長龍永圖鄰座。席間，王、龍就開放兩岸三通事交換意見，王志剛強調兩岸三通應建立在平等互惠的基礎上，並應先恢復雙方諮商管道，等到條件、時機成熟時方能水到渠成。龍永圖則表示，一旦兩岸皆順利加入WTO，未來相關經貿議題或可於WTO架構下進行。

自一九九一年以來，兩岸分別啟動申請入會，過程中同樣面臨與美、日等經濟強權談判的複雜與艱難，彼此間競爭的壓力心照不宣；此時此刻，比鄰而坐，謹慎互動，王志剛順手用餐巾紙寫下「兄弟登山，各自努力」八字，遞給龍永圖；龍氏默默注視良久，手書回以「同意」。

＊第二屆WTO部長會議（日內瓦，一九九八年五月十八日到二十日）

一九九八年五月在瑞士日內瓦舉行的WTO部長會議，適逢GATT／WTO所建構多邊貿易體系設立五十周年紀念，這一屆會議特別熱鬧，獲邀與會演說的各國政要，包括美國總統柯林頓、南非總統曼德拉和古巴總統卡斯楚等，冠蓋雲集，盛況空前。

王志剛依然利用本屆會議空檔，積極和其他會員國接觸，我國代表團共計與二十一國的部長進行雙邊會談，同時促成與四個國家（墨西哥、匈牙利、波蘭、瑞士）簽署雙邊協議，成果豐碩。

其中，與瑞士達成協議過程，煞是有趣，王志剛首次領略「握手政治學」奧義，他就靠著「握手」，與瑞士完成簽署協議：由於我方與瑞士進行雙邊諮商時，兩邊還有細節尚待釐清並未談妥，但當王志剛看到瑞士經濟部長（Mr. Pascal Couchepin）時，很熱情握著對方的手說「我們已達成協議，握握手！」對方丈二金剛摸不著頭緒，基於禮貌，笑咪咪握手回應，瑞士經貿部門底下的官員瞬間臉色大變，王志剛也不管周遭如何反應，照樣一直熱情地握著對方部長的手不放。

「我方強渡關山是事實」，童本中說，後來瑞士多所抱怨，幸而不是什麼太大問題，兩邊「老闆」靠著「握手」示意拍板定案，我國與瑞士的雙邊諮商協議，在將錯就錯中就這麼「搞定」了，這可說為雙方經貿官員上了一堂「握手」政治學。

＊第三屆WTO部長會議（西雅圖，一九九九年十一月三十日到十二月三日）

這一屆部長會議原訂十一月三十日上午舉行開幕典禮，惟遭遇美國民間環保、勞工團體的嚴重抗爭，抗議群眾聚集西雅圖WTO會議場所附近，造成交通癱瘓，警方強力鎮壓，被喻為「西雅圖戰役」。華盛頓州金恩郡（King County）與西雅圖警方，為了將遭到群眾阻斷的街道清空，以便參加部長會議的代表團成員順利進場開會，動用了胡椒噴霧、催淚瓦斯、震撼彈等「鎮暴武器」加以驅離，後來甚至使用橡皮子彈對付抗議群眾；開幕典禮被迫取消，直接進行分組會議。最後大會主席白茜芙宣布本次會議無法獲致最終協議，決定休會（並非閉會），另外再擇期復會。

四天紛擾中，台灣代表團仍把握機會密集地與二十國的貿易部、次長進行對話，其中包括過去我國無溝通管道的國家，像是巴基斯坦、孟加拉等，均首次與我進行高層官員會談，實為一大突破。

農業、工業與服務業，三大領域主談人功不可沒

台美WTO談判能獲得比預期還好的結果，當歸功於整個談判團隊。尤其是在農業、工業與服務業三大領域中，主談人扮演關鍵角色。

（一）林享能與邦交國搏感情推廣農業

農業議題，美方開價甚高非常棘手，主談人農委會副主委林享能外交歷練豐富，在談判過程中發揮所長，是談判成功的重要推手。

林享能除擔任過駐智利、委內瑞拉及海地、阿根廷大使館秘書，早年還是外交部禮賓司科長，曾三次擔任當年副總統嚴家淦先生訪問中南美洲特使團的隨團秘書，見過很多場面。一九九一年王志剛任經濟部常務次長，林享能為農委會副主委，王、林二人都被選為李元簇副總統訪問中南美洲特使團隨員，林享能的外交能力得以充分發揮，尤其是他以嘹亮的歌聲唱出非常浪漫的西班牙情歌，拉近了我們與這些西語系國家的感情，返國後李副總統特別宴請王與林，對該次擔任隨員的表現表

達肯定。

在台美WTO最終回合談判，對於農業議題，林享能準備充裕，談笑用兵，掌控全局，每項議題我方讓步並不多，他個人與所率的農委會團隊，戰功彪炳。

（二）何美玥戰略準備充分推動汽車談判

工業產品談判多達七千多項，但其中最棘手者就屬汽車談判。美、日、韓及歐盟等主要談判對手提出工業產品諮商時，最重視的項目就是汽車。面對諸多強敵，汽車入會談判難度很高，運用策略時，遭逢各種錯綜複雜的挑戰。當時工業局長尹啟銘充分授權，由時任工業局副局長何美玥任主談人，在與工業局同仁事先沙盤推演，精心設計，兼顧不同國家的期望及國內產業發展的需求，與當時車輛同業公會理事長林信義充分溝通協調，擬訂出一套完整的戰略與戰術。

經過多年冗長的過程，何美玥及工業局團隊，獲得了各談判對手的尊敬，車輛公會理事長林信義及WTO談判法律顧問蔡英文教授亦對何表示高度肯定。一九九八年二月對美談判中，何美玥並未出席，因為國家工業（汽車為主）的談判在一九九七年初就已結束。

一九九七年四月，何美玥調任至行政院秘書處第五組組長，日後一路扶搖直上至經濟部部長、經建會主任委員，應該與她在WTO工業項目雙邊談判中表現出來的實力有密切關係。

（三）薛琦熟稔服務業議題

服務業議題由時任經建會副主委薛琦任主談人，薛琦為國內知名的經濟學家，理論與實務經驗俱豐，也是王志剛在台大的同事。一九八五年，薛琦獲選為燕京學人，赴哈佛大學研究一年，當時王志剛在台大任商學研究所副教授，正在申請升等為教授，依規定必須附一些相關的學術著作，王志剛曾在美國相關的學術期刊發表過幾篇論文，但事隔多年遍尋不著，當年網際網路尚不如今時這麼方便，王只好拜託薛琦到哈佛圖書館幫忙搜尋，他很快就找到了，王也在該年順利升等，在這件事上，王志剛對他是非常感激的。

薛琦早在一九九四年即接手服務業談判工作小組，我國在服務業談判議題上，涉及銀行、保險、電信、海運、陸運、旅遊、教育、醫療及專業服務業（律師、會計師、建築師）等行業，涵蓋範圍極廣，卻無統合服務業的主管機關，因此談判工作必須分為兩個部分，首先要與各服務業不同的主管機關溝通、協調談判底線，再與各部會代表一同參予對外談判。

薛琦回憶這段往事時說道，對內所花的時間、所費的心力，更甚對外談判；歸咎原因，主要是經濟部、經建會主管工作性質涉外較多，對加入WTO開放市場、國際化之必要性及急迫性，體會較深，其他服務業主管機關涉及業種繁多，且許多屬特許行業，若要改變現狀，恐損及既得利益，業者自然反彈激烈，有些變革甚至要修法，過程繁雜，因此，薛琦及其所率的經建會同仁在面臨各方壓力下，溝通協調過程，堪稱「內外交相煎」，極為辛苦。對外雙邊雖然只有十二國要求談判，但自一九九四年至一九九九年中，歷經六年、五十九場會談，也是一段難熬的長期抗戰。

一九九七年十一月二十一日，王志剛率團參加加拿大APEC部長會議期間，完成了我與加拿大服務業入會談判，加拿大對我國銀行業、保險業要求甚多，可說是服務業談判中最艱困的一役。當晚主談人薛琦及王志剛齊邀經建會、經濟部同仁在旅館餐廳暢飲啤酒慶功，薛琦無限暢飲大杯啤酒，面不改色，而啤酒正是王志剛的弱項，當晚，王志剛醉倒現場。

（四）吳家聲爭取菸酒關稅

菸酒談判是由財政部次長吳家聲擔任主談，其中最困難的是米酒在國內的稅率，吳家聲及財政部關政司等同仁竭盡全力，為米酒稅爭取到五年調適期，香菸進口關稅也較美方要求為高，著實不易。

除此之外，吳家聲亦在一九九七年溫哥華APEC部長會議期間，與加拿大進行金融保險業雙邊諮商，獲得甚多成果。惋惜的是，吳家聲結束與美雙邊諮商後返國不久，因為工作負荷沉重，積勞成疾過世，未能親眼見證我國完成入會，令人不勝唏噓。

當年法律顧問蔡英文與楊光華，自此建立革命情誼

與各國的談判過程中，經濟部國貿局的經貿談判法律諮詢顧問團扮演了舉足輕重的角色。國際經貿談判主談人多半專精產業議題，但較欠缺法律專業，而談判的結論訴諸法律文字時，用字遣辭如稍有不慎，就可能差之毫釐、失之千里；因此透過法律顧問精確掌握談判所達成的共識、進一步維護國家利益，實極其重要。

當年陪同王志剛出席雙邊會議的法律顧問包括現任總統蔡英文和現任政治大學國際經貿法、金融法的專任教授楊光華，二人主要負責的工作有四項：

第一項為法律問題之諮詢及相關法律文件之製作。

第二項是在談判進行時，為爭取內部商量時間，主談者以中文發言；談判顧問介於當中進行雙向口譯，並藉由口譯的機會，向我方主談者提示答案的法律意涵以及對後續談判的可能影響。

第三項則負責草簽條款之審閱，確認用字精準度。

第四項工作要草擬主談者發言稿，因國際法上有所謂「禁反言」原則，為避免主談者的發言可能導致未來立場無法扭轉之困境，其發言內容需要談判顧問協助確認。

在蔡英文總統的《從談判桌到總統府》一書中，也揭露了當時她擔任經貿談判諮詢法律顧問，得串起橫向溝通（政府 vs. 產業）以及縱向聯繫（政府體系）的角色，只懂得法條尚不足矣，同時也必須了解我方及對手的產業優劣勢，才能算是成功的貿易談判人員。

蔡英文總統在王志剛六十歲時，特別撰文回憶這段與王志剛共同參與WTO入會談判的經歷，認為王志剛的行銷長才和言簡意賅的政策解說，在國內總是可以獲得行政院長官、同僚、立法委員的認同；而在國際舞台如APEC、WTO的多邊及雙邊談判場合，包括WTO入會案最困難的台美雙邊諮商，都能成功的表達我國立場，贏得其他國家的尊敬與支持。[11]

從公平會共事到攜手征戰國際經貿談判，兩人的革命情誼遠遠超越了政治立場。二〇〇九年二月，王志剛的公子王宗霖和董雅幸小姐完婚，席設君悅飯店；馬英九總統親自出席、甚至逐桌敬酒，連戰等國民黨大老皆為座上賓，熱鬧非常。時任民進黨主席的蔡英文，為了避免模糊焦點，選擇低調赴會但不入座，在新娘休息室親自向王志剛一家送上真摯的祝福，王志剛由衷感謝。

最後一哩路

歷經十多年步步為營的努力，政府團隊的辛勞付出，以及許多國際友人的鼎力協助，在二〇〇〇年五月二十日政黨輪替、王志剛卸任經濟部長前，台灣終於完成所有的WTO雙邊經貿諮商。WTO第四屆部長會議於二〇〇一年十一月十一日通過採認我國入會案，我國由接任第二十二任經濟部長的林信義於十一月十二日代表簽署入會議定書；我入會條約案於十一月十六日經立法院審議通過，陳水扁總統於十一月二十日批准我國入會條約，我國乃於十二月二日致函WTO秘書長確認接受我國入會議定書。經過三十天之等待期後，台灣終於在二〇〇二年一月一日正式加入WTO。

這是我國經貿史上一個重要的里程碑，意味著台灣自此和一百四十三個WTO會員國平起平坐，獲得WTO法規的保障，對外貿易得享有公平合理的待遇，確保我國的經貿利益，同時藉此加速經濟自由化的速度，調整經濟體質，進一步提升我國的產業競爭力。

回顧台灣爭取加入WTO這段艱難的漫漫長路，再對比現今的世界經貿情勢變化，王志剛心中充滿了激動、感恩及感慨。激動及感恩的是當年堅持努力做的事情，二十五年後證明還是對的，俯仰不愧國家及人民的託付。

王志剛認為，加入WTO對台灣有二大長遠的影響，首先，WTO目前有一百六十四個會員，

11　二〇〇二年十一月九日《前瞻管理新知與實研討會大會手冊》第三十五頁

全球百分之九十以上的貿易都在WTO規範下進行，可以說是經貿領域的聯合國，更是我國目前唯一擁有正式會員身分、且具約束性的大型國際組織。加入WTO使得臺灣有機會參與國際經貿規範的制定，不再是被動地被貿易對手國要求順從接受別人制定好的貿易規則。

其次，一九九六年加入資訊科技協定（ITA）的決策，使得現在撐起臺灣產業一片天、佔總出口比重五二・二%的資通訊產品[12]，能夠在臺灣僅有少數自由貿易協定的情形下，出口到全世界大部分國家時（例如RCEP國家），享有零關稅的待遇。

而感慨的是，在漫長的入會程序中，我們折損了不少優秀的同事，因為積勞成疾而離世或退休；然而，透過WTO入會談判的戰場，也為國家培養了不少優秀的談判人才，過去及現今政壇中出色的經貿官員，許多人出於當年的WTO談判團隊，包括蔡英文總統當年也是我國WTO入會顧問。

臺灣下一個像WTO入會般艱鉅的談判將是加入「跨太平洋夥伴全面進步協定（CPTPP）」，王志剛期許政府仿效當年我們加入WTO的精神，堅持做對的事情，利用CPTPP所謂二十一世紀高標準的規格及市場機會，為臺灣尋找新的產業利基，開創更廣的國際舞台及空間。

BOX

WTO的過去、現在和未來

拜加入WTO多邊貿易體系的貿易自由化舞台之賜，台灣得以順利和世界接軌，締造了傲人的經濟成長奇蹟。惟WTO擴大市場開放的杜哈回合（Doha Round）談判自二〇〇一年即陷入膠著，究其原因，過去WTO體制的優點反而成為現在WTO的負擔，甚至成為了當今WTO運作的阻礙。

WTO的「共識決（consensus）」決策機制，在會員數眾多的情形下，很難取得共識；杜哈回合談判特有的「單一認諾（single undertaking）」（註：單一認諾指所有談判結果均須被會員接受，不能選擇性接受部分結果），任一會員就可以杯葛談判的結果；開發中國家地位的「自我認定」，使得歐、美國家對於富有的中國迄今仍享有開發中國家的特別待遇，降稅項目可以少一點，時間可以慢一點，深表不平。

二〇一七年，美國川普總統上任後，對多邊主義採取不信任的態度，美、中貿易爭端連帶影響WTO運作機制；美國並多次阻撓WTO上訴法官任命，造成WTO司法機制爭端解決上訴機構癱瘓停擺。另一方面，歐盟內部又因英國脫歐及會員國內政問題自顧不暇，終於使得WTO喪失最重要的貿易談判及解決貿易爭端兩大功能。

二〇二〇年新冠病毒疫情肆虐，引發全球經濟大衰退，WTO秘書長阿茲維多（Roberto Azevedo）卻意外在其任期尚餘一年之際宣布請辭，使得WTO秘書長懸缺逾半年，進一步引發各方對WTO發展前景的擔憂。

二〇二一年，在美國新上任的拜登政府的支持下，WTO終於通過任命奈及利亞前

12 台灣經濟研究院景氣預測中心整理，財政部二〇二一年統計資料

財政部長伊衛拉（Ngozi Okonjo-Iweala）為秘書長。伊衛拉是WTO首位女性及出身於非洲的領導人，根據中央社報導，伊衛拉在競選期間與我國常駐世貿組織代表團及台北方面均有密切互動，且承諾將公平對待台灣。

美國拜登總統於二〇二一年三月一日所發表的「二〇二一貿易政策重點」（二〇二一 Trade Policy Agenda），也宣示「將與新上任的WTO秘書長及理念相近的盟友及貿易夥伴合作推動對WTO的規則及程序進行必要改革，以因應全球貿易體系面臨的挑戰」。

過去二十年間，全球經貿環境發生巨大變化，數位創新科技的發展顛覆了傳統的貿易型態，當WTO的功能和運作面臨重要考驗的同時，取而代之的是區域經貿整合風潮。區域貿易協定（RTA）從雙邊及多邊貿易談判，逐步發展出跨區域或跨洲的巨型自由貿易協定（Maga FTA），洽談內容從傳統的WTO議題拓展至新型態的多元議題。根據WTO統計，二〇二〇年底全球累計已經生效的區域貿易協定達三百二十五個，約三分之一的RTA在近廿年間形成，其參與成員及規模有愈趨擴大之勢。

以跨太平洋夥伴全面進步協定（CPTPP）為例，十一個成員以太平洋為中心，東亞的日本、新加坡、越南，北美的加拿大、墨西哥及大洋洲的澳洲、紐西蘭完成國內批准程序後，自二〇一八年十二月三十日生效，除台灣之外，泰國、英國、菲律賓、印尼、哥倫比亞、韓國、中國大陸等都表達希望加入的意願，呈現進一步相互連結擴大的趨勢。

對照CPTPP之發展，東亞地區以東南亞國協（ASEAN）成立最早，並與中國大陸、日本、韓國、紐西蘭、澳洲及印度分別簽署東協加一協定，與東北亞、大洋洲及南亞連結後，於二〇二〇年十一月進一步完成區域全面經濟夥伴協定（RCEP）之簽署，將四個東協加一協定整合拓展，以東協為核心，連結東北亞與東南亞，生效後將成為全球經濟規模最大的區域貿易協定。

礙於國際政治現實，台灣在擴展自由貿易協定（Free Trade Agreement, FTA）的涵蓋率遲遲無法突破。貿易涵蓋率係指貨品貿易可享有FTA優惠關稅的金額比例，根據國家發展委員會的資料，台灣目前已生效FTA的貿易涵蓋率為九．六九％，意即每出口一百美元僅有不到十元有資格享有優惠關稅。縱使納入洽簽中的FTA，涵蓋率也只有二六．八七％，遠較日、韓、星等國高達七〇％到九〇％生效與洽簽中FTA的貿易涵蓋率為低。因此，台灣除了繼續努力與美國、日本等重要貿易夥伴達成雙邊自由貿易協定外，也應支持WTO改革、維護一個健全的多邊貿易體系，方有助於降低被邊陲化的危機。

第九章

與辜濂松無任所大使攜手突圍國際經貿外交

中華民國是以外銷出口為導向的國家，經貿為我國經濟成長的命脈，經濟部重點工作之一就是推動國際貿易往來機會。王志剛擔任經濟部長期間，全力以赴，於此投注不少心力和時間，多次偕同無任所大使辜濂松先生，分率官方經貿訪問團及民間經貿訪問團，足跡遍及全世界，不但為廠商搭建貿易平台、提高外商對台投資興趣，也同時為台灣參與國際社會另闢途徑，讓蕞爾小國藉著經濟實力，走出一條經貿外交之路，打響台灣知名度，塑造國家正面的形象。

回首從事經貿推廣工作的歷程，王志剛特別感謝工商界領袖辜濂松，主動積極配合政府，於許多國家之力不能及之處出力甚多，對台灣國際經貿及實質外交關係，居功厥偉。辜濂松在國際經貿外交領域，為台灣付出努力及獲得的成果，國內外各界人士多所肯定，回顧他的一生，事蹟卓著，不只開拓自家企業集團的疆土，培育無數的金融人才，更提供人脈及資源，進行民間經貿外交，發揮影響力，提升了台灣在國際社會的地位，也為商界留下典範。

二〇〇〇年，王志剛卸除經濟部長職位之後，二〇〇二年，管理科學學會、台大管理學院及政大商學院合辦「前瞻管理新知研討會」，適逢王志剛六十歲整壽，故舊好友及學生趁此機會發表多篇祝壽文，其中辜濂松為文提到兩人情誼及許多趣事。

文中寫到，自一九九六年起，辜濂松以工商協進會理事長身分，多次陪同經濟部長王志剛出國訪問，透過這些機會，讓他和王志剛之間有了更深的認識，無形間兩人也建立深厚情誼。

「有人說志剛兄看起來嚴肅，甚至說他不苟言笑，其實私底下的他很幽默、具親和力，而且口才流利。」辜濂松說，王志剛在台大與政大擔任教授期間，只要是他開的課程或是演講活動，絕對是場場爆滿，甚至擠得水洩不通，從他兩度被學生社團選為「最受歡迎教授」，可見一斑。

辜董事長生前對王志剛公務工作的觀察描述是，「不論是參加國內企業說明會或是海外台商餐會，他總是能夠把他精湛的專業知識，以最淺顯易懂方式，說服打動這些企業家們。」

「王志剛個性豪爽，酒量極佳，加上高超的行銷能力，很快和國外台商或國際人士成為熟絡的好朋友。」

好朋友之間惺惺相惜，辜濂松形容王志剛，「他就是一個那麼有專業能力、群眾魅力與親和力的人。」[1]

在王志剛身邊擔任多年秘書的胡啟娟，目前是經濟部駐美國代表處經濟組組長，在她的印象中，

---

1 前瞻管理新知與實務研討會大會手冊，頁二十四，二〇〇二年十一月九日

辜董事長及王志剛部長常常通電話，若雙方得空，還會臨時約見面聚餐。

胡啟娟說，王部長常常請辦公室內秘書、隨從等部屬吃飯，犒賞同仁工作辛勞，有一次辜董事長還成為席間的神祕嘉賓；貼身的秘書視角是，這兩位大人物相處情況，就是一種不拘型式、有空就想在一起的超級好朋友。

辜濂松於王志剛擔任經濟部常務次長時期，與其相識，辜濂松祝福王志剛生日，談到兩人互動情形，「大概是因為我和志剛兄在個性上有許多的相同點，所以兩個人之間特別感到投緣，我們會一起喝酒、打球、講笑話、開對方玩笑……，真可稱得上是無話不談的『摯友』。」巧合的是，辜濂松生日九月八日，王志剛九月七日，兩人生日只差一天，一起過生日，是兩位好友年年固定的約會。

一九九九年十二月，王志剛的女兒王重俠與西園醫院林澤安院長的公子林育祺結為連理，非常低調，並未廣邀賓客。李總統登輝破例選在新人結婚前，和夫人聯袂王志剛全家福餐敘，並留下珍貴合照，婚宴當天則由總統夫人曾文惠女士代表出席。

這場限定至親出席的婚宴，摯友辜濂松當然沒有缺席。同年早幾個月，辜濂松女兒出嫁時，心中非常不捨，常向王志剛吐苦水，但總換來王志剛一番奚落取笑。不久輪到王志剛自己嫁女兒，竟然在喜宴致詞時淚流滿面、泣不成聲，王志剛對辜說，他終於能體會為人父嫁女兒的心情了；而這事也變成他們互相消遣、安慰彼此的話題。

「說到我這位摯友，真的是說也說不完，他是我始終敬重的好友，敬重是因我認識了一個真正肯為國家做事，肯負責任的好官員。」王志剛六十歲生日，好友辜濂松見到王志剛在工作上的努力與熱忱，在祝賀文末由衷祝福與肯定，對王志剛來說，這比世上任何珍品都來得寶貴。

BOX

辜濂松：致力台灣經貿外交一甲子

辜濂松一九七四年擔任中國信託總經理時，推出台灣第一張信用卡，改變國人消費生活習慣，也奠定中信銀行在消費金融領域堅實基礎，一九七六年與辜振甫先生共同出資創立台灣經濟研究院，更是台灣最早由民間設立之獨立學術研究機構，四十年來對台灣社會貢獻甚多。

一九七八年十二月十六日美國卡特總統宣布隔年一月一日正式與台灣斷交，中華民國失去最重要的邦交國，這是自一九七〇年退出聯合國以來，台灣社會遇到的最大危機，全國人心慌亂，辜濂松號召張安平、侯貞雄、衣治凡、徐小波和陳長文等在美深具人脈關係的五位好友，希望在國家急難的風雨飄搖時刻，能為台灣有所貢獻。

在辜濂松逝世後，張安平曾接受今周刊訪問，回溯那動盪年代，台美之間從人貨交通、郵政、商業、軍事等各方面該如何維持互動往來？這無前例可循，可以說「陷入僵局」，包括辜濂松與張安平等人在內，與美國官民之間早已有交誼往來的企業家，都意識到一旦美國關上與台灣官方正式往來管道，必須另外建立一個新的溝通平台，這是台美斷交後的當務之急。

一九七九年一月三日，辜濂松第一時間組遊説團前往美國華盛頓，動用自己所認識的美國議會人脈，每天密集安排與美方參議員、眾議員會面餐敘。「吃飯談、上會議桌談」，希望能「無縫溝通」了解美方想如何？台灣應該做什麼？

那一個月每天至少有五場至八場，加總百來場的會面，除了個別會談，還舉辦大型餐敘，一次請來三百多位美國參眾議員，台灣團員代表在台上「備詢」，藉著「你問我答」，廣泛蒐集美方意見，最後彙整提出的關鍵意見：透過法律鞏固台美關係。這份報告，便是由辜濂松代表簽名交給官方參考。一個月的奔走，為日後《台灣關係法》建立共識。

辜濂松等六人在華盛頓「出使」任務，都是自掏腰包，不計代價，在關鍵時刻挺身而出，「沒有拿政府的好處」，而與美方溝通所需的文件資料，會面地點的安排聯絡，大多「由當時中信銀的員工支援」。張安平受訪時認為那一個月的僕僕風塵，正是台美斷交後，最重要的時刻，也是很關鍵的一役，應該為辜濂松在中華民國外交史上記下一筆大功勞。[2]返國後，故總統蔣經國在總統府召見辜濂松等六人，代表國人向他們致謝。

美國國會於一九七九年三月二十八日提出《台灣關係法》，並以壓倒性多數投票通過，法案強調台美間互設代表處，持續雙方經貿文化往來關係，承諾提供台灣自衛所需軍備，穩定台灣民心及維護台海和平，辜濂松等六人努力總算有好的結果。

辜濂松曾任國際經濟合作協會、中歐貿易促進會、中美經濟合作策進會、台日商務交流協進會理事長，在沒有國家授予外交任務前，就已盡心盡力為國從事民間外交工作，而且功績彪炳，一九九八年九月，李登輝總統提名辜濂松為第一屆中華民國無任所大使，九月二十四日外交部舉行任命儀式，當年十月十日正式就任。

無任所大使為榮譽性質的無給職，政府藉由重要民間人士，為國家爭取各方邦誼及國際空間，辜濂松生前協助中華民國拓展外交，熱忱無私，「幫助國家，就是幫助自己的將來。」他受訪時這樣說，企業家可能多認為企業發展和利潤是最重要的，但應該思考，沒有國家的話，企業又將如何發展？而且不只是企業界，每一個國民都應該要有國家觀念、愛國情操。[3]

巴拉圭經濟合作會議，辜王嘗珍奇練膽量

一九九六年六月王志剛才接任經濟部長，同年八月中華民國與中南美洲邦交國巴拉圭舉行經濟合作會議，辜濂松陪同新上任的王部長一起出席會議，更重要的是給這個甫於一九九四、一九九五年間發生金融風暴的邦交國送上一份大禮——投資中國信託巴拉圭（亞松森）分行。當時，美國幾個大銀行紛紛撤退，中信銀帶頭引進國際資金，不止有助於穩定巴國金融，更身兼鞏固邦誼的使命。開幕典禮時，巴國總統瓦斯莫西抱病出席，和辜濂松、王志剛在銀行門口共同種下一株紀念樹。

2　「辜濂松穩住台美關係的關鍵三十天」，《今周刊》八三七期，二〇一三年一月三日

3　一九九八年九月九日《聯合報》

「我們幫助邦交國，送的不是一盆漂亮卻不耐久的鮮花，而是一棵可以不斷成長的大樹。」辜濂松曾如此表示。[4]

雖然中信銀巴拉圭分行後因獲利不如預期，已於二〇〇四年結束營業，但當年的樹苗至今仍持續成長茁壯，見證辜濂松四海奔波拚外交的歷史。

經合會議結束後，有位台商招待他們一行人到家裡吃宵夜，辜董事長與王志剛坐在餐桌上，只見端來兩個盤子，各放一條大型響尾蛇尾巴，響尾蛇尾巴還不停地顫動，發出嘶嘶聲響，主人倒上兩杯威士忌酒，各放下一顆大型蛇膽，將其搗碎，稱此物可明目養顏、滋陰補身，恭請兩位貴賓飲下，見識過無數的國際外交場合，辜濂松倒是第一次碰到如此驚奇畫面，他跟王志剛用台語對話。

「你先喝」，辜董事長勸進王志剛，王志剛也不服氣回話，「為什麼我先飲？」

辜濂松開玩笑地說，「我是中國信託董事長，只有一個，部長隨便找嘛有。」

拗不過主人好意及年長九歲的辜董揶揄起鬨，王志剛先舉白旗投降，他跟辜董說，「我飲落若沒代誌，你就可以喝了」。王志剛話一說完，轉頭一望鄰座的辜董，居然同時拿起酒杯和他碰杯，也吞下蛇膽喝下肚，兩人不但「沒代誌」，也不介意蛇膽很苦。因為這次經歷，讓二個好朋友既練膽量，又培養默契，建立起有福同享，有難同當的革命感情，更用「驚奇」風格揭開兩人多年來攜手一起拚經貿外交的序幕。

第一次訪問歐洲，七大理由加強歐洲經貿

一九九八年七月十日，台灣一行六十五人的經貿訪問團到德、奧、法、義、比、荷等西歐六國進行十七天的訪問，訪問團分別有來自政府及民間企業的代表，經濟部長王志剛率領的政府官員有國貿局長陳瑞隆、國際合作處長謝發達、中鋼董事長王鍾渝、中油總經理潘文炎、投資業務處長林能中、外貿協會秘書長高一心、工業局副局長黃癸榕、高鐵局副局長周禮良、工研院副院長楊日昌、部長秘書黃啟瑞、胡啟娟等人，工商協進會理事長辜濂松率領的民間企業人士有東元集團會長黃茂雄、義美食品董事長高志尚、亞東工業氣體公司董事長楊明德及大穎集團總裁陳榮典等，堪稱陣容堅強。

為什麼要安排如此大陣仗的訪歐行程？時任經濟部國際合作處處長謝發達對國際經貿關係非常熟悉，他提到當年歷史時空背景，讓政府派經貿團到歐洲訪問，有其不得不然的必要性。

歸納七個台灣那時候急迫需要與歐洲加強往來的理由，一是歐盟正在擴大形成，赴歐時常見懸掛某國將於何時入盟的大幅看板，歐洲正在發生結構性的重大變化，歐洲是全球聚焦之處，此時組重量級團隊訪歐，對台灣各產業拓展歐洲市場至為重要。

其次，歐元將成國際重要貨幣，我國須積極建立與歐洲貨幣關係。

第三項理由是，我國與歐洲國家經貿關係日益增進，可運用的經貿籌碼漸形成，隨著歐洲轉趨重要之際，我國非常需要經貿關係做為助力，來拓展外交、排除外交上的阻力。

第四項理由與第三項相互影響，因為外交關係之拓展，有利建立友善我商界的國際經貿及金融環境。

第五項理由是，台灣當時正值經濟成長期，金融危機所受災害最小，國內開始基礎建設及重視生態環境保護，很需要歐洲尖端技術及優質基建設施與投資。

第六項理由是，我國正努力推動加入WTO，當年認為，由經濟部長及國際知名企業領袖辜董事長當面爭取各國支持，尤其是來自歐盟國家的後援，當可發揮更大效益。

第七個必須大陣仗派官民代表訪歐的理由是，台歐經貿關係日增，由雙方首長及企業領袖直接面對面說明，例如反傾銷稅的排除，較能發揮綜效。

經貿訪問團行前充分準備，辜濂松拜會英央行談歐元

王志剛重視我國與其他國家的雙邊經貿合作關係的建立及深化，每次經貿團出訪必須有明確的訪問目的，盼能透過務實的訪問目的、訪問安排，與他國建立更緊密的經貿合作夥伴關係。

為此，行前準備作業長則需要一年以上的時間，讓我方訪問團代表與到訪國，能透過簽署協議或備忘錄等具體方式，落實合作共識；這些共識也必須能為我國產業或企業帶來利益，包括進入、技術取得、協助我國加入國際組織等。

王志剛當年不只是為訪問而訪問，更重視到訪國給予我訪問團的接待尊嚴，這是從國家立場考量的大格局。因此，訪問單位的接待層級須與我訪問團政府及民間代表的層級相當，否則絕不列為赴訪國家。反之，若有國家可確保我方訪問原則的要求，則無論多麼辛苦的行程都會設法將該等國

家列入訪問對象。

另外，為了能使訪問成果確實為參團成員帶來利益，王志剛都會親自與出訪的公民營企業代表舉行多次行前會，就企業關切議題及可能藉由赴訪擴大的商機逐項進行評估，作成最恰當的合作策略，或擬定與赴訪國官員進行交涉的最佳說帖。

王志剛也相當注重行銷宣傳，認為媒體報導能讓國人了解訪問團的具體訪問成果，並擴大國內其他企業對赴訪國家市場及商機的認識。因此赴歐洲經貿訪問團，都特別安排國內重要媒體隨團採訪。

此行訪歐的民間經貿團團長辜濂松也兼任中歐貿易促進會理事長，他先到英國，拜會英國央行總裁喬治，就歐元發行後對歐盟經濟發展情勢交換意見，接著到德國法蘭克福和王志剛的官方團會合，一起拓展台灣國際貿易版圖。

由於我國和歐洲等國當年並無政府高層溝通管道，此次王志剛與辜濂松率團組成大型官方團體拜訪歐洲行程，不只台灣媒體重視，華人媒體星島日報、歐洲世界日報都非常關注。[5]

訪問團正式行程的第一站到德國，王志剛與德國聯邦經濟部長力士樂（Rexrodt）共同主持兩國經濟部長會議，達成簽署避免雙重課稅協定的共識，王並向 Rexrodt 部長表達我加入 WTO 的意願，Rexrodt 當場表示支持。德國也希望根據 OECD 相關委員會規定的程序，讓我國成為這些委員會的觀察員。

---

5 一九九八年七月十日《聯合報》、《經濟日報》、《工商時報》

當年籌建中的台灣高鐵尚未決定採用歐洲或日本系統，台灣的大型經貿訪問團甚受德、法兩國歡迎，德國承諾年息三%的貸款，法國也與我國舉行首屆的部長會議，法方也願意提供貸款給我國。[6]

此行促成我國與歐洲航太工業合作，王志剛代表我國和德國波昂的貝克公司簽署策略聯盟，國營事業漢翔也尋求承作德商多尼爾（Fairchild Dornier）公司飛機機翼的合作機會，漢翔也與義大利航空廠商阿蘭尼（Alennia Aerostagio ）及德商 Jenoptik AG 公司以及國際環保移轉中心簽署合作備忘錄。[7]

工研院副院長楊日昌也是訪問團一員，負責與德國科技技術交流，他和德國耶拿光學公司，以及萊比錫「國際環保技術移轉中心」，簽署策略聯盟意願書，共同拓展亞太市場及技術支援合作。

德國耶拿公司在無塵室與物流資訊自動化技術具領先地位，是當年研發能力很強的半導體設備公司，台積電、聯電都採用其設備，工研院和耶拿簽約，有助提升與德國的高科技產業合作層次，可以增強台灣半導體製程技術、工業自動化技術，以及通訊、生化產業合作開發及資訊交流。

萊比錫「國際環保技術移轉中心」，是德國聯邦政府大力支持的半官方機構，擁有德東環境整治與重整工業結構的豐富經驗，工研院希望藉此結盟帶動台灣環保產業。

中華民國國旗在德國飄揚

王志剛在簽約儀式中致詞，介紹台灣對發展半導體科技和環保技術的重視，並強調經濟部將協調所有相關機構，極力促成合作計畫。[8]

一九九八年七月，我赴歐經貿團在首站就拉開成功訪問序幕，王志剛部長與德國聯邦經濟部長 Rexrodt 舉行雙邊部長級會議之外，也分別與多個各別邦的總理進行晤談或餐敘；時值亞洲金融風暴，德方政府官員、企業與僑胞莫不對台灣因應衝擊的作法感到欽佩。

值得一提的是，訪問團曾獲出身東德的聯邦家庭、婦女暨青少年部部長 Claudia Nolte 邀請至該部舉行聚會，該部並在其廣場懸掛我國國旗。

我國外交處境艱困，國際場合難得見到中華民國國旗，德國官員除在主管官署的廣場將我國國旗和德國國旗、歐聯盟旗並列飄揚，會場內亦遍置我國國旗，經貿團團員無不深受感動。

一九九八年七月十四日王志剛率經貿團抵達維也納，當天駐奧地利代表處夏甸大使設宴，邀請奧國在地重要人士與我經貿團成員聚餐，其中奧地利中國文化研究所第一會長溫克勒教授（Gunther Winkler）也出席，他在奧地利聲望極高，奧國多位內閣閣員為其學生，更是中華民國最誠摯的友人，王志剛在晚宴上頒贈這名奧國貴賓一等經濟獎章，感謝溫克勒教授多年來協助中華民國發展與奧地利的關係，促進中奧兩國友好合作所作的努力和貢獻。

台電向奧地利提出二十億美元的採購計畫，歡迎奧國參與競標，包括南部複循環電廠第四號機組、大潭燃氣火力發電廠、台中電廠第九及十號燃煤發電機組及煙氣除硫設備、興達電廠第三、第

6 一九九八年七月十四日《聯合報》、一九九八年七月十五日《中央日報》

7 一九九八年七月十二日《中央社》

8 一九九八年七月十一日《中央社》

四號機煙氣除硫設備等，台電預計二年內進行這些採購計畫，由於金額巨大且開國際標，引起各國注意。[9]

一九九八年七月十六日上午歐洲經貿訪問團抵達巴黎，下午立即拜會法國財經暨工業部長史特勞斯卡恩（Dominique Strauss-Kahn），以及外貿政務部長冬杜（Jacques Dondoux）。

曾任經濟部駐法經濟組主任的江迺良記得，Dondoux 一九九八年六月才訪問過台灣，跟王志剛相當熟識，因此 Dondoux 特別為王志剛一行人舉辦歡迎晚宴。

那時正逢法國主辦第十六屆世界杯足球賽，七月十二日冠軍決賽，巴西對決法國，法國以三比零擊敗巴西，打敗勁敵巴西，全法舉國歡騰，沈浸在歡欣鼓舞的氛圍中，法國足球隊長席丹（Zinedine Zidane）和守門員巴貝茲（Fabien Barthez）二位光頭球員因此成為當年全球身價最高的產品代言明星。席間，世界杯足球賽當然成為最火熱話題。王志剛向法國朋友恭喜，稱讚這是最驕傲的勝利；但令人意外的是，某法國高階官員當場說，可惜踢進第一個關鍵球的是一名移民法國的阿爾及利亞球員。

黑貓白貓說，機智化解尷尬敏感氣氛

種族議題一向是西方政治、社會與文化的禁忌，此話一出，在場的台、法官員都愣住，現場鴉雀無聲，氣氛瞬間凝結。為化解尷尬，王志剛趕緊用英文說了一句，「不管白貓黑貓，會抓老鼠的都是好貓。」

當場台法政商人士聽聞此話，一陣哄堂大笑，立即打破方才僵持的氛圍，大家又熱絡了起來，接著有人詢問王志剛此話出處。彼時兩岸關係依舊不是能端上檯面公開討論的事，「黑貓白貓」說法引自鄧小平名言，用來描述中國大陸社會經濟改革開放，不必拘泥原有共產主義教條約束，不論是黨員或是一般農工大眾，誰能夠努力投入拚經濟，都是大力貢獻國家的「好貓」。

中華民國的經濟部長在與法國政商人士聚會場合引用鄧小平話語，這恐怕又觸及到另一個政治禁忌，果然在國際外交場合，處處有暗雷和潛規則，一個不小心都會觸及敏感帶。

「是Confucius（孔夫子）說的！」王志剛趕緊撇開兩岸敏感關係，靈活機智的表現，讓鄰坐在旁的辜濂松忍不住低聲對他說，「你的反應真快」。

王志剛接著轉入正題，稱讚Dondoux，「台法多年來，您是第一個接受我邀請訪台的法國貿易政務部長，證明現在的台法經貿關係處於頂點。」

來自法國的家樂福超市和專售各式體育用品的大賣場迪卡儂（DECATHLON），都是從那時進入台灣市場，紮根深耕，成為台灣人熟悉的兩大法國零售通路品牌。不只如此，台電也接觸法國COGMA公司，希望由法國專業公司協助回收再利用核燃料棒，並處理核廢料儲存。核能發電廠之外，台電其他火力發電廠也開出不少國際採購計畫，為此次西歐六國訪問團吸引歐商的亮點之一。

9　一九九八年七月十五日《聯合報》

辜王共同見證與歐聯完成 WTO 入會諮商歷史時刻

台灣在國際處境孤立，但靠著歷任經濟部長努力多年，當年台灣已與二十二個國家建立部長級會議關係。

而王志剛在經濟部長任內首次的赴歐經貿訪問團，也肩負著促成 WTO 入會的使命。當時，王先派時任國貿局長的陳瑞隆與歐聯官員進行技術性磋商，隔日再偕同辜濂松董事長、駐比利時代表黃演鈔以及相關官員，前往設於比利時首都布魯塞爾的歐聯（二〇一〇年後改稱歐盟）執委會總部，會見歐聯副主席布列坦（Sir Leon Brittan），就我國 WTO 入會案與歐聯進行第十二回合諮商談判。針對雙方爭議較大的烈酒市場障礙和汽車關稅等議題，王志剛和陳瑞隆懇切向布列坦說明我方的困難，終於在雙方皆小幅讓步之後，達成協議，正式結束我國與歐盟二十六個會員國、長達六年之久的雙邊入會諮商，開啟我國與 WTO 各國進行多邊談判的程序。[10]

歐盟對與台灣結束雙邊諮商極為重視，簽署過程全程開放媒體採訪，並在歐聯執委會辦公大樓舉辦記者會，由布列坦和王志剛共同主持，會後更舉辦香檳酒會，與會的歐聯及台灣官員、觀禮貴賓、中外媒體舉杯同慶，賓主盡歡。此舉影響深遠，堪稱為日後我國闖關 WTO 重要里程碑。

辜王攜手訪歐，戰果輝煌

王志剛和辜濂松兩人共同率領的官民西歐訪問團，總計與德商貝克飛航機電系統公司、英商馬可尼電信（Marconi）、法商佳喜樂（Casino）超市連鎖集團及運動用品連鎖賣場迪卡農等九家知名歐洲企業簽署策略聯盟或技術合作備忘錄，行業別涵蓋航太、光學、環保、電信及零售服務等。

此行王志剛代表經濟部與歐商簽署的投資意願書，還是紮實的來台投資案件，當時促成佳喜樂集團（Group Casino）與遠東愛買合作大型超市，迪卡農在台中設立行銷據點後，如今在全台灣北、中、南都有據點，是很受庶民歡迎的台灣平價運動用品大型連鎖賣場。

一九九〇年代末期，我國正規畫興建高速鐵路，歐洲國家積極爭取我國採購歐系高鐵；法國政府安排我國經貿訪問團搭乘一段自巴黎到波爾多的TGA（法國高速列車）體驗行程。行進中，車長還透過廣播向全體乘客報告「來自台灣的經濟部長正搭乘本車」，獲得乘客一片熱烈掌聲。

品紅酒拿騎士勳章

高鐵體驗行程之外，駐法國經濟組江迺良主任熱心聯繫，全團隨後前往波爾多拜會當地工商會，並參觀瑪歌酒莊（Chateau Margaux），該酒莊為波爾多一級酒莊（Premier Grand Cru Classé），是著名的波爾多五大酒莊之一。

那時代台灣民間社會在富足之餘，熱衷追求品味，不少人搶購其他國家窖藏好酒，台灣為法國紅酒重要進口國之一，法方特別重視台灣經貿訪問團，一行人到達酒莊時，優雅英氣女莊主門采爾普洛斯（Corinne Mentzelopoulos）穿著馬靴，站在大門口歡迎大家，事隔二十多年，王志剛依然記

10 一九九八年七月二十三日《中國時報》

得她那神氣模樣；希臘裔的她，從一九八〇年父親過世、繼承酒莊以來，為台灣客人，第一次將酒窖橡木桶清空，邀請外燴廚師來酒莊，席開五桌，拿出私藏的一九六〇年瑪歌（Margaux）限量酒宴請全團。

團員喝到珍貴限量酒，充分感受到主人美好的盛情，部分年輕團員甚至在一九六〇年都還沒出生，能喝到比自己年紀還大的紅酒，心情激動不已，也留下畢生難忘的回憶。莊主對台灣訪問團的重視及禮遇不僅於此，還為遠來客人舉行品酒騎士勳章頒獎儀式，頒贈對象為中華民國經濟部長王志剛、中國信託董事長辜濂松、中華民國駐法代表處大使郭為藩、義美食品董事長高志尚等四人。

「品酒時，附近酒莊的莊主均著古裝來做見證人，場面很大」，王志剛回想，騎士勳章頒獎儀式遵照古老傳統進行，由十二位葡萄酒資深賢達擔任評審，身穿紅袍大禮服，高舉波爾多酒莊紅色大旗，還有人咚咚敲響橡木桶，主席分別朗誦受獎人的生平經歷及對人類、社會的重大貢獻，受獎人披上紅袍禮服，需蒙上眼睛試喝三杯紅酒，必須說出酒莊名字及年份，才能成為騎士。

王志剛說，自己不像辜濂松那麼懂品酒，不太能分辨酒的年份或口感，幸好在旁協助的辜濂松，幫忙用手勢提示紅酒的年份，才順利過關獲頒騎士勳章，四人並宣誓將協助推廣波爾多葡萄酒。

經貿團一行六十五人盡興品嘗葡萄酒，王志剛與辜濂松分別代表我官方及民間工商團體，一一向酒莊主人、當地政商人士及經貿團其他成員舉杯致意，辜濂松並採購了數箱瑪歌酒莊的上等紅酒。這授勳儀式雖為行銷噱頭，倒也是這忙碌公務行程中一段餘韻悠長的溫暖插曲。

由於第一次訪歐卓有成效，外交部強烈要求王志剛和辜濂松再度合體，於一九九九年七月十九日到八月四日之間第二次率領政府及民間企業代表團訪歐。

二訪歐洲，前往英國、瑞典、匈牙利和挪威等四個歐洲國家。六十人先到英、瑞兩國，之後，中歐貿易促進會理事長辜濂松等民間企業人士與其他人分拆行程，兩方人馬都努力續拚經貿外交，王志剛帶領三十六人到挪威，辜濂松等人則前往馬其頓和當時行政院長蕭萬長會合，尋求在馬其頓可能的商機，並鞏固甫建立不久的邦交。

這次的出訪同樣做足了縝密的準備功夫，但從行前、出發到完成任務，過程經歷不少周折，包括國際上關注敏感的兩岸關係議題，受訪國臨時變卦，甚至在出訪期間，台灣發生七二九大停電，部分立委要求訪歐的經濟部長回台處理[11]，幸好一時齊聚的內外壓力，不影響大局，該簽署的備忘錄、合作協議，該會見的當國重要官、民代表，甚至在該國社會建立起的正面台灣形象，未有漏失，王志剛所率的官方代表團仍和辜濂松領頭的民間工商企業領袖一同努力，不負國人托付期待，帶回滿滿收獲。

特殊的國與國關係，Give and Take 行程促進實質經貿

台灣經貿團原本安排第三個到訪的國家為芬蘭，該國卻臨時以「經貿高層官員均休假」為由，婉拒王志剛到訪，挪威和芬蘭是我方一向很少接觸到的北歐國家，沒能去成芬蘭雖遺憾，但這小插

11 一九九九年八月四日《中央日報》

曲不影響此行想達到拓展歐洲經貿空間的目標，幕僚單位很快又秘密增加匈牙利之旅，也安排與匈牙利舉行經貿部長會晤，會談如何開展未來合作空間。

身為訪問團官方代表人，王志剛出發日往後延，七月十九日啟程那天，湊巧行政院針對兩國論召開因應會議，王志剛留下來開會，二十日才上飛機赴歐，此舉被外界賦予政治意涵，認為王志剛肩負向國際宣傳「兩國論」的使命，王志剛否認這種說法，他定義此行為經貿之旅，但如果對方問到兩國論，他會強調「我方政府大陸政策並沒有改變」的立場。[12]

「當年兩國論沒有標準答案」，王志剛回想當年回應此議題，所理解的答案很簡單，台灣、大陸是一國或兩國，必須以中華民國憲法為準，中華民國在台灣主權及於中國大陸，但治權限於台灣，對岸也是同樣情況，大陸治權也不及至台灣。

根據當時的媒體報導，經濟部幕僚備妥兩國論相關資料，除了將向各國部長級官員說明外，也將利用台商座談的場合，說明我方立場。

我國挺過一九九七年亞洲金融風暴，相對泰國東南亞地區，以及跟國際貨幣基金（IMF）求助的南韓，受到衝擊甚微，世界各國看到台灣的經濟成就，撇開政治，此行對台有很深的經濟意義，對四個歐洲國家而言，我經貿訪問團帶著誠意前來，到人家家裡做客，台灣不是「空手到」，也符合國際政治外交慣例，即國與國間的良好關係，須建立在給予與接受（give and take）、有來有往實質基礎上。

這趟台灣官民企業組成的歐洲訪問行程，於英、瑞、匈、挪四國都各自舉辦民間經濟合作會議，王志剛在會中分享我國因應亞洲金融危機作為，更尋求各國有影響力的重要政商人物與團體聲援，促請其政府支持我國早日加入WTO及其他國際組織，也提議與台灣在中小企業、高科技等各方面加強合作。

台灣訪問團帶來的也是暢旺的生意機會；華航將購買至少十三架貨機，當年全世界才剛度過亞洲金融風暴，航空業極度不景氣，這項大手筆的採購引起關注，另外，中油公司也將與挪威簽定長期的購油合約；而台商赴英大規模投資，與匈牙利簽署投資合作備忘錄、推動台商赴匈國直接投資，與瑞典的易利信簽署策略聯盟，實質的經貿交流讓王志剛這趟訪歐行，不受政治議題纏累而回歸到本質。[13]

訪問第一站選擇英國，有其緣由：一九九九年三月，英國貿工部副部長威爾遜到台灣訪問，對台灣的經貿表現留下深刻印象，也建立雙方良好的互動關係，英國希望邀請台灣的經濟部長回訪英國，同年七月下旬，王志剛終於成行，他在經濟部長任內第二次的歐洲經貿訪問團，完成與英國貿工部互訪心願，王志剛也是繼蕭萬長之後，第二位與英國貿工部長會晤交流的經濟部長。

二訪歐洲，成果豐碩

王志剛一行人一抵達倫敦，馬不停蹄，立刻出席英國工業總會與英國國際貿易局舉辦的商務洽

12 一九九九年七月十九日《聯合報》

13 一九九九年七月二十三日《中央日報》、《聯合報》

談會，接著與英國貿工部長拜爾會面，拜爾希望英國與台灣在環保、航太、機電與金融等產業有更進一步的合作，期待與我國建立制度化的部長級對話管道。[14]

根據經濟部投審會統計，一九九八年我與英國雙邊貿易額達五十億美元，英國共有一百四十件來台投資案，總投資額九億五千萬美元，位居歐洲國家來台投資第二名。當時，英國對於來台灣發展大型零售業非常感興趣，並希望與我國食品工業加強合作，邀請我方相關業者組團前往英國訪問。[15]與英國發展更深層的經貿關係，是當年我國拓展歐洲市場重要的戰略之一，王志剛分析，那時歐洲經濟整合速度很快，台灣體認到在歐洲成立產品分配中心的重要性，英國是英語系國家，台商較易適應語言及文化，英國還有低稅率及完善基礎建設，是台商投入歐洲市場可以優先考慮的國家。

一九九八年台商赴英投資件數九十七家，總金額達五億九千萬美元，其中以電子業五十八家最多，當年最有名的案例是華映投資二億五千萬英鎊，約一百零五億元新台幣分四年設廠生產映像管，明碁、英業達、鴻海及台達電都赴英設廠。[16]

王志剛一九九九年到英國，發覺台商赴英投資早已從中小企業規模，轉至中大型規模，投資產業項目也多元，除了電子業，製藥、生化、污染防治和航太科技，都具投資潛力。

對台商而言，英國的製藥產業及生物科技技術發達，很值得做為策略聯盟對象，或者是投資標的，經濟部工業局也為長遠布局台灣下一世代明星產業－生技醫療產業，趁這次大型經貿訪問，安排與英國生物科技公司簽署合作備忘錄，加強生技製造技術、臨床實驗、藥品檢驗與行銷、人才培育等方面合作。

先前提到王志剛沒能隨團一起出發，延了一天才到英國，未能出席見證簽署儀式，由工業局副局長汪雅康與英國肯特（Dartford Kent）當地的生物科技公司 Learning and Business Link Co. 總經理麥康（Allen Malcolm）代表簽署。

肯特是英國高科技工業重鎮，國際知名的亞培研究室、葛蘭素衛爾康藥廠都在此區，台灣廠商當年已有不錯的製藥技術，若能與外國廠商合作，學習較先進的臨床試驗及藥品檢驗行銷技術，英國可以成為台灣進入國際生物科技產業的玄關。[17]

一九九〇年代不少台灣企業家往英國發展，王志剛及辜濂松率領的訪問團也正好見證我國企業家在英國投資有成。已故的台灣水泥集團董事長辜成允就是其中代表人物。他在一九九一年升任台泥總經理，就積極擴張台泥集團事業版圖，並到英國發展生醫製藥業。

辜成允領導台灣水泥集團，旗下中橡（China Synthetic Rubber）併購北英格蘭一家青黴素藥廠，讓原來虧損多年的工廠起死回生，一九九五年因此獲英國女王頒發出口實績獎，後來又加碼投資，藥廠更名為 Synpac Pharmaceuticals Limited。

王志剛一九九九年夏天率團到英國訪問，當時辜成允擔任台英商務協會（Taiwan Britain

14 一九九九年七月二十三日《中央日報》
15 同註14
16 一九九九年七月二十四日《中央社》
17 一九九九年七月二十二日《太平洋日報》

Business Council，簡稱ＴＢＢＣ）台方主席，辜成允還特別與當地台商一起和王志剛及辜濂松舉行座談會。辜成允邀請台灣經貿團成員參加設於英國新堡（New Castle）盤尼西林製藥廠的開幕典禮，王志剛以中華民國經濟部長、辜濂松董事長以無任所大使身分共同掛牌揭幕及剪綵。

值得一提的是，辜成允在二〇〇八年獲得大英帝國官佐勳章（Officer of the Most Excellent Order of the British Empire，OBE），以表彰他對推動英國及台灣貿易投資所做的貢獻。[18]

辜成允一生致力於企業經營與環境保護，二〇〇八年一月以母親之名成立「辜嚴倬雲植物保種中心」，對台灣的社經貢獻良多。二〇一〇年王志剛任外貿協會董事長，獨力籌資興建上海世博會台灣館，辜成允慷慨贊助台灣館建館所需的優質水泥，也是最早確定贊助台灣館的企業主之一。二〇一七年一月二十一日辜成允不幸於飯店聚餐後，發生意外，經搶救，仍於三日後往生，享年六十二歲；王志剛至今仍不時憶起這位溫文儒雅的忘年之交。

造訪永遠的〇〇七史恩康納萊故鄉蘇格蘭

辜濂松和王志剛兩人到蘇格蘭參加英業達分公司新廠擴建典禮，並做為破土儀式的來賓；晚宴時，吃到蘇格蘭特有的「美食」，蘇格蘭人用肉餡羊肚（haggis）接待貴客，掏空的羊胃裡內塞羊雜，每人桌上一份，王志剛說，他只到過一次蘇格蘭，這道風味「美食」比蘇格蘭風笛，讓他留下更深刻印象。

其實當年號稱英國矽谷的蘇格蘭，對台灣非常友好，王志剛應邀參加蘇格蘭企業及終身部長麥格里晚宴，一如以往，王志剛開口致詞都先拉近與東道主的距離，「這是我第一次訪問我的偶像，永遠的〇〇七史恩康納萊（Sean Connery）故鄉」，辜濂松隨即搭腔：「也是我最鍾愛的頂級威士忌故鄉」，眾人會心一笑。

辜濂松生前頻繁出國，現任中信金控組織關係部顧問黃章富經常隨行，他見證了辜濂松的品酒收藏手筆，黃章富回憶道，辜濂松在一九九三年造訪蘇格蘭艾柏迪（Aberfeldy）酒廠，試飲之後非常喜歡，便買下數個橡木桶、分裝成六千瓶威士忌，命名為「中信之光」。

艾柏迪單一純麥威士忌多年來只於當地酒廠限量供應。一九九九年才首度對蘇格蘭之外的一般消費者販售，當年在台灣是很珍貴且難得可以喝到的好酒。豪爽大方的辜濂松不只自己品嘗頂級威士忌，也會將好酒分送給親朋好友，或在宴請重要賓客時飲用。而很多人都還珍藏著辜濂松贈送的頂級威士忌，捨不得喝，王志剛便是其中之一。

兩千年總統大選後，執政已逾半世紀的國民黨失去江山，辜濂松和王志剛當時都擔任國民黨中常委，選情崩盤，兩人鬱鬱寡歡，某晚相約赴天母的蓮波葉日本料理餐敘。

蓮波葉料理長蔡威仰回憶，辜濂松帶了四瓶「中信之光」威士忌前來，豪爽地先送他一瓶，蔡料理長喜不自勝收下。只是辜、王憂心政局，席間長吁短嘆，食不知味，對飲「中信之光」，觥籌交錯，不知不覺喝了三瓶還欲罷不能；辜濂松索性向餐廳討回那瓶當禮物的威士忌，竟和王志剛又

---

18 台灣水泥集團內部刊物《凝聚》二〇〇八年秋季版第三期

喝掉半瓶。蔡料理長眼看苗頭不對，急忙撤酒：「兩位長官萬一在我們這裡出了甚麼事，小店可擔當不起啊！」

隔日，李登輝總統臨時召見辜濂松，辜宿醉未醒踏入總統府的模樣，沒能逃過總統法眼，李總統問道：「昨天是跟誰喝？」事後，辜濂松特地打電話通知王志剛：「我可沒說出你的名字！」

每趟出訪，王志剛和辜濂松事先都會作足功課，思考各地社會特色，需要致詞或與貴賓談話，通常從流行文化切入話題，拉近人際之間的距離，辜濂松推崇蘇格蘭威士忌好酒文化，當地政商人士對台灣經貿訪問團更因此熱情相待。

突破隔閡之後，王志剛又讚揚蘇格蘭完整且優秀的建教制度，希望我國在此投資的台商，能納入蘇格蘭的建教系統，一方面回饋當地社會，另方面對企業發展也較有助益；同時也向英國和蘇格蘭企業招手，邀請在台設亞太營運總部。[19]

北歐行經貿告捷，行程尾聲沈著忍悲因應巨變

一九九九年王志剛和辜濂松率團訪問瑞典，我國與北歐重要國家當年的交流可謂熱絡異常。

即使有兩國論議題影響，但瑞典在與台灣經貿合作的態度，卻未受動搖；一九八四年，兩方舉行第一屆與瑞典經濟合作會議，開啟我國與北歐國家工商企業與民間經濟合作新紀元，一九九九年王志剛與中歐貿易促進會理事長辜濂松參加第十五屆台灣與瑞典經濟合作會議，另外，王志剛以經濟部長身分，和瑞典財政部長羅德及貿工部副部長瑞卡一九九九年七月二十六日舉行雙邊會談，雙

方同意簽署避免雙重課稅協定、投資保障協定，以促進雙邊的經貿關係，是兩國往來又一進展。[20]

經濟部也和瑞典民間大型企業易利信（Ericsson）簽訂策略聯盟意願書，這是經濟部第六十四家策略聯盟夥伴，王志剛結束英國之旅，立即和瑞典官民簽訂定聯盟意願書，國內媒體下標稱為「經貿之旅奏功」。

易利信一九八七年投入台灣市場，一九九八年營業額達新台幣一百億元，當年經濟部正致力建構台灣成為高附加價值的創意和軟體研發導向的「無線科技島」，易利信將設計、研發與利潤中心設在台灣，做為其亞太，仍至全球市場的營運腹地，高科技跨國公司的進駐更可提升協助我國通訊產業水準，是雙贏局面。[21]

匈牙利原與台灣關係冷淡，但在經濟部和外交部駐外單位的努力下，台商和匈牙利有了連接，匈牙利今日經濟報、匈牙利世界經濟日報都大篇幅報導台灣經貿團來訪。

七月二十九日，匈牙利投資署署長Melega特地舉辦工商座談會，邀請王志剛部長和辜濂松無任所大使分別就我國經濟發展情勢、以及台灣面對亞洲金融風暴之因應模式發表演講。當天下午，王志剛和辜濂松亦拜會匈牙利經濟部代部長Fonagy，雙方同意應促成高級官員互訪，以及工作階層定期接觸之管道。

---

19 一九九九年七月二十五日《中央日報》

20 一九九九年七月二十八日《聯合報》

21 一九九九年七月二十七日《台灣日報》

七月三十日，由經濟部投資業務處處長林能中與匈牙利投資貿易發展局局長梅拉斯，簽署投資合作備忘錄，雙方將推動台商在匈牙利直接投資，率領台灣經貿訪問團的王志剛出席簽約儀式，經貿團成員在布達佩斯與當地經貿界人士進行工商座談會。[22]

正當與匈牙利經貿關係破冰，進展順利之際，國內卻發生了七二九全台大停電。七月二十九日深夜，無預警的停電意外，造成新竹科學園區半導體廠生產中斷，估計損失逾二十億元，臺鐵五列行駛中的電聯車因斷電被迫停擺於線上，所幸飛航服務因備有緊急發電電源，機場運作和飛航管制不受影響。隔日台北股市重挫，社會檢討聲浪不斷。

但台灣傳來的壞消息不止一樁。王志剛忽然接到家中急電，告知母親病危。他不得不聯絡外交部，要求取消下一站的挪威之行，以便盡速返國處理公務及家務。駐挪威代表施克敏聽到消息，急電外交部，稱為安排雙方部長會談，已花了兩年功夫，若此次無法完成任務，他即打道回府，辭職不幹。

同時間，朝野立委在立院質詢，抨擊經濟部長王志剛在全台大停電、母親病危的情況下，仍逍遙歐洲，不忠不孝，應嚴加追責，要求部長下台。最後，王志剛頂住內外排山倒海而來的壓力，為顧全大局，決定繼續經貿團未竟行程，即使返國後恐需下台，他也自認無愧於心。

王志剛以忐忑不安的心情率團抵達挪威，兩天行程參訪挪威奧斯陸高科技研究機構，與挪威政府官員、國會議員及企業界人士晤談，和挪威全國貿易委員會舉行會議，並拜會挪威部長級官員。

王志剛是駐挪威代表處成立十九年來，第一次踏上挪威的我國部長級官員，受邀訪問，對促進雙方未來關係發展極具正面意義。[23]我國駐挪威代表施克敏遠在奧斯陸，事後在聯合報民意論壇投書，談台灣歐洲經貿團到訪，對台灣拓展對挪經貿的重要。

「當地有四家主要報紙，十二次報導了王部長挪威之行及相關事件。這是前所未有的。」施克敏有感而發，進一步寫道：「……設若王部長基於個人政治前途思考……取消挪威之行，乃順其自然之事。如今，王部長適時毅然來訪，並與挪方相關高層人士，推心置腹晤談，獲致至佳效果，而不計國內民主政治伴隨而來之必有惡兆，非有遠見、堅毅之士，不易致此。」[24]

任務達成，束裝返國後，外交部特別發布新聞稿，內容述及王志剛與辜濂松率領「歐洲經貿訪問之旅訪問團」的豐碩成果，稱讚此行與英、瑞、匈、挪等四個歐洲國家的高層官員會晤，並就加強雙邊經貿合作事宜達成多項具體結論。

這趟忠於國事、成果豐碩的經貿之行，卻藏有王志剛鮮少對外公開的悲傷過往。

天涯海角，辜王二人為母親流下男兒淚

時間回到一九九九年七月三十一日，匈牙利行程結束，王志剛和辜濂松即將分道揚鑣，當晚辜濂松到王志剛旅館房間與王志剛道別。王向辜吐露母親病危，心如刀割的苦楚，哽咽淚下，辜也憶

22 一九九九年七月三十日《中央社》
23 一九九九年八月五日《中華日報》
24 一九九九年八月六日《聯合報》

及年邁的老母，年輕時為兒女守寡，後來在政治因素的影響下，精神上也受到許多折磨，不禁悲從中來，兩人抱頭痛哭。

結束第二趟的歐洲訪問返台，對王志剛而言，是身為人子錐心刺骨的痛苦回鄉路。

八月三日晚間，王志剛與經貿團團員自挪威奧斯陸飛至倫敦，再經曼谷轉機，抵台已是八月四日深夜，晚上十一時王志剛在機場主持返國記者會，之後，急奔台北榮民總醫院。

王志剛迄今仍忘不了母親臨終前的最後影像，他衝進病房大喊「媽，我回來了」，全身插管的母親，一聽到兒子的聲音，即長嘆一聲，斷氣離世。兒孫跪在病床前，嚎啕大哭，送完慈母最後一程。

王志剛等到清晨五、六點，大體安置妥當，離開醫院，再趕往台電公司，聽取簡報，了解七二九大停電原因，獲知由於北部用電量攀高，需要南電北送，但輸配電力設備老舊，汰換電塔及變電所需與地方政府協調，卻屢遭杯葛抗爭，無法更新輸電設備，才導致大停電。

王志剛開會裁決，經濟部將全力做台電後盾，若興建輸電設備受阻，且無法解決地方抗爭問題，則由他全權負責，即使要下台，也要解決大停電問題，當時輿論的支持，意外讓台電能夠排除民間抗爭壓力並加緊興建電路系統。

太平之旅不太平

李登輝從一九八八年繼任總統職位後，就常以「超級外交官」的角色，執行他的「務實外交」路線，當年媒體曾形容李登輝為「務實外交領航員」，在一九九七年以前已有五次元首外交訪問，這一年九月四日到十八日的「太平之旅」，和前五次相比，有更顯著的不同，也讓太平之旅具重要意義。

前五次的元首外交，基本上是一種「雙邊」的訪問，或參與各國就職典禮場合，並沒有真正進行「國際性會議」的議程；「參與國際性組織或國際性會議」是主權國家彰顯其主權和國格最明顯而積極的方式，因此太平之旅安排李登輝總統出席巴拿馬運河國際會議，是自開羅會議後，我國元首第一次在國外參加正式國際會議，而且李登輝還是第一位致詞的外國元首，其所代表的「中華民國在台灣」，是一個主權國家的事實和意義，至為重大。[25][26]

李登輝在巴拿馬運河國際會議上致詞之外，太平之旅另一項重頭戲是參加薩爾瓦多舉行的中美洲元首高峰會議，並與各國元首簽署聯合公報，奠定了我國身為中美洲共同市場的一員。

為了這個會議，總統府特別成立「太平專案」，研究我國與中美洲各國的結合與政治關係，並且命名此趟元首外交之行為太平之旅。隨行官員除了經濟部長王志剛，還有行政院副院長章孝嚴和中央銀行總裁許遠東等首長，辜濂松則為工商界領袖代表。

此行王志剛代表洽簽備忘錄、協定及議定書，包括，第一，九月八日在李登輝與巴拿馬總統雅達雷斯的見證下，與巴國財政部長兼外貿委員會主席耶拉斯共同簽署「中巴自由貿易協定備忘錄」。第二，九月十三日與哥斯達黎加經濟暨工商部長戴三迪、薩爾瓦多經濟部長沙布拉、瓜地馬拉經濟部長翁瑟、宏都拉斯工商暨觀光部長賈西亞及尼加拉瓜經濟暨發展部長薩卡沙等中美洲五國經

25　一九九七年九月十七日 華視新聞
26　一九九七年十月《光華雜誌》

濟首長簽署經濟合作協定。

第三，九月十七日與巴拉圭外交部長梅爾加雷賀共同簽署「貿易暨經濟合作條約便利貿易補充議定書」，並由李總統及巴國總統現場見證。

太平之旅為台灣在外交烽火場上又一成功出擊。不料，訪問行程還未走完，九月十三日，國內傳來高雄前鎮發生鎮興橋氣爆意外，由於中油施工不慎，液化石油氣外洩，引發嚴重氣爆，造成民宅毀損，人員死傷。

王志剛遠在中南美洲，因時差關係，獲知此事時係當地晚上時間。隨行機要秘書詹庭禎，一得到最新消息，趕緊敲旅館房門向部長會報。當晚，一次又一次，詹庭禎每來敲房門，傷亡人數不斷往上攀升，顯見災情慘重。

王志剛心急如焚，立刻向李登輝報告，要馬上趕回台灣先處理後續，並辭職負責。李登輝堅定慰留，且提醒王志剛在中南美洲無直飛回台班機，跟著總統專機返國，實際上比自行脫隊、轉機還要更快。王志剛無奈，只得按捺心中焦慮留下。

太平之旅回程，過境夏威夷時，停留一天，辜濂松特地設宴款待李登輝及全體團員，並邀請李登輝與部分團員球敘。但王志剛心繫氣爆情況，婉謝辜濂松好意，獨自留在旅館內緊盯中油處理進度。好不容易熬到台灣時間九月十八日凌晨，回到台北，王志剛衣服也來不及換，連夜驅車南下，趕往高雄，夫人及女兒也跟王志剛同行，一起探望傷者及慰問家屬。

南向政策先鋒，與台商舉杯搏感情

一九九八年八月十七日到八月二十日，我國和菲律賓在馬尼拉市舉行第七屆中菲經濟合作會議，有五百多位企業界人士出席，王志剛作專題演講，並和菲律賓工商部長巴多（Jose Pardo）共同主持，分組討論投資觀光、經貿合作、勞工及農業合作等議題。會中除了簽署會議決議外，還見證中菲貨品暫准通關證協定的簽署。

此行，最佳拍檔王志剛和辜濂松兩人各自又擔任官員與民間工商領隊代表，一下飛機落地，他們就和八十多位台商代表座談，王志剛對台商反映的問題逐一答覆，並提出相對應的具體方案。

晚上，台商設宴款待，席開二十多桌，所有團員及台商都出席，王志剛和辜濂松兩人到每一桌都是滿滿一杯酒、一仰而盡，台商見到兩位乾杯，多半也會喝光手上的酒，眾人充分感受到辜、王二人的誠意，現場氣氛嗨到最高點。

我國老早在一九九〇年代就已有協助台灣產業南向發展政策，王志剛記得後來好多次和辜濂松到印尼、馬來西亞等東南亞地區訪問，台商都非常熱情，「那時候還年輕（約五十六歲），酒量很好」，喝酒搏感情，拉近與台商距離，可以了解台商在海外經商所遭逢的貿易或營運問題；後來有些場合台商的人數實在太多，他和辜濂松採輪流乾杯策略因應，但還是跟台商互動非常愉快。

與總統對話「菲」比尋常

一九九八年八月的菲律賓之行，菲國總統伊斯特拉達（Joseph E. Estrada）特別接見王志剛、辜濂松與勞委會主委詹火生一行人，並就促進雙邊經貿發展等事宜交換意見。

伊斯特拉達原是舉國上下都認識的動作片演員，主演類似俠盜羅賓漢的角色，庶民英雄形象深植人心，這位具有明星風采的總統，以風流倜儻著稱，對外從不掩飾有七位情婦，大方帶著如夫人參加歡迎午宴，席間親切詢問王志剛：「有幾位太太？」王志剛回答：「一位太太。」伊斯特拉達面露驚訝，搖著食指，語帶戲謔的說：「你這樣不行！」

這位非典型的菲國總統話匣子一開，葷素不忌，和辜、王二人閒話家常，即使經過二十多年，王志剛仍記憶未褪，畫面猶新。

經濟部長任內會晤各國元首

王志剛與辜濂松早在一九九六年七月就曾一起參加在菲律賓舉行的第五屆中菲經濟合作會議，並會見菲國總統羅慕斯（Fidel Valdez Ramos），羅慕斯與辜董事長是高爾夫球球友，兩人一見面就很熱絡，王志剛趁著開心氣氛，開口要羅慕斯支持台灣加入 WTO，羅慕斯一口應允；一九九六年菲律賓是 APEC 主辦國，總統羅慕斯親自主持部長級會議開幕式，他果然在會中呼籲各會員體支持我國早日加入 WTO。[27]

一九九八年三月三日到八日，王志剛在史瓦濟蘭參加中史經濟合作會議，史國國王恩史瓦帝三世宴請貴客，但當地男女有別，不能同席共食，王志剛的太太必須和國王的後宮嬪妃們坐在一起，經濟部長任內會見過三十位元首，王志剛還是第一次體驗這類特殊風俗習慣。

一九九七年十一月十日在新加坡舉行第七屆中星經濟合作會議時，王志剛一行人會見新加坡李光耀資政。李光耀關切兩岸關係發展，特別提出兩岸關係和諧是亞太地區和平之要件。王回台後將此意見向行政院長蕭萬長報告，但蕭認為此建議與李登輝的想法背道而馳，最後並未呈報總統。

星國行讓王志剛印象深刻的，還有拜會總理吳作棟時，發現我方前一場與李光耀會面討論的內容與即興談話，已經彙整給總理辦公室，以便吳作棟回應上一場談論的議題，當年通訊設備還不發達，這個國家能有如此高效率，讓王志剛深感佩服。

會見元首時，也發生過糗事，當星國贈送紀念禮物給我方，而我方卻因幕僚忘記帶禮物，無法回贈給新加坡，場面尷尬，氣氛凍結，當時讓大家緊張擔心的「落漆」意外，至今雲淡風清，王志剛和昔日舊部屬聚會時，這樁窘事常常成為暖場的必備餐桌笑點。

一九九九年四月五日我國訪問團到印尼參加第九屆中印部長級能源會議，王志剛利用等候印尼總統哈比比空檔上洗手間，一回到等候廳裡，我國團員已被引導到另一個大廳正式會見哈比比總統，王志剛記得自己急忙推門趕上，遇到一位人高馬大的印尼人，便用英語對他說，「總統你好。」

這位仁兄急忙對王志剛說，「我不是」，並且指向個頭較小的哈比比總統，「那位才是」，當下讓王志剛非常不好意思，頻呼道歉，補充道：「世界上許多偉人身高皆不達一百六十公分，如拿破崙、邱吉爾、孫中山、鄧小平……」一語未完，哈比比總統哈哈大笑，化解了一場尷尬。

一九九九年一月八日到十八日，王志剛與辜濂松陪同行政院長蕭萬長赴中美洲加勒比海地區多

27 見本書APEC章節

明尼加、海地和貝里斯訪問，途中經美國紐約停留轉機，一行人利用空檔時間，觀賞音樂舞台劇，王志剛和辜濂松在中場休息時間上洗手間，有美國人跟王志剛聊天，「聽說有台灣來的總理來看劇？是那一位啊？」

王志剛遠遠指著，「那一位（蕭萬長）就是我們的總理。」

老美好奇追問，「喔？那你們兩位的頭銜是什麼？」

辜濂松立刻回答，「我們是他的貼身保鑣」，王志剛在旁憋著笑，也不拆穿，實在有趣。事隔多年，王、辜每次談起這一段插曲，回想那些畫面，兩人都會禁不住大笑。

回顧王志剛會晤各國元首時，發生過各樣的突發狀況或窘態，未料竟都成為日後閒談逸事，也像是調味劑，豐富王志剛公務生涯人生，變得更加有滋有味。

與韓國鉅鵬集團會長白茸基的友誼往來

台韓民間經貿往來合作始於一九六七年十二月，由中華民國工商協進會成立「中韓經濟協進委員會」，韓方相對組織則是由韓國全國經濟人聯合會於一九六八年一月成立「韓中經濟協力委員會」。台方第一任主任委員為辜振甫，第二任主委為辜濂松，王志剛在卸任經濟部長後，二〇〇二年九月到二〇一四年九月接任為第三任主委。王志剛接任同年，中韓經濟協進委員會業務移轉至辜濂松所創辦的「中華民國國際經濟合作協會」。

更早以前，二〇〇〇年十一月六日在漢城舉辦的第二十五屆中韓經濟聯席會議，王志剛甫卸任經濟部長不久，即應邀參加，在漢城（後改名首爾）樂天飯店內發表專題演講；這次會議是台韓斷交八年以來，首度恢復舉行，對台韓民間經貿往來，有重大意義，受到兩國政府與企業重視。

王志剛擔任韓國委員會主委十二年，和辜濂松一起結識了許多韓國友人，其中和韓國鉅鵬集團會長白茸基的交情尤其深厚。

民間組織「台北首爾俱樂部」，王志剛是台方會長，白茸基是韓方創立發起人之一，對促進台韓雙邊經貿文化交流不遺餘力。自一九九二年台韓斷交以來，白茸基年年都號召數十名韓國官方、企業、文化界友人組團訪問台灣，他用心維繫台韓之間的關係，受到政府各部會肯定與感謝，更安排兩個兒子來台於政治大學深造，全家人都熱愛台灣。二〇〇九年他以台北首爾俱樂部副會長身分，獲經濟部頒發「經濟專業獎章」，當時馬英九總統在總統府內接見。[28]

二〇一三年白茸基以台北首爾俱樂部會長身分，獲立法院頒發「國會外交榮譽獎章」及外交部「外交睦誼獎章」，馬英九總統再次於府內接見他及夫人。

台韓在二〇〇〇年時，依舊缺乏官方正式溝通管道、台北和首爾直接航權等問題，都待雙方協商；馬英九致詞時表示，十餘年來，白茸基推動兩國交流，獲立法院及外交部獎章實至名歸；二〇一二年我國與韓國雙邊貿易往來金額已達兩百六十九億美元，韓國為我國第六大貿易夥伴，我國為韓國第九大貿易夥伴，且「松山─金浦」航線二〇一二年正式開航，互相開放延長免簽證停留期限

28　二〇〇九年五月十四日總統府官網《新聞與活動》

至九十天。[29]

白茸基雖不懂中文，但他和王志剛等台灣友人真誠交往，把酒言歡，晚宴上和立委羅明才等人一起跳韓國騎馬舞，毫無文化語言隔閡。白茸基夫婦對辜濂松極為尊敬、崇拜，曾以五體投地之禮，拜辜濂松為義父。白茸基並尊稱前立法院長王金平為大哥，經濟部王志剛部長為二哥，真情至性，傳為佳話。

二〇一一年白茸基獲頒文化大學商學榮譽博士學位，時任貿協董事長的王志剛為推薦人之一，而二〇一三年王志剛獲頒漢陽大學榮譽法學博士，白茸基是幕後重要推手。

二〇一三年十月二十四日，漢陽大學校長林德鎬頒發榮譽法學博士給王志剛，讚揚他長期推動台韓經貿往來，對增進台韓經貿合作有實質貢獻。林德鎬還特別回顧王志剛的公務人生，在商業司長任內催生國外期貨交易法、掃蕩地下期貨，在一九九二年到一九九五年間，身為公平交易委員會主任委員時，訂立公平交易法，對建立台灣的經濟法治規範，有相當貢獻。

林德鎬說，王志剛是一位具有勇氣、魄力及創新的領導者，也是推動台灣企業建立品牌的先驅，在第二度任外貿協會董事長時，正值全球金融海嘯時期，但王志剛建立「行銷台灣」、「行銷MIT」、「行銷台灣產品」創新推廣策略，協助台灣企業爭取全球市場商機。

在學術成就上，王志剛曾任教台灣大學，擔任過國際貿易系主任，是台灣知名行銷學大師，也曾是台灣學界最受歡迎的教授之一，曾獲中華民國管理科學學會的「管理獎章」，這是管理學界的最高榮譽，二〇〇六到二〇〇九年連續獲得有庠基金獎座榮譽，以及EMBA票選十大名師。

王志剛受獎時不忘感謝韓國對台灣的幫助，一九九一年他任經濟部次長時，在韓國協助下，台灣加入APEC；一九九六年到二〇〇〇年，做為經濟部長，代表台灣完成二十六國的WTO雙邊談判，其中韓國是他促成與台灣簽訂WTO雙邊協定的第一個國家，讓台灣有好的開始，順利在二〇〇二年成為WTO正式會員。[30]

辜王二人合體出訪成功的因素

王志剛與身兼無任所大使的辜濂松率領官方及民間經貿訪問團出訪歐、亞各地，所以能有豐碩成果，在於領導者個人特質、團隊努力，又有台灣經濟實力為後盾，成功因素交互作用，缺一不可。

辜濂松從一九七〇年代就開始民間外交工作，他在全球商界建立綿密的人際網絡，而且關係深厚，做為台灣企業界的領導者，辜濂松國際經驗豐富，協助我國政府與各國工商企業人士保持良好互動，經貿外交工作做得跟職業外交官一樣到位。

經貿訪問團的官方代表王志剛學者出身，治學認真，不論在那個職位、接到什麼樣的出訪任務，都以學術專業嚴謹態度面對，加上長年的行政經驗，以及國際觀，領導團隊規畫執行任務，有難以取代的團隊領導魅力，是出訪成功的靈魂人物。

王志剛、辜濂松二人官民同心，展現十足默契，一搭一唱，適時展現幽默感與親和力。例

29　二〇一三年三月十二日總統府官網《新聞與活動》
30　二〇一三年十月二十四日《台灣經貿網商情快蒐》

如訪問歐洲時，兩人都不吝表示對訪問國當地美女的愛慕之情，到法國談碧姬・芭杜（Brigitte Bardot），到義大利就想到蘇菲亞・羅蘭（Sophia Loren）、珍娜・露露布莉姬妲（Gina Lollobrigida）。「窈窕淑女，君子好逑」，辜濂松、王志剛真情流露，顛覆歐美人士對亞洲人嚴肅拘謹的既定形象，讓我國重要經貿夥伴印象深刻。

二位領導人率領的團隊皆是政府民間最優秀人才，強將手下無弱兵，A級團隊呈交出來的成績自然較佳。

一九九八到一九九九年為我國經濟表現最強的階段，且對受訪國皆備有採購計畫，因此來自台灣的經貿團極受禮遇。而在行程前準備工作充分，從出訪前兩年就開始規畫，跟受訪國政府及相關部會聯繫接洽，之後一再確認，並會先踩線安排，當年的國際環境、我國外交處境已漸艱難，但如何排除困阻，考驗團隊能耐。

出訪行程進行中，幕僚人員兢兢業業，每一流程皆精準控管，甚至有超乎預期的工作效率與成果。像是當時擔任經濟部國合處處長謝發達，每日凌晨都整理好前一天訪問的要點，塞進長官下榻旅館房間的門縫，王志剛一早起來就能參閱資料，面對隨團採訪的記者侃侃而談，國人也都能看到第一手的報導，謝發達這樣的做事精神令人欽佩，中鋼前董事長王鐘渝是首次訪歐經貿團團員，二十多年後遇到謝發達，對當年緊湊行程下每日一早能夠看到簡報，還是嘖嘖稱奇。

與辜濂松最後一次海外同行

二〇一一年十一月五日到八日，第十四屆京台科技論壇暨台灣名品展在北京舉行，由外貿協會與北京市政府、工業總會等近二十家機構共同主辦，邀請台灣、北京兩地六百餘位業界人士參加，其中不乏許多重量級人物。

由於北京第一次舉辦台灣名品展，大陸當局為表慎重，不但出動中央級別的高層與台灣代表團會面，也邀請當時由於健康因素、難得在公開場合露臉的中信金控董事長辜濂松，率領中信金高層主管羅聯福、吳一揆和高人傑等人出席此次盛會。

中共中央政治局常委、全國政協主席賈慶林在活動正式開始前一天下午，在北京人民大會堂會見時為外貿協會董事長王志剛所率領的台灣代表團，王志剛與辜濂松都被安排在主位。

賈慶林則在那天現場講出對台海兩岸具有重大意義的話語，他說，認同「九二共識」是兩岸協商的前提，是兩岸關係協商的基礎，否定了「九二共識」，將使兩岸協商不得不中斷，也將使兩岸關係發展的基礎遭到損傷，引起兩岸關係重新動盪不安。[31]

王志剛與辜濂松同時也接受國台辦主任王毅在釣魚台賓館的宴請，席間，曾擔任過日本大使的王毅，還與辜夫人用日語交談，王志剛對此場景印象深刻。

辜濂松在二〇一一年，身體健康狀況不如以往，此行四天三夜，辜夫人深知辜與王的交情匪淺，希望王志剛每晚回酒店後，都找辜濂松聊天，每談起以往趣事，辜濂松都特別開懷。北京返國後，

31　二〇一一年十一月八日《旺報》

王志剛每周都會找辜濂松聊聊，讓他開心，一直到病況嚴重，赴美就醫為止。

二〇一二年十二月六日辜濂松病逝美國，沒想到二〇一一年十一月的北京行，竟是王志剛與辜濂松最後一次共同參加台灣工商界企業團體的海外行程，令人不勝唏噓。

辜濂松的追思會在台北國際會議中心大會堂舉辦，因他對國家的貢獻極大，國際友人也多，三千多位中外賓擠滿大會堂，靈柩安置於大會堂禮台中央，莊嚴肅穆。

外貿協會同仁負責安全及接待，時任貿協董事長王志剛負責接待李登輝總統，與會者同感哀戚，追思辜濂松的同時，也感受整個流程完美順暢，希望給故人的是最妥適的安排。

追思會結束，貿協同仁護送靈柩進地下室停車場，王志剛率當時的秘書長趙永全及一級主管向靈柩行最敬禮，九十度鞠躬送行，恭送辜無任所大使一路好走。

辜濂松長眠在金寶山，墓園有一小果嶺，每年九月八日辜濂松冥誕，王志剛與太太都會探望辜董，和他說上幾句話；辜夫人常年旅居海外，如有返台，王志剛夫婦必定到辜家問候。

事業經營有成、對促進台灣就業和社會經濟繁榮有卓越貢獻的成功企業家不知凡幾，然而像辜濂松這樣犧牲小我、完成大我的企業領袖，屈指可數。

四十多年來，辜濂松義不容辭的以個人時間、金錢和人脈，曾經創下一年繞行地球十七圈半、累積飛行時數超過七百小時、平均每天睡不到五小時的紀錄，為台灣在艱困的國際處境中開創出一條民間經貿外交之路。二〇一二年，辜濂松停下奔波的腳步，卸下他終身熱愛的使命，永息主懷。哲人其萎，典範猶存，相信辜濂松高尚的品德和無私奉獻的身影，日後仍將啟發無數後人，讓世界看到台灣。

第十章

國營事業——永續台灣課題

老天爺安排的課題，常會意外降臨，這時候就考驗著個人的韌性及智慧。王志剛在經濟部長任內，國營事業因天災或人禍引發公安事件，就像是上天交付的作業，一般人看來是難以跨越的關卡，他選擇直視問題，找出解決方案，當下化險為夷，後續則追蹤管考，希望能促進國營事業經營效率及轉型，而更遠大的目標是追求永續，確保台灣民生無虞。

一九九九年多事之秋，七二九全台大停電

經濟部主管業務範圍廣泛，內容複雜，除了產業、貿易、投資，也涉及國外經貿交流和WTO等談判，此外，國內的油、電、糖、鹽等民生必需品也都歸經濟部所屬台電、中油、台糖、台鹽等國營事業負責，甚至鋼鐵、造船、飛機製造等，堪稱包山包海，為全世界少見的經濟管理部門，而

國營事業的營運更是吃力不討好，稍有差池，影響甚鉅，就像一九九九年的七二九大停電，就被媒體比喻成國安事件。[1]

一九九九年七月二十九日深夜十一時三十一分，台南以北地區大停電，意外來得太突然，民間謠傳中國大陸飛彈射中電塔，要給發布兩國論的台灣政府一點教訓，時任行政院長蕭萬長立即到台電關切停電情形，平息人民不安情緒；「何以一座鐵塔倒塌會導致大區域停電？」社會各界要求主管機關釐清肇因，媒體或立委反應民意，究責聲浪一波波，甚至在一九九九年九二一大地震之後，還要台電做出兩次大停電的比較分析，並提出解決辦法。

根據台電對七二九大停電的報告內容指出，一九九九年七月平均降雨量一千零三十一公釐，較過去四十五年來的七月平均降雨量四百零四公釐，多出二．五倍，豪雨使得台南左鎮山區發生山崩，地層滑動，設置於此的龍崎——中寮間三四五仟伏輸電線第三二六號鐵塔傾倒，以致於龍崎——嘉民海線及龍崎——中寮山線輸電線同時跳脫，更讓台灣本島近九百萬用戶停電。

台電在報告中也提出事故發生的遠因是南北電力長期供應不平衡，而且南北第三路超高壓線路因路權取得問題，遲遲未能完成，使得南北電力傳輸只能靠山線及海線二條超高壓傳輸線；類似情況也曾發生在美國西部，一九九六年七月二日及八月十日美西有兩次大區域停電，事故原因是一條輸電線路負載很重，下垂碰觸樹木，引發連鎖跳脫所致。

七二九大停電範圍甚廣，全省近九成用電戶都沒能倖免，就連總統府所在的博愛特區也到七月三十日凌晨一時才復電；時任經濟部政務次長張昌邦代替人在歐洲的部長王志剛，到台電公司指揮調度中心坐鎮指揮，台電立即動員嘉南供電區營運處嘉義、台南路線段及台中共電營運處埔里線務段人員一起參與找尋故障區位，加緊搶修工作，將近一天的時間、也就是七月三十日晚間九時五十分，台南以北用電戶才全部脫離停電窘境。

七月二十九日當天，王志剛與台電董事長席時濟人都不在台灣，在民怨四起、群情激憤的社會氛圍中，兩人不免成為各界責難的標靶；席時濟匆忙暫停澳洲出差行程趕回台灣，上機前，還先以書面傳真方式，向張昌邦自請處分。

王志剛則因為身不由己的情況，無法在第一時間返台，即便國內輿情一面倒檢討台電及經濟部，他卻為顧全大局，繼續此次訪歐最後一站；雖然他是十九年來首位踏上挪威土地的部長級官員，此行堪稱為台灣與北歐國家難得的外交破冰創舉，但此刻，他沒有達成任務的成就感，反帶著沈重心情返台，於公領域，大停電癱瘓全台，等著他回去解決後續問題，在私領域裡，母親病危惡耗（詳見第九章），使他的內心更加煎熬；面對人生不可逃避的功課，他清楚知道自己肩上背負的責任，八月四日晚間回國，召集經濟部兩位次長張昌邦和尹啟銘、工業局長汪雅康、國營會副主委鄭溫清及台電高層主管開會，做出七項指示並對媒體說明，公事處理告一段落之後，才趕赴醫院見媽媽最後一面。

公布開會裁決的七項重點之前，王志剛在記者會一開頭，先說明未在第一時間兼程回國的原

---

1 一九九九年八月五日六四八期《新新聞》「尋找台灣的罩門」；一九九九年八月十六日《工商時報》三版「政經評論，被自己打敗」；一九九九年七月三十一日《台灣時報》二版「國際媒體詢問兩岸是否開打 南韓電力公司向台電取經」；一九九九年十一月四日《今周刊》「台電為什麼不來『電』」

因，並向所有用電戶致上最深歉意，接著表示已因應大停電，對台電及經濟部相關單位提出七大指示[2]：

一、針對受損輸配電，要求台電在八月十三日前完成臨時輸電線的架設工程，以確保全台恢復正常供電。

二、限期台電一個月內完成全台電塔的檢查。

三、即刻成立專案小組，調查責任缺失，小組中邀集專家學者約十七位加入，八月七日便要召開首次會議。

四、補償方面，台南以北用電戶七月電價減收一成。

五、產業界損失方面，經濟部也將協調財政部比照重大天然災害認定辦法、受損的業者可依法申請租稅優惠及低利貸款救助。

六、加速民營電廠的推動。

七、二〇〇〇年五月前完成南北第三超高壓輸電線，以確保南電北送的穩定。

勘查山路狹窄，座車車輪懸空而行

透過媒體對社會大眾說明之後，王志剛馬不停蹄，立刻前往事故現場戡查，當時才下完雨，前華視記者胡一虎搭另一部車，尾隨王志剛座車一起上山採訪，車輛行在狹窄又泥濘的產業道路，到達目的地後，胡一虎忍不住告訴王志剛，「部長，你的車子後面有一個輪子根本懸空！」

「真是賣命！」王志剛回想那時候真的好險，幸好搭乘四輪傳動座車，前面兩個輪子沒有懸空則仍有動力，如果只是一般車輛，可能就麻煩了。

然而，不論路途有多麼艱難危險，身為經濟部長的王志剛必須走這趟山路，了解山區超高壓電塔毀損傾倒狀況之外，也慰問現場工作的台電人員，「在如此惡劣的環境中工作，台電人員非常辛苦。」王志剛雖然知道台電基層人員的工作並不容易，惟確保台灣大多數人用電穩定是台電不能推託的要務，除了要求台電兩周內（即一九九九年八月十三日）架設臨時輸電線，穩定電力供應狀況，台電也依照王志剛指示，全面清查全島電塔狀況。根據當時媒體報導，這次檢查發現有二十多座因地貌改變影響塔基安全，其中不少鐵塔已經有二十多年未檢測。[3]

另外，台電也承諾每月定期檢修輸電線路，於颱風季節前，增派人員巡視，隨時回報訊息；在調查鐵塔安全方面，台電地質師及中央地質調查所於事故現場勘查地質變化情形，提供後續維護改善參考，並成立「鐵塔基礎安全鑑定小組」評估，必要時邀外界專家協助，需補強者立即列管追蹤改善。

一座超高壓電塔傾倒，就釀成七二九大停電，台電公司在「七月二十九日停電事故相關事項說明」文件中指出，北部供電量不足，認為要能解決台灣區域供電失衡，才會阻止此種不幸事件再度

2　一九九九年八月五日《中國時報》六版「停電事件 王志剛道歉並做七點指示」
3　一九九九年十一月四日《今周刊》「台電為什麼不來『電』？」

發生。[4]

根據台電的資料，台灣供電分區有北、中、南三個區域，中部及南部地區的淨尖峰供電能力均大於淨尖峰負載，因此有餘裕透過輸電系統支援北部地區。以民國八十七年（一九九八年）為例，北部地區的尖峰負載占全系統的四十四．四%，而淨尖峰供電能力卻僅占二五．九%，不足的十八．五%須倚賴中南部供輸，對於整體輸電系統形成重大壓力。

台電指出，本來預定於北部地區設置電廠，緩減北部尖峰供電不足，卻因地方環保、反核意識高漲，無法依計畫而行。台電於一九七九年與一九八〇年分別提出位於北部蘇澳火力計畫與核四計畫，一九八一年、一九八二年皆取得政府核准計畫廠址，預定一九八八年及一九九一年分別完工商轉，惟反對設置的抗議壓力大，建廠計畫數度被迫延後，最後取消。

時任台電副總經理賴世章接受媒體訪問時直言，除了全省輸配高壓電線嚴重不足外，如果核四廠、蘇澳火力發電廠能夠按照規畫完工，則此次全省大斷電就不會發生。[5]

BOX

鼓勵民間電廠於北部設置，增加發電

對於謀求北、中、南區域電力供需平衡的努力與措施，台電提出解決方法，第一項就是要強化台電在北部地區供電能力，在進行中的大潭火力發電廠計畫，將興建十二部機組，總裝置容量約四百萬瓩，預訂二〇〇二年六月完成第一部渦輪機，其餘機組計畫

於二〇〇六年二月前陸續完工。

這座位於桃園觀音的天然氣火力發電廠提前在二〇〇五年啟用商轉，到二〇二二年二月，已裝置六部燃氣複循環機組，總置容量已達四百三十八點六萬瓩，目前增建七、八、九號機，以因應持續增加的北部電力需求。

當時台電把核四廠核能發電兩部機組也列入；而一九八四年台電接收台灣金屬礦業公司的禮樂煉銅廠舊址，也興建二到三部氣渦輪機組，預定二〇〇一年七月陸續商轉，但一九九〇年發生三號儲酸槽硫酸外洩，附近居民抗議並索賠，台電決定於該年關閉禮樂煉銅廠。

另一解決南北電力不均的方法為「開放民間發電業參與電力建設」，經濟部於一九九五年六月及十二月有兩階段開放發電業，但招標須知中就要求北部電廠優先，十一家民營業者獲選，位於北部的為長生、新桃、和平、長宏、富堡、富保和中，容量合計五百四十五萬瓩，預計一九九八年七月起到二〇〇一年中陸續加入台電發電系統，但民間發電業者同樣遇到地方抗爭等諸多困難，到一九九九年八月，只剩長生、新桃、和平電廠，如今三家民間電廠仍然經營中。（詳見第七章民營電廠部分）台電當年便訂

4 一九九九年八月三日台灣電力公司「七月二十九日停電事故相關事項說明資料」

5 一九九九年七月三十一日《中國時報》「台電歸咎核四、蘇澳電廠延宕」

定「現階段開放民間設立發電廠購電辦法」，並在每年一月公布電力供需及輸電系統資訊，供業者參考。

而盡快新建南北超高壓第三路輸電幹線，也是台電提出的解決方案。這條線路於一九八九年即開始測量、設計並進行鐵塔基礎用地的交涉，原預定一九九三年完成，但除「中火－中寮線」因全線位河川及大肚山麓等國有地上，政府主管機關核准即可，於一九九七年五月完成送電，其餘路線因塔基地的地主惜售或要價過高、居民抗議電磁場強度損及人體健康、線下土地地價滑落及影響地方發展等原因，台電難以取得用地，遲遲無法完工，嘉民以北線路段無法依計畫二〇〇〇年五月完成。

九二一百年巨震，全台災損難計

因應七二九大停電的改善措施，台電還沒完全落實，不到兩個月的時間，老天爺在台灣降下史上最嚴重的天然災難。前一個難題未解，更艱鉅的功課接踵而來，解題背後思維蘊含著台灣永續能源政策走向考量，也是王志剛迄今依舊關心的重要議題。

一九九九年九月二十一日凌晨一點四十七分，台灣發生了芮氏規模七・三級地震，震央在南投縣集集、中寮附近，這一場百年僅見的大地震，造成台電天輪及中寮兩座超高壓變電所及輸電設施受損，除了南投中寮以南及花東地區發、供電正常外，其餘地區電力設施均因此而中斷。

就跟其他國人一樣，王志剛於睡夢中驚醒，當時他住在台北市信義官邸大樓裡，因為地牛大翻身，客廳一陣巨響，電視機跌落於客廳地面，家裡敬奉的木雕觀音像也傾倒歪斜，他則感覺快被摔下床，瞬間回神後，起身換衣服，這時候，他的第一個念頭就是趕到台電了解天災帶來的電力損壞程度。

於是，他帶了妻小及家裡的狗，由兒子開著家中的 Nissan March，載著全家行向羅斯福路上的台電大樓，「我要到台電頂樓的指揮調度室，可是因為停電，電梯不能坐，我爬到二十層樓後，實在太累，根本爬不動，還是由隨扈林標油推著我上去。」王志剛的樣子甚是狼狽，但緊急時刻，顧不了形象，根據《今周刊》報導，台電兩位董總的狀況也差不多，董事長席時濟搭著兒子的機車趕赴台電，總經理郭俊惠還穿著拖鞋就趕到公司坐鎮。

聽取台電公司報告，初步了解地震災害後，王志剛立即指揮調度，因為醫院、高科技、鋼鐵等產業一停電，影響我國經濟，必須盡快恢復正常供電，把握危機處理的第一時間非常重要。

也許是上天眷顧台灣人，選在七二九讓台電先演習一遍，九二一集集大地震以數倍於七二九的損壞加在台電的輸電系統上，台電事後估計，整個輸電系統要恢復正常，至少要一年半的時間。[6]

6　一九九九年十一月四日《今周刊》「台電為什麼不來『電』？」

台電彙整兩次事故的損害情形及後續復電措施[7]

- 七二九大停電有一座輸電線路鐵塔倒塌及台中發電廠少數機組報損，金額約五千餘萬元。
- 九二一大地震輸電線路鐵塔全倒十三座、傾斜二十九座、構材變形六十七座、搭基下陷四百八十八座、位移二十五座，共六百二十二座，受損線路七十九條；深澳、台中發電設備機具拉裂破損；日月潭水庫、大甲溪和明潭水力發電廠遭波及而嚴重損毀，再加上震央附近的南投、台中等地台電資產設施，損失近七十億元，台電還有兩名員工殉職。
- 復電過程方面，九二一大地震後，由於北部地區電源僅能發電七百三十萬瓩，尚不足五百萬瓩，在南電無法北送的情況中，苗栗以北地區民生用電從九月二十一日開始須採分區輪流停電措施，九月二十一日到二十三日停止供應工業用電，二十四日以後逐步增加工業用電，在台電加緊修復速度下，於十月三日完成「中電北送」、十月九日恢復「南電北送」，十月十日起正式宣布解除限電，經過二十天限電的日子，台灣慢慢回歸正常日子。
- 影響用電戶數：七二九大停電不到一天內全部復電完成，影響的用戶近九百萬戶，九二一大地震約六百八十萬戶停電。

災後省思，擬定電力失衡的解決之道

台電擬定「九二一大地震災後復建及強化電力系統工作計畫」，也參與「行政院災後重建推動委員會」產業組分配的救災與重建工作，並提出三項緊急購電措施以增加供電電源，一是「用戶啟用自備發電機補貼措施」，凡設置自用發電機用戶減少使用台電公司電力的人，由台電按其配合發電度數每度補貼發電成本四．六二元；二是實施「合格汽電共生系統優惠購電率暫行措施」，彰化以北地區合格的汽電共生業者於限電期間增加發電，凡超出去年同期發電量部分，按台電公司相當之時間電價收購（同步呈報經濟部提高優惠購電費率）；第三是通知民營發電廠長生電力公司提早併聯發電，由台電公司補貼其增加發電的能量成本費用。[8]

上述增加供電電源方法，都是震後臨時性的緊急措施，台電建議經濟部把第三路高壓輸電系統建置完成，並納入緊急命令的一部分，但就算第三路建起來，北部無足夠電力，全台還是在一個輸電網內，只要一個環節出錯，大停電隨時會來臨。

媒體不留情面地評論七二九大停電及九二一大地震衍生的限電危機，認為天災雖是肇因，但根本關鍵在於政策長期過度保護台電，電業開放牛步化，開放政策扭曲，無力解決南北供電失衡，以及高科技業園區供電，缺乏配套政策賦予開發備用電力的機能所致。[9]

不過，持平而言，在《電業法》的約束下，經濟部、台電也無法全然主導政策走向。《電業法》於一九六五年制定，賦予台電獨占發、輸、配電業，除了台電，全國不能有第二家企業發電、買電，

7　一九九九年十月三十日台灣電力公司「七二九事故與九二一集集大地震有關供電系統之檢討與因應」報告

8　二〇〇〇年一月十四日台灣電力公司提供「行政院災後重建推動委員會（產業組）」資料

9　一九九九年十一月四日《今周刊》「台電為什麼不來『電』？」

即使為自用而發電，也一樣要受到管制。一九九五年政府考量國內電力失衡，開始推動電業自由化，先准民間申請經營電廠，也一邊提出電業法修正案，經過國、民兩黨輪流執政、立院六次審議均無疾而終。直到二〇一七年十一月立院三讀通過修正電業法，將電業分為發電業、輸配電、售電業三大區塊。發電業與售電業開放民間綠電加入，輸配電網維持國營。同時，台電將轉型為控股母公司，切割成發電、輸配售電二家子公司。

王志剛在經濟部長任內核准十一家民營電廠，其中海湖（長生）電力、麥寮汽電、嘉惠電力、和平電力以及新桃電力等五家成功商轉；一九九七年，放寬竹科廠商可聯合投資汽電共生廠，支應所需電力，一九九九年年中，竹科第一家汽電共生廠新宇汽電商轉，雖然裝置容量仍受管制，只有十五萬瓩，但已試圖打破舊有法規限制，為電業自由化跨出一大步。

經歷一九九九年的「多事之秋」，王志剛省思我國能源政策發展方向，「能源產業為國之根本，國無能源則百廢待興」；在過往的時空背景下，亟須尋找穩定的電力來源，提高能源自主率，建構良好的用電環境，以滿足當下不斷成長的用電需求；而傳統火力發電有其侷限及缺陷，再生能源價高且不穩定，核電有其爭議性，現實情況下，以核養綠是不是可行的中期能源政策方案？「核電，到底該不該用」，這是我們不能不面對的問題。

核電，到底該不該用？

世界各國對核能政策各有異同，有些反對核能，有些利用核能降低成本以滿足社會大眾。像是中國大陸、美國電力需求龐大，要仰賴核能補充不足；又如法國，透過核能省下的排碳量出售，甚至販賣核電給其他歐洲小國，以換取軍事利益；部分軍事優先國家則是為了製造核武而興建核電廠；島嶼型國家如日本則是為了能源自主而持續發展核電。

隨著一九六〇年代台灣經濟跳躍式成長，台灣電力來源由火力取代水力，然而火力發電燃料仰賴進口，進口來源地中東地區局勢不穩定，為了確保台灣能源供應不間斷，支撐國內經濟發展所需電力，時任經濟部長孫運璿在一九七〇年左右決定興建核能發電廠來解決電力供應問題。

核一廠興建期間發生一九七〇年的全球第一次石油危機，火力發電成本爆增，核能發電迫切性提高，政府將核能發電廠列入十大建設項目，顯示政府對基礎選設的重視，核二、核三廠為核能發電的延伸計畫，後續列為十二大建設項目。

目前核二、核三仍在運轉中，核一依計畫辦理除役，核二退役也迫在眉睫，核四廠則在資產維護管理中，在二〇二一年四大全民公投議題中，是否重啟核四便是其中之一，結果為大多數投票公民不贊成重啟。

在經濟部長任內，王志剛衡量民生與工業需求，幾經思考後，決心打造我國穩定供給的用電環境，積極與朝野協商，推動核四興建運轉，同時也找尋與國外合作機會，一九九八年帶領經貿訪問團到法國，尋求高污染核廢料處理的解決方案，便是在為了確保穩定價廉的能源供給之虞，也能維護我國同胞健康與環境永續經營。

對於各界關心核安與輻射問題，王志剛分析，若了解核電廠運作便會知道，當機組停機後雖已中止核連鎖反應，然先前核反應後餘下的產物仍會續衰變而維持小量產熱，過程中為安全考量，依舊會透過熱交易機制與外界環境達成平衡，日本福島核災即是機組在停機後，受海嘯影響使得冷卻系統受損，導致內部燃料過熱而熔毀，才進而引起輻射外洩。一般為確保營運及各類情況時的安全，核電廠相關系統及設備均以深度防禦為設計理念，透過多重屏障、主動防禦，多重性、多樣化規畫設計，確認維持安全系統的功能正常發揮，希望盡可能抑減工作人員與廠外附近居民的輻射劑量，並防止事故期間的輻射物質外釋。

BOX

王志剛關注核電未來應用

進入二十一世紀，溫室氣體排放過量導致全球暖化問題逐漸浮上檯面，各國不得不正視咨意開發而造成的環境問題，更共同訂定京都議定書、巴黎協議，美國總統拜登一上台便宣示二〇三〇年前美國要減碳五〇%以上，二〇五〇年以前實踐淨零碳排，也施壓其他國家跟進，減碳應對氣候變遷，帶動全球走向能源轉型。

我國順應潮流提出「減煤、增氣、展綠、非核」等潔淨能源展規畫，即廢除核電廠、減少火力發電廠燃煤機組改用燃氣機組以減少碳排，不足的部分則以再生能源取代，規畫二〇二五年達成總設置容量二千七百四十萬瓩，達我國能源占比二成，進而實現二〇五〇年零碳排的目標。

為達到增煤減氣的目標，政府勢必要擴建或增建新的天然氣接收站，也要規畫逐漸提高天然氣自備儲槽容積及安全存量；在展綠方面，二〇二一年再生能源發電量占總發電量六・三％[10]，距離二〇二五年二成占比的目標仍遠，加上再生能源本身具不穩定性，勢必搭配儲能系統、氫能及智慧輸配電系統方能靈活運用，似乎在實現非核的同時，我們也將失去一種極為穩定的基載電力來源。

核電本身的安全性當然不可否認地易受到挑戰，放射性廢料及核能安全均會讓民眾有疑慮。然而幾乎無空氣污染且無直接二氧化碳排放、高能量密度、燃料價格低、發電成本穩定等優點，鮮少被民眾看到。從經濟層面角度來看，核能確實有其效益。

王志剛認為，承上論述，「在推動能源轉型之餘，我們也必須思考核電未來該怎麼用？」

核能曾經是人們口中穩定永續的能源，如今的人們聞核色變，紛紛廢核反核。昨是今非的大反轉，全因時代的演化，王志剛對此很有感觸，「我雖然已經卸任經濟部長，但想為台灣人民打造良好經濟環境的初衷從未改變；回想起幾年前的八一五大停電，又想到二〇二一年五月一周內連續兩次的跳電，其對台灣人民與工業環境影響之大可說是有目共睹，若再因為備轉容量不足導致又一次、二次甚至無數次的停電，我想這是任何

10 台電官網歷年發購電量統計（二〇二二年二月十日），一一〇年台電系統發電量為二千四百八十八・一億度，其中火力發電量占比達七九・六％，包括燃煤三五・五％、燃油一・六％、燃氣四二・五％、汽電共生二・一％（不含垃圾及沼氣）等，再生能源占比為六・三％（含水力及汽電共生中之垃圾及沼氣），抽蓄水力一・三％，核能為十・八％。

人都不樂見的。也正因為如此，我認為我們必須正視核電的存在，並從公平公正公開的角度出發，探討核電與各種能源之間的關係。」

王志剛說，從經濟的角度來看，若完全廢核，改由火力取代，則不可否認的是需大幅投入資金增建相關設施與進口煤、天然氣等原料，此舉將增加台灣的發電成本超過兆元；再從環境的角度來看，增建再生能源設施以彌補廢核後電力缺口、並減少碳排當然是一個很好的做法，然而再生能源的發電成本為各類能源中最高且建置需要時間，即便下定決心投入資源進行開發，其天生所存的間歇性發電特性，也將導致再生能源成為電力穩定供給的一項不穩定因素。

除了太陽能與風力，台灣具備開發各式再生能源的基礎能量，舉凡海洋能、地熱能、生質能、氫能和二氧化碳補捉及儲存 CCS（CO2 Capture, Storage）等開發清潔能源的技術，都是台灣可以著墨研究的技術；就以氫能為例，歐、美、日、韓等國皆將氫能與燃料電池作為穩定發電應用方案，以後不論是基載發電或是電動運具，皆有可能透過氫能來大量降低世界各國的碳排量。

王志剛相信以台灣的技術能量，在未來或可開發出穩定運用的綠色能源，但在此之前，仍然需要穩定的電力來源，方能使人民安居樂業，共同為節能減碳保護環境的目標奮鬥，「這不是談擁核或廢核的意識型態，而是一個需要大家一起思考的苦澀議題。」

半年十一次公安事件，中油求變革迎油品競爭新局

王志剛於一九九六年六月接下經濟部長一職，當年七月起，中油各種事故沒有間斷，到了該年年底，居然連續發生十一次公安事件；雖然換上新任總經理潘文炎掌舵，依舊頻繁出現爭議事端，調漲油價遭致輿論批評不算小事，卻還發生更嚴重的煉油廠漏油污染稻田、高雄鎮興橋氣爆。所幸中油終能挺過公安事件，習得教訓，在專業經理人努力下，投資海外獲利甚豐，並自信迎向開放油品競爭的新局面，算得上是經營有成效的國營事業。

一九九六年十一月十八日，中油桃園航空燃料油工場發生氣爆火災，並造成一名員工死亡，時任中油總經理陳國勇十九日向經濟部請辭以示負責，經濟部快速核准，並指派中油企畫處副總潘文炎升任總經理，但監察院盯上經濟部，認為公安意外的善後事宜尚未完成，此時就換下總經理，監院必須調查經濟部。[11]

監察院反應一般社會大眾想法，調查經濟部不算是特意刁難，但王志剛拔擢潘文炎擔任救火工作，全從專業考量，並非因應長官或社會內外壓力下的權宜措施。潘文炎可說是科班出身，在師大化學系畢業後，赴美進修取得懷俄明大學化工碩、博士學位，在美國擔任過孟山都公司資源研究工程師，回台後，從中油煉製中心產品開發組組長、企畫處長、副總經理到總經理，在中油經歷完整；

11 一九九六年十一月二十二日《中時晚報》六版「陳國勇下台　監院盯上經部」

一接下重任便立下落實工安工作、提振員工士氣及中油順利自由化三大方針，也希望未來致力降低經營成本，提升效率，改以擴大授權、分層負責方式來管理。[12]

中油新總經理潘文炎就任未滿一年，還沒落實對公司營運管理的改革，卻因為調漲油價一事，又讓中油及經濟部飽受批評。

一九九七年四月清明連假期間，中油調漲油價，麻煩的是，未正式公布漲價前，由中國時報獨家披露消息，其他媒體在新聞工作的競爭下，自然是負面報導不斷。立法院經濟委員會更臨時變更議程，要求王志剛率領中油總經理列席報告，會中難免炮聲隆隆，甚至作出中油不得於一九九七年度前再漲油價，二．九七％的漲幅必須歸回原點等提議，經濟部當然未接受立院經委會非正式會議的提案[13]；不過，做為民選政府的官員，王志剛對油價突然調漲，在立院向社會大眾致歉。一向主張對屬下充分授權，王志剛讓中油依權責及專業判斷自行決定，並由時任中油董事長李樹久解釋，選在清明連假期間調整是要降低衝擊。[14]

推動浮動油價，遭輿論批評

潘文炎記得，當年赴立法院備詢報告時曾提出「浮動油價」想法，一周調整一次價格，這也是後來浮動油價機制的雛形。可想而知，立委不接受油價商品化的計價方式，大部分民意不支持漲價，王志剛也只能對外表示審慎為之的態度[15]，避免油價上漲成為那時物價高漲不下的推動元凶，畢竟從政府總體經濟政策考量，必須控制通膨在可承受範圍內，而非只從中油營運盈虧角度，直接反映購油成本漲幅。

浮動油價每周計算一次，價格依國際油價走勢，有漲有跌，不見得是壞事，總體社會的物價也不致於因此每周浮動，當時的立院及社會未能掌握理性討論時機，甚為可惜，而一九九七年以後，社會對油價訂定，依舊吵嚷不休，經過十年、即二〇〇八年，才完成實行至今的浮動油價機制。

根據經濟部能源局資料，一九九八年國際原油價格每桶僅約為二十美元，一路走高，二〇〇八年七月創下每桶一百四十七美元以上的新高價位，二〇〇九年每桶平均約七十美元，中油為配合國際油價波動，於二〇〇六年開始正式建立「國內汽、柴油浮動油價調漲機制作業原則」，但二〇〇七年國際油價屢創新高，中油也將國內油價推升至歷史高點，「浮動油價機制」的檢討聲浪開始湧現。二〇〇八年十一月二十八日修正「國內汽、柴油浮動油價調漲機制作業原則」，改採 Platts 報導之 Dubai 及 Brent 均價，分別以七〇%及三%權重計算，每周（上周五至本周四）調價幅度取「調價指標當周均價乘以當周匯率均價與調價指標前周均價乘以前周匯率均價比較」之八〇%變動幅度計算。[16]

---

12 一九九六年十一月二十二日《台灣日報》二十版「潘文炎升任中油總經理」

13 一九九七年四月八日《聯合報》「立委明將提案 要求中油撤回漲價案」。一九九七年四月八日《中央日報》第三版「立委促油價還原　經濟部拒絕」

14 一九九七年四月八日《中華日報》「油價突調漲，王志剛向社會致歉」

15 一九九七年四月八日《民眾日報》「油價七月起機動調整，中油計畫油價商品化，王志剛態度『謹慎』」

16 二〇〇九年八月二十一日國家政策研究基金會，油價訂價策略與建議社會上對清明節連假期間中油調漲油價的抗議聲浪還沒退去，不到幾天，中油又發生重大公安災禍，再度遭致社會大眾非議，不只是立法院要求經濟部及中油一周內改善解決，來自環保單位的壓力也不小。

一九九七年四月十日，位於桃園蘆竹煉油廠輸油管漏油，根據桃園縣政府環保局彙整的資料，桃園南興等村受到污染農地至少有六十五公頃，大量重油順著南坎溪入海，黝黑、黏稠的浮油積聚在出海口和北堤之間的海域，竹圍漁港封港近兩天，漁船停止出海，免得漁具遭油汙波及；這般慘狀，也難怪立委要徹查漏油事件，追究失職人員，環保署更擬用水污法處罰中油。[17]

造成如此災害，中油責無旁貸，動員同仁到稻田撈油，務求盡快善後，王志剛當時第一時間便趕赴現場戡災，他穿著包覆膝下的長型雨鞋下田，慰問大家，尤其是對受災民眾表達歉意，「主要是跟受到嚴重影響的農民『會失禮』（台語，誠摯道歉的意思），我們會負責賠償。」王志剛認為不推諉責任是最適宜的危機處理態度。

才不到半年，一九九七年九月十三日，中油又發生一起更嚴重的公安意外，為配合高雄鎮興橋完工，中油欲將禍雄煉油廠通往前鎮儲運所間的十二吋液化天然氣（LPG）臨時管線，切換為正規管，委由包商進行管線切換銜接工程，因管線內殘留的大量瓦斯外洩，鑽孔探勘施工過程不慎引發瞬間氣爆，燃起三、四層樓高的熊熊大火，氣爆波及周邊民宅及路人，延燒路段一度超過一百公尺，造成三死二十四傷，逾二十棟房屋受損，四十輛機車、二十輛汽車燒毀。[18]

高雄鎮興橋氣爆事件發生的當下，王志剛人不在國內，他正陪同李登輝總統出訪巴拉圭等中南美洲國家，時任經濟部科長詹庭楨是這趟「太平之旅」的隨行幕僚；因為時差，台灣的白天在地球另一端是正進入暗黑的夜晚，詹庭楨此時卻必須保持警醒，即時接收從台北傳來的事故訊息，並把氣爆災變更新狀況回報給王部長。

詹庭楨記得一開始先是傳出兩人死亡、十多人受傷，但隨著氣爆災情轉趨惡化，死傷人數不斷上升，在半夜的異國旅館中，他擔心驚擾到長官，不好直接打電話或敲門報告，陸續接到台灣傳來的最新災情，就用飯店便條紙記下，從王志剛的房門縫隙遞進去。

隨著傷亡人數及附近居民損失財物的增加，王志剛的心情越發沈重，焦急憂慮情緒攪擾下，他無法繼續接下來的行程，也覺得應該負起部長該有的責任。隔日上午，王志剛跟李登輝請辭，李登輝對他說，「如果發生一樁公安事件，部長就要辭職，那麼部長沒人敢做。」王志剛又提出先趕回台灣的想法，但李總統反而勸他，「你自己回去要轉三次機，坐我的專機可能比較快。」

王志剛按照李登輝指示隨團完成出訪任務、搭專機返台，下飛機後，抓緊時間處理氣爆善後解決事宜，立即在機場聽取次長張昌邦簡報事故發生原因及處理狀況，以便掌握最新進度，此時夜已深，時間來到凌晨十二點，王志剛沒有回家休息，反而偕同太太和女兒驅車南下，趕赴高雄慰問，看到嚴重灼傷的氣爆傷者，王志剛和妻女內心萬般煎熬，恭敬地一一向家屬行九十度鞠躬，表達歉意。

---

17 一九九七年四月十一日《大成報》「立委：徹查漏油事件　追究失職人員」。一九九七年四月十二日《民生報》「油污入海流　竹圍變了色」

18 一九九七年九月十四日《工商時報》一版「高市瓦斯氣爆　中油工安失控」。一九九七年九月十四日《中國時報》一版「高市前鎮瓦斯氣爆三死二十四傷」

時任行政院長蕭萬長指示經濟部應明快處理中油瓦斯氣爆事件，同時「追究責任」，但不會干預經濟部如何處分失職人員，惟中油需要改造，尤其要重塑內部管理文化，此事導致中油董事長李樹久辭職、總經理潘文炎記大過。[19]

中油轉型海外轉投獲利，開放油品競爭

中油也痛定思痛，謀求經營轉型之道，同年（一九九七年）十二月中油開展營運布局有了成果，藉由轉投資七千七百萬美元於卡達燃油添加劑公司二〇％股權，掌握天然氣供應來源，此案讓卡達提供便宜天然氣給台灣，供應量占台灣天然氣的一半，時任中油總經理潘文炎飛往卡達與該國王儲與能源部長簽約，並讓中油獲利五十億元以上。[20]

政府於一九九九年解除部分油品進口管制、開放民間企業銷售油品，在這場油品市場的競爭戰中，一開始，中油與台塑集團之間確有劍拔弩張的氣氛。潘文炎記得，當時台塑董事長王永慶曾經宣示未來每公升汽油會比中油便宜三元、在台灣整體油品市占率達四成以上，不過，計算油品製造成本時，台塑沒有計入汽油稅占三〇％這項因素，在定價策略上無法壓低價格，台塑最終沒能橫掃國內油品市場，中油各油品銷售量加總，市占仍達八成。

潘文炎分析，台塑企業設備新、效率高、管理良好、產品附加價值較中油高、加上從煉油、輕油裂解到塑膠加工，產銷垂直整合完整，煉製組合具市場導向，建港（指雲林麥寮）與人事成本低，位居離島、港口，與周邊工業開發完善，且享有政府各種優惠，競爭力不容忽視；不過，中油經營油品已有五十多年經驗，輸儲系統及油品行銷通路完善，而且折舊已攤提，未來配合中油民營化，

提升管理及決策效能，中油有很大發展空間。[21]

中油後來雖未能成功民營化，但在王志剛任經濟部長期間，中油以企業管理精神，勠力改革，提升經營效率，又在當時政府漸進式執行油品自由化政策中，即先從正面表列管制油品項目到開放民營加油站，投資煉油廠，漸次解除管制油品項目，讓中油有時間調整經營體質，準備好投入自由化後的油品市場，並且也拓展到國際（例如轉投資卡達燃油添加劑公司、出口油品到其他國家），一九九七年，中油年營業額三千五百億元新台幣，潘文炎在接受媒體採訪時估國內油品及石化市場垂直與周邊產品營業額有上兆元，如再往國際發展，市場總值會更大。

BOX 國營事業成功轉型案例：台鹽研發生技產品

陳履安擔任經濟部長期間，檢討經濟部所屬國營事業績效，下令關閉經營無效率的

---

19 一九九七年九月十七日《中央日報》「氣爆究責 政院促明快處理」。一九九七年九月十八日《自由時報》一版「董事長李樹久引咎辭職 總經潘文炎意外獲慰留」

20 一九九七年十二月七日《Gulf Times》Quatar signs $350mn loan for petrochemical plant。一九九七年十二月八日《Gulf Times》Foundation stone laid for QR 2 · 5bn petrochem plant

21 一九九七年九月十一日《經濟日報》第二十七版「油品大戰 中油台塑後來開打」

國營事業，先前已關閉台灣金屬、台灣鋁業，本想再關閉台灣機械、台灣製鹽公司，但在國營會與人事處跟陳部長力諫，台金、台鋁關閉後問題猶多，尚未處理完畢，若再關台機、台鹽，後續處理事務煩雜，應派人整頓救治較為妥適。

因此背景淵源，原任經濟部專業人員研究中心主任余光華一九八九年九月一日被調往台鹽。余光華當年規畫台鹽長期經營策略，分成短、近、中、長四階段逐步實踐，最終以發展海水化學工業與生物科技，使台鹽能在全球市場機能考驗下，成為具競爭力的企業體。

「歷任部長均給予我完全的信任與支持。王志剛更是以企管博士、管理專家身分，特別垂詢這些規畫發展，人才是否足夠？」余光華接到王志剛的關心，特別有感，而且王志剛一語中的，精準道出他在台鹽所遭遇到最大的困難。

余光華一接掌台鹽總廠，空有雄心萬丈，卻苦尋不到人才協助，台鹽十五年的長期經營策略是他於三個月內，一人獨自完成。

對於台鹽難以延攬人才提問，余光華記得他是如此回答王志剛，「這是『雞生蛋、蛋生雞』的問題，公司經營不好，大家看不到遠景，沒有人願意來，而公司沒有人才，又如何能做出好的績效來呢？」

為了找一位理想的研發處長，余光華花了十年，換過七任研發處長，幸好初期他向中山科學研究院及成功大學借調兩名高手幫忙四年，余光華認為這是打造台鹽研發基礎最為關鍵所在。

「台鹽不要『僅守一鹽』，市場會越來越小，大家為了健康減鹽，用鹽會越來越少，一定要讓它想辦法以鹽做基礎轉型涉足生技醫美。」但王志剛以自身行銷和企管專業，清楚台鹽等國營事業轉型多角化經營是大勢所趨，但執行不易，根源就是「人」及「組織文化」。從傳統公務體系找人，一定無法滿足台鹽轉型的需要，大部分人在公務體系受的訓練就是「多做多錯、少做少錯」，公務員出身的余光華願意突破窠臼，提出十五年的長期經營策略，王志剛怎能不全力支援？

台鹽開發新產品，令國營事業展現一新耳目面貌，王志剛看到余光華的努力，經常關心台鹽研發新品動態，有次余光華報告台鹽開發膠原蛋白用品與保養化妝品，王部長說了一句玩笑話，「為什麼開發『膠原蛋白』，而不是『椒鹽排骨』呢？」多年後，王志剛與經濟部舊部屬聚會時，這句無厘頭的幽默話語，就被當成桌邊笑料配菜，也炒熱了餐敘氛圍。

「王志剛的大力支持與適時指導，使台鹽生物科技產品得以順利開發成功，奠定台鹽的脫胎換骨，邁向企業良性經營坦途。」余光華說，有幸做為王志剛部屬及好友，而且共同努力改造國營事業，並獲致一些成就，這令他感激萬分，更對老長官的決斷力及行動力，欽佩不已。

九二一後草嶺堰塞湖的啟示

經濟部管轄領域廣，舉凡民生基本需求幾乎都是經濟部主管，油、電、鹽、糖之外，水利也歸屬於下；台灣有超過四成六的土地是高山，山坡也占近三成，陡峭落差的地形，河川河道的坡度也大，為了有效利用水資源，在台灣的河川上分布了大大小小的水壩等水利設施，以做為防洪、蓄水灌溉或水力發電之用。

然而大自然有其既有定律，人類為求便利開發水資源，卻伴隨著意想不到的副作用與後遺症；台灣大部分河川上游的集水區地質脆弱，每年的梅雨及颱風雨不但雨量強度高，總雨量也驚人，再加上台灣河川因特殊地形，水流移動速度快又陡急，一遇洪水，總挾帶大量泥砂往河川下游急流，造成洪水氾濫；若再遇上其他不可抗力的天災，後果不堪設想，如何有效地防洪治水，是台灣水利工程人員的艱難挑戰。

百餘年來，台灣經過大大小小地震或豪雨災變，尤其近數十年來全球氣候變遷衝擊下，水利工程更顯重要，以往水利工程著重在「人定勝天」的開發技術，如今已轉型成為維護自然環境，以及減輕水患的治水、利水、親水哲學，更是創造人類和永續水環境和諧共存的學問。[22]

水利工程門檻高，專業領域知識非一般人可以蹴及，王志剛在經濟部長任內非常仰賴現任行政院政務顧問黃金山博士。一九九九年七月隨著精省政策，台灣省政府功能業務與組織調整，原台灣省水利處改隸經濟部水利處，由黃金山擔任第一任處長。

經濟部轄下原本就有主管水利的水資源局，改隸後的水利處「只不過是等待著被經濟部水資源局所整合的一個臨時組織而已，」黃金山回憶，自布達就任經濟部水利處長的第一天起，他就開始參加每周三由王志剛親自主持的經濟部部務會議，座位都被安排在偏遠的一角。當時，黃金山萬萬沒料到，兩個月後的九二一大地震，竟會將他推上烽火最前線。

九二一大地震來得突然，對土地傷害超出想像，台灣中部震央附近的地形地貌全都走樣，劇烈的山搖地動還造成雲林縣古坑鄉草嶺村附近大規模崩塌。當時居住在草嶺春秋斷崖線上的簡氏家族，地震發生時隨著崩山土石一起沿著順向坡滑落，滑行垂直距離約八百公尺（台北一〇一高度為五〇九．二公尺），十四戶三十六人中僅七人生還；鄰近的寒心瀑布下方居民和楓仔崙部落也受創嚴重，此回的山崩共造成三十七人罹難。

這個區域地質構造脆弱，在九二一之前，就曾經因崩坍形成三次堰塞湖，本次崩坍面積約六百二十公頃，土石阻斷清水溪河道約五公里長，崩坍土方量約一億二千六百萬立方公尺，在崩坍區上游形成一個蓄水容量約四千六百萬立方公尺、約等同於二個烏山頭水庫，當時是有史以來規模最大的堰塞湖，後稱之為「草嶺潭」[22]。

22　二〇〇九年二月《科學發展》四三四期「水利工程面臨的新挑戰」

天災地變危機處理，啟動重建

一開始，經濟部還沒完全掌握中部水利災情，先以恢復大台中地區居民用水為首要任務。黃金山回憶，九二一當天凌晨一點四十七分發生大地震，搖晃暫歇後，他立刻想辦法聯繫災害情況，約莫凌晨兩點多掌握了初步災情，隨即打電話向部長王志剛報告。然而大地震之後，水、電、通訊全斷，好不容易接通電話，時間已近兩點四十分左右，話筒另一頭傳來的王部長的聲音是「快！快！手電筒拿來！」當下黃金山簡要說明，石岡壩可能已嚴重損毀，大台中的用水將會發生很大的困難。隔沒多久，黃金山接到次長張昌邦通知：「九月廿一日上午九點在經濟部大禮堂由王部長親自主持會議，聽取災情及初步的災害善後計畫。」當時，大家只能克難的點著蠟燭開會。會議中，王志剛指示務必能於最短的時間內恢復重災區的水源供應。

九月廿三日，黃金山陪同王志剛到災情最嚴重的石岡水壩和豐原淨水廠實地勘察。石岡壩受損的情況，其實已被破壞得不堪使用，但因為關係到大台中地區將近兩百萬人的用水問題，恐怕只能死馬當活馬醫。豐原淨水場的送水幹管，沿東豐公路在車籠埔斷層錯動處被扭斷，鯉魚潭水庫的送水管路也被震斷，大台中地區包括苗栗南部及彰化，都面臨嚴重的水荒，居民至感痛苦。黃金山向王志剛報告初步的善後計畫、以及預定年底恢復大台中全面供水之目標，王志剛完全同意黃金山的專業意見，接著並交代他陪同到南投縣中寮和李登輝總統會合。

中寮位於地震震央附近，是台電中南部電源轉送北部的中繼站，李總統聽取台電的簡報，指示善後目標，並決定隔日到中興新村召開中央第一次的地震善後會議。

九月廿四日，李登輝總統親自主持中央第一次地震善後會議，與會者為副總統連戰、行政院長蕭萬長、副院長劉兆玄；各部會包括經濟部、國防部部長皆親自出席。會議中，首度向眾人報告草嶺崩山及堰塞湖的資訊。會議尾聲，李總統裁示：（一）頒布緊急命令，（二）指示副總統連戰駐在中興新村指揮，（三）行政院副院長劉兆玄為執行長，成立重建委員會。幾個重要事項底定後，劉兆玄副院長提出草嶺崩山事件似乎尚未討論，李總統直接點名經濟部水利處處長黃金山報告。黃金山一時躊躇，在獲得部長王志剛的同意後，便詳細說明處理進度和初擬的一些應變措施，重點在於避免發生第二次災害。李總統聽完報告後強調，「這個一定要趕緊解決」，並裁示就依黃金山所規畫的做法積極處理。

在經濟部水利處的安排下，九月廿二日、廿四日兩天相關人員乘直升機或冒險繞道深入崩塌區勘查，王志剛記得搭乘的直升機落地後，他一下機，就踩在鬆軟的地面，直升機停在這樣的土質上面，時間久了，非常危險，甚至有整台直升機陷下去的可能，也難怪直升機駕駛迭忙飛離，「那時目擊到現場情況，心裡很緊張，只見堰塞湖的四周土石堆積高疊成山，而且水位越來越高，如果碰到刮颳風、下大雨，非常可能決堤，下游將不堪設想。」雖然事過境遷，但王志剛一回想，還是餘悸猶存。為了提防堰塞湖潰堤釀成災禍，經濟部水利處緊急邀集國內外壩工、地質、水利等領域之專家學者組團前往，並召開多次檢討會，提出搶修及處理之因應對策。

十月一日，王志剛陪同美國內政部墾務局專家 Clarence O・Duster、Thomas E・Hepler、Leon E・Faris 等三人及黃金山、國內學者專家進入草嶺堰塞湖勘查。接下來幾個月內頻繁踏勘，初步檢討結果，崩塌後所形成之堰塞湖及天然土石壩無立即潰決危險，因此第一階段先確保堰塞湖可能淹沒範圍（涵蓋雲林縣、嘉義縣）之居民安全，以及將湖水溢流時對下游河道造成的影響控制到最低。至於草嶺潭堰塞湖存廢及終期處理措施，留待後續整體分析評估。

十月十五日，王志剛率同主管水利業務的次長尹啟銘，以及時任立委的許舒博等人搭乘直升機到工地視察。當時調集逾百台怪手、卡車全力趕工，中油總經理潘文炎記得震後山路崩陷，根本無法承載油罐車駛入，因此作業的怪手機具所需柴油，還是由中油員工一桶一桶背進去，以確保怪手機具不會缺油。

怪手開挖洩洪道及將崩山所形成的土堤以大塊石頭予以加固，其目的為如果再有洪水，引導它從以人工構築的洩洪道流到下游，洩洪道渠道全部以大塊石構築，洪水流過時不會造成太大的沖刷。但又怕洪水再大時，洩洪道的通水空間不夠，洪水會從崩山所造成的堤頂上溢流向下宣洩，恐會沖毀崩山所造成的土堤，如此一來，四千六百萬立方公尺的巨大水量會在瞬間下洩，沖向下游，造成下游溪邊的村落發生水災，也就是所謂第二次的災害。

現任商總理事長的許舒博，當年地震發生時在立法院擔任經濟委員會召集委員，因此和王志剛有密切合作，他駐留雲林科技大學的臨時指揮中心，不分晝夜協助調派各項救災物資、調派直升機和救難醫護人力等，親身經歷當時災區的慘況，以及政府、民間齊心合作面對巨變的艱辛過程。

「九二一地震是一場全面性的災難，而王志剛是禁得起天災地變的部長。」許舒博如此說。

由於李總統即時頒布緊急命令，各項緊急重建工作得以有效率的進行，黃金山當時呈報預定年底完成大台中地區正常供水的目標，在經濟部水利單位，以及民間的中興工程公司、黎明工程顧問公司等通力分工合作下，確實達到目標，王志剛也總算鬆了一口氣。

BOX

草嶺堰塞湖的美麗與哀愁

雲林草嶺山區因其特殊的地質結構，創造了四度形成堰塞湖的全球罕見紀錄，九二一地震後，全盛時期每天超過二千參觀人次，甚至引來了美國、瑞典等國家的研究人員前往勘查。[23]

王志剛授權黃金山綜理草嶺堰塞湖的處理方案並提報行政院院會。雖然來自國內外專家學者的意見五花八門，黃金山認為世界上所有的堰塞湖，不論其形成的原因或存在時間的長短，最後均會消失，重點是在消失時不能造成第二次災害。

回顧一九四一至一九四二年間的日據時代，草嶺堰塞湖因地震和豪雨第三度形成，根據記載，那時候所蓄積的水量高達一億二千萬立方公尺，無論在面積、長度和深度上皆超過日月潭；岸邊竹林茂密，浮木漂浮湖面，水色清澈見底，美不勝收。

十年後，國民政府遷台，有意將草嶺堰塞湖天然壩用作下游農田灌溉之用，於是一九五一年指派陸軍第七十五軍十六師工兵營的官兵，在三個月內開鑿出太平通往草嶺

23 二〇〇八年三月二十二日《自由時報》「草嶺潭四度形成四度消失／土石淤積　造就全球紀錄」

的太草公路，以做為後續草嶺潭水庫工程的施工道路。完工後，官兵原擬撤退，但因應鄉民所請，又留在當地協助整修草嶺潭天然土壩的坍方，不料同年五月十八日清晨因連日豪雨，山洪暴發，土壩潰決，一百三十名官兵被沖走，七十四名官兵殉職。當時草嶺堰塞湖潰決向下游沖刷的洪水，水位甚至高出濁水溪縱貫鐵路橋，三千公頃農田流失，受災人口達一萬人以上。

一九五一年的潰堤悲劇，時時縈繞在黃金山的心中，影響著他對九二一草嶺堰塞湖防災工程施工原則的決策，最後他決定：「以最少的錢，就地取材，讓堰塞湖的消失不造成傷害。」當時，不乏學者專家建議將草嶺潭予以保留，改善為水庫，然而黃金山的基本原則得到長官支持，也獲得行政院同意按計畫執行。這項防災工程，最後未用到一包水泥，完全就地取材，利用河床的大石塊構築洩洪道及加強崩山後所形成的天然堤壩，讓大洪水得以無災的通過。

草嶺潭防災工程告一段落後，南投國姓鄉的九份二山也在九二一大地震後，形成二個規模較小的堰塞湖，原來由農委會水保局負責，但由於執行進度及成果不甚理想，後來改由草嶺堰塞湖團隊善後。經過多年的復育及整建，危機解除，周圍生機盎然、綠地如茵，成了新的觀光景點「澀仔坑湖」與「韭菜湖」。[24]當年接手防災工程的賴建信在經濟部水利處擔任副工程師，如今已升任經濟部水利署署長。

草嶺堰塞湖工程，後續經歷無數次洪水的洗禮，包括二〇〇一年七月底曾造成全台巨大損失的桃芝颱風，皆未發生災害，證明其防災設施確實發揮功效。桃芝颱風過後，草嶺堰塞湖因豪雨帶下大量的土砂堆積，規模竟從近五千萬立方公尺大幅縮減至五百萬立方公尺，危機就此解除。同年九月，黃金山率團隊再度勘查草嶺崩山地區，發現河床已恢復其自然的坡度，人工施設、利用天然素材所做的防災工程，包括洩洪道等，於洪水過程中達成任務，無災無難，悄然消失，回歸大地，為第四度形成的草嶺潭畫下完美句點。

24 二〇二二年三月南投旅遊網「韭菜溪湖」https://travel.nantou.gov.tw/attractions/the-leek-lake

第十一章

卸任公職展開多樣經歷

公元二千年，台灣政局丕變，出現第一次政黨輪替，隨著國民黨下野、部會首長換人，王志剛也卸下公職，展開更豐富多樣的民間經歷。

在王志剛橫跨產官學的多樣經歷當中，很多人沒有注意到的大概就是他當過復華投信董事長，而且時間長達四年之久，當年在復華投信公司主管業務的宋炎本，以一場「邂逅」來形容老師轉換跑道跨入金融業的過程；但這還只是「意外之旅」的第一站，命運列車載著王志剛前往未知的將來，二〇〇〇年到二〇〇七年，王志剛接連擔任國民黨文傳會主委、王金平競選國民黨主席總幹事，竟成操盤選舉的重要人物，此段歷程，有如列車行駛到支線，讓王志剛看到不同風景，嘗到人生另番滋味，凡走過留下的痕跡，都是千金難買的珍貴體驗。

與金融業的第一次邂逅，客戶慕名買基金

原本在官場表現優異、仕途看好的王志剛因政權轉換而走入民間，第一個工作為何是復華投信董事長？宋炎本道出緣由，他說，王志剛卸任後，許多企業界老闆莫不爭相邀約，想抓住這個天賜良機，借重其長才提升經營績效。然經濟部涵蓋的領域甚廣，礙於公務員旋轉門條款，經濟部長資歷反而讓王志剛無緣進入國內大多數產業任職。有人打過比方說，經濟部長下台後，連到市場擺個攤子都不行，因為市場是歸經濟部商業司管轄的。

在這麼多限制中，當年歸財政部而非經濟部管轄的金融業則不在此限。適巧，王志剛台大商研所的學生——潤泰集團總裁尹衍樑，畢業後一直與王志剛保持聯繫，而一九九七年六月成立的復華投信正是尹衍樑當年投資的金融業之一。那時的總經理杜俊雄和業務主管宋炎本都是台大商研所的畢業生，還有不少員工上過王志剛的課；和學生們的深厚因緣，加上其他股東也一致支持，王志剛接受尹衍樑的禮聘，於二〇〇〇年六月十四日正式到復華投信擔任董事長。

宋炎本說，王志剛不愧為企管大師，一接掌董事長職務，便細心審視當年復華投信所處的內外環境，謹慎設定自己扮演的角色。對內，總經理杜俊雄是創立復華投信的元老，熟悉公司運作所有的細節，一步一腳印帶領復華投信成長，又是自己的學生，王志剛也就不需花費心神在日常營運事務上，而是充分授權支持總經理領導的團隊。王志剛更把積蓄拿出來買基金，還介紹客戶，參加員工旅遊，接見才入門的新員工，這些作為都以鼓舞公司上下的工作士氣為出發點。

對一家客戶數不多、又沒有傲人長期績效的新投信而言，在募集新基金時，銷售團隊除了專業之外，很多時候都必須拜託客戶捧場。王志剛擔任董事長後，運用他廣大的人脈，有好幾次都在最後關頭臨門一腳，幫助復華新基金跨過募集門檻。

除了主動介紹客戶給公司，王志剛的高知名度也在不知不覺中，替公司帶來不少大客戶。宋炎本回憶，一位跟王志剛一面之緣的李先生，有一天主動找上門，因其家族有一筆大額定存到期，但嫌銀行利率太低，聽說投信的債券基金不錯，有意轉移資金到債券基金，不過，李先生從未跟投信往來過，不知該選哪家，後來輾轉得知王志剛在復華投信，就覺得不會有問題，於是捧著上億的錢主動上門開戶。

當時擔任王志剛秘書的胡啟娟回想起一個小故事，有一位八十多歲的廖伯伯，突然打電話來，說是因為看到王志剛在「二〇〇〇全民開講」電視節目的談話，對王志剛為國為民的胸懷，深感敬佩，要求當面拜訪致意；他進到董事長辦公室的第一個動作，是立正挺胸，舉手敬禮大喊：「部長好！」在場所有人都嚇了一跳。經過一個多小時的談話，講到基金的內容很少，更多的是廖伯伯用他的台灣國語一下部長、一下董事長，不斷表達對王志剛的尊敬和感佩之意。直到告辭的前一刻，廖伯伯才小聲地說：「那麼，我先買一點基金，不知道五千萬會不會太少？」

那時候的國內外總體經濟環境充滿諸多嚴苛的挑戰，包括科技泡沫崩盤、「九一一恐怖攻擊」、全球股市下挫、經濟不振、利率低迷、國內政治動盪、SARS病毒肆虐、美英澳聯軍圍剿伊拉克的戰爭等等。成立才三年多的復華投信，縱然上下員工拚勁十足，卻仍不免受制於股市動盪、投資人信心脆弱的惡劣環境，致使經營團隊的努力常常事倍功半。

王志剛在經濟部長任內，曾帶領台灣安然度過一九九七年亞洲金融風暴，其實戰經驗和高知名度，正好帶給復華投信莫大的加分。他以經濟部長和企管博士的經歷與光環，坐鎮年輕的復華投信，對外提升公司形象，增進投資人信心，引進新客戶；對內得到股東穩定支持，鼓舞員工士氣，讓總經理帶領的經營團隊，得以心無旁騖迎戰惡劣環境的衝擊，專心提升基金操作績效、推出新基金、開發新客戶和新通路，逐步推升管理資產的規模。

二〇〇四年，由於股東結構的變動，王志剛卸下復華投信董事長一職。學術界泰斗孫震和許士軍當時都是元智大學講座教授，兩人向徐旭東董事長大力推薦，王志剛於是轉任元智大學講座教授，重溫教書生活，促成前臺灣大學校長（孫震）、前臺大管理學院院長（許士軍）和前臺大國貿系系主任（王志剛）再次同台的佳話，也為他跟復華投信的邂逅，畫下完美的句點。

企管行銷大師出手　翻轉民眾對國民黨印象

中國國民黨中央委員會文化傳播委員會（簡稱文傳會）負責宣揚國民黨理念與維護保存黨史資料，其前身為中國國民黨中央委員會文化傳播工作會（簡稱文工會）。二〇〇〇年國民黨失去執政權後不久，文工會與中央黨史委員會合併為文傳會，王志剛在國民黨主席連戰邀請下，臨危受命，擔任文傳會第一屆主任委員。專任委員張正中、周守訓、詹庭禎等人都是王志剛當時的得力助手，陳鳳馨為媒體部主任，汪用和、尹乃菁都是當時互動甚多，合作愉快的記者。

甫結束近半世紀執政的國民黨力求改革，希望重新獲得民眾的支持。二〇〇〇年國民黨敗選的原因很多，其中文宣策略被認為拘泥於傳統型式，不像民進黨的選舉廣告靈活且對年輕人有吸引力。王志剛曾在台灣大學商學院教授企業管理及廣告行銷，被企業界封為行銷大師，國民黨希望倚重王志剛在商業行銷方面的專業，扭轉長期在文宣及廣告方面的劣勢。另外，王志剛也兼任國民黨發言人，他具備豐富的行政經驗與便給的口才，可說是適合這職務的理想人選。

王志剛在二〇〇一年二月上任，就國民黨而言，當年有二個重要的政治事件，一是國民黨主席的選舉，二是立法委員及縣市長的選舉，屬性上雖然分別是黨內及黨外選舉，但文宣策略在王志剛看來，應有一致性的思維主軸。為了在文宣上有突破以往的作法，王志剛做了一個重要的決定，邀請有廣告才子之稱的范可欽合作。范可欽曾在二〇〇〇年總統大選時為民進黨製作競選廣告，這系列政黨廣告甚具穿透力及渲染力，也成為社會討論的話題；王志剛自對手陣營挖角范可欽，起手式即受到矚目。

二〇〇一年是陳水扁總統執政的第二年，停建核四廠的決策，造成政治上的衝突對立，國內經濟情況不佳。國民黨在台灣長期執政，曾把百廢待舉的台灣，建設成當時亞洲四小龍龍頭，國民黨雖失去政權，民眾對國民黨在經濟建設上的努力仍然相當肯定，王志剛的文宣策略鎖定台灣過往的經濟成就，希望民眾再次支持國民黨。他首先想到國父孫中山先生，出生入死，十次革命推翻滿清，創建中華民國，是國民黨總理也是中華民國國父；於是，第一檔文宣決定以國父為主軸。

王志剛和范可欽腦力激盪，最初的想法原本是要在國父頭上綁紅布條，同時眼角淌出一滴眼淚。但黨主席連戰考量此舉「無法徵得當事人同意」，最後國父訓示黨員的一根食指取代了眼淚，紅布條則綁到連戰頭上。大型平面廣告看板懸掛在國民黨中央黨部外牆，國父以一根手指頭指著前方，電視廣告則由連戰頭綁紅色布條，對著鏡頭喊出「國民黨要爭氣，苦日子才會過去」，廣告影片播出後，震撼社會，一改百年大黨的文宣風格。連戰不但充分授權，還全力配合演出，讓王志剛深刻感受到連戰下定決心，要讓民眾看見國民黨的改變。[1]

接續的文宣策略，王志剛想起台灣民眾共同懷念與尊敬的蔣經國先生，一系列以蔣經國先生原音加上本土民謠的文宣，力圖喚起民眾回憶國民黨對台灣的貢獻，在中央黨部同時掛上蔣經國揮手的大看板。另外，為反映當時經濟不景氣社會現況，王志剛也推出一系列以庶民為主角的廣告，例如父親失業，全家跟著煩惱，藉由影片代替基層百姓向政府表達心聲。[2]

王志剛在國民黨文傳會的作為，為國民黨文宣注入活力，但終究難以撼動整個政治局勢的變化。二〇〇一年十二月一日第五屆立法委員與縣市長選舉同日舉行，雖然國民黨的整體文宣策略及競選廣告頗獲好評，但立法委員高額提名，加上系出同源的親民黨、台灣民主聯盟分割票源，國民黨在立法院的席次從一百二十三席銳減為六十八席。儘管在縣市長選舉贏得與民進黨同樣的九席，但國民黨繼總統大選敗選，又失去國會第一大黨的地位，選舉失利，再掀檢討聲浪；最後由組織工作及文宣部門扛起責任，王志剛卸下文傳會主任委員一職，結束了這段意想之外的人生插曲。

1 二〇〇一年三月二十九日《商業周刊》第六九七期「『行銷大師』重出江湖立奇功　連戰『變臉』，王志剛『爭氣』」

2 二〇〇一年五月十四日華視新聞「經濟不景氣　國民黨文宣痛批」

操盤國民黨首次黨員直選主席，堅持「內忠於己，外恕於人」

二〇〇五年，國民黨舉行黨主席選舉，這是創黨百年來第一次由黨員直選、且有兩位候選人競逐的選舉[3]，別具意義，甚至被外界視為是國民黨能否確實推動改革的指標之一。

就在國民黨主席連戰任期將屆之前，台北市長馬英九率先宣布參選黨主席，他是備受矚目的政治新星、也是下一任總統選舉熱門人選，實力不可小覷；而立法院院長王金平，則待連戰多次對外表示不續任，私下也對其勸進的情況下，決定投入黨主席選戰。[4]

社會各界關注這場選戰，對手陣營更緊盯王金平一舉一動，但沒料到王金平出奇招，找王志剛擔任黨主席選舉競選總幹事，此舉令毫無選舉操盤經驗的王志剛著實感到意外，前後婉拒兩次。然而念及王金平執掌立法院多年來調和鼎鼐，憑其過人的協調和折衝能力，在王志剛任職公平會和經濟部期間曾經給予很大的支持；如今，王金平在雙方聲勢懸殊的情況下披掛上陣參選黨主席，競選團隊亟需人才，更應盡己之力回報恩情，王志剛於是決定接下這個艱鉅的任務。

馬英九當年身為國民黨的新世代外省籍留美菁英，宣傳主軸為突顯其個人特質和號召力，塑造出幫助國民黨贏回二〇〇八年總統選舉不二人選的形象；而王金平出身高雄地方民代，普遍被認為是國民黨本土派的代表，奉行勤走基層、傾聽民意的「經國先生的本土路線」，是黨內事務與勢力的協調整合者[5]；兩人不論在出身、背景、個性和處事風格等各方面可說是南轅北轍。

王志剛回憶選舉過程中，王金平一再對競選團隊強調，這場選舉是黨內選舉，應該是「君子之爭」，絕對不可對馬英九做任何人身攻擊，以免選舉恩怨對黨內團結造成負面影響；重點是提出完整的論述來爭取黨員的認同。例如，面對許多黨員對馬英九代表出征二〇〇八年總統大選的期待，王志剛在接受媒體專訪時表示，王金平有清楚的認知，「成功不必在我」，黨主席最重要的責任就是讓泛藍在二〇〇八年推出一組可以勝選的正副總統候選人，因此黨主席人選與下屆總統候選人應該脫鉤看待。[6]

另外，王金平也特別強調他「海納百川，不論清濁」的能力，選前最後一夜的造勢晚會，邀來國民黨、新黨、無黨團結聯盟前後任黨籍立委六十多人營造泛藍大團結的氣氛，甚至請到李敖現身助勢，親民黨宋楚瑜主席還錄製支持影片[7]。

王志剛這位菜鳥競選總幹事，和王金平陣營裡身經百戰的立委團隊齊心合作，在議題設定、文宣攻防、組織動員等方面卯足全力；面對選戰攻防一來一往之間，王金平也展現出高超政治手腕，從沒人把他的參選當回事，拚到最後人人對他刮目相看。[8]

然而遺憾的是，選舉過程中王金平飽受「台灣黑金總代表」、「李登輝餘孽」等情緒性指控[9]，

---

3 「二〇〇五中國國民黨主席選舉」，維基百科

4 二〇一九年一月，李靜宜，《橋：走近王金平》，頁二一八

5 二〇〇五年九月，侯漢君，《臺灣民主季刊平》第二卷第三期「國民黨主席選舉的過程與政治效應」

6 二〇〇五年六月十日《自由時報》「王陣營：想當總統的不應選黨主席」

7 「二〇〇五中國國民黨主席選舉」，維基百科

8 二〇〇五年七月十七日《聯合報》社論「孤峰頂上，紅塵浪裡」

9 二〇一九年一月，李靜宜，《橋：走近王金平》，頁二一八

當初期許的良性競爭仍逐漸變調；雙方陣營在媒體上偶有擦槍走火，雖然沒有足夠的證據證明主使者是誰，但對於幕僚建議用相同的手法，揭發一些對手陣營的案子予以反擊，王金平仍堅持不能用相互毀滅的方式彼此傷害。

二〇〇五年七月十六日，開票結果出爐，馬英九以七十二．三六%的得票率當選國民黨黨主席，王金平欣然接受結果，第一時間致電馬英九道賀，並對媒體表達「願意追隨連戰做國民黨的永遠義工。」[10]

王金平在選戰中表現的民主風度、指揮團隊作戰能力，贏得輿論的尊敬。二〇〇五年七月十七日《聯合報》社論寫道：「國民黨主席選舉正是一場『孤峰頂上』與『紅塵浪裡』的決戰。『孤峰頂上』的馬英九勝得遍體鱗傷，落敗的王金平則在『紅塵浪裡』掀起了滔天巨濤……馬英九從風靡一時，最後幾乎落到四面楚歌的境地，甚至連競選攻防的創意表現亦似乎不如王金平。若僅就傳統選舉的技術面看，馬英九其實未必是贏家。」

王志剛回顧這場國民黨第一次舉辦具有實質競爭性的黨內選舉，對王金平即使面臨排山倒海的攻擊，仍堅持不用負面文宣，「內忠於己，外恕於人」的處世態度深感敬佩，因此和王金平建立了更深厚的情誼，可謂王志剛最大的收穫。雖然選舉過程中驚滔駭浪，結果也未能盡如人意，但國民黨因此加速轉型成為民主化政黨，也寫下台灣政治發展史上重要的一頁。

台新獨董任內見證經營者韌性、內部改造行動力

二〇〇七年，王志剛應台新金控董事長吳東亮之邀，擔任台新金控和台新銀行的獨立董事。台新固定每周召開董事會，王志剛在會議上知無不言，和其他董事會成員及台新的高層管理人員各司其職，互動愉快。

在擔任獨立董事期間，王志剛見證台新全員上下進行流程改造的行動力，以及布局數位創新的績效；他更觀察到，在面對彰銀合併案排山倒海的龐大壓力下，董事長吳東亮以冷靜謙抑態度，多年來鍥而不捨的協商、苦思兩全之道，韌性十足。

所幸，雲開見日，台新以購併保德信人壽為契機，與政府達成共識，將逐年售出彰銀股權，壯士斷腕成就了更完整的金融版圖，被譽為「國內金融史教科書的經典案例」。[11]董事長吳東亮大開大闔的決斷力，讓此事件能圓滿收場。

除了金融本業，吳東亮也藉由台新銀行文化藝術基金會鼓勵本土藝文創作，二〇〇二年成立的「台新藝術獎」為台灣當代藝術最具指標性的獎項；台新銀行公益慈善基金會在二〇二〇年獲得英國 Social Value International 社會投資報酬率（Social Return on Investments，簡稱 SROI）驗證，旗下的公益募資平台每投資一元會產生五．三三元的社會價值，是全世界類似的募資平台中，獲得最高投資報酬率認證的機構。[12]

---

10 「二〇〇五中國國民黨主席選舉」，維基百科

11 二〇二一年七月《遠見》「為補強壽險版圖不惜虧錢賣 台新金併保德信 十六年彰銀包袱解套」

12 台新金控二〇二〇年企業責任報告書，頁一一八、頁一一二

王志剛擔任台新獨立董事七年，直到自外貿協會退休後，辜仲諒先生轉達中信金控故董事長辜濂松生前囑咐，邀請王志剛到中國信託服務，摯友遺願不能不遵行，因此在取得吳東亮董事長的諒解與成全後，於二〇一四年辭去台新獨立董事的職務。

二〇二二年三月二十三日，台新金控舉辦盛大的三十周年慶生記者會，王志剛也非常榮幸獲邀見證這份榮耀。王志剛不禁回想起，當年他甫自美國學成歸國，在台大任教，常在報章雜誌發表文章，有次竟收到署名新光集團吳火獅先生的來信稱許，後又有數面之緣，蒙吳火獅親自嘉勉；對於一個初出茅廬的年輕教授而言，實為莫大的鼓勵。吳火獅先生被日本產經新聞譽為「台灣的松下幸之助」[13]，其戮力創新的精神，在吳東亮董事長身上發揚光大，台新金控穩健前行，「從三十邁向永續」[14]，是為驗證。而在台新金控這意義非凡的日子裡，當然也見到董座夫人彭雪芬女士的倩影，昔日巾幗不讓鬚眉、英勇救夫的俠女，如今是吳東亮董事長身邊最優雅堅毅的文柱。

同年六月，吳東亮董事長榮膺台灣工商業界最具代表性的團體之一——工商協進會理事長，實至名歸。對吳火獅老先生的精神和吳東亮董事長伉儷溫暖深厚的友誼，王志剛深深感懷在心。

任台塑集團獨董 體會獨樹一格的台塑文化

二〇〇七年，王志剛獲聘為台塑集團旗下的南亞塑膠及台塑勝高科技公司的獨立董事，親身體會到「台灣經營之神」所創獨樹一格的台塑文化，這個文化融合了中國人節儉勤勞、日本管理的追根究柢、和美國文化的創新。[15]

王永慶長年以身作則，台塑集團員工上下一心，以勤勞樸實的態度追求事物的合理化，設法杜絕所有可能的浪費及漏失，同時做任何事情都追根究柢掌握其來龍去脈。[16]王志剛憶及二〇〇八年七月，他在外貿協會持有三成股份的世貿聯誼社[17]宴請王永慶，王永慶入座第一句話就問王志剛：外貿協會一年在世貿聯誼社的餐飲投資可以賺多少錢？王志剛當時才接任貿協董事長十天而已，聞言啞然無法回答，當場糗得下不了台，王永慶凡事追根究柢的精神，令人印象非常深刻。

台塑集團不但注重細節管控，也注重創新。以王志剛擔任獨立董事的南亞塑膠為例，在董事長吳嘉昭的領導之下，近年透過具備數據智能的「網絡實體系統」（Cyber Physical System），在員工、客戶、原料供應商、設備廠商和公司之間，利用網路數據的即時性與無國界性，搭配解析數據所產生的模型協助管理者決策，不但能藉此翻轉產品的低毛利率，更可以擴大高毛利率產品的產銷量與市場應變力；即使屬於傳統產業的塑膠加工業，也能成為持續高利益且具活力的朝陽產業。[18]

---

13 新光醫院網站，「台灣的松下幸之助－吳火獅（1919～1986）http://web.skh.org.tw/about1.htm

14 二〇二二年三月二十四日《工商時報》「吳東亮：二〇三〇年台新分行一〇〇%零碳排」

15 一九八八年七月一日《天下雜誌》八十六期「台塑模式縱橫美國 - 絕壁開生機」

16 台塑企業網站，「經營理念」，https://www.fpg.com.tw/tw/about/info

17 國貿大樓公司於二〇一九年將世貿聯誼社原址的三十三樓宴會廳改成辦公室，三十四樓改為出租空間，後由漢來美食承租後，更名為世貿名人坊並於二〇二〇年八月開幕

18 南亞公司網站，「南亞塑膠加工二〇二四－經營四．〇與工業四．〇」，二〇一七年九月一日，https：//www.fpg.com.tw/tw/issue/2/64

在台塑集團董事會上，王志剛注意到專業管理幕僚單位，透過不斷和營運部門檢討，訂定各種規章制度，並且負責追蹤施行效果，遇有障礙難行的地方，再加以研討、修改。王永慶的管理模式不需要複雜的理論基礎，只要訂定良好的制度，輔以周詳的策畫及徹底的執行力，實實在在的做，就能打出一番天下。而台塑老臣，包括前總管理處總經理楊兆麟、前台塑董事長李志村、現任台塑董事長林健男等，更是實踐台塑奇蹟的關鍵角色。

為了台塑企業的永續經營，王永慶生前就有所布局，推動集團所有權與經營權分離的模式，規劃行政中心由專業經理人擔綱，家族成員將退居「管理中心」扮演協助的角色；如此一來，王家可望成為台灣的「洛克斐勒」家族，使台塑集團成為百年企業[19]。這樣的遠見，讓企管博士王志剛，對僅有小學學歷的王永慶獨到的經營管理哲學深深折服。

王志剛觀察，台塑集團第二代可說是完美承襲第一代的精神，同時不斷的與時俱進。

台塑集團副總裁王瑞華接受天下雜誌採訪時，曾談到台塑集團的社會公益策略，「還是看問題，要做就要想什麼是適合我們的，就像台塑企業發展也不是什麼都做……做公益也要選擇別人比較難做，而我們能做，可以帶動的。如遲緩兒的早療，我們作法就不一樣。我們不希望只是捐錢，因為捐錢看不到結果。台塑強在做制度、建立系統，就運用這強處。」[20]

台塑企業近年在管理中心常委、台塑生醫董事長王瑞瑜領軍下，結合長庚醫院、養身村等資源，成功打造健康一條龍版圖。台塑生醫、i醫健康診所及i醫健康管理中心，綜合中西醫觀點，推廣源自王永慶先生的「養生文化預防醫學」之道，透過健康的飲食、努力的運動、沈靜的心靈，讓民眾在生活中就能養成自我健康照護的習慣；王志剛自身也從中獲益良多。

在現任總裁王文淵的領導下，台塑集團二〇二一年獲利達二千四百零三．八億元，年增二百三十．六％，創歷史新高[21]；其中台塑四寶：台塑石化、台灣塑膠、南亞塑膠、台灣化纖營收約一．七兆元，約占台灣GDP一成[22]。雖然王文淵低調謙遜，從不邀功，但他近年親力親為主導推動「節能減排」、「循環經濟」、「工業四．〇」以及和中研院合作AI人工智慧技術等重要計畫[23]，再再緊扣石油經濟轉型的核心；台塑集團下一階段的成長爆發力道，讓各界拭目期待。

---

19 二〇一四年十一月二十日《今周刊》九三五期「王永慶布局十年帝國　永不分家之秘」
20 二〇一一年四月十三日，天下雜誌網站，「王瑞華：我們跟著時代需求做公益」
21 二〇一四年十一月二十日，工商時報，「台塑四寶二〇二一獲利攀峰 突破二千四百億」
22 二〇二二年三月二十三日《天下雜誌》七四四期「六輕之後最大投資　台塑碳中合大計」
23 二〇一八年十月十五日《經濟日報》「王文淵行動派　創最大效益」

第十二章

過去和現在是未來的引子

公元二〇〇〇年，王志剛卸下經濟部長職務後，他的第一份民間工作是復華投信公司董事長，二〇一四年離開外貿協會，他接受中國信託慈善基金會董事長辜仲諒之邀，擔任中國信託創投公司董事長，又來到金融行業，各種因緣際會巧妙相接，足見上天對每個受造物的生命旅程都有其既定安排，每一階段的人生故事，都可能是鋪排未來的引子。

中信創辦人辜濂松在世時，曾數度力邀王志剛加入中國信託，除了希望借重王志剛的長才，協助公司業務發展及經營管理之外，也盼王志剛能銜接他過去在世界各國建立的深厚政商關係，繼續為國家拓展經貿外交。情如兄長的辜濂松三顧茅廬，王志剛難再推辭，當時允諾在卸下外貿協會董事長職務後，一定不會辜負辜濂松董事長的期望與盛情。

二〇一四年九月，王志剛於外貿協會董事長任內退休後，辜仲諒帶著父親辜濂松生前的囑咐，親自造訪王志剛，邀他擔任中國信託創投董事長，王志剛在同年十月十四日正式加入中國信託，成為中信大家庭的重要成員。

中國信託於二〇一四年十二月二日，正式入駐南港經貿園區興建新企業總部「中國信託金融園區」，王志剛陪同辜仲諒接待前總統李登輝，與中信金控高階主管共同剪綵。創辦人辜濂松生前就以中信客戶、員工及股東都屬一個大家庭為理念，「中國信託金融園區」設計意涵，以「為家」、「興業」、「登峰」、「行遠」為中心思想，並轉化為三幢相連、互相扶持的建築物，傳承「家」的精神，以凝聚集團向心力，展現相互扶助的力量，為台北市極具特色的新地標。

王志剛加入中信之後，也貢獻自身豐富的學養經歷，二〇一五年四月中國信託透過旗下子公司台灣彩券捐資成立中信金融管理學院，提供成績優秀或經濟弱勢學生獎助學金，中信金融管理學院名師聚集，王志剛也獲邀擔任該校金融管理研究所講座教授。在專業經理人的努力下，培育金融人才的志業也有亮麗績效，二〇二〇年中信金融管理學院四度獲得《Cheers》雜誌大學辦學績效「Top 20」，連續三年蟬聯「一一一一人力銀行」調查「企業最看好年輕潛力大學」排行榜之首，為台灣培育優秀的未來國際金融家。

二〇一六年中國信託成立五十周年，為感念辜濂松的精神與風範，同年十二月於南港總部一樓大廳矗立辜濂松創辦人紀念銅像，並舉辦揭幕儀式，在辜濂松最喜愛的愛爾蘭民謠《Danny Boy》（丹尼男孩）樂聲中揭開序幕，在熟悉的樂聲中，王志剛看到栩栩如生的摯友銅像，思緒不禁回到一九九八年的外交部大禮堂上。那時，我國首度頒發無任所大使聘書典禮，擔任經濟部長的他作為觀禮貴賓，親眼見證辜濂松接下這份神聖任務，才不到二十年，好友已逝，但其挺拔身影彷彿如昔，陪伴著大家。

中信有子承父志，攜手助推公益

王志剛懷念辜濂松，不只是基於深交的情誼，對王志剛而言，這位大他九歲的大哥，生前不為自家私利，而是戮力從公，是一位受人尊敬的愛國金融領袖及慈善企業家，這樣的家風也傳承至其長子辜仲諒延續父親的大愛精神，一九八五年起，不間斷地為台灣弱勢兒童與家庭舉辦的「點燃生命之火」募款運動。辜仲諒更於二〇〇四年成立中國信託慈善基金會，以求徹底從根本去解決臺灣教育與貧窮的問題，守護孩子，讓家境不優渥的小朋友也能有夢、敢夢、逐夢，最終可以完成自己夢想。王志剛加入中國信託之後，也熱心參與中信公益回饋日競標等活動，以具體行動支持幫助改變弱勢家庭孩子的未來。

王志剛觀察辜仲諒十多年來身體力行，全心投入社會公益，也運用企業家的思維與效能，真正做到實事。

二〇一一年，辜仲諒催生出台灣第一個創新脫貧模式——「信扶專案」，這是在慈善基金會成立後，有次到屏東探訪有三個孩子的單親媽媽時，讓他思考到如何幫助弱勢家庭，使其不再依賴社會福利補助，而能自立脫貧。辜仲諒深入研究解決方法，發現諾貝爾和平獎得主尤努斯（Muhammad Yunus）有一項「鄉村銀行」（Grameen Bank）微型貸款做法，因而受到啟發，辜仲諒與團隊歷經兩年多的規畫和籌備，克服諸多法令限制與困難，中國信託慈善基金會在辜仲諒董事長帶領下，終於推出信扶專案。

「給他魚吃，不如給他釣竿」，「信扶專案」的價值不僅在於貸款金額，更著重於改善弱勢家庭用錢習慣與創業方法。二〇一一年到二〇二一年，輔導近三千戶經濟弱勢家庭、提供財務與創業諮詢，成功扶助超過五百人創業，總核貸金額逾一億七千多萬元，創造二億多元營業額，為台灣的經濟產值亦貢獻出一己之力。更難得的是，這些創業案家中，有二成是屬於有逾、催、呆等信用狀況不良、通常會被傳統金融體系排除的個案，在中國信託慈善基金會輔導下除了穩定營運，還款率高達八二%，顯示「信扶專案」不僅止於協助穩定收入，更協助其重新建立與銀行的信用關係。

除了扶貧，辜仲諒投入強身健國的體育活動，逐漸帶起台灣社會的運動風氣，王志剛也與有榮焉。中國信託是國內首家投入「五級棒球運動」的企業，從少棒、青少棒、成棒到職業棒球，支持國球永續發展，讓台灣棒球運動能夠「向下扎根、向上結果」。中國信託慈善基金會推動「愛接棒計畫」支持偏鄉少棒與青少棒隊，二〇二一年榮獲遠見雜誌「CSR暨ESG企業社會責任獎」首獎，同時也冠名贊助「中信盃黑豹旗全國高中棒球大賽」，也冠名贊助中信兄弟職棒隊。二〇一八年，辜仲諒當選中華棒協理事長，可謂不負眾望。

中國信託也藉由成立中信育樂公司，積極投入多樣化的體育賽事，深耕年輕族群。二〇二一年，中國信託「新北中信特攻」籃球隊正式成軍，投入新職籃聯盟T1聯盟戰場；並採用美國緝毒局（Drug Enforcement Administration，DEA）作為英文隊名，象徵中國信託對反毒的堅定信念，也期待籃球隊以身作則扛起挑戰，成為青少年族群的表率。二〇二二年，職業電競隊「中信飛牡蠣（CTBC Flying Oyster）成立，中國信託整合集團資源，為台灣電競選手規劃完善的職業發展藍圖，期待能進一步帶動電競產業環境優化，並提升社會認同度。

王志剛從辜仲諒對社會公益的投入，也看到下一代年輕人的創意，以籃球結合反毒，是解決社會問題的好點子之一；辜仲諒在二〇一五年成立「中國信託反毒教育基金會」，從根本解決毒品問題，基金會借鏡美國緝毒署教育基金會（DEAEF）作法，並彙集國內官方如法務部、衛福部、教育部及其他民間社福團體等長期的反毒經驗，同時也與學界如台大及台師大合作成立智庫中心，期待有效推動各項反毒教育活動與毒品的多元處遇模式，認知毒品的危害進而拒絕毒品，亦能協助藥癮者脫離毒品復歸社會；而成立新北中信特攻籃球隊，辜仲諒的用心是希望深入年輕族群宣導反毒，傳遞給台灣社會更多正面能量。

領航台經院變革，續扮卓越智庫角色

台灣經濟研究院（以下簡稱台經院）於一九七六年九月一日由台泥和中國信託共同出資成立，為台灣最早由民間設立的獨立學術研究機構，辜振甫、辜濂松與江丙坤先生都曾為歷任董事長。一九九六年，王志剛時任公平交易委員會主任委員，曾經應辜濂松之邀，擔任台經究院董事至今，時光荏苒，王志剛於二〇一九年一月十八日，經董事會推選而成為台經院第九屆董事長。董事會成員中，有王志剛多年老友，前財政部長許嘉棟、前經建會主委陳博志、金仁寶集團董事長許勝雄、前統一集團總裁林蒼生、大成長城集團董事長韓家宇與台灣彩券董事長薛香川等；包括龍邦興業董事長朱炳昱、中信金控首席經濟學家林建甫、友嘉集團總裁朱志洋等人皆為王志剛的學生，董事會組成專業多元，彼此合作愉快。

台經院歷史悠久，到二〇二一年為止，成立已四十六年，其成立宗旨是積極從事國內、外經濟及產業經濟的研究，且將研究成果提供政府、企業及學術界參考，為政府重要經濟智庫，美國賓州大學智庫和公民社會計畫（TTCSP）為國際上具權威及影響力的全球智庫報告之一，每年都針對全球八千多家以政策研究為主軸的智庫，就其資源、運用程度、研究產出以及影響力等四大項目進行調查並排名，台經院自二〇一二年起迄今連續名列頂尖智庫之列，為台灣經濟類智庫中第一名。[1]

台經院專兼任人數約六百人、每年收入規模大約十億元，已是台灣最大的民間經濟智庫。王志剛接任台經院董事長，希望加速推動台經院躍升為更為舉足輕重的國際級智庫，王志剛以公司治理精神管理台經院，首先，為強化董事會功能，從二〇二〇年起將董事會召開頻率由原本的一年兩次，增加為一年四次。其次，為了健全財團法人組織管理與監督制度，落實公司治理措施，二〇二〇年五月起將稽核室改隸董事會、建立內部控制與內部稽核制度，並導入監察人制度，協助董事會和院方順利推動院務。

在院務推動方面，王志剛為深入瞭解台經院運作，上任後安排各部門進行業務簡報，每月並定期召開擴大主管會議，廣納各部門主管意見，協助並指導主管經營管理之道。歷經大約九個月與各部門主管密切開會與溝通後，王志剛發揮其企業管理專業，發現台經院組織架構有十七個正式編制

1 台經院提供，二〇二一年九月

單位及八個任務編組單位，合計二十五個單位，其組織有扁平式幅度過寬之虞。

為了強化組織管理效能，王志剛開始在台經院推動組織改造計畫，期能讓組織發展更為合理化，包括整併各部門研究業務、明確部門核心領域、增設三位副院長，創立三個所長、三個副所長的升遷機會，以啟動世代交替，加速人員活化，強化組織橫向整合、提高員工士氣、進行人力與研究資源的整合與分享。

王志剛認為，台經院應該可以再強化對國家與社會的影響力，二〇二一年二月開始，他推動增設公關專業部門，專責與媒體的溝通並加強研究成果的廣宣，鼓勵台經院同仁於各類平台或媒體發表專業經濟觀點，參與廣播、電視與電子媒體的時事議題討論及媒體採訪，善盡知識份子的社會責任及發揮經濟智庫影響力。

台經院院長張建一說，王志剛運用過往豐富經歷與學術底蘊，足以引領台經院成為國際上最重要的經濟智庫之一，而令他佩服的是，王志剛凡事以台經院的前瞻發展為首要考量，更以提攜後進為己任，諄諄教導、孜孜不倦，獎引後進、如恐不及，期待後輩能繼續為台灣經濟發展貢獻心力為其終生職志及使命，無私的領導者風範盡顯無遺。

二〇二二年，王志剛卸任台經院董事長，交棒給學養俱豐的吳中書博士。他在耄耋之年，仍然時刻關注海內外重大經貿發展議題，希望一生豐富的產官學經歷，尚能對國家社會有所貢獻，此種專屬老派知識分子的胸懷，於今動盪不安、價值混亂的年代，更屬珍貴。

第四篇

產學匯流，在貿協的二五七四天

第十三章

四度結緣外貿協會，情繫半世紀

王志剛與外貿協會（以下簡稱貿協）緣分很深，從二十多歲到七十多歲，他與貿協有多次交集，「人生難得有幾回的如此際遇」，王志剛在第二次執掌貿協時，這樣說著，「深以曾為貿協一分子為榮，重回貿協更感驕傲。」

外界所熟知的二〇〇八年七月至二〇一四年九月這段王志剛專任董事長的任期，其實已是他第四度與貿協結緣。早在一九六八年，王志剛甫自台大畢業不久，因緣際會，到貿協位於台北市中山北路紅寶石酒樓樓上的籌備處，由當時擔任籌備處負責人、後來的外貿協會第一任秘書長武冠雄面談，這是他和貿協的第一次接觸。

「籌備處辦公室地上鋪了大紅地毯，裡面的工作人員各個看上去朝氣十足，穿著摩登的女士們為了行動方便，甚至脫下鞋子、只著絲襪跑來跑去。」王志剛回憶起這段陳年往事，初出茅廬的年輕小伙子，對貿協人員充滿活力的新潮、時髦形象可說是嚮往不已。台大農經系畢業的他，求學期間在主持學生社團活動時，即嶄露出行銷方面的天分，和武冠雄的一席談話當中，更深感貿易推廣工作和自己志趣相投，原已打定主意要參加貿協筆試；孰料父親有意見：「中國積弱不振，乃因工業發展落後其他已開發國家。」

拗不過父親的堅持，一九六九年，王志剛轉而赴父親換帖的義弟齊世基任職的金屬工業發展中心上班，順便讓齊先生就近「看管」。在金屬工業發展中心工作期間，為了撰寫研究報告，王志剛仍時常到貿協前身的財團法人中國生產力及貿易中心查閱資料。

一九八七年，王志剛學而優則仕，在台大任教，也在經濟部投審會擔任執行秘書，受到當時經濟部次長王建煊賞識，邀請為貿協新成立的貿易人才培訓中心擔任首屆講師，並兼任行銷課程顧問，這是第二次與貿協接觸經驗。第三次是一九九六年經濟部長任內，奉派兼貿協董事長的十個月。

第四次，二〇〇八年政黨輪替，在各界期盼下，王志剛再次回到貿協專任董事長，一任六年。驀然回首，前前後後，他在此處共待了兩千五百七十四個日子。

不論是第一次短暫兼任、或是第二次專任董座，王志剛都像是一部加速器，快轉外貿協會，片刻不停歇，如今回頭探望，循著努力過的軌跡，再次瀏覽沿途風景，一幅幅都是辛勤耕耘之後豐收的美好畫面。

追溯幾十年來台灣經貿發展路程，前人草創、刻劃輪廓，再有接棒者如王志剛等有充分政務歷練的退役文官，帶領無數經貿專業人才担下重擔，積極創新，共同打拚，因著這樣的傳承，讓對外貿易為經濟發展根基的台灣，得以厚植國力，於國際社會上持續發光發熱。

李國鼎、武冠雄遠見，催生外貿協會

王志剛每提到創辦貿協的兩位靈魂人物，前經濟部長李國鼎先生，以及外貿協會第一任秘書長武冠雄，言語中盡是景仰之情。

李國鼎是中華民國對外貿易發展協會原始發起人，一九六六年李國鼎擔任經濟部長時，深感台灣是一海島型經濟體，對外貿易至為重要，如果我國對外市場不能擴大，僅靠國內市場來發展經濟是不夠的，因為貿易不能突破瓶頸急速擴張，我國經濟成長率將無法維持當時每年八％到一〇％的高度成長。

他看到鄰近國家地區都有拓展對外輸出的機構，日本有貿易振興會、韓國有貿易振興公社、香港有貿易發展會來推動擴大輸出的工作，李國鼎也因此陸續派人出國考察這些國家貿易推廣機構組織情形，研擬在台灣創設類似的單位，協助台灣往外推廣貿易。後來經過陶聲洋、孫運璿兩位經濟部長的繼續努力，「中華民國對外貿易發展協會」終於在一九七〇年七月一日正式成立。[1]

時任經濟部商業司長的武冠雄，可謂台灣經貿發展的「超級推銷員」，他自一九六八年起奉命籌組外貿協會，一九七〇年一當上貿協秘書長，竟跌破眾人眼鏡，到銓敘部註銷自己的公務員資格，以宣示一輩子做貿易推廣的決心，一做三十年才退休。

---

1 一九七一年七月二日《經濟日報》五版

武冠雄堅拒政府派人進駐貿協，並創設貿協公開招考、培養專業經貿人員的制度。他的看法是，貿協是為廠商服務的機構，如果貿協服務人員是公務員，廠商絕對不會將真心話告訴官員，「官商不可能打成一片」，況且官員若只是抱著過水心態來貿協，還期待日後高升到其他單位，就不會將推廣貿易當做一生的職志。唯有貿協招考進來的人，經過不斷在職訓練，才會變成真正的經貿專家，擬定的計畫也才有可行性。[2]

貿協目前所在位置的國貿大樓、台北世貿國際會議中心和台北市信義區的國際觀光旅館等四幢建築物，也是在貿協首任秘書長武冠雄的堅持下，才得以籌建。當時，政府原先預定利用營邊段土地興建台北世界貿易中心，因總統蔣介石逝世而變更為興建中正紀念堂之用。後來另覓於信義路、基隆路之四四兵工廠舊址，籌建台北世界貿易中心建築群。一九八五年底，展覽大樓完工。一九八六年一月一日，展覽大樓由經濟部委託貿協經營至今。

武冠雄甚受政府高層重視，當年貿協成立時的章程確立秘書長制的運作方式，秘書長角色很重要，武冠雄為第一任秘書長，董事長由經濟部長兼任。貿協第一任董事長為時任經濟部長孫運璿，張光世接任部長也照例同時兼任董事長；但下一任部長趙耀東則修改貿協章程，改為「由經濟部長或其指定之人」出任貿協董事長。

趙耀東指定張光世續任董事長，一九八八年張光世退休，王章清接貿協董事長至一九九六年十一月，之間幾任經濟部長徐立德、李達海、陳履安、蕭萬長及江丙坤都未兼任董事長。[3]

王志剛部長兼任貿協董座，推動台灣為「全球零組件採購中心」

貿協董事長三年一任，但沒有任期限制。一九九六年十一月，王章清即將屆齡退休，繼任人事案引發關注。當時貿協十餘位董事聯名向經濟部請願，盼由經濟部長王志剛兼任貿協董事長，以利貿協運作，後經層峰通盤考量，王志剛銜命成為第三位兼任貿協董事長的經濟部長。

原任駐美代表處芝加哥經濟組組長的高一心，一九九六年九月接任貿協秘書長。他回想一九九六年十一月起，王志剛部長兼任貿協董事長，一上任就緊鑼密鼓催動各項業務的情景。高一心清楚記得王志剛第一個指示，要貿協同仁研擬推動我國「資訊」、「通訊」、「光電」、「半導體」及「精密機械」等核心策略性產業，積極擴大服務全球知名廠商，以提昇台灣業者在世界的影響力，也讓台灣成為國際企業採購產品的重點地區。

根據高一心提供的一九九七年貿協工作報告，當年一月開始，貿協正式推動「全球零組件採購中心」計畫（International Sourcing Center，ISC Project），除了全面建立國內供應商資料庫，還會同駐外單位積極分訪邀請有採購實力的大型外商，舉辦外商來台採購商談會、策略合作簽約等。

外貿協會更針對其中十六家國際知名大廠提供專業的採購諮詢服務，希望業者擴大來台

---

2 一九九九年十二月九日《今周刊》第一五五期

3 一九九九年十二月九日《今周刊》第一五五期

採購，包括舉行摩托羅拉（Motorola）大哥大基地台零組件採購商談會，協助通用運輸（GE Transportation）進行鍛造組件採購計畫，讓當年世界最大的螺絲製造商德龍隆（Textron）與我業者進行策略性合作，辦理美商 De Amertek 汽車零組件採購商談會及東芝機械液晶顯示器模組採購商談會，另尚有其他知名大廠瑞典通用布朗（ABB）、富士通（Fujitsu）、恩益禧（NEC）、美能達（Minolta）及日本電子機器輸入協會等採購合作計畫；合計交易金額逾八千五百萬美元，成績亮眼。

「此項專案計畫發掘我國廠商國際化的行銷商機，奠定日後台灣產業國際競爭力雄厚基礎。」高一心說道。貿協推動全球零組件採購中心計畫，除廣邀外商擴大向我國採購之外，還為了解決個別廠商國際化需求，推動「企業聯盟計畫」，那年有工具機業者台中精機、紡織機械廠商大雅興業、老松機械與台灣塑膠製造工業同業公會經貿協推介，與國外簽定聯盟合作契約。

貿協還提供更細緻的市場拓銷服務，對有志加速國際化的企業，提供更有彈性的服務及更多選擇，既有的參展團及貿易訪問團按慣例照常舉行，但也開辦「小型團」服務，根據廠商個別需求，隨時安排貿協及經濟部全球七十五處據點拓銷，出國拓銷廠商三到五家都可成行，甚至只有一家業者也能有提供個別洽訪行程。一九九七年二月到六月期間，密集規劃了十七團，足跡遍及法、英、美、越南、印度、巴西、墨西哥、匈牙利、瑞典、荷蘭等國家。

首創全球科技大廠來台參與 COMPUTEX

享譽海內外的台北國際電腦展，前身為「台北市電腦展」，過去在台北松山機場外貿協會展覽館進行展出；一九八四年訂定英文展覽名稱為「COMPUTEX」；一九八五年貿協加入辦理展覽的行列後，正式冠上「國際」之名，走向國際舞台。在台北世界貿易中心啟用後，一九八六年起COMPUTEX就固定在此展出，一九八九年正式成為亞洲第一大電腦展。

對每年例行的大型展覽，在王志剛任內的貿協開始增添了新想法。一九九七年的COMPUTEX跟以往不太一樣，這一年在展覽期間，首次舉辦「台北國際電腦論壇」（CompuForum），邀請業界領導人物齊聚一堂，討論的主題為「網路世界的多媒體風潮」，主講者都是全世界科技電腦業界的頂尖專家，國際大廠惠普（HP）、英特爾（Intel）、微軟（Microsoft）、爪哇軟體（Javasoft）、以及台灣的指標業者宏碁（Acer），多名高階主管及代表齊聚一堂，共同發表網路多媒體技術開發之展望，議題涵蓋許多領先潮流的觀念，也為國內廠商帶來產品研發和行銷上的思考空間，蔚為當年科技業盛事，也成為電腦展期間同步舉辦國際論壇的濫觴。

高一心認為，有二項重要因素，讓王志剛在短短十個月的貿協工作有明顯績效。第一為主事領導者的個人條件，第二是主事者善用資源及人脈，網羅各領域菁英及專家加入董事會，這些專業人士經常給予貿協寶貴意見，讓整個貿協更具國際觀，拓展經貿業務時，能提供符合業者需求的服務。

「王董事長斯時為國內最孚眾望的行銷專家之一」，高一心說，王志剛曾是台大、政大商學院知名教授，作育的英才，不知凡幾，很多學生在台灣產官學界都有很好發展，也是拓銷台灣經貿很強的力量，加上任內引進各領域菁英專家進入貿協董事會，這項前人未有的創舉，對貿協而言，是整個組織往專業及國際化發展的重要關鍵。

貿協董事會有三十三位董監事，常務董事九位，以前規定是貿協董事長、副董事長，政府各部會代表，以及台灣省、台北市進出口公會，各產業界公會理事長等擔任董事，「王志剛任部長時，首創引進民間學者專家來擔任董事，對貿協有很正面的影響。」

高一心表示，台積電前董事長張忠謀、宏碁集團創辦人施振榮皆曾以業界專家身分加入貿協董事會，已逝的辜振甫先生也以工商協進會榮譽理事長身分，擔任貿協副董事長，貿協董事會卡司陣容，可說是空前堅強。

近年來上市櫃公司及財團法人組織引進外部專家，實踐獨立董事監督經營階層的公司治理精神，由此觀之，王志剛那時找外部專家為貿協董事會成員的做法，觀念甚為先進，二、三十年後，金管會才將公司治理制度化，若稱王志剛在企業或組織管理實務「『超』超前部署」，並不為過。

高一心說，王志剛發揮創新精神，配合政策，整合資源，積極拓展對外貿易，獲得各界熱情響應，也許是他個人的主觀感受，但當時明顯感受到各部會極為重視貿協，所指派參加董事會的人選，都是很優秀專業的官員，例如擔任過閣揆的陳冲、當時為財政部次長，經建會副主委薛琦、陸委會副主委許柯生、國科會副主委薛香川，主管貿協業務的經濟部常務次長林義夫、國貿局長陳瑞隆，甚至經濟部內的工業局長汪雅康、央行外匯局局長周阿定，以及台灣銀行董事長且身兼銀行公會理事長羅際棠、中央信託局局長林青賢。

當時王志剛雖身兼二職，經濟部長業務繁忙，正全力衝刺促進產業升級、提升企業投資意願等重大經貿政策，但對於貿協的績效和管理，未有一刻鬆懈。十個月後，由於連戰內閣的林振國自卸任財政部長後轉任政務委員，一直沒有合適安排，層峰考量林振國過去雖無直接經貿經歷，但畢業自台大經濟系，所學根基扎實，故透過時任行政院長的蕭萬長，向王志剛轉達人事更動的意思。一九九七年九月二十七日，王志剛結束第三次和貿協的緣分，將董事長之位交接給林振國。

第二度回任貿協董事長　識途老馬　逐步踏實

二〇〇八年總統大選後，政黨輪替，國民黨重新執政，政府覓尋經貿長才掌外貿協會，尚未公布人選前，王志剛因專業能力，屢屢被點名接任貿協董座，並見諸於各媒體。[4]

二〇〇八年七月二日王志剛不負眾望，正式回歸貿協，交接典禮上，多位前董座，包括王章清、林振國、許嘉棟等特地前來祝賀。面對媒體訪問，林振國談到，王志剛當年把董座位置「讓」給他，覺得很不好意思；如今王志剛回鍋，他也沒有遺憾了。林振國並做出深表安慰的手撫胸動作，引來哄堂大笑。

王志剛看到歷任董座都到場，面子十足的說：「每位都是在貿協當過董事長的人，都還在耶，可見貿協董事長都會長壽。」眾人又是莞爾。[5]

4　二〇〇八年五月八日《經濟日報》A2版、二〇〇八年五月三十一日《聯合晚報》三版、二〇〇八年六月一日《聯合報》三版、二〇〇八年六月二日《經濟日報》二版

5　二〇〇八年七月三日《經濟日報》貿協歷任董事長 開同學會

王志剛走馬上任，立刻要求各單位做業務簡報，並頻繁拜會業界廣納建言，跳過新手上路的磨合期，剛滿一個月時他接受訪問，已然擘劃出縝密的工作藍圖。

「如何鞏固傳統重點市場（美、日），積極開發新興市場，是貿協當前的首要之務。」王志剛首先強調貿協應透過分析台灣主力外銷產品在國際市場佔有率的變化，確實掌握競爭趨勢，作為分散市場及風險的參考，進而降低區域貿易興起、台灣恐被邊緣化的危機。

王志剛指出，貿協應運有既有的產官學研人脈，強化彼此合作機制，再透過專家諮詢協助，輔導中小企業創新，提升包括醫療、觀光等服務業出口產值，並加強推動「品牌台灣發展計畫」，期使台灣品牌在世界舞台上發光發熱。

考量貿協在全球服務網路（當時有四十八個駐外辦事處及五個中國大陸駐點辦公室），王志剛也預告將依業務實際需求為審度標準，強化貿協海外據點能量，力求與外交部及經濟部之駐外館處相輔相成，發揮經貿外交的最大綜效。

王志剛並嗅出「世界工廠」即將逐漸轉型為「世界市場」的趨勢，認為針對中國大陸，貿協可著力之處在於協助當地台商轉型內銷，拓展在地商機。

「中國大陸市場極為遼闊，應該由點到面，先選擇一個省……鎖定目標市場後，貿協人員利用自己的專長，協助廠商為產品定位、設計品牌、建立通路及進行促銷，待穩住陣腳之後再逐漸擴張……屆時貿協亦可乘勝追擊，擴大據點，為更多台商服務。」[6]

此時，距離一九六八年社會新鮮人王志剛初次踏入外貿協會籌備辦公室，已是整整四十個年頭。王志剛重返貿協專任董事長，他不是舊瓶舊酒，更像是全新的瓶子裝了新酒。這位拓展外貿、振興經濟的識途老馬，滿載著充沛的創意與高度的行動力，帶領外貿協會精良的團隊，在隱隱成形的全球金融風暴陰影中，逐步踏實，開創出台灣經貿發展史又一頁精采篇章。

6　二〇〇八年七月三十日《經貿透視雙周刊》第兩百四十七期

第十四章

台灣名品展：台商百億美元的盛宴

二〇〇八年七月，王志剛「回鍋」執掌外貿協會（以下簡稱貿協），卻遇到嚴峻的國際經濟情勢，歐美市場因為金融海嘯，需求萎縮，台灣廠商受到牽連，必須轉移市場尋求活路，此時，新興市場受傷較輕，其中經濟剛剛崛起的中國大陸，幅員廣袤，有眾多消費人口，全世界財經專家大多認為此處有無限發展潛能，各國企業也都摩拳擦掌準備搶進。

正巧那時兩岸關係解凍，政商各界逐漸恢復正常往來，王志剛以台北世貿中心暨貿協董事長身分第一次參加在南京舉辦的紫金山峰會，他跟海峽兩岸關係協會會長陳雲林、南京市委書記朱善璐會後檢討成果，陳及朱兩人認為，台灣政商人士和陸方只在峰會開會、讀稿、吃飯，非常可惜，於是，王志剛建議可考慮在峰會之外，再有其他方式，例如像辦商品展等，讓兩岸企業界能有實質交流。

此時，南京市主辦的紫金山峰會也正尋求轉型之道，王志剛的構想立刻獲得陳雲林、朱善璐的高度認同，尤其貿協有豐富的辦展經驗，陸方信任貿協及擔任過經濟部長的董事長王志剛，對於辦展的提議，雙方一拍即合，而且馬上化成行動，決定隔年（二〇〇九年）在南京舉辦第一場台灣名品交易會（貿協後來通稱為「台灣名品展」）。

紫金山峰會後來轉型成為兩岸企業家峰會，在二〇一三年的年度會議中，決議常設理事會，兩岸各自選任理事長，二〇二一年我方創會理事長、前副總統蕭萬長卸任，交棒給行政院前院長劉兆玄，並首次打破慣例，選出鴻海集團創辦人郭台銘與經濟部前部長陳瑞隆兩席副理事長；大陸理事長為前北京市委書記郭金龍、副理事長為全國人大常委會原副委員長張平。兩岸企業家峰會每年一次年會，大陸與台灣輪流主辦，為兩岸最高層級的民間經貿領袖平台。

台灣名品展能夠順利在南京首辦，且在王志剛任內連辦三十五場，每次都吸引如潮水般眾多的大陸消費者以及大陸採購方參與，是由天時、地利及人和等因素互相作用而成，其中大陸官方大手筆的刺激內需政策，起了推波助瀾的效果。

當年為了因應金融海嘯帶來的窒息式經濟停頓，大陸由中央制定擴大內需政策，推出人民幣四兆元擴大內需方案，從中央到地方各單位都有不少預算，「家電、資訊及汽車等三大下鄉政策」也喊得震天價響；二〇〇九年九月在南京舉行首場台灣名品展之前，已有大陸海峽兩岸經貿交流協會（海貿會）及大陸各省多個大型採購團來台採購家電、通訊及電腦等產品，但採購對象集中在台灣中大型資通訊科技廠商，無法雨露均霑，嘉惠其他傳統或中小型企業，因此，貿協需要主動出擊，協助台灣中小企業爭取更多機會。

王志剛在紫金山峰會和陸方取得初步共識後，時隔不到一個月，就飛到北京尋求大陸官方支持，拜訪的重要人士包括中國大陸最重要的貿易推廣機構、中國國際貿易促進委員會（中國貿促會）會長萬季飛，以及新上任的國台辦主任王毅。

這是王志剛和中國貿促會萬季飛會長的初次見面。

萬季飛的父親萬里是鄧小平主政時期推動改革開放的重要人物之一，與時任中共四川省委第一書記的趙紫陽齊名，當時民間盛傳「要吃米，找萬里；要吃糧，找紫陽」。王志剛拜會萬季飛時，特別推崇萬里當年在安徽省委書記任內擇善固執，不惜和中央唱反調，大刀闊斧推動農村自主生產、改善農民經濟，開啟中國大陸農村改革浪潮的貢獻。這位來自台灣的客人竟然對父親的事蹟如此知之甚詳，讓萬季飛驚喜莫名，「不談了、不談了，咱們吃飯喝酒去！」兩人自此結為莫逆之交。

王志剛此行不但取得中國貿促會和大陸國台辦全力支援，更重要的是獲得大陸中央下達指示，要求各省市政府相關單位給予「一路綠燈」的協助，為台灣名品展後續的發展打下良好基礎。

貿協在舉辦首次台灣名品展之前也做足功課，到中國大陸五十一個城市深入市場調查，選出有潛力的城市舉辦台灣名品展，進而希望設立台灣商品中心，協助台灣商品建立品牌。

對王志剛來說，大型的台灣名品展可幫助中小企業為主的台商往中國大陸深入拓點、尋找商機，而大陸各省市政府也正好可以透過這個活動，跟中央展現其積極任事、擴大內需消費的作為，雙方各取所需，互蒙其利。

首辦南京展共二千攤位，人潮踴躍揭開兩岸商業盛會

貿協第一次舉辦台灣名品展，不清楚台灣廠商意願有多高，一開始以為規畫六百個攤位就夠了，沒想到二〇〇八年十二月徵展，到次年三月已超過一千五百個攤位，國內廠商及大陸台商報名極其踴躍。現任貿協產業拓展處處長邱揮立當年也參與籌備名品展，他記得，同仁經常回報攤位報名已滿的訊息，他愁煩如何處理，更覺得沒辦過的展覽，是否應該「適可而止」，截止報名，但是王志剛非常有魄力，敢於下決定增加廠商名額，從六百個攤位一路向上增加，也同時再跟南京協商擴大展覽規模，二〇〇九年的四月初就達一千九百二十個攤位，兩千個攤位的目標很快就達成。

在董事長王志剛指示下，時任貿協副秘書長黃文榮先考察展覽場地，得知南京玄武湖附近興建大型國際展覽中心，如無意外，正好可趕在二〇〇九年九月首屆台灣名品展舉行前完工落成；南京的新展覽中心有八個展館區，每一個展區約可容納六百二十個攤位，貿協經數次調整，最後訂三個館，再加上館與館之間的連接廳，總算達成第一屆南京台灣名品展兩千個攤位的需求。

而南京市政府為建立南京台灣名品展的歷史地位，也全力以赴，發動轄下各區及鄰近城市各行業買家及經銷商前來採購，讓展覽的預約專業買主從原預估的近三千人，一下就暴增到超過五千人。

當時，誰能預想得到，本來一場只是要試大陸市場水溫的展覽，卻成為連辦多年的兩岸商業盛會。

當展覽籌備正如火如荼進行時，兩岸發生影響關係的小插曲，中國大陸因為西藏精神領袖達賴喇嘛訪台，推遲或降低訪台團體時間、率團官員層級，所幸中共當時定調，在大陸舉行的兩岸經貿

活動，不受影響[1]。兩岸即將共同舉辦第一屆南京台灣名品展，有其指標意義，自然也照常舉行，但王志剛不敢鬆懈，積極行銷此展，二〇〇九年九月六日他偕同中國貿促會會長萬季飛於北京舉行展前記者會，兩人都強調「南京台灣名品交易會」將是兩岸合辦最大規模的展會活動。[2]

二〇〇九年九月十七日南京台灣名品展熱鬧舉行開幕儀式，當天未開放一般消費者進入，僅開放專業買主進場參觀，首日各項流程順利進行，王志剛本來按照預定安排，次日即束裝返台。

但萬萬沒想到第二天開放消費者進場，發生出人意表的突發狀況。負責督導的黃文榮在第二日開展前一個小時，約上午八時到達展場，經過大門口看到大批民眾排隊等候進場，那時還未感受到人擠人的氛圍，但到了八時四十分，人群如潮水般湧來，場外人數急速增加，兩萬名民眾推擠想衝進會場，情況緊急，黃文榮趕忙打電話給王志剛，因為擔心發生公安問題，王志剛立即取消返台行程，回到會場督陣，也親身感受到萬人幾乎擠破展場玻璃大門的「南京式熱情」。

生產牛頭牌沙茶醬聞名的好帝一公司副總經理林志穎說，他對南京首場台灣名品展的「盛況」，記憶猶新，當時大陸民眾在場外，一片烏鴉鴉排隊人潮，廠商想進場布展，還必須穿過重重人牆才得以入場，那景象，畢生難忘。

南京台灣名品展在大陸因此爆紅，引發江蘇省委書記梁保華的注意，他在台灣名品展開幕首日，由於另有公務，只以書面講稿致意，未現身會場，但九月二十日閉幕當天上午，梁保華特地前來，在王志剛和南京市委書記朱善璐、南京市代市長季建業陪同下參觀台灣名品展，在「台灣精品館」展區駐足良久，還特別觀看奧圖碼掌上型投影機，這是當年強打的台灣精品品牌，也曾在東北亞投資貿博會上，受到中共國務院總理李克強青睞。[3]

首屆南京名品展熱況空前，與會參觀者達到二十六萬八千人次，交易額近七．七億美元（約新台幣二百二十五億元），展覽結束兩個月後，二〇〇九年十一月十四日，南京市政府與貿協簽署會展合作備忘錄，正式約定南京台灣名品展每年固定在九月於南京舉行。

「逛兩小時的台灣名品展，等於去一趟台灣玩兩周」，這是王志剛在南京台灣名品展開幕致詞的名言。二〇一一年九月，中國國民黨榮譽黨主席連戰訪問中國大陸，被大陸民眾暱稱為「連爺爺」，在大陸人氣甚高，他接受王志剛之邀參觀第三屆南京台灣名品展，並擔任開幕致詞貴賓，致詞時也附和王志剛的說法，鼓吹沒機會、沒時間到台灣旅遊的中國大陸民眾，來參觀台灣名品展，就等於到台灣觀光。

在王志剛率領貿協同仁努力下，黃文榮觀察首屆南京台灣名品展，有「二高一多」現象，讓人嘆為觀止。

第一高是，徵展時，台灣廠商意願如此高，令王志剛及貿協同仁們都非常訝異；第二高是，大陸老百姓及商家對台灣產品的興致這麼高，大大超出南京市政府及貿協兩個合辦單位的預期；一多則是，在南京名品展會期間，王志剛親自接待來自天津、山東、廣東等多達十五個大陸省市商務廳、貿促會、台辦等單位所組成的團體，他們原本是由貿協駐大陸的同仁們邀請，被動前來參觀，但親

---

1 二〇〇九年九月十九日《聯合晚報》A1版 朱善璐明來台
2 二〇〇九年八月七日《經濟日報》A11版 台灣名品會 貿協助攻
3 二〇〇九年九月二十日《聯合晚報》A6版 南京台灣名品交易會 江蘇省委書記 參觀台灣精品館

眼目睹南京台灣名品展的驚人成果之後，紛紛跟王志剛提出「明年這展要搬到我省來辦」，想合辦台灣名品展的省市之多，令人印象深刻。

二〇〇九年貿協在中國大陸舉辦第一場台灣名品展之後，台灣名品展迅速風靡大陸各地，二〇一〇年辦五個展（東莞、天津、南京、山東濟南及重慶），當年並獲上海中國會展協會頒發二〇一〇年中國最佳會展獎。二〇一一年名品展增為七個展（遼寧瀋陽、天津、廣州、南京、武漢及北京），二〇一二年更加碼到九個展（上海、廣西南寧、成都、天津、大連、南京、青島、北京及重慶），二〇一三年後，台灣名品展策略轉型，帶台商深入大陸內陸二、三線城市探詢更多待開發的商機，王志剛那些年成了名副其實的空中飛人，往來大陸各省市，可以說是走遍大江南北。

因為當時台灣名品展太搶手，大陸其他省市爭相邀請貿協共同主辦，南京市為了確立正宗始祖地位，還註冊「台灣名品交易會」名稱，南京以外的其他省市，名稱不得不改為「台灣名品博覽會」，而合辦方台北世貿中心（貿協）則通通簡稱為台灣名品展。

內行看門道，台灣名品展背後的深層思路

貿協秘書長王熙蒙時任市場拓展處處長，負責辦理台灣名品展，在他的眼裡，王志剛無時無刻都在思考「行銷台灣」這件事。若以圖示來看，王志剛當年對台灣名品展的深層思路如下：

首先，第一部曲，王志剛希望藉著台灣名品展，讓中國大陸業界及民眾更加了解台灣的美。這個美可以是軟體方面的禮貌、客氣、人文氣息，也可以是硬體外觀，例如台灣除了有中國大

陸民眾熟知的日月潭、阿里山外，還有許多其他美景，台灣的山岳有著數不盡的健行路徑及秘境，他要求同仁在名品展的視覺規劃設計、場地布置、宣傳重點當中，多將台灣的特點突顯出來。在軟性的軟硬體鋪陳後，就介紹台灣產業，台灣的資通訊產業舉世知名，但細膩的文化創意、精緻農業、醫療服務等產業，大陸人士較不知曉，王志剛則將之納入行銷台灣的重點。

接下來的第二部曲，他就帶入台灣企業的品牌，在台灣名品展裡，搭建台灣精品館，讓獲得「台灣精品獎」標竿企業的品牌能夠廣為人知，這些企業產品是依據研究發展、設計水準、品質標竿、行銷能量等四項標準予以丈量，可說是台灣產品的奧斯卡得主，經此精挑細選、特別吸睛，像是全球最輕薄的筆記型電腦、全球騎乘速度最快的自行車等，大陸人士都非常喜愛，這些品牌企

「行銷台灣」金三角

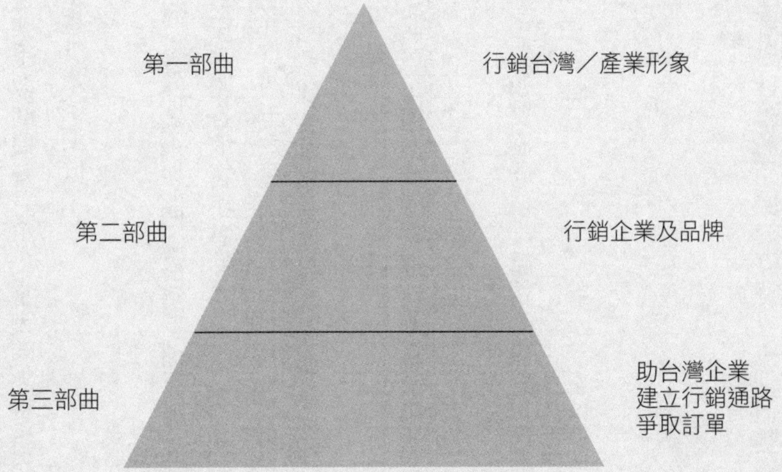

資料提供：貿協秘書長　王熙蒙

業的知名度經此展示後大大提升。

第三部曲就是為企業、尤其是行銷能力較弱的中小企業爭取商機及訂單；當大陸人士對台灣有好的印象，對台灣品牌有了信心，建立行銷通路，基本上也就水到渠成了。

這就是王志剛辦理台灣名品展的理論基礎。

後來，他又想著該如何擴張這樣的效益，讓「行銷台灣」這件事情能四處散溢，而且做出特色。於是他要求同仁從兩方面著手，第一是遍地開花，也就是在大陸各地廣辦名品展，二〇〇九至二〇一四年之間，一共辦理三十五個場次，累計參觀人數超過九百四十六萬人次，共促成一百四十億美元商機。（見三三六頁）

第二是差異區隔，王志剛要求發揮行銷學「差異化」策略，因應各地城市特色，調整策略，例如在廣西南寧時，因南寧與東協關係密切，他就順勢將比鄰廣西東協鄰近國家，例如越南的買主邀至展會現場與台灣業者洽談，爭取商機。

此外，每次計畫在新的城市辦理名品展時，王志剛都會帶領貿協同仁一起精心設想，如何在兩岸「雙贏」、「持續」、「良善循環」模式下，舉辦名品展。

功不唐捐　親自參與名品展前的萬全準備

由於中國大陸體制的關係，爭取陸方政府高階領導階層對台灣名品展的支持，可創造雙贏。因此，每次名品展王志剛都邀請中央機構領導，例如時任國台辦主任王毅、商務部部長；陳德銘及貿

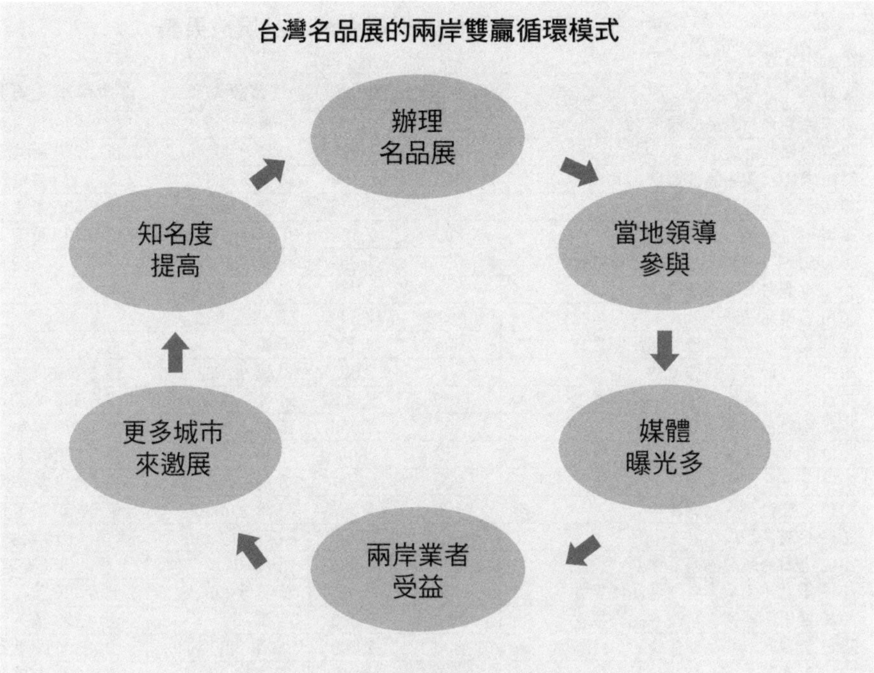

資料提供：貿協副秘書長　王熙蒙

促會會長萬季飛，以及地方領導的省委書記、省長來參加開幕典禮，領導班子一來，媒體以及大眾的目光就會跟著來，鎂光燈也會隨之點亮。

在貿協董事長任內，王志剛忙到沒時間休假，整天東奔西跑，為行銷台灣、拓展經貿空間，往來各國、穿梭兩岸，搭機到中國大陸不下百餘次；為使台灣名品展在大陸各省及不同城市的每次展出都有好成果，他也都事先做足功課。每一次貿協前往大陸城市舉辦台灣名品展之前，王志剛會請貿協相關單位提供展出省份或城市的詳細資料，偏偏周一至周五上班日，王志剛忙於公務，只好周末假日在家看相關資料，因此不得不要求同仁假日務必保持手機開機待命，以便王志剛有疑問時，可以隨時詢問。

王志剛在貿協任內辦理台灣名品展成果表

展覽	參展家數	攤位數	參觀人次	促成商機（美元）
2009 南京台灣名品交易會	750	1,900	26 萬 8,000 人	7 億 6,978 萬美元
2009 台灣名品展小計	750	1,900	26 萬 8,000 人	7 億 6,978 萬美元
2010 東莞台灣名品博覽會	400	1,100	34 萬 5,600 人	2 億 8,530 萬美元
2010 天津台灣名品博覽會	800	2,000	50 萬 9,000 人	7 億 9,000 萬美元
2010 南京台灣名品交易會	800	2,100	30 萬 2,696 人	8 億 0,400 萬美元
2010 山東（濟南）台灣名品博覽會	500	1,050	32 萬 1,800 人	4 億 1,000 萬美元
2010 重慶台灣名品博覽會	510	1,050	24 萬 3,800 人	3 億 7,500 萬美元
2010 台灣名品展小計	3,010	7,300	172 萬 2,896 人	26 億 6,430 萬美元
2011 遼寧（瀋陽）台灣名品博覽會	800	2,000	43 萬人	1 億 6,700 萬美元
2011 天津台灣名品博覽會	809	2,000	40 萬 5,000 人	7 億 6,700 萬美元
2011 廣東（廣州）台灣名品博覽會	900	2,500	51 萬 2,000 人	7 億 8,000 萬美元
2011 南京台灣名品交易會	700	2,000	35 萬人	8 億 1,770 萬美元
2011 湖北（武漢）台灣名品博覽會	350	800	22 萬人	3 億 5,000 萬美元
2011 北京台灣名品博覽會	200	520	13 萬 2,000 人	1 億 5,000 萬美元
2011 重慶台灣名品博覽會	500	1,000	28 萬 2,000 人	3 億 0,700 萬美元
2011 台灣名品展小計	4,250	10,820	233 萬 1,000 人	33 億 3,870 萬美元
2012 上海台灣名品博覽會	800	2,000	25 萬人	5 億 4,000 萬美元
2012 廣西（南寧）台灣名品博覽會	250	800	20 萬 5,000 人	2 億 5,300 萬美元
2012 四川（成都）台灣名品交易會	550	1,300	11 萬人	1 億 9,900 萬美元
2012 天津台灣名品博覽會	800	2,000	40 萬 3,000 人	6 億 3,900 萬美元
2012 遼寧（大連）台灣名品交易會	280	600	26 萬 7,000 人	1 億 6,500 萬美元
2012 南京台灣名品交易會	600	2,000	36 萬 5,000 人	8 億 2,000 萬美元
2012 山東（青島）台灣名品博覽會	580	1,500	36 萬人	4 億 5,000 萬美元
2012 北京台灣名品博覽會	250	550	12 萬 1,000 人	1 億 8,000 萬美元
2012 重慶台灣名品博覽會	400	800	25 萬人	3 億 0,600 萬美元
2012 台灣名品展小計	4,510	11,550	233 萬 1,000 人	35 億 5,200 萬美元
2013 安徽（合肥）台灣名品博覽會	415	1,000	19 萬 1,000 人	1 億 6,200 萬美元
2013 河北（石家莊）台灣名品博覽會	180	360	12 萬 5,000 人	1 億 0,300 萬美元
2013 天津台灣名品博覽會	800	2,000	45 萬 3,000 人	6 億 1,200 萬美元
2013 南京台灣名品交易會	600	1,600	30 萬人	6 億 2,000 萬美元
2013 北京台灣名品博覽會	250	550	12 萬 2,000 人	1 億 5,000 萬美元
2013 台灣名品展小計	2,245	5,510	119 萬 1,000 人	16 億 4,700 萬美元
2014 貴州（貴陽）台灣名品博覽會	453	800	15 萬 3,000 人	8,340 萬美元
2014 山東（濟南）台灣名品博覽會	450	1,000	10 萬 5,000 人	1 億 8,343 萬美元
2014 內蒙古（呼和浩特）台灣名品博覽會	380	680	19 萬 5,000 人	1 億 1,700 萬美元
2014 天津台灣名品博覽會	775	2,000	46 萬 5,000 人	6 億 2,500 萬美元
2014 雲南（昆明）台灣名品博覽會	440	800	22 萬人	1 億 9,000 萬美元
2014 南京台灣名品交易會	547	1,600	29 萬人	5 億 3,000 萬美元
2014 浙江（杭州）台灣名品博覽會	350	800	7 萬 5,000 人	1 億 6,700 萬美元
2013 北京台灣名品博覽會	250	520	11 萬 8,000 人	1 億 9,500 萬美元
2014 台灣名品展小計	3,645	8,200	162 萬 1,000 人	20 億 9,083 萬美元
2009 ～ 2014 累計 35 展	**18,419**	**45,280**	**964 萬 4,896 人**	**140 億 6,261 萬美元**

董事長直接和基層同事聯絡公事，這樣的情事，在分層負責的組織裡可謂「都市傳說」，當王志剛的秘書向同事索取手機號碼時，大家都半信半疑，不認為大老闆會真的打電話來。

曾經，有同仁的父母代接起電話，「誰打來的？」

「他說是王志剛，你們董事長。」「那是詐騙啦！」

王志剛在話筒的另一端聽著，實在又好氣又好笑。

原來董事長是玩真的，「董事長出差專卷交出去的那個星期，專卷一定要隨時帶在身邊」，從此以後，前一手負責業務的同事都會提醒下一位接手的人，這是貿協同仁之間流傳的「工作守則」；「專卷如果前面提到的數字與後文不符，很容易被王董事長看到」，面對細心認真的董事長，這是另一個貿協同事交接業務時附帶的提醒。

現任貿協行銷專案處電子資通訊形象推廣組組長梁芷菊當年負責台灣名品展，可說是無役不與。梁芷菊對王志剛嚴肅認真的工作態度，有很深刻體會；她說，董事長以身作則，非常嚴謹，有次同事偷懶，某一城市的名品展開幕致詞稿一小部分複製貼上前次內容，立刻被董事長「抓出來」，雖然同事犯錯，但董事長並沒有怒斥同仁，只是很嚴肅地詢問稿件問題，「那位同事自己感到非常羞愧，以後不會再犯同樣錯誤。」

梁芷菊也鮮活記得王志剛親民的一面，他不是只在應酬場合吃大魚大肉的長官，於公務閒暇也樂於跟同事一嚐庶民小吃，例如天津狗不理包子、南京鴨血米粉，而且到大陸各個省市，宴席上再古怪的食物或地方特色餐，像是油炸蠍子、西南邊境某省的穿山甲炒飯，王志剛都能嘗試，梁芷菊說，「這是董事長可愛的地方。」

那些年，王志剛接觸的大陸各省市代表人數，難以計算，與中共重量級官員互動交流，或協助台商企業在大陸爭取設置重要據點的案例，不在少數。

為台商搭橋，站在第一線的台灣推銷員

王志剛創設台灣名品展的初衷，是要促進兩岸企業界更深層的往來，因此從第一屆南京名品展開始，王志剛便廣邀貿協董事會代表參加「經貿訪問團」（簡稱經貿團，在名品展前後一起拜會當地政府官員及陸企，以進行實質交流。貿協董事皆為台灣各大公協會代表及知名企業界人士，而友嘉集團裁朱志洋便是當年經貿團成員之一。

朱志洋非常佩服王志剛，不論是在台灣名品展開幕致詞，或帶領台灣經貿團與大陸各省首長見面時，每次都有不同的講話內容，而且言之有物，並不重複，還適時稱讚對方首長及中層官員，因此拉近地方官員與我方的距離，「這對當地台商來說，非常重要。」

與大陸省委書記及省長等地方最高領導面談時，王志剛必定會用心找出各省特點、產業現況及產值，並提出台灣可否與該省合作發展的空間，希望跟對方有優缺點互補可能。「王志剛跟對方談話時，引用各種數據及內容，絕非只是應酬式的空泛對談。」

朱志洋說，台商在中國大陸設廠或做生意，頂多跟自己廠區所屬地方官員熟識，但王董事長為台商搭建橋樑，讓台商可會見陸方更高層級重要官員，未來台商有需求，便可運用此人脈。

隨著台灣名品展在兩岸打響名額，經貿團成員也不斷擴增，不僅僅是進出口相關企業，甚至金

融業，例如中國信託也踴躍參加。

對王志剛而言，中國大陸從中央到各省市提供場地，協助宣傳、招攬買主，因為有這樣的高配合度，貿協方能施展拳腳，為台商打開大陸市場銷售通路，行銷台灣。為了回應善意，王志剛認真準備講稿，務求談及當地特色及優勢，與台灣如何合作或互補，不單只是你來我往的必要禮儀，更藉此拉近兩岸人民情感。

二〇一一年十一月重慶舉辦名品展，時任國台辦主任的王毅，前一天才自日本返抵北京，當天特地搭乘早班飛機趕到重慶參加開幕典禮，其重視台灣名品展的誠意，令人感動。

王志剛在這一屆的重慶台灣名品展開幕致詞時說，最新型的環保汽車希望能在暢通重慶的大道上奔馳，而世界上跑得最快的台灣自行車，是宜居重慶不可缺少的好寶貝。那一次展覽規劃的展區，都是呼應重慶致力發展中的「五個重慶：宜居、暢通、森林、平安、健康」；他還表示，台灣醫療設備先進，連美容院也是品質保證，「一個老姑娘進去，出來了一個小姑娘」，引來全場大笑，王志剛妙語如珠，引用當地社會脈動、兼又行銷台灣產品，被王毅稱讚是最好的「台灣推銷員」。

展前巡場滴水不漏

台灣名品展舉行的前一晚，王志剛可能剛下飛機，或是和當地領導晚宴才結束，不論時間有多晚，他都要親赴展館，確認會場布建及安全措施是否完善，除了幫貿協工作人員加油打氣之外，王董事長也會關心參展廠商布展情形。

有次在南京台灣名品展展出前一晚巡場時，王志剛親眼看到琉璃工坊創辦人楊惠姍、張毅夫婦，深夜還在攤位上調整展品，那時已是凌晨，而九月初南京還很悶熱，楊惠姍毫無明星架子，脫掉高跟鞋，在沒有冷氣的展館揮汗如雨，力求展場攤位的完美呈現，敬業精神讓王志剛十分感佩。

張毅於二〇二〇年十一月一日辭世，享壽六十九歲，斯人雖已遠去，但典型在夙昔，王志剛深深懷念張毅，十分珍惜過往與張毅、楊惠姍的共處時光，更相信在楊惠姍的努力澆灌下，他們兩人共創的琉璃工坊品牌，將會光華不滅，絢爛依舊。

台灣名品展正式展出前，王志剛要同仁精心規劃大陸官方領導、貴賓巡場的路線，開展之後他親自走訪各展區，跟廠商寒暄致意，聽取廠商的意見；對於台灣精品館導覽員的解說內容與禮儀，都會親自監督。

開展第一天，王志剛一定陪同來訪的大陸中央及地方領導，先參觀台灣精品館或文創館，再接著帶他們走到具代表性的台商攤位前面，路線經過精心設計，而且會安排當地與台灣媒體跟拍報導，並突顯台灣的亮點，不但因此行銷了台灣整體產業，個別企業品牌也被一併拉抬；台海兩岸媒體不斷曝光名品展消息，報導力度甚大，名品展經常就成為第二天當地主要媒體的封面故事，於是當地的業者及民眾絡繹不絕，扶老攜幼前往參觀，由於展出效果佳，其他城市聞風前來觀摩，也都紛紛向王志剛提出邀請，也成就了一個個城市接續舉辦。

這個良性的循環對兩岸都有利，台商因在媒體曝光，大打知名度，並透過貿協安排 B2B（企業對企業）的簽約洽談活動，讓台商可在大陸找到代理商、通路，趁機打響或強化品牌認知，以利爭取訂單及深入內需市場，中國大陸採購商獲得採購台灣價廉物美產品的機會，對岸民眾則更進一步了解台灣，從而也促成赴台灣觀光的意願。

接待陸方訪問團，從行程到伴手禮都充滿巧思

台灣名品展的成功，促成兩岸經貿交流日趨熱絡，大陸各省經貿訪問團來台拜訪貿協可說絡繹不絕；行銷大師王志剛，自有一套獨門的「待客之道」。

貿協通常會安排訪問團到台北國際會議中心，先參觀可容納三千多人、設備新穎、裝潢氣派的大會堂，了解貿協在辦理貿易推廣活動之餘，原來也將硬體設施經營得有聲有色；接著進行業務簡報，以特大螢幕播放彙整歷屆台灣名品展亮點的精彩宣傳影片，每當訪客看到影片當中這麼多熟悉的重量級領導都現身參觀，搭配震撼人心的背景配樂，聲光效果十足，更加深了來訪省市想要爭取舉辦名品展的決心。

除了大陸各省的經貿訪問團，貿協與大陸商務部轄下之「海峽兩岸經貿交流協會」（海貿會）的年度高層交流會議，又稱「兩會」的見面會，也是貿協拓展處大陸組的重要業務之一。負責的同仁事前必須彙整各省市貿促會提交的議題、貿協的初步回應，以及我方提出的議題，雙方擬答的內容，都先交給對方閱覽，當天幕僚群在會議隔壁房間修整先前交換的議題及回應內容，會議一結束，舉會成員立刻就拿到會議結論複印本。

王志剛經常在世貿聯誼社宴請來自各省市的大陸團貴賓，他要求貿協同仁對來客的服務要體貼細緻，例如每個座位桌上不但置放與會者的頭銜名牌，還有一小張紙，上面標有兩方人員在圓桌的

座位次序表，吃飯前大家合照，聚會結束前來訪貴賓就會拿到合影裱框成相片。當時的承辦人、現任貿協公關組組長陳建銘說，因王志剛的嚴格要求，貿協同仁執行效率奇高，陸方人員佩服之情溢於言表，大陸人一向講究官方往來禮儀，一位曾隨團到貿協拜訪王志剛的成員曾對陳建銘說過，這些無微不至的小細節，讓人備感尊寵，也是他們從來沒想過的待客巧思。

為了招待來自不同省份的大陸訪問團，貿協甚至還有客製化的安排。例如四川省貴賓來台，王志剛請世貿聯誼社主廚烹調香辣帶勁的鴨血腸旺，後來也成為餐廳的人氣菜色之一。若訪客來自華北溫帶地區，王志剛會特地指示將晚宴桌上的裝飾盆花，改以精心挑選當地少見、一顆顆鮮豔欲滴的台灣盛產之亞熱帶水果佈置，如芒果、釋迦等；等到晚宴尾聲，再請世貿聯誼社比照擺飾的水果種類切盤，讓大陸客人看得到，也吃得到。

甜點當然也不馬虎，王志剛發想的經典點心組合是酥炸石斑卷搭配黑糖蛋塔，擺盤一「豎」、一「圓」，意喻「十全十美」，為晚宴劃下完美句點。後來，王志剛的「世貿宴」甚至成為大陸各省訪問團來台最期待的行程之一，沒吃過世貿聯誼社，就等於沒來過台灣。

商品結合城市行銷的點子，在今天並不稀奇，然而王志剛在任董事長時，貿協早就採用這樣的行銷方式，可以說是領風氣之先。二〇一一年，貿協招待前來台灣的大陸團，一如慣例，準備有台灣特色的小物當成伴手禮，做為大陸客人來台紀念品。梁芷菊記得，當年選擇味一魚鬆當成禮盒，味一的商品在台灣名品展甚受歡迎，而送給貴賓的味一魚鬆，外包裝印有野柳、墾丁等台灣風景名勝相片，廣受對岸來賓喜愛。

王志剛還有一項別出心裁的禮物，那就是台灣自二〇〇二年七月起發行流通的貳仟元紙鈔，這張紙鈔設計主題為台灣科技與經貿發展，正面左下角的圖案即為台北世界貿易中心建築群，來訪貴賓拿到這張以透明壓克力精裝裱框的紙鈔，對貿協的特殊地位更是另眼相看。

天津展成開城二百年最大盛會

二〇一〇年舉辦的天津台灣名品展，是繼二〇〇九年南京首次舉辦以來的第三場名品展，計有八百家參展廠商、兩千個攤位，參觀人次超過五十萬人，比南京台灣名品展的人氣還旺，貿協從台灣廠商接到的買主訂單及現場接觸的顧客研判，有部分參觀人潮甚至來自鄰近車程約兩小時半的北京。王志剛說，當地媒體形容這是天津開城二百年來最大的活動，那一年天津梅江會展中心附近，交通還為之堵塞。

天津市政府很給力，展前大舉協助宣傳，開展當天，天津電視台在名品展會場內設直播台，那時的貿協副秘書長黃文榮在天津電視台攝影棚內，與展覽現場連線解說，透過電視媒體放送，更炒熱了天津台灣名品展，促成的商機高達七．九億美元。

當時的天津市委書記張高麗見台灣名品展如此盛況，二〇一〇年展覽落幕後，跟王志剛預定「明」年要再合辦，二〇一一年也向王志剛提出下一年還要再辦的要求，而二〇一二年就乾脆直說，「年年都要來展」。

台灣名品展在南京起了頭，天津接著辦台灣名品展，創下天津建城以來參觀展會人次最高的紀錄，那時兩個台灣名品展成了經典，每年七月在天津辦完展、接著九月到南京舉行，天津在地的老百姓甚至有句順口溜，「天氣熱了、台灣名品就來了」。

二〇一一年食安危機「台灣人不吃的，我們不會賣給大陸人吃」

二〇一一年遼寧省瀋陽舉行台灣名品展時，正好發生台灣毒澱粉、起雲劑等塑化劑摻入食品的事件，貿協積極協助像海瑞摃丸等合乎安全標準的食品廠商通關檢驗，海瑞摃丸總經理黃世凱記得，貿協很挺優良食品商，只要通過安檢，貿協便掛保證跟大陸消費者背書。

王志剛喊出一句口號，「台灣人不吃的，我們不會賣給大陸人吃。」

針對可能受塑化劑污染五大類產品如使用起雲劑的參展商，貿協要求都必須提供安全證明，另不屬於五大類產品的廠商，也必須出具保證無使用塑化劑切結書。貿協天天追蹤食品參展廠商的展出品項，若有公布不准赴陸產品或已清查出來有問題品項絕不上架，只要一被列入政府食品衛生單位公布的清單，即使只在檢驗過程還沒確定結果，也先下架，不因廠商抗議而妥協。貿協也宣布，參展期間若發現有疑慮商品，廠商要自主管理，嚴管下架標準。

不過隨著塑化劑事件不斷演變，遼寧省政府為保障消費者安全，本來計劃規定名品展中涉及塑化劑的五大類的產品均只能展出，不得銷售。貿協獲悉該訊息後，鑑於此次涉及五大類的產品之廠商多達二百餘家，許多食品業者商品已裝上貨櫃運往大陸，若卡關不能落地，展覽期間只能展出不得銷售，這些廠商將蒙受巨大損失，且創下不良之先例，將造成台灣食品拓銷大陸市場的嚴重挫折，後果不堪設想。

王志剛為此親自提前趕赴瀋陽，與遼寧省邴志剛副省長協商溝通，爭取要求凡是不在大陸質檢局公布受塑化劑汙染之清單內之產品，均可正常展出及銷售，總算獲得對方理解與同意。當時，瀋陽市食品大賣場及超市紛紛要求台灣食品下架、不准銷售，台灣食品能夠在遼寧名品展中順利展出販賣，實屬不易。四天展期中，王志剛不時帶領台灣及遼寧媒體記者實際了解廠商銷售情形，所幸由展場人潮湧入的情形觀之，當地消費者對台灣食品的信心並未受到太大的影響。

貿協副秘書長、時任行銷業務處處長李惠玲說，瀋陽台灣名品展是二〇一一年台灣食安風暴後，在中國大陸舉行的第一場台灣名品展，到了當年第二場天津展時，已經一掃陰霾，食安風暴不再衝擊台灣名品展，天津看展消費者還是人人手拿一杯台灣飲料，來自台灣的食品魅力絲毫不減，大陸消費者依然喜愛台灣美食。

台灣名品展遭逢如此大危機，王志剛秉持著一個信念，台灣這塊招牌要讓人家信任，他明快且有智慧處理危機，也收到成效。李惠玲找出數據，佐證行銷台灣農產食品的成長；二〇〇八年台灣農產食品外銷中國大陸是一．五三億美元，到二〇一四年已達七．〇九億美元，明確成長三．六三倍，這只是報關銷到中國大陸通路市場的金額，還不包括透過小三通管道的銷量。

台灣農產食品除了辦展覽，找到代理商，王志剛認為最重要的是布建通路，讓消費者看得到，而且想要吃就能吃得到，當時貿協協助廠商打進中國大陸很多重要超市通路，舉辦短期或長期的台灣食品節、設立台灣食品專區，例如上海城市超市、武漢、香港都做過這些行銷台灣的努力。

台灣名品展潤滑劑，昔時兩岸關係趨和諧

二〇一一年貿協首次在北京舉行台灣名品展，大陸當局為表高度重視，由中共中央政治局常委、全國政協主席賈慶林在北京人民大會堂，會見由王志剛所率領的第十四屆京台科技論壇暨北京台灣名品展的台灣代表團，也邀請故中信金董事長辜濂松出席此盛會，他和王志剛都被安排在主位，並有重要談話內容，其時兩岸政商交流密切，關係和緩，可見一斑。

認真行銷台灣產業的王志剛，當年非常有智慧應對時局，並未涉敏感的兩岸政治議題，並將主軸放在與台商攜手拚經濟，王志剛希望台灣名品展在大陸遍地開花，賈慶林也特別回應表示，希望未來名品展能到大陸各個省市舉辦，期盼開拓更多交流渠道，為兩岸經貿、兩岸關係的發展，做出更大的貢獻，為兩岸人民謀求共同利益。

二〇一二年北京的台灣名品展，賈慶林再度出席，參觀台灣精品館、農業精品館、文創金點館、智慧生活應用體驗館等展區，聽取介紹，他不時提出問題，在一些展品前還親手體驗。賈慶林特別表示自己懷著極大的興趣和深厚的感情參觀北京台灣名品展。

現任關懷台灣基金會董事長、前TVBS知名政論節目主持人李濤和知名前主播李艷秋，夫婦倆都是王志剛多年好友。二〇一二年，王志剛特別邀請李濤在上海台灣名品展上將Call in節目連線直播場經典重現，蔚為話題，更提出「主打台灣虱目魚」的點子，呼應當年兩岸政府友好往來、推動ECFA（海峽兩岸經濟合作架構協議）的政策。

虱目魚列為ECFA台灣銷陸十八項農產品早收清單，二〇一二年進入ECFA第二階段，虱

目魚出口至中國大陸的關稅降至零，虱目魚保鮮銷陸之前景看好，於是王志剛親自拍板規劃藉由台灣名品展之平台，協助我國水產養殖業者拓展大陸市場。

在王志剛的指示下，二〇一二年上海名品展於農產食品區、地方產業特色區特別規劃展售漁業產品（展品包含虱目魚生魚肚、魚丸、魚鬆、魚精及各種魚類加工品等），其中包括允偉、味一等知名廠商。貿協也和農委會合作設立台灣漁業館，為使展示活潑生動有趣，吸引上海民眾參與，更特別規劃當年大陸較少見的展演作法，包括現場示範烹調表演及試吃。[4]

梁芷菊說，大陸人對台灣虱目魚很陌生，那一年現場找了名廚「阿發師」施建發當場示範烹煮美味虱目魚，專業廚師穿著印有台灣名品展標誌的廚師服，現場表演乾煎虱目魚，並且說明料理方式；形象區舞台旁邊規劃為試吃品嚐區，試吃菜色有乾煎虱目魚肚、虱目魚肚湯、虱目魚丸湯及虱目魚鬆等四樣。

另外，貿協也製作資料及影片，在形象區前及側面置放二台螢幕，於非表演時段播放，介紹虱目魚養殖方式、生態習性；同時，製作燈箱，推介虱目魚捕撈豐收圖、營養價值、料理介紹；規劃故事牆，敘明虱目魚的名稱由來、產業介紹、產地分布圖等。通路的布建有助虱目魚銷售，透過貿協聯繫安排，在上海東方商旅飯店內餐廳、上海台商經營的餐飲連鎖店推出虱目魚料理；於上海本地高檔的城市超市、大潤發賣場等通路，也販售虱目魚產品。

4 二〇一二年四月五日《ET Today 新聞雲》台灣虱目魚前進上海 每天試吃 2千份促銷 https://www.ettoday.net/news/20120405/36946.htm#ixzz6rKzpV1j5

展覽期間，貿協找來兩岸媒體記者參觀料理表演及試吃，採訪報導虱目魚形象區相關活動；並洽邀具採購實績的漁販及相關通路商前來參觀，促成合作商機。

王志剛從發想推廣虱目魚，到同仁實際展開的行銷計畫，細膩而縝密的執行思路，當時驚艷了上海具有高購買力的消費者。

運用智慧化解酒局、譏諷等各種突發挑戰

大家都知道與中國大陸交往，酒精是個雙方增進情感的必要元素。在飯桌上先交朋友，酒味對了，業務就好說。這點王志剛可說是其中的高手。

有一次，在山東青島辦理名品展，青島書記李群宴請王志剛，才上第一道菜，陸方就跟王志剛要求單挑我方「三中全會」，意指一杯小廊高（酒精濃度七十一度）、一杯胖肚杯紅酒、一杯長玻璃杯冰啤酒，不擅飲混合酒種的人連續三個滿杯一定醉倒。

王志剛為保護同仁，心生一計，表示我方初來乍到，為展現誠意，先主動指定三位年齡剛好是老、中、青的同仁應戰，這三人分別將該三杯飲盡，對方懾於王志剛的威望，也就不再堅持。於是在不失禮，也沒人喝醉的情況下，化險為夷。

二〇一三年五月為了台灣貿易中心青島代表處籌畫事宜，貿協宴請青島書記李群，王志剛親自與李群喝了三杯「深水炸彈」（酒精濃度五十八度的高粱酒加上啤酒），接近七十歲高齡的他為了工作卯起來的拚勁，總是讓同仁及對岸的夥伴折服。

「董事長關心體恤同事，大陸省市官員宴請經貿團，只要有人跟董事長敬酒，董事長都喝，因為屬下酒量跟他沒得比。」梁芷菊回憶台灣名品展的工作時刻，不時感受到王志剛的溫暖。

面對陸方人海戰術敬酒，台灣機械公會名譽理事長徐秀滄與會務總顧問王正青則是自願擔任王志剛擋酒部隊，徐秀滄說，在大陸名品展晚宴場合，王志剛有時會被敬酒團團圍繞，「只要聽見王董事長夫人從遠處傳來一聲『秀滄啊～』，我們立刻飛奔過去為王董事長擋酒。」

徐秀滄曾代表機械公會擔任貿協董事成員，「王董事長很願意傾聽企業界的聲音，接受有建設性的建議。」徐秀滄打從心裡尊敬王志剛，非常榮幸且開心地主動出來幫王志剛擋酒。

王志剛出席名品展活動致詞時，曾遇到大陸民眾當場發問：「台灣有如今的經濟成就，還不是靠當年國民政府將黃金運到台灣？」「要跟當年的黃金相比，如今台商到大陸投資的金額，不知高過那些黃金幾十倍？」王志剛從容回應，對談者為之語塞，順利化解現場的尷尬氣氛。

展覽籌備過程中，難免會遇到突發狀況，需要臨機應變。王志剛難忘二〇一四年貴州名品展，開展前日，在旅館一早起床盥洗時，往窗外一看，遠處冒出裊裊黑煙，再仔細一瞧，可不是展覽館的方向嗎？他當機立斷，聯繫相關人員飛奔趕往展場，確實發生小火災意外，幸好並未釀成傷害，只有少數參展廠商受到影響。

原以為考驗已度過，展覽正式開幕後，某個廠商攤位上面的大看板裝潢不慎，竟意外掉落，砸到進場參觀民眾，貿協工作人員迅速協助將傷者送醫並賠償損失，但沒想到對面攤位販賣的產品竟是高畫質行車紀錄器，所有過程全都錄，因為擔心錄影內容被有心人士不當利用，王志剛於是靈機一動，動員現場貿協工作人員，鼓勵開車的同仁都買一個行車紀錄器，廠商也笑納這意外之財。

台灣精品魅力橫掃名品展

台灣精品館是名品展的明星形象館，每次展出都話題不斷，備受好評。

二〇一〇年北京台灣名品展期間，台灣精品館參展的商品包括不少價值不斐的精品，例如做高爾夫球頭起家的大田精密，就推出一台要價九萬人民幣的黃金腳踏車，還可以為北京的有錢人客製化打造單車車架，或者整車訂做。甚至有價值人民幣一萬八千元的高山烏龍茶，還有人民幣一千兩百元一盒的佛跳牆；台灣農產精品館的蝴蝶蘭、文心蘭及火鶴等高檔花卉及台灣水果，也都在當年的名品展上就被訂購一空。

二〇一一年瀋陽名品展的台灣精品館展示台灣國產智慧休旅車 Luxgen（納智捷），展場上唯二的兩輛休旅車，就在展覽期間被當地官員買走，當年 Luxgen 每部約人民幣四十萬元（折合約新台幣一百八十萬元）。

二〇一二年的上海名品展，時任上海市長的韓正對不用戴眼鏡、視角可達一百度的「3D裸視顯示器」極感興趣，在踏出精品館門口前仍不忘再看一眼；重量僅四百一十五克的微型投影器，不需專用屏幕、可在近距離內放大畫面，也令韓正印象深刻，頻頻詢問是不是真的在牆壁上就可以投影。[5]

二〇一四年七月的天津名品展，適逢巴西主辦世界盃足球賽，足球熱席捲全球。當年，包括法國在內的十個國家球隊，都是採用台灣以回收塑膠瓶所產製的環保球衣，回收寶特瓶加工製作之塑膠布料，較棉布更輕、更透汗、抗拉扯，特別適合激烈的足球比賽。時任海協會會長的陳德銘參觀台灣精品館展示的環保球衣，聽工作人員講解時，不住點頭，不時用手觸摸，更對媒體表示：「每次台灣的名品展都給我有很多的啟發，說明臺灣的企業家，特別是中小企業很有開發精神，很貼近市場，不斷在變化」。[6]

參展幫助台商品牌建立知名度與行銷管道

海瑞摃丸曾靠己力到中國大陸發展，卻鎩羽而歸，海瑞摃丸總經理黃世凱說，一開始對參加南京台灣名品展，多有疑慮，除了父執輩不信任大陸市場的商業遊戲規則之外，冷凍肉製品跨海運輸保鮮，或者展覽買氣不佳，在當地丟棄商品可能要投擲的成本花費，讓海瑞摃丸對前往大陸參展裹足不前。

黃世凱感謝當年貿協新竹辦事處的工作人員三顧茅廬邀請他們參展，並協助海瑞摃丸克服食品長途運輸保存困難的問題，更主動提供赴當地參展詳細的規畫。二〇〇九年南京台灣名品展，第一天的 B2B 對接讓他非常困擾，通路商客戶上門，接到訂單後續的貿易、檢驗流程，該如何解決？大陸市場生意真的可以做嗎？

不過，第二天開放 B2C，黃世凱被轟隆隆的入場人群製造的「音效」嚇壞了，南京消費者一衝進場，快要擠翻他們的桌子，排隊試吃人龍繞排好幾圈，有當地台灣人想念家鄉食品，不假思索沒試吃就掏錢買摃丸，讓一旁試吃且滿意口味的大陸消費者，群起效尤，掀起搶購潮，黃世凱帶去

5　二〇一二年四月八日《工商時報》韓正：希望今年再來台灣

6　二〇一四年七月四日《國台辦新聞稿》陳德銘詹春柏參觀臺灣精品館 笑言兩岸合組足球隊

的三百包摃丸，兩個小時銷售一空，連摃丸的包裝，都有大陸民眾想買，因為好不容易擠進會場，一定要帶台灣相關物品回去當紀念品，在食品展區，只剩下當地有據點的業者一車接著一車補貨，滿足南京消費者需求，直接從台灣帶商品來大陸的參展廠商，因補貨不及，就只能抱撼，下次再來。

參加首屆南京台灣名品展，就給黃世凱很大的震撼，見證大陸消費者瘋狂喜歡台灣商品，之後，黃世凱開始研究透過小三通進貨到大陸，解決物流問題，接著到每個城市參展時，也試著找當地代理商，例如上海代理商可以統管大陸沿海長三角地區，後來也找到廣州、深圳代理商，由代理商發貨，成為海瑞摃丸進入大陸市場的通路。

二〇一〇年，黃世凱親身體驗天津台灣名品展人潮，比南京更加誇張，上完廁所想走回自己的攤位，困難重重，每天沒時間吃中飯，舀米粉及摃丸湯的手沒停過，甚至手還破皮，一天賣掉三千多碗摃丸湯，還仍不夠應付消費者需求。

黃世凱說，海瑞摃丸連貴州、內蒙古呼和浩特的台灣名品展都去過，只要貿協的團，他一定跟；尤其看過董事長王志剛到現場親力親為的認真拚勁，他對貿協舉辦的台灣名品展非常有信心。

黃世凱觀察王志剛行銷台灣名品展的作法，對廠商有加乘拉抬名氣的效果；例如，王志剛董事長跟當地城市的父母官一起舉行展覽開幕儀式，媒體一定跟在旁邊，董事長還會帶著媒體及當地領導巡場，介紹廠商及商品，充分地幫助業者做公關宣傳。

黃世凱後來才知道，自己家的海瑞摃丸上過央視、各省市的地方報紙及電視台，甚至在大陸的台辦官網、貿易促進會都很出名。

海瑞摃丸為了表示感謝，名品展期間每當看到貿協的工作人員巡場經過，都一定要打包自家產品免費贈送給貿協人員，王志剛得知後，特別交代貿協同仁「沒事不要經過海瑞」，傳為趣談。[7]

助攻食品業者進軍大陸，自行車廠因展東山再起

天津消費者購買力高，銷售真空包裝月子餐的泉通食品表示，一天接單相當其他城市二到三日的訂單；當地媒體天天報導，很多買主、消費者、上海世博台灣館粉絲，一連三天都來參觀。業者像家會香、三叔公、浤良、艾芬迪、中祥食品、新力香、丸莊醬油等，往往在展覽第二天商品即銷售一空，需緊急補貨應付。

好帝一副總林志穎表示，經由台灣名品展，大陸消費者認識牛頭牌沙茶醬、京工、三點一刻等品牌，且在心中定位為質優好產品，銷售價格也比較高，而且後續效應還能再發酵，例如在大潤發、家樂福，沃爾瑪或其他大陸當地超市，就因台灣名品展在大陸各省市受歡迎，有時是貿協安排，也有應大陸消費者需求，特別成立台灣商品專賣區，一般大陸消費者更容易買到台灣商品。

京工總經理游惠堂說，記憶中王志剛在名品展開幕時演講內容，會把參展商包括台灣精品、農產食品、美容生技、名茶名產及城市特色，又與當地綠能城市及智能城市的政策口號，結合成一套推廣台灣產品特色的演講內容，引人入勝的言語，幾乎只要王志剛董事長上台，台上及台下掌聲及

7 二〇一三年九月二十一日《中時電子報》南京名品展閉幕 商機飆六・二億美元

笑聲不斷。

在參展的台商眼中，王志剛不是只在開幕式秀秀口才，做公關或宣傳介紹。黃世凱說，王董事長還會抽空帶著副秘書長、處長等貿協主管巡場，親自採訪參展廠商詢問需求，並要同事做更細膩到位的服務。在此氛圍下，貿協同仁盡心盡力，專業辦展，讓台灣名品展成為受大陸民眾及台灣參展廠商信賴的品牌。

名品展也將台灣的軟實力輸出至大陸，例如二〇一二年參展商控智應用公司參加成都台灣名品展，獲得湖南省長沙理工大學的未來教室——多媒體網路教室與行動學習環境的建置案，導入控智應用的未來教室解決方案，結合台灣在教育資訊化領域的知名廠商，如創意未來、富士康、智識家等相關軟硬體產品；先在湖南省建立模範試點，以規格化的方式建構標準型多媒體教室，如三十人或五十人的標準教室，提供給各省大學做為未來建置多媒體教室的範本。

有一家專門以製造中高單價自行車零組件、自行車及運動衣為主的廠商則是從雲端跌落，參加名品展而東山再起。該公司早期成立之初，便以外銷歐、美、日等先進國家為主，而後為擴大產能，以印尼為生產基地，建立起數一數二的自行車零組件大廠。二〇〇八年金融海嘯出口歐、美、日為主之廠商出口量大幅下降，該公司也受到嚴重衝擊，結束其印尼廠營業，回到台灣。

此時該公司開始新布局其外銷市場，而擁有龐大消費人口、亟欲擴張內需市場的中國大陸，成為其拓展首選。然而，中國大陸市場之大，對於該如何進入這個新興市場毫無頭緒，適逢貿協自二〇〇九年起便於大陸巡迴舉辦台灣名品展，成為兩岸企業交流新平台，該公司開始規畫進軍大陸。二〇一〇年起，該公司便隨著貿協的腳步在大陸各地東征西討，參加過南京、天津、大連、重慶、北京等名品展，該公司負責人感念的說「王志剛的台灣名品展讓我們重新站起來了」。

藉名品展儲備能量 行銷全世界

台灣名品展不僅幫助了許多中小企業拓展大陸市場，甚至讓業者因此儲備能量，增加現金流，進而擴廠，或者跨足前往其他市場發展。

味一食品經理葉秋妙說，肉鬆、魚鬆工廠生產線是夫家上一代留下來的，在南京名品展之前，他們接觸幾家大陸業者，大陸業者猶豫不決，訂單遲遲無法搞定，直到味一參展，大陸消費者聚集在他們攤位，買光從台灣帶來的商品，甚至還有消費者詢問台灣帶來的垃圾桶可否出售，她才見識到大陸的高消費力。

味一的通路商客戶在台灣名品展上也觀察消費者的買氣後，才願意下單，「沒有王志剛行銷台灣，舉辦台灣名品展，根本沒有今天的味一。」

葉秋妙說，中國大陸一個省的人口及消費力可能高於歐洲一個國家，王董事長當年帶他們到大陸參展，對他們公司是一轉型關鍵。參加台灣名品展之前，他們曾經自掏腰包到美國紐約探詢市場，花了四十多萬元，並未能有太好的外銷成績，但跟著貿協在全中國大陸走一趟，打響知名度以後，味一便順利接到來自澳洲及英國的訂單，澳洲是華人代理，英國代理商則是一名和華人女子結婚的外國人，因為跟著來自大陸的太太吃味一的肉鬆、魚鬆，於是他也愛上這種華人食物，進而代理至英國銷售。

味一商品也外銷到德國及法國，兩地都是華裔人士代理。由於貿協對參加台灣名品展廠商的產品把關嚴格，讓廠商也跟著自我鞭策，提升品質，味一也取得歐盟最高等級的食品認證，並贏得世界各地消費者的信任。

當時貿協大陸組組長梁芷菊回看那一段過往，她認為台灣名品展協助國內中小型企業有機會近距離接觸大陸的消費者，了解他們的喜好，也經由B2B洽談會，找到各省市的代理商，在大陸市場大展拳腳，更重要的是，在金融海嘯引發的全球不景氣中，大陸市場讓台灣中小企業有生意可做，獲得現金流，儲備能量，讓中小企業脫胎換骨，並藉中國大陸市場的拓展經驗，或複製或改良，到世界各地擴展市場。

友嘉集團總裁朱志洋則認為，那些年貿協主動出擊，藉由辦理台灣名品展、以及經營上海世博會台灣館這些實質作為，不但促進兩岸經貿往來，甚至提升人民感情和文化交流，這樣的成果，也只有行銷奇才王志剛董事長才能做到。

當年促成台灣名品展舉辦契機的紫金山峰會，後轉型為「兩岸企業家峰會」，王志剛二〇一四年卸任貿協董事長後，獲蕭萬長前副總統力邀，擔任「現代服務業暨文化創意產業合作推動小組」召集人至今；在三位副召集人：台新銀行文化藝術基金會董事長鄭家鐘、台北市進出口公會秘書長黃文榮、中華棒協秘書長林宗成的鼎力相助下，持續為促進兩岸文創產業、貿易物流和運動文化交流盡心盡力。

二〇一九年七月，企業家峰會小組安排王志剛率團赴寧夏和甘肅考察，時值暑假，王志剛的外孫林冠揚把握這難得的機會，自費隨團擔任實習生。林冠揚從小天資聰穎，除了曾代表臺灣參加國際青年物理學家競賽榮獲銅牌外，在人文史地方面也自學有成。當時年僅十八歲的他，隨團參訪寧夏專責向阿拉伯國家文化做中國文化輸出的智慧宮文化產業集團，不待正式介紹，閒談間竟能對該公司的沿革、發展歷程和重要貢獻等侃侃而談，如數家珍，智慧宮的老闆、當地政府領導等人對這位臺灣年青人展現出來的淵博知識無不目瞪口呆；王志剛行銷大師的衣缽可謂後繼有人。

BOX

五大觀察指標印證名品展在大陸的成效與影響力

以下五個指標，可觀察台灣名品展在大陸舉辦的成效及影響力。

第一，「名品展」本身已經成為一個非常成功的台灣品牌，二〇〇九年以後，甚至包括內蒙古、甘肅、寧夏等內陸省分都熱情邀請前往辦展，即便在同一個省的不同城市亦誠摯邀貿協前往辦展，像是二〇一一年的浙江杭州名品展舉辦過後，鄰近的溫州市及寧波市也都搶著貿協合作。

第二、除了新的城市，已經舉辦過的城市如天津、北京、南京、重慶等，一而再、再而三的提出邀請希望續辦，就是認同台灣名品展所帶來的驚人成效，王志剛對此感到高興，也十分煩惱，因為辦展需要人力、財力以及腦力的規劃，最後還是回歸到對廠商最有商機的角度來選擇至那一城市辦展。

第三、台灣名品展每次到訪各省市，總是得到當地民眾的熱烈回應，像是在廣播節目中用 call-in 方式，表達對台灣名品展的期待以及興奮的心情，這能增加兩岸人民之間的了解與感情，因此讓王志剛覺得繼續辦展是非常驕傲且有意義的事情。

第四、以二〇一二年為例，當年到訪台灣的大陸旅客有二百二十三萬人次，而當年一整年參觀台灣名品展則有二百三十三萬人次，這數字說明了名品展可以讓大陸民眾更加容易接觸台灣優良產品、文化及風土民情，而名品展的影響力絕對不亞於直接來台觀光，成效驚人，由此可見一斑。此外，名品展全盛時期，如果在中國大陸搜尋引擎「百度」上鍵入「台灣名品博覽會」，可獲致兩萬九千則相關資訊，影響力真的非常大。

第五、每次的名品展，以同樣展出規模而言，幾乎都在當地創下最大型展會紀錄，像是河北石家莊台灣名品展，僅三百六十個攤位，一萬平方米面積，卻吸引了十二．五萬人次到訪，創下建館以來最高人數紀錄。

王志剛開創了兩岸雙贏，樹立行銷台灣的新模式，其實過程中需要不斷的創意予以灌溉，才能維持市場的新鮮度，王志剛更以身作則，率領貿協上下同仁展現執行力，在海峽兩岸傳為佳話。

二〇〇九年貿協在南京開辦首屆台灣名品展，貿協秘書長王熙蒙在二〇二〇年回顧這項創舉，用一句話「迎難而上，發揮創意，王志剛譜寫促成兩岸商機的歷史篇章」，道出王志剛在其中扮演的關鍵角色。

第十五章

轉守為攻的全球採購夥伴大會

二〇〇八年五月國民黨政府重新執政，當月外銷訂單年增率還有五．二三％，六月便減至〇．六八％，王志剛於七月接掌外貿協會董事長，該月外銷訂單年增率負二．二四％，從正轉負，金融海嘯震央在美國，卻影響全球，台灣經濟以出口為導向，外銷業績節節敗退，國力也大受損傷，外貿協會主要工作在推廣貿易，此時背負的責任重大。

「將軍沒有選擇戰場的權利」貿協秘書長王熙蒙回想起王志剛接下領航外貿協會職務時，國際情勢對台灣非常不利，王志剛常和同仁討論，在艱難環境中突破重圍的策略及作法，以協助業者拓銷市場。

政府那時對台灣經貿發展的大原則是，除了走出去行銷台灣，爭取訂單，也希望吸引全世界買主來台採購，依循此戰略，二〇〇八年七月二日王志剛在貿協董事長上任記者會便提出，將利用貿協擁有眾多海外據點的優勢，主動訪問並邀請各國具採購力的買主來台下單，而台灣也要成立全球採購中心，提供資訊和實質服務，用此方法為台灣拚經濟。[1]

當年，王熙蒙負責全球採購夥伴大會籌辦規畫與執行工作，他分析以中小企業為主的台灣廠商，拓展訂單方式主要是參展，有到海外參加眾多買主群集的國際大展，也有在國內參與外貿協會舉辦的國際專業展。

然而，金融海嘯衝擊各國經濟，國內外企業均縮減預算，大刪商務旅遊支出，王熙蒙說，這與二〇二〇年COVID-19（新冠肺炎）引發的不景氣不太一樣，新冠疫情在各國封候城鎖國政策下，買主「不能飛」，而二〇〇九年的時候，各國買主則勒緊褲帶，採「盡量不飛」政策。

王志剛觀察世界趨勢，特別關注到中國大陸四兆人民幣的內需計畫，以及受金融海嘯影響較少的新興市場，這其中包括備受全球矚目的金磚四國（巴西Brazil，俄羅斯Russia，印度India，中國China，簡稱BRIC），對台商來說，這都是炙手可熱的待開發市場。

在王志剛帶領下，貿協於中國大陸市場蘊釀出「台灣名品展」計畫，帶台商前往大陸市場挖掘商機，對於其他待開發市場，貿協則與政府共同研議出：由政府出錢，負擔國際買主之機票及住宿費，鼓勵買主飛來台灣，貿協則安排買主與我國廠商一對一洽談會，我國企業不必出國便可與買主洽談生意、爭取訂單，這就促成了「二〇〇九年全球採購夥伴大會」。

首場採購大會六十三國，人數超乎預期

全球採購夥伴大會二〇〇九年三月開辦，英文名稱定為Sourcing Taiwan，一推出就造成轟動，

當年有六十三國、五百五十位買主，超過一開始設定的五十國、三百五十位買主的目標。王志剛二○○八年七月就任，到二○○九年三月就能邀到這麼多買主，超乎經濟部的預期。[2]

「全球採購夥伴大會」首場於世貿一館舉辦，年營業額超過一億美元的大型買主超過四成，年營業額超過五十億美元的買主有四十七家，包括年營業額在百億美元以上的大型外商法國 PEUGEOT 汽車集團、美國 Ace Hardware 集團、德國傳動系統製造商 ZF Lemförder GmbH 等二十家全球知名企業。有多家外商是由總裁領軍採購主管來台，貿協安排國外買主與我國兩千兩百家企業一對一洽談，洽談場次超過一萬場。

除了歐美日買主外，較受矚目的是來自金磚四國、中東及東南亞的高潛力買主，四十三國買主來自新興市場，總計三百七十六家，占全體買主家數六八．六一%；已開發國家買主有一百七十二家、占所有買主三一．三九%。

經統計，第一次舉辦的全球採購大會十大類產業中，資通訊類買主數量最亮眼，在貿協力邀下共有五十一國二百一十二家資通訊買主來台與我國業者進行近三千八百場貿易洽談會。

資通訊產品買主人數是採購大會規模最大的一群，因為台灣在全球資通訊產業位居要角，於筆記型電腦、主機板、無線網路、液晶監視器等多項產品市占高，台灣還具備從上游零組件、中游組

1 二○○八年七月三日《經濟日報》A3版
2 二○○九年三月二十三日《經濟日報》A1二版

裝代工、到下游品牌通路完整一條龍產品供應鏈，讓買主可直接在台灣採購所有需要零組件，達到產品一體性，也降低成本。

在貿協駐外與負責全球採購夥伴大會同仁共同合作下，邀請到重量級買主，像全球最大電子零件業者泰科（TYCO）、全球記憶體領導模組廠商金士頓（Kingston）、索尼（Sony）、英國電信集團沃達豐（Vodafone）等來台擴大採購，另也鎖定新興市場重量級買主，包含泰國最大電信集團真實公司（True Corporation）、巴西第一大電腦產品製造商博斯（Positivo）及俄羅斯主要的ICT資通訊產品經銷商OCS等。

其中泰國最大的網際網路應用服務業者True Corporation，當時集團一年採購金額逾一百三十億美元，該公司之前主要向泰國、大陸及荷蘭採購，受邀來台採購項目多，有行動電話、衛星電視設備、ADSL及DDN數據機、WIFI相關設備等。英國第一大通訊業者英國電信集團，年營業額達一百億美元，旗下共有四大集團，也來台採購寬頻通訊及電腦產品。[3]

重量級買主「物盡其用」，耕耘四年採購大會投報率逾四千倍

王志剛指示同仁「要讓場子熱起來」，王熙蒙說王志剛用打趣的比喻，要「物盡其用」，這些好不容易受邀飛來台灣一趟的買主，除了安排參加一對一採購洽談會，貿協更針對十一家重量級買主同場加映「採購樣品展」及「採購政策說明會」，台灣業者得以瞭解國際大廠的採購政策、流程以及產品的規範及品質要求，進而增加進入國際大廠供應鏈的機會，雙方短期內頻繁「同框」，彼

此都不虛此行。

參與「採購政策說明會」的十一家外商，在所屬產業領域都是重量級廠商，例如法國前三大系統商集團 SPIE、知名的德國汽車底盤及傳動系統製造商 ZF、全球第三大運動用品銷售商法商 Oxylane Group、泰國 True Corporation 及正大集團、英國藥妝連鎖集團 BOOTS；墨西哥最大百貨通路連鎖 Liverpool 等。

以法商 SPIE 為例，其系統安裝服務橫跨運輸、通訊、能源、汽車業、航空業等，來台主要採購太陽光電產品。SPIE 集團二〇〇八年曾與貿協籌組的「太陽光電法國拓銷團」接觸，對台灣產品留下深刻印象。二〇〇九年的全球採購夥伴大會是這家法國集團首次赴亞洲採購太陽光電產品，第一站就到台灣，顯示台灣的太陽光電產業極具優勢，是國內廠商進入法國市場的契機。

法國 PSA（寶獅雪鐵龍）集團當時生產的每輛汽車，有七〇％零組件向外採購，來台後，發現台灣汽車零配件廠商大都集中在售後維修市場，部分供應商有能力供應大汽車製造廠，且具有國際競爭力，願意和台灣供應商合作。[4]

從二〇〇九年到二〇一二年，全世界各種影響經濟景氣的「黑天鵝」滿天飛，陸續發生歐洲債務危機，二〇一一年日本又有三一一大地震，海嘯重創災區，進一步引發福島核能危機，並嚴重衝

3 二〇〇九年三月十八日《經濟日報》A1 二版
4 二〇〇九年三月二十三日《經濟日報》A1 二版

擊全球汽車業及電子業供應鏈。

天災人禍不斷，在不確定的環境中，全球採購夥伴大會招商雖難，但王志剛帶著同仁往前衝，在二〇一二年這一年交出亮麗成績。

二〇一二年三月二十九日舉行的「新興暨歐盟市場採購夥伴大會」，有五百六十六家國外買主來台灣參與盛會，這一年也將觸角伸至歐盟，並規劃逾萬場採購洽談會。為了服務不克親自前來的買主，也首創「視訊採購洽談會」，不放過為台灣廠商媒合國外買主的任何機會。據貿協統計，二〇一二年買主和廠商都比二〇一一年成長兩成以上，採購金額近四十六億美元（約新台幣一千四百億元），創下採購大會舉辦四年來的新高紀錄。

王志剛當年對籌辦成績很滿意，「貿協擔任穿針引線工作，樂意為大家奔走。」他接受媒體採訪時說：「今年舉辦的這場盛會為四年來規模最大，投資報酬率超越四千倍。」而二〇一二年規劃全球採購大會的預算約新台幣三千萬元，與往年相當。

以二〇一一年全球採購大會的採購金額達四十·二億美元計算，等於投資新台幣一元，回收一百二十五美元，而從二〇一二年的採購成果來看，投資新台幣一元，可回收一百四十一美元。[5]

拓銷戰略持續演進　「貿易尖兵計畫」傳捷報

二〇一三年全球夥伴採購大會比起二〇一二年又有演變成長，規模擴大，從世貿一館移至南港展覽館，吸引重量級買主包括：義大利汽車集團飛雅特（Fiat）、日本工業集團三菱重工，以及大陸華為公司、南韓樂天集團等。另外因應穆斯林市場蓬勃發展，也開創先例規劃「台灣清真食品體驗」專區，協助台灣業者收集穆斯林市場買主對產品口味及包裝設計的回饋意見。

當年主推的採購項目除了汽車零配件、五金、建材、食品等傳統品項之外，王志剛考量我國前一年出口衰退，其中一個重要因素來自於中間財採購大幅度的衰退，因此特別指示安排 ICT 資通訊產品、LED、太陽能等中間財項目，以期為二〇一三年的出口額推一把。

拓銷戰略不僅止如此。配合二〇一二年八月底經濟部啟動的「貿易尖兵計畫」，外貿協會共派出二十六位資深員工遠赴貿協尚未設據點、廠商有拓銷需求但台商鮮至的全球二十六國二十九個城市尋找商機。當年八月三十一日，經濟部部長施顏祥主持誓師大會，「拚出口，搶訂單」正式授旗給貿協副秘書長葉明水，並送給每位貿易尖兵當時最新穎的華碩變形金剛平板電腦和 HTC 智慧型手機作為任務配備。

貿易尖兵任務重點有三，其一協助推銷，以超級業務員的精神，於海外衝鋒陷陣，將業者擬拓展的產品，推介給目標市場的進口商，或提供相關拓銷資訊；其二是開發商機，發揮貿易情報員角色，敏銳觀察並主動發掘當地市場具潛力待開發的商機，提供國內供應商運用；其三則為提報動態商情，將近距離觀察所得到的第一手資訊，包括交易習慣、最新政情發展及經貿政策快訊、商業環境、暢銷商品、競爭對手行銷策略及當地市場通路等寶貴資訊，快速回報給國內業者參考，進行有

5　二〇一二年三月三十日《經濟日報》A二版

效開發。[6]

很快的在半年後，二〇一三年三月的採購大會上，貿易尖兵開疆闢土展現傲人成效，將遠自千里的非洲突尼西亞、坦尚尼亞、摩洛哥以及中東巴林、伊拉克，中亞邊陲國家塔吉克、烏茲別克，波羅的海國家拉脫維亞和俄羅斯海參崴、印度蘆迪安納等二線城市具採購力的買主，共四十三家邀請到台灣。

透過貿易尖兵的努力，後續還帶動五十一個拓銷團及參展團，並促成包括二〇一三年八月伊拉克工業暨礦業部投資局率領的紡織、醫療機械、醫療耗材採購團，以及一一月巴基斯坦拉合爾商工會率領的紡織、工業用化工原料、汽機車零配件及食品加工機械採購團。[7]

二〇一四年盛況空前，三多、二大創歷年紀錄

二〇一四年是王志剛在貿協任董事長的最後一年，貿協市場拓展處處長邱揮立說，那一年的全球採購大會創下很多紀錄，有「三多」、「二大」。

「三多」：其一、總買主數歷年最多，一對一採購洽談共計邀六十三國六百三十位買主，較二〇一三年成長五%。年營業額一億美元以上有二百一十一家，包含營業額十億美元以上買主六十一家，其中二十六家為營業額五十億美元以上買主。另外，視訊採購洽談區邀得八十位買主，為歷年之最。

其二、新興市場買主數歷年最多，買主人數三百六十五位，占比五八%；來自歐美日成熟市場

買主一百五十二位，占比二四%。中國大陸買主一百一十三位，占比十三%。

其三、重點市場買主家數占整體買主數四成，歷年最多。來自重點新興市場（中國大陸、印度、緬甸、越南、俄羅斯、巴西、墨西哥、埃及及阿聯大公國）計二百六十三家買主，占總買主數四成。「二大」是買主規模最大、機械設備躍升為買主最大採購品項。共二百二十九家買主（二十三%）採購機械設備，較二〇一三年八十四家，大幅成長一倍。

王志剛任內，自二〇一二年以後的短短一年多之間，貿協陸續在俄羅斯聖彼得堡、科威特、印度加爾各答、大陸北京、上海、廣州、青島、緬甸仰光，以及菲律賓馬尼拉等地，新增設立九個駐外單位。

其中，仰光台北貿易中心二〇一三年十一月甫成立，立即邀得十八家買主到台灣採購，另外，二〇一三年十二月剛成立的馬尼拉台貿中心也邀請五家菲律賓買主來台；總計九個新設立駐外單位，在二〇一四年初的採購大會共邀請一百三十家買主，比前一年的九十三家顯著成長，表示駐外單位投入人力積極耕耘當地市場，已經充分發揮作用。[8]

---

6 二〇一二年八月三十一日《台灣商會聯合資訊網》「貿易尖兵」計畫今誓師，施顏祥授旗貿協二十六位貿易尖兵，將赴二十六國尋覓客戶

7 二〇一三年外貿協會新聞稿：「貿易尖兵」成效亮眼 台灣業者搶占新興市場商機（https://about.taitra.org.tw/News_Detail.aspx?id=9403）、二〇一三年外貿協會年報第十二頁

8 二〇一四年三月二十七日《台灣經貿網》二〇一四年全球採購夥伴大會　創五十二・三億美元商機

設置清真專區、與紐西蘭、新加坡簽訂協定，加速外銷拓展

王志剛在二〇一四年全球採購夥伴大會致詞時提到，採購大會是台灣特有以B2B的方式行銷台灣，突破了一般展覽或拓銷團僅聚焦在單一產業或市場的侷限，對全球各產業各地區不同買主的需求，在單一活動內整合所有服務給全球買主，從貿易媒合到商機促進，讓全球全產業的買主藉此活動，了解台灣產業鏈的完整、實際感受超高的媒合效率及各項貼心服務，也是另類的行銷台灣。

例如針對大型買主規劃安排參觀供貨商工廠實地考察，之後安排餐敘，台灣業者與國外買主有機會深入交流產業最新動態，增進彼此互動，對拉近與大型買主的距離大有助益。

而全球穆斯林人口約占世界人口的四分之一，潛在商機驚人。台灣雖非穆斯林國家，二〇一四年初，台灣清真認證合格或申請中的廠商已快速成長到兩百五十一家的規模，大部分均有外銷實力，為台灣發展清真產業奠定良好基礎，二〇一四年年底，全台清真認證的廠家約四百家。

貿協自二〇一二年起即在採購大會規劃清真專區，二〇一四年的採購大會更擴大規畫「台灣清真食（用）品體驗區」，增加了許多非食品廠商，包括台鹽生技、華仕德除臭濾水器、惠而強餐具、康那香個人衛生用品、大同醫療用貼布及永昇冷凍食品等。

二〇一四年貿協更細膩地提供穆斯林買主在台灣逍遙遊的生活手冊，其中有台灣各地的穆斯林認證餐廳、清真寺地址，以及在大會設置祈禱室，讓穆斯林朋友在台期間有回家的感覺，進一步營造台灣成為友善穆斯林產品供應國的形象。

邱揮立說，全球採購大會舉行期間，都會在機場刊登廣告，參加全球採購大會的國外旅客，一

到桃園機場就能一眼看到「Sourcing Taiwan」，二〇一四年更進一步在機場設有 Sourcing Taiwan 服務台，買主一踏上台灣，便有親切的導覽指引，這是王志剛任內便有的行銷點子。貿協後來還發揚光大，服務做得更到位，事先取得入出境管理局同意，如果有秀出採購大會邀請函的旅客，讓他們便利快速通關。

對許多貿協同仁來說，執行採購夥伴大會的整個過程，像是活用王志剛所著重的行銷理論，重視巧思、服務及創新。

我國分別於二〇一三年七月與紐西蘭簽署「台紐經濟合作協定」（ANZTEC）、二〇一三年十一月再與新加坡簽署「台星夥伴協定」（ASTEP），簽署協定後，更有利貿協爭取廠商來台採購。台紐協定二〇一三年十二月生效後，在短短一個月內，台灣對紐西蘭出口即快速成長一二〇％，二〇一四年乘勝追擊，洽邀紐西蘭、新加坡買主，協助廠商爭取簽署 FTA 後所帶來的新商機，尤其一口氣邀新加坡十五位買主、紐西蘭八名買主，成效不錯，二〇一三年全球採購大會並未有紐西蘭買主來台。

採購大會自二〇〇九年辦理第一場，至二〇一四年王志剛卸下貿協董事長為止，共辦理六次，除了協助廠商拓展外銷訂單之外，某程度也具體實踐了政府經濟策略的任務。

前副總統蕭萬長二〇一〇年三月三十一日參加貿協舉辦的採購大會，他於致詞時說到，二〇〇八年全球爆發金融風暴，新興市場相對於其他地區受傷最輕，因此台灣應該本著「壯大台灣、連結兩岸、布局全球」的經濟策略，透過外貿協會針對新興市場舉辦的採購大會，積極達成此戰略行動計畫。

王熙蒙認為，全球採購夥伴大會恰如其分的扮演某種程度的「推波助瀾」效果，當時金融海嘯的場景是「強敵壓境」，必須突出重圍，王志剛面對這個困境，靈活運用政府資源，構思提出解題方案，領導貿協同仁貫徹執行，達成績效；對王志剛及當年一起打拚的貿協同仁來說，可以無愧於國家及業者對其託負與寄望。

第十六章

助攻新興產業，聚焦利基型服務業輸出

台灣的服務業產值，在二〇〇〇年前後，已占比國內 GDP 七成上下，政府開始注意到台灣廣大服務業的需求，才有經建會（現為國發會）在二〇〇五年到二〇〇六年規劃策略性服務業，接著外貿協會配合政府發展服務業政策，將原先協助廠商拓銷農工產品業務範圍，擴及至服務業。

相較於貿協其他單位，服務業推廣中心設置時間較晚，主要是因應台灣社會結構改變。就在王志剛第二次擔任貿協董事長的前二年、即二〇〇六年七月十一日，貿協董監事聯席會議通過組織改組案，決定增設「服務業推廣中心」，此中心被賦予的任務為強化台灣服務業的國際競爭力，落實做法有推動台灣美食國際化、協助連鎖加盟店等可複製的服務業類型出口以及爭取兩岸服務貿易商機。一開始，服務業推廣中心比照一般商品拓銷模式，籌組服務業廠商赴海外參展、拓銷，或採舉辦國內外研討會及市場說明會等方式，並為各類服務業規劃台北國際專業展覽，例如醫療照顧、流通、營建及觀光休閒業等。[1]

台灣各類服務業當中，「醫療產業」發展穩健，人才濟濟，從台灣醫療產業的表現，例如新冠肺炎疫情全球流行之際，台灣因為醫療公衛水準高，免受嚴重流行疾病之擾。而台灣已邁入高齡社會，在銀髮族健康照護方面發展成熟，不論是全國第一家結合醫療與飯店服務的永越健康管理中心，或透過基因檢測量身打造抗衰老療程的安法診所等，提供極具競爭力的高端醫療服務，醫療服務業被政府列為往外拓展台灣服務業的核心重點，名副其實。

不過，醫療服務產業由於本質上具有「非營利、懸壺濟世」的使命，有別於一般服務業，二〇一〇年以前，台灣的國際醫療行銷通路有限，國內各部會的資源亦尚未整合。[2]

「礙於預算有限，貿協盡全力地用最少的錢做最大的事。」曾任貿協服務業推廣中心主任、現任展覽暨會議公會秘書長的張正芬說，那些年為了行銷與宣傳台灣醫療服務的優勢，王志剛帶頭示範「處處皆可置入」的行銷功夫，王志剛的得意門生之一，前振興醫院營運中心主任林淑霞也回憶，只要有演講或致詞場合，他都不忘宣傳台灣醫療服務的優點、鼓吹台灣觀光醫療行程的特色。[3]

ECFA助跑　台灣醫療服務業搶進中國大陸

王志剛二〇〇八年七月才就任，當年十月貿協與國泰金控子公司國泰人壽合作推動「兩岸觀光健檢考察團」，國泰金控透過集團資源整合，邀請國泰在大陸地區的高階科技企業保戶及東方航空集團、上海知名醫院代表等共十七人，來台體驗七天六夜的健檢、觀光行程。

這個「首發團」開啟兩岸間高端醫療觀光旅遊的風潮，貿協服務業推廣中心規畫此活動的思維是，壽險公司招待企業保戶來台獎勵旅遊，企業保戶可以一來再來，人數和次數不受限制，商機不可小覷。國泰金也能透過與貿協合作的指標團，推廣國泰醫院健檢服務、創造未來兩岸合作商機，並促進國泰在大陸的品牌知名度。

大陸「錫安醫療健康管理中心」是另一著名案例。貿協在二〇〇八年十一月底籌組醫療訪問團拜會廣州台商協會，促成引介新光、國泰、長庚、榮總、高醫、萬芳、彰基、童綜合、阮綜合、秀傳、西園醫院永越健康管理中心及利欣美容診所等十八家國內大型醫療院所與該中心簽約合作，並與大陸中山等三家醫院、世界抗衰老協會、達安基因策略聯盟等機構合作，成為貿協首例成功輔導的大陸醫療轉介平台。[4]

台灣的醫療服務業能夠加速前進中國大陸，與ＥＣＦＡ的簽署息息相關。

當時正值兩岸打開貿易壁壘的歷史時刻，二〇〇八年台灣經歷二次政黨輪替，工商界刊登大幅廣告，要求執政黨政府和對岸簽署自由貿易協定，以免「東協，中國自由貿易區」二〇一〇年將完成降稅，會對台灣出口產生排擠效果，不利台灣經濟發展。馬政府順應民意並向大陸表達諮商意

---

1 二〇〇六年七月十二日《經濟日報》A11版

2 二〇一〇年六月十八日國發會《台灣醫療服務國際化行動計畫》

3 二〇一二年十月二十七日《經濟日報》AA2版

4 二〇一〇年十月二十五日《中央社》外貿協會成功促成首例大陸醫療轉介平台-廣州「錫安醫療健康管理中心」組南京健檢首發團來台

願，而在雙方已陸續簽署多項合作協議的前提之下，中國大陸也善意回應，兩岸經濟合作架構協議（ECFA）終於在二〇一〇年六月二十九日簽署，並在立法院通過後，九月十二日生效實施。

ECFA簽訂後，台灣醫療服務業在中國大陸享有超WTO待遇[5]，台灣業者可以在台商人數較多的五個省市設立獨資醫院；另外，中國大陸居民所得快速增加，消費能力穩定成長，在開放陸客來台觀光後，台灣的醫療服務業有更多機會針對中國大陸的高所得族群，發展醫療觀光市場。[6]

名品展拉近台灣醫療服務與大陸民眾的距離

二〇一一年六月二十八日台灣開放陸客自由行之前，同年六月九日貿協服務業推廣中心就在瀋陽台灣名品展規畫「台灣觀光醫療形象館」，共有包括長虹、敏盛、華肝基因、安法、大學眼科、哈佛健檢及雄獅等十二家台灣醫療服務廠商與觀光旅遊業者參展，這是台灣觀光醫療首度以形象館方式在台灣名品展試水溫。

當年醫療廠商看準未來陸客自由行商機，例如康聯推出「如同到五星級飯店渡假的高階健檢」、「沒有藥水味、只有咖啡香」；哈佛也以健檢第一品牌的概念行銷大陸市場，醫美廠商爭取大陸市場觀光醫療商機，鎖定大陸商務客，預期這一中高端族群的醫療觀光團，在台灣的消費支出，遠超出一般陸客觀光旅遊支出的一．五倍以上。[7]

由於迴響熱烈，台灣醫療服務專區「健康美麗形象館」自此成為貿協在大陸辦理名品展的亮點之一，王志剛在每場名品展的開幕致詞中，也都特別提及台灣的醫療服務，以更接地氣的方式，拉近大陸民眾與台灣醫療服務的距離。

例如二〇一二年青島台灣名品展上，分成美容生技區、健康醫美形象區，在「美容生技區」裡，台灣廠商邀請山東青島參觀民眾體驗面膜、膚質檢測，試喝含玻尿酸有美容效果的飲品，甚至現場使用按摩器，擦用按摩霜，吸引大批民眾嘗試，展覽尚未結束，產品已銷售一空，北京、上海等百貨公司爭相想引進櫃位，也有不少當地企業想經銷這些保健及美容商品。

在「健康醫美形象區」，貿協以健康美麗精品體驗館方式呈現，館中有各式各樣的體驗活動，二〇一二年的巧心展示，如今回頭看，都還是很吸引人的健康醫美體驗。參觀民眾站上「人體組成分析儀」，輸入身高、體重、年齡，兩分鐘就可以拿到彩色的人體健康分析報告，還有現場體驗玻尿酸保濕導入、水感膠原動力光再生、恢復水嫩亮白無瑕的肌膚，活力氧、動力光及神奇的電波拉皮機，可讓鬆弛老化肌膚，立刻恢復緊緻及光彩。這些健檢、醫美業者都還搭配到花蓮、台北觀光的套組，準備健康樂活行程、體驗台灣各地名產，吸引青島民眾。

醫療科技方面，設有APP互動專區，即利用平板電腦結合醫院及景點，可模擬身歷其境暢遊台灣北、中、南及東部各地；另在舞台區，還有護士教導瘦身操，或者做拼拼樂等互動遊戲。當時青島健康醫美形象館每天都人潮滿滿，大排長龍，體驗健檢或醫美後，不少民眾向現場參展業者及

5 二〇一三年十月衛福部「海峽兩岸服務貿易協議」公聽會之《產業影響評估報告》

6 《台灣經濟研究月刊》第三十四卷第六期《後ECFA時代，我國醫療服務業的新策略思維》

7 二〇〇八年十月八日《經濟日報》D8版

單位諮詢，展現參與台灣健康美麗行程的高度興趣；還有人搭二小時的車，就為了參觀體驗，因為早就聽說台灣的醫療技術及品質、服務都好，而且還可到寶島遊覽，有人聽王志剛開幕致詞介紹健康醫美形象館，談到要做醫美就要做成中華兒女的樣子，還回應王志剛的「召喚」，醫美錢給自己人，別給韓國人賺走。[8]

根據貿協統計的資料，二〇一三年上半年大陸就有近八萬人赴台接受觀光醫療服務。

二〇一三年九月南京台灣名品展期間，當地媒體「中國江蘇網」報導指出台灣擁有世界級的醫療美容技術水準，與歐美國家同步，對台灣名品展中的台灣健康醫美館的評論是，「在展示先進技術和體驗健康檢查方面下足功夫。」媒體提到南京民眾關心到台灣醫療觀光的價格，張正芬代表貿協受訪時說，「一般性的疾病診療費用，大約是大陸方面的三分之一。」在治療之前，為了保障消費者權益，也都要進行保證書的簽署，一旦發生問題，可通過當地辦事處、大陸海協會、台灣海基會來解決爭端。[9]

除了健檢和醫美，二〇一三年舉辦的一系列名品展，更力邀台灣名醫到現場，設置醫師諮詢區，和參觀群眾進行交流。

二〇一三年北京名品展邀請了台大、長庚、台安及敏盛等四家台灣頂尖醫院的六位專科醫師進駐，包括眼科、心臟科、整形外科、皮膚科及微整形等，展覽期間每天提供民眾免費的專業諮詢。展期最後一天，有一位特別從外省市搭飛機趕到展館的民眾，慕名找上當時駐館的台大醫院簡雄飛醫師，想要修補之前在大陸整型整壞的部分；諮詢後也敲定次年安排於台大醫院手術。

台安醫院在產後護理及孕產婦照護領域有豐富經驗，也在北京名品展期間接觸到大陸淘樂思教育管理集團的子公司禦貝，洽談後發現一胎化解禁後，中國大陸育嬰服務市場值得深耕，雙方於是簽署合作備忘錄，透過管理技術交流，提供大陸孕婦及嬰兒更安心、全面的照護。

這一年北京名品展還有一場溫馨的「台灣醫療打造健康美麗人生」見證記者會，吸引包括人民日報、新華社、中央社、海峽衛視、東南衛視、廈門衛視等超過三十家媒體的踴躍報導。

記者會主角是一名來自北京的郭媽媽，當時北京醫院告訴懷孕已二十周的她，在檢查過程中發現，其肚子裡的寶寶患有先天性唇顎裂，存活率不高，照顧十分不易，建議不要將孩子生下來。她另外又去北京協和醫院看診，醫師表示，這種情況是可以被修補的。於是郭媽媽不放棄希望，透過網路，得知台灣長庚醫院的陳國鼎醫師是這方面的權威，因此毅然決然將小孩帶到台灣接受手術、過程順利，翻轉了郭小弟的命運，使其健康快樂成長。

「我認為我的決定非常正確！」郭媽媽在記者會中和大家分享台灣醫療團隊對待病患如家人般呵護，「從入院前聯絡、安排、檢查與治療過程，一直到手術後的一年時間中，醫療團隊的照護與關心沒有停過」，話語裡充滿感謝。[10]

---

8 二〇一一年六月二十八日《經濟日報》A14版

9 二〇一二年十月二十三日，外貿協會服務業推廣中心張驄慧、許承萱「二〇一二年青島台灣名品交易會」健康醫美形象區及美容生技區工作報告

10 二〇一三年十二月十日衛生福利部劉明勳簡任技正「北京台灣名品博覽會，健康醫美形象」出國報告、二〇一三年十二月十三日《欣傳媒》躲過死神之手！先天唇顎裂寶寶 來台醫治生命展新顏

在國際舞台宣傳台灣醫療服務

配合政府積極推動醫療服務國際化及產業化，外貿協會也利用各項管道，推廣台灣優質的醫療服務。在海外的考察團部分，前往韓國、泰國、緬甸、蒙古等地，幫醫療相關業者先做好評估和準備。

二〇一二年倫敦奧運期間，貿協與英國BBC網站進行網路媒體行銷，讓台灣的健檢醫美能夠快速的讓國外消費者看到，並且持續邀請國際媒體來台體驗與報導。同時，在國外機場刊登觀光醫療燈箱廣告，北京首都、上海浦東等，以及在桃園中正機場華航貴賓室安排數位看板，並與華航合作，在十萬張的登機證背面刊登「健康美麗台灣行」的廣告，就是要將台灣最具特色的醫療服務推廣出去，向廣大的中國大陸居民「發聲」，吸引陸客來台體驗醫療服務以及安排觀光行程。

順應陸客消費習慣，貿協鎖定中國銀聯卡，在其宣傳摺頁「台北地圖」上刊登廣告宣傳台灣醫療服務，成功推出「台灣醫療旅遊APP平台」，在iOS與Android系統均可以瀏覽。[11]

外貿協會另在四個國內機場負責營運五個國際醫療服務中心，分別是台北松山機場、桃園第一及第二航廈、台中清泉崗及高雄小港機場，提供搭機旅客國內醫療服務資訊及協助，從二〇一三年啟用到二〇一六年階段性任務結束營運，服務業推廣中心統計，期間服務全球各國人數達三十五．九萬人次，推薦提供醫療服務的業者有六十三家。

除了大陸市場，貿協也努力在東南亞、穆斯林市場尋找台灣醫療服務發展的可能性，例如組東南亞醫療拓銷團，宣導台灣在重症治療的成功案例，以協助行銷台灣醫療品牌。

二〇一二年林口長庚醫院參加貿協舉辦的海外推廣活動，初期在海外辦病友會，邀請曾到長庚醫院治癒的當地病友現身說法，分享來台成功治病經驗，以鼓勵當地病患來台就醫。二〇一三年到林口長庚醫院就醫的國際病患即呈現百分之百成長、二〇一四年更是一五一％的年成長。

王志剛任內創設的台灣醫療服務業國際化的模式，後繼者發揚光大，二〇一五年後，貿協同仁協助林口長庚醫院針對不同目標市場採取不同的行銷規畫，例如在杜拜採醫療論壇，將台灣長庚特色醫療介紹給當地醫師，開發當地醫護人員來台代訓方式，或者由當地醫師轉介重症病患到林口長庚就醫的國際醫療商機。對東南亞地區，則是健康諮詢及洽覓醫療轉介合作夥伴，開發國際病患來台就醫。

人道救援　台灣醫療守護健康無國界

令王志剛留下深刻印象的是越南阮氏的案例。二〇一一年十一月，越南最大外文媒體《VN Express》報導越南中部有位 Nguyen Thi Ngoc Mai（阮氏玉梅）患有嚴重早衰症，長年受罕見疾病所苦的她，已經有生命威脅。

二〇一二年初在胡志明市台北經濟文化辦事處商務組，以及貿協台灣貿易中心駐胡志明市辦事處、台商來億集團、健橋公司與長榮航空等單位協助下，這位實際年齡只有二十七歲，但外表看來猶如七十多歲老婦、罹患「成年型早老症」的越南病患阮氏玉梅跨海來台就醫，阮氏是由弟弟陪伴

11　二〇一二年十月二十七日《經濟日報》AA2版觀光醫療論壇

來台，當貿協與醫療團隊前往接機時，看到的景像，竟像是弟弟陪同媽媽來台就醫。[12]在中國附醫國際醫療中心院長陳宏基這位知名整型外科醫師的巧手下，阮氏在台灣終於獲得重生，二〇一二年五月治癒後返國。

王志剛認為，這個國際醫療案例，已成功讓台灣醫療走向世界，台灣醫界本著人道救援的精神救助病患，已樹立令人尊敬的典範。

經濟部非常認同王志剛的觀點，委託貿協於二〇一二年五月十一日及五月十六日分別在台北、越南胡志明市舉行兩場國際記者會，希望讓國際人士了解台灣優質的健康照護環境，也可開發國際病患來台治病的醫療服務商機，藉此成功建立台灣健康產業品牌及知名度。

阮氏玉梅十歲就發病，來台醫治前，因為沒錢就醫只能吃當地草藥，她在記者會上現身，並說，「我有兩個生日，一個是我出生的生日，一個是我來到台灣的那天，台灣讓我的生命重新燃起希望！」

張正芬說，貿協長期推動台灣觀光醫療，但是罕見疾病、急重症的治療，也是貿協努力的目標，這些罕病和急重症的治療，可以證明台灣醫術已超越國際水準，人道救援的國際醫療案例也成功為台灣醫療走向世界的最佳典範，讓貿協更有繼續推廣台灣優質國際醫療服務的動力。[13]

王志剛在貿協董事長任內，醫療服務轉介平台觸角甚至也伸向中東地區。

二〇一四年二月，貿協與衛福部合作，由衛福部長邱文達帶領台灣近四十名醫療院所代表，遠赴阿拉伯聯合大公國宣傳推廣我國優質醫療服務，透過貿協在杜拜的台灣貿易中心穿針引線，規畫成立我國在中東地區的第一個醫療轉介平台，二〇一四年五月十三日，在貿協的見證下，杜拜

Zebeel 集團與國泰、振興、長庚、中榮與敏感醫院等五家台灣醫療機構簽訂合作意向書，台灣與中東地區的醫療轉介平台正式落實，首發中東醫療團也來台，當日並有三位阿拉伯民眾來台體驗健檢服務。

時任貿協副秘書長的葉明水強調首發中東醫療團來台甚具指標性，中東地區因醫師及護理人員短缺、慢性病人口大幅成長，對優質醫療服務需求很高，在此之前，中東人士習慣到歐、美、韓國及泰國等地區治療疾病，相信此次首發團，可感受台灣高品質的醫療技術與服務，而透過口碑行銷，有助更多中東人士來台使用我國優質醫療服務。

連鎖業者鎖定十二五規劃商機，貿協整合讓珍奶風靡全球六大洲

王志剛也希望外貿協會的服務業推廣中心積極推動連鎖加盟產業，藉由貿協海內外資源，協助連鎖加盟業者除了爭取國際代理商機之外，也能加強品牌輸出量能。

中國大陸是台灣連鎖業者積極對外拓銷的重點市場。二〇一一年三月二日上海舉辦「二〇一一年兩岸連鎖業 CEO 峰會」，王志剛出席致詞時承諾業者，貿協將全力協助業者爭取大陸十二五規

12 台灣服務貿易商情網 https://www.youtube.com/watch?v=NDPyEpwAsOw

13 二〇一三年九月十七日《聯合報》E4 版華東台商

劃所帶來的商機。

王志剛認為十二五規劃對中國大陸經濟有重大的影響，大陸會由國強轉為民富，從強調硬實力，轉為更重視軟實力，這些變化有助於文化創意及服務業的發展。在可預見的未來，大陸無論是製造服務業或生活服務業，成長速度一定很驚人，未來跨足兩岸的台灣連鎖業者若致力品質提升與創新、擴張規模、發展品牌、在大陸超大城市建立以服務業為主的產業，便可運用此最佳時機與在地人合作，並相輔相成，嘉惠兩岸，以服務人本的精神，共同拓展商機。

台灣連鎖業在中國大陸的總部多設在上海，並已有許多台商精英到大陸發展連鎖業，王志剛在「二〇一一年兩岸連鎖業 CEO 峰會」宣示貿協輔導台灣連鎖業者進軍大陸市場的決心，與上海市台協會連鎖加盟工委會，以及台灣連鎖加盟促進會，三方共同簽署「戰略夥伴合作備忘錄」，台北世貿中心由當時貿協副秘書長黃文榮代表簽署，在王志剛的見證下，業者更進一步掌握兩岸連鎖商機。[14]

二〇一二年貿協爭取到經濟部國際貿易局編列推廣預算，從諮詢輔導強化連鎖業者經營本質及策略規畫，提供優秀的當地通路資訊，做為業者布局時參考，在成功展店後，給予宣傳造勢整合性行銷的協助，將台灣連鎖加盟業者的優勢發揮到最大綜效。

六角國際公司旗下的品牌日出茶太（Chatime），對專長行銷的王志剛來說，是一個可以做為行銷課堂上教案的例子。六角國際積極呼應政府推動的新南向政策，採「跳島發展」策略持續布局海外市場，而外貿協會在其品牌的國際化過程中，也略盡棉薄之力。

二〇一〇年，外貿協會印尼雅加達台貿中心協助六角國際與印尼最大五金通路商 ACE

Hardware 簽訂聯合品牌總代理，日出茶太於印尼已展店逾三百家；在印尼舉辦的二〇一九年台灣國慶酒會上提供的即是日出茶太珍珠奶茶，六角國際在印尼市場的經營有成，也成功帶動整體東協市場珍奶熱潮。[15]

六角國際參加二〇一二年三月在巴黎舉行的連鎖加盟展，參展期間，貿協安排有意加盟的台僑業者與六角接觸，而六角國際也因此能在歐洲市場發展連鎖加盟事業。同年七月，法國的台僑決定加盟，開設地點在英國，成為日出茶太進軍歐洲第一個據點，貿協駐倫敦的台貿中心協助邀請我駐英代表沈呂巡、英格蘭台商會會長梁秋生，倫敦主管投資觀光與旅遊的官方單位等貴賓出席門市開幕，並且安排中央社、中國時報採訪，英國ＢＢＣ記者在開幕當天下午專訪日出茶太董事長王耀輝，因這些媒體的報導，捲起一波海外的「台灣珍珠奶茶熱」。

二〇一四年十月，國際品牌協會選拔世界品牌獎項，在其中「連鎖茶飲類」，日出茶太榮獲年度品牌大獎，六角國際董事長王耀輝與總經理張國強代表前往倫敦領獎，而可口可樂、匯豐銀行、英國航空公司、英國國家廣播電台、三星電子、健力士啤酒、亞洲航空等知名國際企業代表均出席頒獎典禮。[16]

---

14 二〇一一年三月三日《台灣經貿網》貿協力推台灣連鎖加盟業，掌握大陸十二五商機

15 《台灣服務貿易商情網》貿協助攻日出茶太印尼三百店里程碑 締造日出茶太手搖飲日不落國的品牌神話

16 二〇一四年十月二十七日《工商時報》台珍奶國際發光 日出茶太獲年度世界品牌大獎

二〇一九年為止，日出茶太在菲律賓、印尼、馬來西亞及柬埔寨都有據點，稱霸東南亞手搖茶市場，更橫跨六大洲，超過四十四個國家及地區，全球總家數近千家，可以說是台灣珍奶海外連鎖霸主。[17]

文化創意產業輸出，用文博會拓展海外市場

除了醫療服務業、台灣特色美食連鎖店，王志剛也積極行銷台灣文化創意產業；二〇〇九年開始，以「台灣文化創意館」名稱組團參加「深圳文博會」，帶領台灣文化創意產業拓展海外華人市場及歐美市場。

深圳文博會是中國大陸唯一國家、國際性、綜合性的文化產業博覽交易盛會，與二〇〇八年的北京奧運、二〇一〇年上海世博會並列為當時中國大陸官方大力扶持的展會。這也是台灣文創業者探詢中國大陸市場的重要平台，台華窯就是當時在台灣文化創意館中亮眼的文創業者。

台華窯創立於一九八三年，素有「鶯歌故宮」之稱，多次獲選為致贈國賓的禮物；近年來，不論是陶瓷窯燒技術、釉色研發、彩瓷技藝，或是產業經營模式都不斷有突破更新，也透過品牌結盟、跨界合作的產業模式，與台灣菸酒公司、國立歷史博物館、台北一〇一、國內外五星級飯店等不同產業及領域的經典品牌結盟，創出不同作品，開拓陶瓷產品的不同面貌。

從王志剛擔任貿協董事長後，台華窯跟著貿協腳步，連年參加「深圳文化產業博覽交易會」，從二〇〇九年開始到二〇一六年為止，在貿協安排下，和兩千多位買主洽談，透過不間斷參與貿協

的活動，了解各地消費文創產品的習慣，逐步打開在中國大陸、華人世界的知名度。

王志剛第二次執掌外貿協會前二年，貿協才成立服務業推廣中心，因成立時間短、執行經費少，貿協帶領台灣服務業往海外發展的成功案例不多；但王志剛在董事長職位六年多便翻轉局面，他能夠活用行銷學專長，整合各項資源，抓緊有利台灣的大環境因素，例如兩岸簽訂 ECFA，都是重要關鍵，最終能讓台灣醫療服務、文創與連鎖加盟服務在中國大陸市場遍地開花，並順利協助手搖飲等食品連鎖加盟體系拓展大陸、歐美與東協據點，可以說是完美結合行銷理論與實務。

17　二〇二〇年五月七日《數位時代》台灣珍奶推手！讓「被嘲笑的目標」實現，六角怎麼利用「以終為始法」達成的？

第十七章

多項創新展覽讓台灣產業推上國際舞台

外貿協會舉辦展覽主要是為協助我國產業及廠商拓銷海外市場，但在王志剛任經濟部長時，便常有業界反應展館不足，參展廠商爭取不到展示攤位，僧多粥少，展示空間小，也影響買主來台意願。

王志剛聽見廠商需要新展館的意見，責成經濟部工業局同仁規畫興建南港展覽館，一九九九年經濟部主導南港經貿園區開發案，集展覽館、觀光飯店和休閒購物中心「三合一」功能[1]，部長任內曾短暫兼任過貿協董事長，王志剛前瞻預見國內經貿迅速成長，會展軟硬體服務必定也要跟進提升。

然而幾經波折，南港展覽館直到二〇〇三年才由行政院核定興建，二〇〇七年底完工，外貿協會接受經濟部委託營運，二〇〇八年三月十三日由第二十一屆台北國際自行車展覽會擔任開館第一展。

王志剛二〇〇八年七月回任貿協董事長，隨著新展館正式啟用，苦於攤位缺口的台灣會展產業，如久旱逢甘霖，許多老字號招牌展覽，不論是攤位、參加廠商及國外買主規模都得以飛躍成長，並且展現新氣象，屢屢締造新紀錄。

工欲善其事，必先利其器，新建展覽館，對負責展覽業務的貿協同仁，有極大幫助，更能讓王志剛率領貿協同仁發揮長才，擘劃出未來展覽業務的發展策略，除了致力推動招牌展覽、持續創新進步之外，也以自己擅長的行銷觀點剖析展覽的定位、區隔、目標，指示貿協同仁開發新的展覽。

當然，行政經驗豐富的王志剛，鼓勵貿協同仁提出各種關於展覽業務點子及創意的同時，也都會在配合政府經貿政策、國際經貿環境變遷及我國廠商貿易拓展需求的基礎上，求取最大公約數，協助參展廠商提高名氣，行銷自家產品或品牌，爭取更多訂單。

貿協主辦的各項專業展中，下列六大展覽，因其專業性與創新性都已成享譽國際的專業展覽：

台北國際電腦展（COMPUTEX）已成亞洲第一大電腦展

台北國際電腦展（COMPUTEX TAIPEI）是貿協主辦的各項專業展當中，最為一般社會大眾所熟知的。由貿協與台北市電腦公會聯手舉辦的國際型專業電腦展覽，究其發展軌跡，前身為「台北市電腦展」，最早在台北松山機場外貿協會展覽館展出，一九八四年英文展覽正名為「COMPUTEX」；一九八五年外貿協會加入辦理展覽的行列後，正式冠上「國際」之名，走向國際舞台。

在台北世界貿易中心啟用後，一九八六年起，台北國際電腦展就固定在此展出，並且於一九八九年正式成為亞洲第一大電腦展，草創時僅為兩千多個攤位的外銷展，順應產業發展不斷注入創新元素。

隨著台灣資通訊產業蓬勃發展，台北國際電腦展穩健經營，逐步成為全球第二大、亞洲第一大，以及展出規模不斷創新高的ICT綜合大展，每年參展廠商及買主人數不斷增加，展覽場館不敷使用，部分參展廠商甚至不得不承租鄰近展覽館的五星級飯店套房充當展示間。[2]

參展廠商經常反應場館不足，二〇〇八年南港展覽館新落成，再加上台北世貿中心展覽一、三館和台北國際會議中心，四館聯展而讓規模擴大，滿足了業者需求；對王志剛來說，這似乎是場穿越時空的巧遇，「部長王志剛」為「貿協董事長王志剛」預約新展館，八年後，國內會展展館不足現象也因而稍有紓解。

二〇〇八年的六月三日至七日，首次使用南港新展館空間的COMPUTEX，一連五天共有一千七百二十五家廠商參展，使用四千四百九十二個攤位，參展廠商數增加二九％，展出規模較前一年成長五三％。展覽期間吸引超過三萬六千位國際買主，稱其為國際資通訊產業採購中心平台，當之無愧。

業界當時有一種說法，將每年一月的美國 CES 消費電子展視作產業趨勢風向球，展會以概念性產品為主力；德國的 Cebit 在三月舉行，展出可供商業上市參考的原型商品，而六月的 COMPUTEX 則配合台灣廠商傲視全球的製造和 OEM 能力，展示已開發量產、商業化的商品，並成為廠商實質下訂單的展覽；這些指標大展前後呼應，蔚為全球科技界盛事。

COMPUTEX 歷經多年演化，從展覽規劃、國內外指標廠商的參與以及周邊相關活動，百花齊放。而展覽要轟動，就是要有看頭，創新永遠是讓會展產業有看頭的支柱。

二〇〇八年為了要鼓勵參展廠商推出更多前瞻產品，貿協特別和德國國際論壇設計公司（iF）攜手合作，設立「台北國際電腦展創新設計獎（COMPUTEX d&i Awards）[3]，在王志剛擔任貿協董座的最後一年，二〇一四年，高達一百零一家廠商、兩百五十四件產品報名競逐 Computex d&i Awards，較前屆分別成長一六％和二四％；產品只要標記 Computex d&i Awards 獲獎榮譽，就更有機會將榮譽轉為實質商機。曾有台灣廠商受訪時表示，參加二〇一四年美國 CES 展的時候，在產品介紹中標示是二〇一三年 Computex d&i Awards 獲獎品，洽詢率和接單率都顯著高於其他展品。

COMPUTEX 展覽期間舉辦的高峰論壇，其「豪華講師陣容」也總是引發轟動，像是二〇一三年高通（Qualcomm）不僅獻出 COMPUTEX TAIPEI 高峰論壇處女秀，主講的總裁暨營運長 Mr. Steve Mollenkopf 也是該公司在台首次公開演講的最高階層，意義非同凡響，當天台積電董事長張

---

2 二〇一一年六月四日《經濟日報》A2 社論

3 維基新聞印刷版紀念專輯《2008 COMPUTEX Taipei & WiMAX Expo》

忠謀及華碩執行長沈振來也現身台下聆聽，展現雙方緊密的合作關係。展覽不光是展示促銷，更重要的是藉此強化上下游供應鏈的關係，溝通最新的產業發展趨勢。

而根據貿協二〇一四年的資料，以COMPUTEX展覽為核心所辦理的趨勢論壇和新產品發表會，總數超過兩百場次，五天展期內平均一天辦理四十場次，儼然是全球ICT產業知識匯流、趨勢預測和創新方案的全方位交流平台。[4]

王志剛在二〇一四年COMPUTEX開幕典禮致詞時說，COMPUTEX在我國出口貿易上占有關鍵地位，以二〇一三年為例，台灣ICT產品占出口總值一千一百億美元的兩成。[5]

回顧王志剛在貿協董事長任內最後一年（二〇一四年）的COMPUTEX，設定的展覽主題，仍是科技業界的發展主流；該屆聚焦於全球ICT產業「軟硬整合」的發展趨勢，針對智慧科技、觸控應用、穿戴式技術、行動運算及雲端技術與服務等五大主題展出。

當時有約二〇％參展廠商（三百餘家）展出物聯網相關產品，而最熱門的項目首推穿戴式產品，共有五十九家廠商展出穿戴式科技產品，Acer推出首款穿戴裝置Liquid Leap、神達推出穿戴式健康管理解決方案，首次參展的聯發科技則秀出為智慧穿戴打造的Aster晶片及LinkIt平台，其他還有包含PAPAGO、首度參展的元太科技、紡織產業綜合研究所在內的等數十家廠商展出智慧手錶、智慧手環、智慧眼鏡、智慧衣。

如今看來，這些當年革命性產品都已成大家習慣使用的日常商品，尤其穿戴式裝置應用於個人醫療，最是嘉惠一般大眾。

二〇一四年在COMPUTEX展還有一項傲人的成就，由國際展覽業協會（UFI）所主辦、素有展覽界奧斯卡獎之稱的 UFI 行銷獎，每年吸引全球頂尖展覽業者爭相角逐，該屆競賽主題為行動行銷（Mobile Marketing），由貿協 COMPUTEX 團隊以展覽場內定位導航、行動 NFC 蒐集買主資料功能、展館內免費 Wi-Fi 無線上網、買主證結合捷運卡、買主預登結合採購洽談會等多項高科技精緻化服務，擊敗眾多國際競爭對手脫穎而出，獲得 UFI 行銷獎冠軍，為我國展覽界四十一年來所獲之最高國際殊榮。

國際展覽業協會更於年會（UFI Congress）中宣布，貿協負責督導展覽業務的副秘書長葉明水獲眾多會員支持與肯定，當選該協會二〇一四年理事。[6]

台灣資訊電子類、機械類、自行車類、汽機車類、運動類、食品類、文具禮品類及醫療健康類等，產業實力雄厚，自然也造就許多知名國際級專業 B2B 展，除了台北國際電腦展、台北國際工具機展（TIMTOS）及台北國際自行車展（Taipei Cycle）等展，都是業界翹楚。

台北國際工具機展（TIMTOS）助攻業者進軍全球

每兩年舉辦一次的台北國際工具機展，前身為「臺灣外銷機械展售會」，自一九七五年開辦展

4 二〇一四年五月二十八日《經貿透視雙周刊》第 393 期，D&I 獎就是商機 CPX 領航新藍海

5 外貿協會提供二〇一四年王志剛在 Computex 開幕致詞稿

6 二〇一四年十一月三日《CTIMES》COMPUTEX 勇奪國際大獎 貿協任國際展覽業協會 UFI 理事

覽，隨著展覽規模逐年擴張，展出品項亦愈趨專業分工，爰於一九八〇年代將工具機部分（占機械展三分之二規模）獨立出來，一九八三年開始首屆「臺灣金屬加工機械展售會」，並自一九八五年起由臺灣機械工業同業公會和貿協共同主辦以協助業者拓展外銷；一九九三年改名「台北國際工具機展」至今。

工具機與機械在台灣產業界居重要地位，被稱為工業之母，台灣的工具機產業具有組裝產能迅速以及彈性製造和應變能力，同時，台灣機械及工具機產業聚落聞名世界，前機械公會理事長徐秀滄二〇一一年受訪時曾表示，「套句業界最常說的話：在台中地區方圓五十公里範圍內，開一台小型貨車，即可在最短時間內將所需零組件採備齊全，回工廠將一台機械、工具機產品組裝完成。」徐秀滄補充，「到目前為止，全世界還沒有一個地方像台灣台中地區所形成之機械產業聚落一般完備。」[7]

身為產業的旗艦展覽，台北國際工具機展和COMPUTEX相同，多年來受限於展覽場地不足，每屆主辦單位無不費盡心思，在消防規定容許的邊緣，將所有可用的畸零地全部畫成攤位，仍無法滿足參展廠商的需求；尤其機械展的使用條件迥異於其他產業的展覽，包括電力纜線、壓縮空氣管線、冷卻用近排水，乃至於地板荷重量等，都需要縝密規劃。

南港展覽館正式啟用後，二〇〇九年三月台北國際工具機展首度在台北南港展覽館以及世貿中心一、二、三館聯合展出，展出規模創新高；隨後的下一屆（二〇一一年），廠商的攤位需求仍高達七千五百個，實際規劃使用近五千一百五十二個攤位，躍身台灣第一大展覽。[8]

前機械公會理事長徐秀滄說，南港展覽館一館讓展覽攤位增加兩千三百多個，才能解決過去機械及工具機業者參加展會的限制，這都是因為有王志剛的遠見，才能為業者創造這麼大的盛會。

值得一書的是，當年ＥＣＦＡ牽動的區域發展優勢，有利台灣工具機產業進軍全球最大的中國大陸生產財市場。台灣工具機產業列入ＥＣＦＡ早收清單的十七項產品，三三%銷往中國大陸。

依照二〇〇九年台灣工具機對大陸出口額與出口比重計算，降稅達一千一百萬美元，大幅節省貿易成本；其中又以數控車床最大宗，相關廠商受惠最大，到了二〇一一年三月，當屆台北國際工具機展，規模創新高、首度超越日本工具機展（ＪＩＭＴＯＦ），成為亞洲第二大工具機展，ＥＣＦＡ早收清單帶來的正向效應，由可見一斑。

台北國際自行車展（TAIPEI CYCLE）與環台賽事同步，名列全球第二大自行車展

由於中央政府、地方政府和業者攜手努力，台灣除了科技島形象鮮明以外，也以「自行車島」聞名國際，自二〇〇九年起試營運而一炮而紅的微笑單車 YouBike，更加速台灣自行車產業從製造業走向融合科技與創新服務的新藍海，緊扣全球環保、健康及休閒時尚的市場商機。[9]

---

7 二〇一一年六月十一日《經貿透視雙周刊》第 318 期　徐秀滄領銜 演繹工具機新時代

8 《機械資訊》648 期——台北國際工具機展覽會 TIMTOS 歷史回顧

9 《貿易雜誌》332 期——掌握五大關鍵變革　台灣自行車產業再躍升

自行車輸出大國日本一九八八年停辦「東京自行車展」後，外貿協會決議於當年將「台北國際體育用品展覽會」的「自行車」區域獨立出來，舉辦「台北國際自行車展覽會」，並與機車展合辦，到二〇一〇年時，台北國際自行車展已成為亞洲第一大、國際前三大自行車專業展。

在環保綠能風潮之下，台北國際自行車展覽規模越來越大，也成為全球自行車業趨勢的產業櫥窗，根據貿協規畫，自行車展不僅要「賣車」，更希望強調柔性的一面，增加自行車服飾及配件的展出內容，訴求「Cycling Life」，也就是自行車零配件結合周邊車身商品、服務和人身部品等三大類，這類產品在歐美先進國家不乏已有上百年歷史的業者，但台灣還在起步萌芽階段，潛在商機無窮。[10]

以上述策略思維注入創新活水，二〇一二年的「台北國際自行車展」特別搭配「台北國際體育用品展」、「台灣國際潛水及水上休閒用品展」與「台北國際運動服飾、布料暨配件展」同檔期展出，以四展聯合的方式，擴大洽邀運動紡織相關大型專業買主來台採購，一次激發台灣運動相關產品的外銷能量。

除了參展廠商精銳盡出，外貿協會並與協辦單位紡拓會緊密合作，聯手出擊，精心規劃一場時裝秀，匯集十四家各具特色的運動服飾、布料和配件展品，為充滿運動氣息的自行車產業，額外增添流行時尚元素。

自行車展期間，還會舉行體育賽事，提高自行車展在國際能見度，這是行銷展覽的手法，王志剛在任內，擴大舉辦自行車環台賽，讓此自行車展又寫下新紀錄。

貿協和中華民國自由車協會配合自行車展期自二〇〇六年起合辦的「國際自由車環台賽（Tour

de Taiwan）」，於二〇一二年正式升級為二．一賽事，來自全世界五大洲二十一支職業自行車隊、名將齊聚南港展覽館，參加自由車環台賽記者會暨參訪活動，透過頂尖職業賽事，吸引多國媒體來台報導，大大增加台灣自行車產業的國際能見度。[11]

總結二〇一二年「台北國際自行車展」結合其他相關展覽組成亞洲最大四合一運動商展之成效，自行車展專業買主達六千人，國際體育用品展等展合計有兩千位買主，整體買主人數達八千位，周邊效益五十億元。當時的外貿協會秘書長趙永全指出，台北國際自行車展確定為亞洲最大採購平台地位，規模直逼台北國際電腦展。

自行車展成為自行車上下游廠商間交流的重要平台，也是國際買主檢視洽訂新產品、新設計與新素材、尋找台灣與國際合作夥伴的最佳時機，這也是廠商積極參與的重要因素。[12]

「就如同被鬧鐘啟動一樣，每年的三月，全球自行車產業，不論是買主、經銷商、製造商及產業媒體，都會因為台北國際自行車展而開始充滿活力。」這是一位德國記者受訪時的親身見證。[13] 一直到現在，台北國際自行車展仍穩坐亞洲第一大、僅次於歐洲的世界第二大自行車展。

---

10 《自行車市場快訊》第一三七期——TBEA代表與貿協談台北展發展策略
11 二〇一二年三月七日《中央社》融合設計，再創巔峰　第25屆台北國際自行車展　開啟另一黃金世紀
12 二〇一二年三月七日《經濟日報》A21版
13 二〇一二年三月七日《中央社》融合設計，再創巔峰　第25屆台北國際自行車展　開啟另一黃金世紀

台灣國際扣件展（FASTENER TAIWAN）讓南台灣工業躍上國際舞台

扣件是工業必須零件，一般將扣件俗稱為螺絲螺帽零件，台灣扣件在全世界扮演舉足輕重的角色，二〇〇九年台灣螺絲產業有一千一百億元營收，大小的螺絲工廠約一千家，全球有一百五十個國家向台灣買過螺絲，台灣堪稱為世界螺絲王國。

早期台灣螺絲產業主要是以標準品為主，但後來台灣螺絲業在汽車、航太用高品級螺絲及特殊規格品項表現突出，值得向國外買主推廣，貿協和台灣區螺絲公會商議後，決定二〇一〇年第四季舉辦「台灣國際扣件展覽會」，擴大國內螺絲產業的國際能見度，為相關產業創造利基。[14]

二〇一〇年的台灣國際扣件展在高雄巨蛋盛大展出，是甚具代表性的B2B專業展。在王志剛的要求下，主辦展覽前後都要有調查資料支持，才能有效、成功協助產業廠商增加訂單拓展市場；根據貿協在舉辦國際扣件展前的調研結果，台南及高雄地區是扣件產業聚落所在，全台約四四%的扣件業者集中於此，已形成高度整合且分工細膩的專業供應鏈，光是高雄岡山就聚集超過六百家扣件廠商。於高雄舉辦「台灣國際扣件展」可收地利之便，讓到場的買主在參觀完為期兩天的展覽後，直接前往各大扣件生產工廠，實地走訪製造環境，縮短買方決策評估時程。

貿協統計資料顯示，台灣生產的扣件產品九成銷往海外市場，為全世界前五大扣件產品供應國，二〇〇九年前五大出口國依序為美國、德國、日本、荷蘭、英國，而銷往美國的產品金額更是占出口總額四成，可見台灣扣件產品廣受高度工業化的已開發國家市場青睞，產品應用範圍包括資通訊產品、機械、建築、精密儀器、風力發電、航太工業等。

跟許多 B2B 專業展一樣，國際扣件展也是每兩年舉行一次，二〇一〇年首屆辦理，台灣國際扣件展覽便成功地打響名號。第二屆（二〇一二年）展出規模比第一屆大幅成長三二%，兩天展期共吸引來自六十五國超過二萬名國內外買主進場參觀，擠爆高雄巨蛋與漢神巨蛋兩大展場。貿協彙整現場與後續採購金額約達二億美元（近新台幣六十億元）[15]，當年一躍成為國際前三大扣件展之一，更是全亞洲最專業的扣件展會。

貿協的買主名單顯示，該次來台的近一千六百位國際買主，來自六十五個國家，當中包含十多國年營業額上億美元的重量級買主。貿協安排了近三百場「一對一採購洽談會」，而在展覽閉幕後，仍有多位買主趕赴離展場僅需三十分鐘車程的路竹、岡山地區產業聚落，拜訪逾六百家扣件廠商。

二〇一四年第三屆台灣國際扣件展，更成為新落成完工的高雄展覽館開館首展，報名開放的第一天即接獲二百家廠商報名使用四百二十個攤位，一舉超過上屆攤位總數。

台灣國際遊艇展（Taiwan International Boat Show）創新策畫成亞洲最大室內遊艇展

台灣遊艇產業歷經數十年發展與演變，在歐美主導的豪華遊艇市場激烈競爭下，仍以高超製造

14 二〇一〇年四月三十日《經濟日報》A19版

15 二〇一二年三月十五日《自由時報》國際扣件展2天成交60億元

技術與客製化能力，奮力轉型建立品牌且備受肯定。國際遊艇雜誌《ShowBoats International》二〇一三年公布全球大型遊艇（八十英呎以上）訂單顯示，台灣以船身合計總長度四千二百七十二英呎超越德國，躋身為全球第六大遊艇製造國。

全台遊艇產業近八成集中在高雄，九成以高雄港為輸出港，高雄可說是我國遊艇產業的孕育發揚地，台灣首次在高雄舉辦大型室內遊艇展，受到各界矚目，二〇一四年時成為僅次於德國杜塞道夫的大型室內船展，也是亞洲最大室內遊艇展。

這項當年令人耳目一新的遊艇展，由經濟部國際貿易局與高雄市政府共同主辦，還有台灣區遊艇工業同業公會支持，委由貿協執行。時任副秘書長的葉明水記得，遊艇拖行進入高雄展覽館費時費工，「我在現場看，一艘遊艇進入展覽館，要耗上三個小時，看到頭都快暈了。」

為迎接台灣遊艇產業的盛會，工作人員三十六個小時不眠不休執行遊艇進場的工作，共有四十餘艘大型遊艇自平面道路運輸至展覽館，形成「路上行舟」的特殊景觀，吸引大批民眾駐足圍觀。

雖然畫面新奇有趣，但當時負責督導的貿協副董事長單驥繃緊神經，他說，運送大型遊艇之前，路程規畫必須縝密，高度是否會碰觸到電線或交通號誌，都要一路盯緊，即使送至高雄展覽館內，也要再三叮囑工作人員，小心火燭，展覽期間安全最重要。

遊艇展在高雄展覽館現場展示六十艘各式頂級遊艇，總價值高達新台幣五十億元的天文數字，創下國內單一展覽展品金額的最高紀錄。當時中信造船集團旗下的高鼎遊艇，以長七十公尺、寬二十公尺的平台船在高雄港浮筒設 VIP 島區，充滿 villa 風情，造價分別是十億及三億元的二艘鋼鋁材質遊艇，以及潤泰集團總裁尹衍樑的帆船「大潤發號」，和一水之隔的浮動碼頭的船艇互別苗頭，成了亮點。

登艇參觀的活動更是遊艇展的亮點與賣點，嘉鴻遊艇造價三億多的遊艇開放參觀，排隊等候的人龍綿延逾百公尺。遊艇、帆船對外採限制性開放，各有上千人上遊艇看個夠，享受「沒錢買也能欣賞」的感覺。

貿協也別出心裁，遊艇展開幕典禮安排全場遊艇同時鳴笛，震撼港都，為展覽揭開盛大序幕；時任高雄市長陳菊、經濟部次長沈榮津、行政院政務委員楊秋興、貿協董事長王志剛一起以揚帆啟航象徵方式來進行開幕儀式。

為了前所未有的創新展覽，王志剛事前蒐集不少產業資料，以求致詞內容豐富、不流於泛泛之談，他說，遊艇產業在台發展近六十年，憑藉高度客製化能力、優良製造技術以及完美工藝水準，廣獲全球買主青睞，名列亞洲最大、全球第六大遊艇製造國，今日能夠辦理世界級的專業遊艇展，更代表我國遊艇產業已邁向新的里程碑。

貿協邀請國外知名豪華遊艇廠如美國快艇製造商 Malibu、法國豪華遊艇集團 Beneteau Group、英國 ISARA Yachts、日本 Suzuki、Yamaha、Toyota 等超過千名企業高階主管來台參觀；王志剛也親自洽邀具購買實力的國內大型企業集團負責人齊赴高雄參觀。

台灣創意發明商機媒合展（Taiwan Innovation Match-Making Show）扶持新創產業

王志剛從新聞報導中注意到，台灣是世界三大發明展包括瑞士日內瓦發明展、德國紐倫堡發明展，以及美國匹茲堡發明展的金獎常勝軍，然而創意雖多，但是從創新走入創業卻不如預期，常常形成「有創新，沒創業」、「有獲獎，沒獲利」的艱困情況。為了讓創業環境更加友善，二〇一四年，他指示外貿協會透過辦理「台灣創意發明商機媒合展」，希望透過貿協海內外的資源，全力洽邀國內外金融、創投、製造、通路與技轉等五大面向買主，幫助台灣的創新有機會轉變成創業。

為了確保實質效益，台灣創意發明商機媒合展在展前便打造專屬的線上媒合平台，公開展品資訊，並且提供買主線上預約媒合時段；預約洽談廠商包羅了各行各業，有大家熟悉的電商億貝（eBay）、香港商雅虎（Yahoo）資訊台灣分公司，也有中國信託創投等國內企業，還有俄國技轉中心NORTH-WEST CENTER FOT TRANSFER、歐洲第二大家電品牌土耳其商Arcelik都派員來台採購，國內外合計共近三百名重量級買主參與盛會，共辦了超過一千零二十五場媒合洽談會，商機約新台幣二億元。[16]

年貨大街展讓上萬民眾進世貿過好年

自政府二〇〇八年開放陸客來台後，中國大陸觀光客數量從二〇〇八年三十二萬多人次，逐年增加，至二〇一五年四百一十八萬人次達到最高峰。

那些年，王志剛率領貿協同仁走遍大陸各大城市辦理台灣名品展，每每親身感受到中國大陸民眾「瘋台灣」的熱潮。回到台北，發現貿協辦公室附近的台北一〇一大樓，每天竟約有二百輛遊覽車、八千名觀光客往返，其中陸客占大宗，行銷大師王志剛於是發揮創意，鎖定全世界華人共同歡慶的農曆春節為主題，指示貿協以B2C消費展模式，結合節慶文化，開辦新展。

二〇一四年農曆過年前的一月十六至二十二日，「世貿年貨大展」粉墨登場，有別於坊間年貨大街，這個室內年貨展的品項內容更精品化、國際化、多樣化，貿協依展品屬性專業規劃展區，包括繽紛年貨區、伴手禮區、除舊佈新用品區、餐飲美食區、國外產品區及特色主題館等，並嚴選優質廠商參展，全力打造高品質的參展內容。七天展覽期間舉辦多項活動，參觀民眾可在展場安太歲、點光明燈，進行宗教民俗趣味的活動；還有五星級飯店廚師現場示範年菜烹飪、工藝大師及書法大師即興創作揮毫。

貿協更特別邀請北港朝天宮媽祖北上駐駕展場，董事長王志剛親自迎接，手捧媽祖神像繞場一周，參展廠商沿途虔誠膜拜，王志剛也為北港朝天宮主推的活動擲筊得（媽祖）公仔，擲出展覽第一筊聖杯，將現場氣氛炒熱到最高點。[17]

貿協同仁和王志剛共同激盪出年貨大展創意主題是「來台北過好年」，以台灣辦年貨文化行銷台灣，相較於迪化街等年貨大街以傳統南北貨居多；世貿年貨展則以精裝商品為主，做出市場區隔，讓來台陸客與國際觀光客一次購足，還能同時體驗台灣獨特的宗教信仰文化。適逢捷運信義線通車，再加上多年來外貿協會帶領台灣廠商拓銷國際市場所帶給民眾的信任感，年貨大展一推出即造成轟

16 二〇一四年三月十一日《工商時報》首屆台灣創意發明商機媒合展全面啟動

17 二〇一四年一月十六日《蕃薯藤滔新聞》買年貨拚經濟過好年 2014世貿年貨大展歡喜開幕

動，續辦至今。

現任展覽暨會議商業同業公會榮譽理事長、前貿協秘書長葉明水當年主管督導貿協國內外展覽業務，他盛讚王志剛提出的年貨大街點子，是個讓廠商、消費者與貿協三贏的展覽；因為農曆年節期間通常不會有產業專業展，王志剛董事長決定舉辦年貨大街展覽，也正好可以提高世貿展館展期空檔的使用率，年貨大街是當年貿協主辦唯一的B2C展覽，相關業者更能因此增加業績收入。

策展最強隊友葉明水，共創三大里程碑

王志剛擔任貿協董事長任內，葉明水為其重要工作夥伴之一，葉明水在其身邊，也見證王志剛為台灣會展產業樹立了前人未有的里程碑：

第一，在經濟部長任內預見台灣未來產業發展需要，增加展覽館硬體設備，舒緩台灣展館不足現象；南港展覽館之外，高雄展覽館及台中展覽館接連設立，即便中南部的展覽館交由民間負責營運，但台灣重要的城市都有自己的展覽館設施，有利會展產業發展。

行政院二〇〇四年《觀光及運動休閒服務業發展綱領及行動方案》報告中指出，一項展覽為舉辦地城市周邊所帶來之經濟效益約為展覽主辦單位收入之八至十倍，並間接帶動如旅館、航空、餐飲、公關廣告、交通、旅遊業等相關產業之發展，對無形貿易成長貢獻良多。

第二，王志剛以曾任經濟部長的經歷與視野，因應台灣各區域不同的產業聚落，創立符合在地產業特色展覽。高雄展覽館落成後，第一個開幕的展覽是扣件展，接著是遊艇展，迄今都還是高雄

重要的展覽。台灣南部重要產業透過專業展，增加拓展海外市場的訂單，此種正向循環，有利在地產業與會展行業形成產業生態圈，共存共榮。

第三，擴大台灣會展規模，接軌國際，並積極參與國際會展組織，提升台灣在全球能見度。

葉明水說王志剛任內帶領貿協同仁積極參與國際世貿組織，並當選世貿中心協會理事，爾後，台北世貿中心持續於世界貿易中心組織扮演重要角色，二〇一四年王志剛卸下貿協董事長職位後，當年貿協負責督導展覽業務的副秘書長葉明水接棒，持續向國際推廣台灣會展產業。國際展覽業協會於年會（UFI Congress）中宣布，葉明水當選該協會二〇一四年理事。

二〇一五年後，葉明水三度獲推選為ＡＦＥＣＡ（亞洲展覽會議協會聯盟）理事長，積極促進台灣與亞洲會展合作商機，並在世界貿易中心協會（ＷＴＣＡ）第四十八屆年會當選理事。葉明水說，王志剛覺得長期會展產業發展，會需要更多展館及與國際接軌，王志剛身為學者，很認真地了解接收各種專業展的知識，再加上曾為經濟部長的決策高度，為我國會展產業做了許多了不起的大事，台灣會展產業也進入另一個新紀元。

第十八章

用魔鬼訓練養成貿易精兵的培訓中心

一九七〇年政府設立外貿協會因應台灣經濟結構改變，到一九八五年，台灣已名列世界第十五大貿易國及第十一大出口國，出口快速成長的台灣，卻面臨對外貿易人才供不應求的發展瓶頸。

一九八〇年，政府舉行的全國經濟會議曾經討論過培育貿易人才議題，在一九八四年經建會（現為國發會）的調查報告中，以及一九八五年行政院召開經濟革新委員會的研討結論，皆認為我國需要設立貿易人才訓練機構。[1]

經建會的調查報告中發現，大小型貿易商齊喊覓才不易，反映「不易請到適當人才」的小型貿易商占五九％，而大型貿易商則高達九二％。經濟部一九八六年委託中華經濟研究院對大貿易商的發展作過一項研究調查，有八五％的受訪貿易商認為我國發展大貿易商不會成功，理由是沒有人才。[2]

這樣的時代背景是外貿協會「培訓中心」誕生的原動力，政府呼應企業對貿易人才的需求，當年行政院指派趙耀東等人負責召開經革會，此會當時建議行政院責成經濟部制訂人才培訓政策，經濟部交由外貿協會實際負責訓練，原擬設立「中華民國貿易研修院」，後又改為「經濟部貿易人才培訓中心」，在時任經濟部次長王建煊大力支持下，外貿協會廣邀產、官、學界代表及專家研議，試辦「貿易人才培訓中心」，開設「貿易人才養成班」，大部分經費由政府編訂預算支應，以政府力量培訓企業所需人才。

當年國內各大學雖多設有國貿系，但畢業學生或出國留學，或在銀行等單位任職，真正從事貿易工作的人並不多，經常是由能寫出外文書信的人擔任起貿易工作，貿易商缺乏經貿專業能力的員工，自然便構成貿易擴展到某階段，難以再突破的障礙。

王建煊在當年新創的培訓中心開課前，接受記者訪問，他希望培訓中心能做到一如哈佛大學管理學院的聲望，畢業的學員不僅能符合國內貿易業的需要，更要能成為最受業界歡迎的人才；經濟部對貿易人才培訓中心給予最大的支持，設備、圖書資料等用錢便能買到的硬體，一定寬列預算使其達到世界一流；師資方面，也將延聘國內外各大學最好的教授；至於教學方式，則採軍事化的管理及嚴格的淘汰，絕不能砸了培訓中心的招牌。[3]

培訓中心主要工作有貿易人才職前訓練及廠商在職訓練兩大類，其中職前訓練以貿易人才養成

1　一九八七年五月五日《聯合報》2 版
2　一九八七年一月三日《經濟日報》2 版
3　一九八七年一月三日《經濟日報》2 版

班為主要業務，目的是為培養兼具外語流暢與國際貿易實務人才，促進國內產業升級。

一九九九年，在王志剛擔任經濟部長時期，外貿協會貿易人才培訓中心更名為「國際企業人才培訓中心」（ITI），以因應業界對二十一世紀國際行銷與經營人才需求。當年七月也開辦「碩士後國際行銷特訓班」，憑藉貿協招牌為特訓班學員與科技廠商洽妥保證就業機會。[4]

軍事化的魔鬼訓練營，業界爭搶畢業學員

培訓中心在一九八七年一開始設「貿易談判人才訓練班」、「貿易人才高級班」、「貿易人才專題研究班」及「貿易人才養成班」等四個班次，但以「養成班」為核心班次，招生對象為大專畢業社會青年，學員考進該中心養成班，集中膳宿，接受嚴格的軍事化管理，完成長達兩年的密集訓練後，由該中心保證「全部就業」。

王建煊當年說，這是「貿易軍校」及準公立「貿易學院」，訓練出來的學員被稱為外貿先鋒隊或外貿尖兵，在兩年魔鬼訓練營培訓中，第一年是密集的語文訓練，學員集中住在新竹，早晨六時起床至晚上十時就寢，所有時間全由「中心」安排，如同上「軍校」，用意即在培養一支名副其實的「貿易精兵」，為我國產品在世界各地開拓市場。

培訓中心甚至安排部分老師住在校園內或附近，全天候輔導學員，創造全英語環境，輔以經貿基礎課程，此種特殊學習環境迄今仍然少見。

貿易人才養成班第二年是貿易專業訓練，教學以實務為主，延聘權威學者及專家講授，學員結

業後，可立即投入「戰場」，「一律保證就業」。

培訓中心也陸續開辦日、韓、德、法、西班牙文，二〇〇八年王志剛專任貿協董事長時，新增阿拉伯語及葡萄牙語等特種語文訓練班，造就區域市場專家，更滿足企業拓展中東、巴西等市場的需求。

二〇〇八年全球金融海嘯，許多人飯碗不保，但當時的ＩＴＩ學員結業後，工作機會依舊很多，比當年大學畢業生還多出十倍。

「二〇〇九年畢業的碩、學士平均每人僅有零點五個工作機會，國企班結業學員有十倍以上的機會。」王志剛以貿協董事長身分主持「國際企業經營班（國企班）」和「國際貿易特訓班（國貿班）」畢業典禮時，引用外貿協會提供的數據指出，二〇〇九年ＩＴＩ結業學員，平均每人還是有超過五個工作機會，二〇〇九年畢業的三百零二位學員都是工商業搶著要的人才，甚至有學員到日本實習，當場被日本企業挖角。

培訓中心所訓練出來的學員，甚受績優廠商歡迎，二〇〇九年華碩電腦提供二年期英語組學員到該公司位於歐洲各據點見習的機會，並免費提供住宿及協助辦理簽證，顯示企業界對國企班學員的重視與肯定。

根據貿協提供的資料，到二〇一九年，ＩＴＩ學員畢業後，一人有九到十個工作機會可供選擇，在培訓中心成立多年後，ＩＴＩ學員在就業市場炙手可熱情況，不減反增。

4 一九九九年四月十四日《經濟日報》25版

未任公職前參與課程設計與授課，深受學生愛戴

王志剛與貿協的培訓中心淵源極深，尚未正式轉任公職之前，便跟培訓中心有連結。一九八七年經濟部次長王建煊要求有行銷大師之稱的台大國貿系主任王志剛為「貿易人才養成班」規劃課程，並擔任第一到第六期行銷課程顧問及講師，也負責甄選師資、督導教學，連續幾年，王志剛都獲得教學評鑑的第一名，他運用在業界及學界人脈，建立行銷單元課程的講師群，後來即使在投審會、商業司公務繁忙，王志剛仍堅持到培訓中心教課，直到升任經濟部常務次長初期還是培訓中心講師。

福特大中華區副總裁張偉昌於一九九〇年到一九九二年的兩年間，在貿易人才養成班英語組上課，他回想王志剛當年上課情形，「王老師相貌堂堂，講話很有說服力，形象很有權威，但腦袋裡有很多創意，市場行銷是很需要創意的一堂課，在他的詮釋之下，活靈活現地傳授行銷學給我們這些學生。」

張偉昌因此對這門行銷課程非常感興趣，「貿協標舉的課程著重實務運用，不只是學科理論，王老師設計課程，將此原則發揮到極致，對以前王老師所上的行銷課，大家印象都很深刻。」

張偉昌說，「當時電腦的 power point 沒那麼方便，王老師上課喜歡將投影機放在他講台前面，自己戴起太陽眼鏡，拿著筆，在投影片上直接寫、直接畫，投影到大螢幕給學生們看」。「上課不是採用固定教材，常找當年最熱門或有話題的行銷廣告案例當做課程實例。」張偉昌回憶那時培訓中心行銷課的課堂場景。

「王老師的課很受歡迎，講課生動活潑，在課堂上，他會舉出很多實務案例」張偉昌說，以前

電視播出一支感冒藥廣告，影片中先生很瘦小，太太比較魁武，王老師解釋這則廣告強調的誇張對比效果，便在空白投影片上手繪廣告畫面，太太進臥房跳上床，一旁躺著的先生便飛也似地彈起來，在那個電腦還不盛行的時代，王志剛邊畫邊講課，畫得很快，當場呈現廣告形象。

在那個時代，王老師唱作俱佳，邊講邊畫的教學方式，生動活潑，非常新穎，這是做為學生的張偉昌，從來沒體驗過的新鮮上課經驗。

一九八九年至一九九一年在貿易人才養成班英文組上課的貿協林政得高級專員則回憶說，王志剛當時是台灣大學最受歡迎老師排行榜第一名，聽說王老師要來授課，大家都引頸企盼，十分期待。一般的行銷管理課向來偏重文字的敘述，每本課本都厚厚地像磚塊一樣，讀起來很吃力，王志剛沒有照本宣科，常以風趣的講解，讓學生輕易地瞭解課程主題的內容，這對一些沒學課行銷學的學員來說，是非常可貴的學習經驗。

特別的是，王志剛將數學的計量方法導入行銷管理中，這是當年少有的教學方法。王志剛在課堂上強調，任何消費者的滿意度、喜好都可以量化，再經由迴歸分析等數學方法，得到決策的依據，他並舉一家機車廠委託的設計案為例，那時接案團隊根據幾張座椅不同的設計圖，以量化消費者喜好的方式做成問卷，請人在加油站詢問機車騎士，再將問卷結果以數學方法分析後，交給機車廠，整個過程只有幾天而已；這設計案後來被機車廠接受，也加以量產。

在培訓中心講課，王志剛經常妙語如珠，幽默、精彩的話語，課堂裡笑聲不斷，但當同學們沉醉其中時，王志剛也不忘提醒同學，輕鬆授課氣氛，不代表學習態度應該鬆懈。

有次王志剛講課講到一半，突然停下來，嚴肅而正經地說：「剛才我看到沒有人在做筆記，大家應該將老師講的記下來才不會忘記。」語畢，課堂的氣氛驟變，同學們紛紛拾起筆來，振筆疾書。王志剛不光是在培訓中心課堂上傳授知識，還暖心叮嚀學員，王志剛說：「大家畢業後要在經貿崗位上做出貢獻，所以健康很重要，你們每一個人都要給我把身體顧好。」這句具有師長權威、語重心長的話，至今還留在林政得這些培訓中心的學員心裡，他們覺得當年老師的厚望仍在，至今也還深刻感受老師對他們溫暖的關懷。

王志剛二〇〇八年七月專任貿協董事長，仍未忘情他最熱愛的「王老師」身分，八月三十日即專程赴培訓中心「品牌與通路行銷人才養成班」講授「行銷新觀念」。每年培訓中心國企班、國貿班的聯合畢業典禮暨開學典禮，王志剛也從不缺席。

馬總統肯定 指示ITI設中南部校區

二〇一一年馬英九總統在「提升國人英語能力行動方案」會議中，特別對貿協所辦理的國企班英語成效表示讚賞，並責成行政院各部會參考以貿協國企班的訓練方式開辦英語「短期魔鬼訓練班」。為瞭解國企班的運作，馬英九由當時的經濟部長施顏祥、貿易局長卓士昭及外貿協會董事長王志剛、秘書長趙永全、副秘書長黃文榮等人陪同，親自訪視外貿協會新竹光復校區培訓中心，還化身成「馬老師」，用流利的英文和學員暢談，稱許學員優異的表現。

國企班的成功經驗在馬總統的肯定下，受到許多單位的重視，除了行政院人事行政局與貿協洽談合作外，職訓局更仿效國企班的模式推出新課程，國防部也派專人前往國企班參訪，期藉由學習國企班的培訓方式，各部會也能推出有效提升英語能力的方案。

培訓中心一開始集資一億元，設立新竹光復校區為永久校址，作為培訓貿易專才的發展基地，馬總統也指示ITI在中南部設立分校，培育更多有志經貿工作的青年；二〇一四年，ITI成立台中校區，而王志剛卸下貿協董事長後，二〇一六年，貿協培訓中心設置高雄校區。

WTCA頒發培訓中心「貿易教育服務類評鑑最佳營運獎」

WTCA（世界貿易中心協會）每年舉行世貿中心服務評鑑，由全球會員自由報名參與評選，WTCA每年公布評選結果，二〇一二年，貿協有八項滿分榮譽，其中，培訓中心榮獲「貿易教育服務類評鑑最佳營運獎」。

當時WTCA執行長艾瑞克．道邇（Eric R. Dahl）親自從紐約飛到台灣，他看到台北世貿中心各項機能完善，且在亞太地區經貿推廣服務經驗充足，於是代表WTCA邀請貿協幫忙該協會培訓亞太經貿人才。

對王志剛來說，獲獎不僅是榮譽也是責任，欣然接受邀請，未有推辭，並協助包括大陸、韓國、日本、香港甚至東南亞等地區培育經貿人才，促進各地經貿交流。

在此之前，貿協就曾接受過韓國大韓貿易投資振興公社（KOTRA）及日本貿易振興機構（JETRO）等經貿中心的委託，代為培訓經貿人員。[5]王志剛任內，培訓中心在經濟部國際貿易局的支持下，又接下一項新任務，於二〇一二年推動「會展人才培育與認證計畫」，再次於國際專業領域獲得肯定。

計畫之一的成果是獲得美國國際展覽與活動協會（International Association of Exhibitions and Events，IAEE）授權貿協培訓中心，在台辦理國際展覽認證（The Certified in Exhibition Management，CEM），目的在提升展覽管理專業技能，成效廣受全球展覽業界認可。

二是獲得美國國際展覽協會（Convention Industry Council，CIC）和國際會議組織（Meeting Professionals International，MPI）共同發展的國際會議認證（CMP，The Certified Meeting Professional），此為全球會議界的知名證照之一。

為了協助學員通過證照考試，外貿協會在每年五月規畫二十五個小時的先修課程，由MPI派外籍專業教師來台，全程以英文授課；之後還有類似考前衝刺班的CMP Boot Camp，邀請通過認證的學長姐分享考試方向與準備工作，最後需要自修六百頁的英文教材。對會展從業人員而言，CEM與CMP認證的進修課程是將工作實務化身為知識化和系統化的學習。

二〇一二年十一月三日培訓中心在新竹光復校區舉辦二十五周年校慶，王志剛致詞時說，回到貿協當董事長，看到ITI滿二十五歲，培訓出許多優秀的校友，受雇於台灣各企業，「就像看到自己小孩長大並且功成名就一樣，非常感動。」以一個並沒有教育部認可、授予學位的訓練單位而言，能普遍受到大專畢業青年的青睞和產、官、學界的肯定，王志剛也深深感到沒有辜負國家社會對ITI的期許。

ITI校友感佩貿協行銷台灣　為廠商拓展商機

貿協培訓中心的校友遍布各行各業，他們還成立社團法人 ITI 校友會，王志剛專任貿協董事長時，在台灣福特六和汽車擔任副總的張偉昌，和 ITI 經貿班同學拜訪王志剛，張偉昌為校友會會長，當時他代表校友們表達對老師的感念，向王志剛報告培訓中心校友們在各領域的努力成果，並且準備了同學簽名的福特汽車模型，送給王志剛，祝賀老師就任貿協董事長新職。

張偉昌記得那是在二〇〇九年，與王志剛董事長的會見過程中，王志剛跟校友們提出到中國大陸舉行台灣名品展的想法，並口頭邀約同學們赴南京參加展覽。「後來第一屆台灣名品展在南京舉辦，我們就真的號召二十個同學到南京，有很多人專程前去」。

一行人到南京名品展，張偉昌感受到王志剛的深厚影響力及寬廣且有高度的視野，「老師本來就是行銷專家，擔任公職後，在經濟部長任內也做得有聲有色，離開官場後，再到貿協，老師的資歷相當完整，從官場到半官方機構，他的影響力及視野可以充分發揮。」

張偉昌說，從南京名品展後，中國大陸各省市每場名品展都非常成功，廣受好評，「我的大陸朋友也稱讚名品展，參觀的人很多，大陸當地民眾也自此才開始有『台灣印象』」，例如台灣的貢丸湯、烤香腸都很受歡迎，台灣美食口碑也在大陸民眾間流傳。

「後來想想，當時大陸人到台灣觀光的人不多，王志剛用很有系統的方式行銷台灣，那時在中

5　二〇一二年九月十五日《經濟日報》5版

國大陸各個省市連續舉辦台灣名品展，大陸民眾因此更了解台灣」，張偉昌說。

王志剛領導下的貿協，主動推出台灣名品展，張偉昌觀察，台灣名品展就是個很好的「品牌」，由貿協主辦的展覽，對大陸民眾很有說服力，很有代表性，王志剛是台灣商品最佳推銷員，從最接近民生的食物著手，讓大陸人喜愛台灣的美食，這剛好跟後面幾年，陸客來台潮流，互相作用，形成正面影響。

「過去台灣好像只是以代工為主，台灣民間生活文化、美食不太受到注意」，張偉昌認為，王志剛是引領潮流的推手。

「他以一系列的台灣名品展與上海世博台灣館的活動，把台灣的形象，一下子提升起來，從現在回頭看，執行的高度及廣度都相當了不起。」

曾在學界執掌教鞭的王志剛，從老師身分轉換到公務系統，再回到半官方機構擔任貿協董事長，張偉昌認為，當時兩岸往來氣氛剛剛轉變，王志剛有這樣的因緣，以卸任經濟部長的背景，能夠更自由地拓展兩岸關係。

張偉昌也在第一次南京台灣名品展中的晚宴場合，見識到王志剛「商界外交人才」的個人特質。「那時貿協設席百桌，大陸台商及參展廠商都是賓客」張偉昌回想，王志剛身為貿協董事長及老師身分，還專程走過來跟他們敬酒，讓人感受到王老師除了學養之外，還有一種難以形容的魅力，使整個場面熱鬧活絡。

「王志剛任內的外貿協會，能見度很高，並將貿協位階拉到空前高度，」張偉昌對王志剛的欽佩，溢於言表，「王董事長的宏觀視野及行動力，為台灣企業爭取到龐大商機，對台灣經貿發展貢獻良多。」

第十九章

勇闖開發中國家，菁英部隊打出漂亮經貿戰役

王志剛二〇〇八年七月接任外貿協會董事長，上任未滿兩個月，全球捲起金融海嘯，遭逢前所未有的挑戰，但卻不減王志剛奮力突圍的鬥志；他帶著貿協同仁拓展海外據點，馬不停蹄，宛如將軍率兵征戰一場又一場戰役，為國家經貿外交盡力，為世界各角落台商盡心，為自己留下畢生難忘的回憶。

美國雷曼兄弟公司於二〇〇八年九月宣布破產之後，全球金融市場危在旦夕，無法預料的黑天鵝在西方世界裡滿天飛，甚至到二〇一一年，還發生希臘、西班牙等歐盟國家政府公債違約危機，金融體系不安定，自然殃及實質經濟成長表現，為了因應金融海嘯，美國聯準會實施至少四波的量化寬鬆政策（QE），不斷印鈔救市，歐美經濟體質逐漸劣化的趨勢難擋，台灣是個外銷為主、小而開放的經濟體，難以置身國際局勢之外，海外訂單因而大幅流失，經濟也深受衝擊。

王志剛面對艱難，並不畏縮，越是困頓環境，越能考驗應變能力，王志剛先是從大方向思考策略，他覺得發展及深化與國際經貿界的關係，才能協助台商走出台灣、從事貿易；貿協跟各國政府

所轄經貿推廣機構及工商團體簽署合作協議，建立聯繫管道及友好關係，才有利台灣推動對外經貿工作。他在貿協董事長任職期間，貿協總計和各國政府及重要經貿組織簽署一百五十三個合作備忘錄，王志剛希望藉此鋪路打先鋒，助台灣企業一臂之力，以拓展海外市場。

二〇一一年，貿協就成功爭取台灣主辦第二十四屆亞洲貿易推廣論壇（ATPF），在當時亞洲崛起的國際環境氛圍下，能夠舉行這次論壇可說是正逢其時。

ATPF成立於一九八七年，為亞洲各國貿易推廣組織最重要的交流合作平台，不少亞洲國家的重要貿易代表都應邀出席二〇一一年在台北舉辦的盛會，例如日本貿易振興機構（JETRO）理事長林康夫、大韓貿易投資振興公社（KOTRA）社長趙煥益、中國國際貿易促進委員會（CCPIT）副會長王錦珍，及香港貿易發展局（HKTDC）總裁林天福等。

二〇一一年亞洲貿易推廣論壇會議主題為「邁向亞洲經濟整合新紀元」，討論全球經貿最新趨勢、貿易推廣機構應如何加強合作，以及協助企業拓展全球市場等議題。[1]

王志剛當年預見世界區域經濟發展結構的改變，他在亞洲貿易推廣論壇中指出，全球經濟充滿不確定性，亞洲已成為引領全球經濟成長的重要引擎，亞洲各國貿易推廣組織合作，在此時（指二〇一一年）更顯重要，台灣能爭取舉辦年會，「意義非凡」。

貿協搭橋，強化台灣與美日經貿合作

貿協立足亞洲，站穩腳步，經營全球各個市場，只要能與各國或經貿組織發生關連的機會，都要把握，因為處處有商機。

王志剛擔任董事長期間，貿協和重要貿易夥伴美國簽署兩次合作意向聲明書，都是與美國官方商務部簽署，當年被視為台美經貿關係的重大突破。

二〇一二年十月三十一日王志剛和美國商務部主管國際貿易事務次長桑傑士（Francisco Sanchez）共同簽署「太平洋商貿橋樑協議」意向書，為兩國企業提供一次連接太平洋兩岸的商貿橋樑。

二〇一二年往前推移十年，台、美之間官方的經貿往來，層級較低，桑傑士是來台的最高階商務部官員，美國商務部官員和台灣具官方色彩的貿協簽署協議，有著指標意義，當年桑傑士奉美國總統歐巴馬之命來台，代表台美「雙邊關係跨出的重要一步」，象徵台美關係發展另一重要里程碑。

桑傑士當時發表三項聲明：強化雙方經貿關係、強化就業率以及鼓勵美國企業投資台灣，攜手搶進大陸市場。

當時兩岸關係解凍緩和，中國大陸也漸由世界工廠轉型成世界市場，這些變化，吸引美國選擇與大陸同文同種的台灣，做為前往中國大陸市場的夥伴，而兩岸正洽談經濟合作架構協議（ECFA），美國想經由ECFA管道進入大陸市場，共享中國大陸給予台灣的特殊惠台措施，不少美商都希望能與台灣產業界互蒙其利。[2]

貿協與美國商務部就此一直維持密切往來，二〇一四年再由貿協副董事長單驥代表率團赴美，

---

1 二〇一一年四月十四日《聯合報》AA3版／財經

2 二〇一二年十一月一日《經濟日報》A4版

單驥記得台灣經貿團規模很大，此行延續二〇一二年的基調，確立台美兩國企業未來相互貿易投資，建立合作交流平台。

二〇一四年，貿協與美國商務部旗下 U.S.and Foreign Commercial Service 簽署貿易及投資合作意向書，在此之前，美國已與七個經濟體簽署貿易投資意向聲明書，台灣是第八個。

不只美國，二〇一三年日本以對等民間貿易組織-日本貿易振興會做為代表，與我國的貿協也簽署合作備忘錄，美、日兩個台灣重要往來國家都與我們有更深一層的經貿合作約定，這讓王志剛頗感欣慰。

廣設海外據點，深入偏遠或無邦交地區

外貿協會肩負協助政府拓展經貿外交、服務全球各角落台商的兩項重要任務，這是來自於李國鼎創立貿協的構想，當時李擔任經濟部長，希望賦予貿協完成政府各單位沒有能力、或不方便介入的任務，貿協成立後，就經常為政府分擔經貿外交工作，而且使命必達。

貿協的海外辦事處等同於延伸政府經貿工作的據點，其功能不僅提供台商爭取全球各地訂單的資訊，還能促進與當地的雙向貿易關係，增進台灣與各個區域市場的接觸往來，延伸國家影響力及外交領域。

王志剛清楚認知貿協設立的初衷，也奮力達成目標，在他的擘劃與帶領下，貿協與各區域市場或無邦交國家建立經貿聯繫管道，並廣設新據點，擴大貿協的全球網絡，以便為全球台商提供更多、

更好的服務。

對貿協來說，不論是中國大陸、新興、成熟（歐美日）或是各個市場都同等重要，只要是過去少有著墨的區域，都必須加大力道推進。

就像俄羅斯是很大的市場，台商卻不容易進入，例如距離台灣很遠的中南美市場，台商久久才能去一次，這些陌生國度又有語言隔閡，台商不得其門而入，但偏遠區域常有意想不到的黃金商機，因此貿協才更需要在離台灣很遙遠的地區設置海外辦事處。

貿協前秘書長林芳苗說，王董事長任內那幾年貿協「對外業務蒸蒸日上」，那時因為擔當企劃財務處處長職務，林芳苗必須精準規劃和管控貿協預算，以堅實的行政支援，讓王志剛無後顧之憂，往前衝刺。

林芳苗回想那時情景，王志剛有如將軍，率領貿協同仁組成的菁英部隊，跑遍全球各大市場，因為王志剛的積極往外發展策略，讓他們「身經百戰」，經歷無數場美好戰役。

林芳苗說，王志剛董事長對於赴海外設點，策略指令其實很簡單，只要是發展中、成長中的潛力市場，若對台商有幫助，就須考量是否到該地設置海外據點。當然，除了協助台商之外，也服務當地商人，讓當地人了解台灣市場，活絡台商及當地商業的關係，目的是雙向往來、創造雙贏，某程度來說，往來型式可提升台灣與當地實質的外交關係。

在王志剛擔任貿協董事長六年多的期間，幾乎是同步跨出新設海外辦事處的腳步；從最早二〇〇九年新加坡辦事處開幕，到二〇一一年設置洛杉磯辦事處，之後，貿協便加快速度成立其他區域市場的辦事處。

二〇一二年短短一年內開立科威特、聖彼得堡、大陸上海及北京四個據點，二〇一三年設緬甸仰光、菲律賓馬尼拉、印度加爾各答、大陸青島和廣州，二〇一四年增加大陸成都及大連兩據點，在大陸共設了六個駐外單位。

海外辦事處開幕籌備煞費苦心，訓練員工主持站上舞台

林芳苗回憶緊鑼密鼓廣設海外辦事處的那幾年說，王志剛到貿協之後，同仁們感受到不同以往的管理風格，「凡事提前詳盡規畫」只是最基本的工作要求，更要用心思考一項工作背後，代表何種意義。

從海外據點的開幕準備過程中，林芳苗看到王志剛這位長官的思慮與眾不同，王志剛從行銷角度思考，他認為新設海外辦事處的首日，就是與當地重要貴賓溝通的最好時刻，透過細心安排的開幕典禮，能夠彰顯開設辦事處帶來的意義，更可鋪排辦事處未來營運順利之路。

一般開幕典禮多半有光鮮亮麗的布置，卻常常是形式重於內容，雙方主貴賓在檯上致詞，同時間檯下來賓各自聊天，開幕典禮似乎只是一場社交場合聚會而已。王志剛打破這種制式思維，他特別要求同仁要精心製作典禮上播放的影片，現場一定要準備超大型螢幕，放映影片時，全場各角落都能清楚看到。

他希望影片敘事方式必須生動且具震撼力，能讓與會貴賓留下深刻印象。觀眾透過影像，很快地了解寶島台灣，並接收到貿協提供各種服務的訊息，但影片不只於老王賣瓜，光說台灣好，也要

讚揚在地市場優點，「我們要先肯定對方，要不然台灣來此設處做什麼？」

在王志剛的要求下，貿協每一個海外新據點的開幕典禮流程，都經過細膩設計及多次演練。林芳苗記得，每一場典禮開始不久，現場燈光逐漸變暗，慢慢醞釀氣氛，原本喧嚷的晚會現場沈靜下來，接著播放十分鐘左右的影片，內容除了介紹台灣，也提及當地經濟正在崛起，是非常重要的市場，因此貿協特地前來設置辦事處，這樣的說法讓在地官員及商業界人士非常有感，也拉近我方與在地人士雙方的距離。

「董事長是個很認真的人，行萬里路，讀萬卷書，而且非常有創意」，王志剛對事、對人認真細心又到位，這是林芳苗與王志剛共事時的貼身觀察。林芳苗還有更佩服長官之處，她說，在接待外賓前，王志剛除了熟讀同仁準備的資料外，還事先要求秘書於網路上搜尋外賓的所有關鍵詞，並比對同仁資料是否有遺漏，和外賓見面談話時，也會適時穿插來賓曾有過的「豐功偉績」，讓外賓留下深刻印象。

王志剛在貿協董座期間，主張由同仁擔任大型活動主持人或司儀，他們其中有人曾是台灣館、台灣精品館的重要工作人員或導覽員，經過老師特訓，個個台風穩健，主持活動表現備受好評。

貿協在籌備海外辦事處開幕典禮時，常找不到同時會講中文及當地語言的雙語主持人，而貿協人才濟濟，不少同仁精通各國外語，此時，貿協自己訓練的員工便成為最好的主持人選。

林芳苗記得，例如在中國大陸，雖然有眾多主持活動人才，但陸方反而喜歡貿協同仁主持的表現，不少大陸人對貿協同仁主持活動的評價是「非常棒」，除了貿協同仁熟稔相關業務，比起自外請來的主持人更能進入狀況，大陸各省從二〇〇九年之後爭相邀請貿協赴當地辦台灣展，大陸人掀起台灣熱，連台灣人講中文的腔調，都覺得有特殊魅力。

增設大陸據點，官員藏頭詩賀開幕

二〇一二年到二〇一四年，貿協在中國大陸新設六個據點，分別是二〇一二年的上海、北京，二〇一三年的青島、廣州，二〇一四年的成都、大連；中國大陸高度重視每個據點開幕，均安排一級官員如市委書記、市長、省委書記、省長、台辦主任等重要官員出席及致詞。

二〇一二年，北京辦事處開幕，北京市委員會等高層幹部不光是出席，還別出心裁贈詩回應致意，當時北京市委常委兼統戰部部長牛有成當場吟誦一首藏頭詩，讚揚台北世貿中心對兩岸貿易往來的貢獻，藏頭詩句炒熱現場氣氛，此情此景深深烙印在王志剛的腦中，一生難忘。

專屬「牛有成」的回憶，不只如此。事隔多年，王志剛離開貿協後，擔任中國信託金控業務顧問，以及兩岸企業家峰會現代服務業及文化創意產業合作推動小組召集人，某次因公務要去北京出差，按照習慣，事前先做功課查詢當地故交舊友的最新動態。

當王志剛 Google 搜尋「牛有成」，赫然跳出「李登輝養牛有成」幾個字，嚇了一跳，趕緊點入連結，原來裡頭記載著已逝總統李登輝飼養和牛的故事，這個小插曲為王志剛忙碌工作，帶來輕鬆的調劑，網路世代的無厘頭笑點「養牛有成」，由創意十足的老先生王志剛口裡說出，也並不違和。

中東、俄羅斯設辦事處體驗另類異國文化

二〇一二年貿協到科威特設立辦事處，開幕典禮結束後，王志剛在返台途中，過境杜拜商務考察，王志剛應阿拉伯聯合大公國中的拉斯海馬邦（Ras Al Khaimah, RAK）親王 Sheikh Taleb bin Saqr Al-Qassimi 邀請，在駐杜拜台北商務辦事處的陪同下，前往該邦的沙漠地區晚宴，一抵達，就看到大型帳蓬豎立在沙漠當中，帳蓬裡面鋪著大片波斯地毯，所有賓客就地坐在地毯上，寒暄交流，享用當地燒烤佳餚。

晚宴進行到一半，包括親王在內的中東籍人士陸續離開座位，許久未回到帳蓬內，王志剛覺得奇怪，還以為要被「放生」在大漠中，正想跟駐外辦事處同仁詢問時，主人及其他賓客魚貫走入，王志剛這才明瞭，原來虔誠回教徒每日固定時間需做禮拜儀式，即使餐宴席中，也要遵守宗教禮俗。

這趟沙漠驚奇晚宴，王志剛還有更新鮮的體驗，他嘗到了使人精神大好的新鮮駱駝奶，以及跟貴賓們共用杯子的阿拉伯荳蔻咖啡，邊喝邊陷入沈思，想像著絲路時代，在沙漠中步履蹣跚的駱駝商隊，駱駝憂傷的眼睛望著無際的沙漠，未知何時方得歇息。

王志剛一杯接著一杯下肚，思緒越來越發散，肚子卻發脹，所幸後來經過提醒，才知道原來此地風俗習慣大不相同，如果不想再喝，必須拿著杯子左右搖晃，不然服務的侍者不會停手，會一直續杯下去。

二〇一二年，貿協再到聖彼得堡設辦事處，王志剛與部屬搭機飛往俄羅斯，轉機時，有件行李遺落在香港，幸好有台商協助，行李第二天送到莫斯科，當時擔任行政處處長的林尚楨隨行，到機

場取行李，卻遭刁難，海關認定行李箱內鶯歌陶瓷禮品為貴重物品，要課重稅才得放行，交涉未果，林尚楨靈機一動對海關人員表示，這些是準備送給莫斯科市長及前副總理的禮物，要不要沒收，請海關人員考量。

林尚楨祭出政治人物名號，策略奏效，莫斯科海關人員想了很久，雖不情願，還是放行，準備送給俄方貴賓的禮物，在貿協同仁百轉千迴與當地海關交涉後，方能順利取回。

莫斯科基層官員對外國人的特殊待遇，貿協一行人都親身感受，王志剛和部屬搭巴士前往飯店途中，在十字路口遭警員攔下，警員誠實以告，當月取締交通違規成效不彰，搭載外國旅客的車輛，不論是否違規，最常拿來交差，這種特別的執法標準，也讓王志剛開了眼界。

緬甸仰光辦事處 靈機應變能力大考驗

二〇一三年貿協到緬甸仰光設海外辦事處過程，讓貿協同仁冷汗直流，這也是林芳苗印象中「身經百戰」的重要一役。

林芳苗說，二〇一三年的緬甸電力供應仍不穩定，雖然飯店有不斷電系統，但貿協同仁擔心開幕典禮遇到斷電，團隊們事先演練斷電的各種因應措施，結果沒遇到斷電，卻有其他挑戰。

按照慣例，各國經貿重要活動，開場都會先由主辦方先致詞，但使用本國母語或英文，則互相協調，主辦方通常會尊重貴賓意願。

當晚工作團隊忐忑不安，主要是緬甸官方對首府首長是否蒞臨，回答反覆不定，晚會七點開幕，傍晚五點還沒確定省長行程，後來省長準時到來，原以為解除警報，卻又臨時被通知省長將以緬文致開幕詞，這與原先雙方講好都用英文致詞不一樣，此時只剩三十分鐘就要舉行開幕儀式，貿協同仁慌亂，王志剛倒很鎮定，他決定在旅館房間內自己動手寫中文講稿，跟同仁們一起面對突發狀況。

緬方希望先致詞，但緬甸省長上台，居然沒講緬甸語，改以英文致詞，貿協同仁「傻眼」，趕忙緊急應變。

當時同仁手忙腳亂的畫面，林芳苗形容起來特別生動，她說有人想立即衝上飯店房間拿董事長的英文講稿，但時間緊迫一定來不及，正當大家急如熱鍋上螞蟻時，在王志剛身邊的林尚楨從容不迫地從口袋拿出英文講稿，危機瞬間解除。

王志剛時常對同仁說，「只要針對各種可能的情況都做好準備，就不需要擔心臨時的變化」，這就是管理學上所謂 contingency management（權宜管理），跟他有極佳默契的子弟兵就做了最好的示範。

林芳苗說，「我們去設點的地方很多是有潛力的開發中國家，但因為當地人文民風，會有讓人心驚膽跳的突發狀況，董事長經常告訴我們『魔鬼藏在細節裡』，做任何事要非常注意 details『細節』，更要懂得臨機應變。」

積極參與 WTCA 提升台灣能見度

王志剛任內積極參與世貿中心協會（World Trade Center Association, WTCA）活動，二〇〇九年飛到美國出席當年的 WTCA 紐約年會，與所有世貿中心組織成員互動，提高台北世貿中心的國際能見度。

台灣做為全球電子代工大廠大本營，科技電子業實力雄厚，經濟部前部長王志剛擔任貿協董事長，備受國際經貿及產業界重視；當時全球第三大電子零件通路商 Future Electronics 公司還派特別專機至紐約，迎接王志剛前往其加拿大蒙特婁總部洽談，因為這家國際公司知道王志剛在台灣企業界的影響力。

二〇一〇年 WTCA 舉辦理事選舉時，王志剛以最高票當選 WTCA 理事，二〇一〇年是世貿中心成立四十一年來、首次以會員票選方式，由全球超過三百個會員投票改選理事，王志剛受到多數會員的支持，順利當選並在大會上向兩百多個與會會員演講。

二〇一二年 WTCA 來台灣評鑑，台北世貿中心拿下商務服務、租賃服務、展覽設施及服務、會議設施、貿易訪問團、貿易機會及商情服務、貿易教育服務、聯誼社設施等八項「最佳營運（Best Practice）」認證，創 WTCA 設立四十三年來紀錄，貿協當年史無前例的好表現，成功提升我國在國際間的能見度。

在此之前，台北世貿中心曾於二〇〇二年贏得 WTCA 六項「最佳營運（Best Practice）」認證。二〇一二年世貿中心組織人員來台評估業務，「我們跟 WTCA 人員提出簡報，由兩位副秘書長各自說明負責督導的四項業務，最後再由王志剛親自驗收。」時任貿協副秘書長的葉明水說，王志剛讓同仁在簡報中加上許多企業管理及行銷的理論基礎，讓簡報內容更豐富，使用札實的理論架構鋪陳貿協實務工作，更加彰顯貿協的業務績效。

拿下史無前例的大獎，奠定台灣貿協在國際會展產業中的「江湖」地位，台北世貿中心變成各國世貿中心的模範生。

王志剛非常支持同仁部屬參與國內外的會展組織活動，因葉明水具有豐富的會展產業經驗，當年王志剛擔任葉明水的超級助選員，協助葉明水選上中華民國展覽暨會議商業同業公會理事長；後來，葉明水還順利擔任亞洲最大會展產業組織——亞洲展覽會議協會聯盟（AFECA）主席，代表台灣在國際會展產業舞台扮演重要角色。

二〇一八年葉明水爭取台北世貿中心主辦二〇二〇年的WTCA年會，過去在二〇一二年的評鑑好成績，對十八位開會的理監事而言，記憶猶新，對代表台灣的貿協仍存有非常好的印象。睽違二十五年，貿協再次以優異的展會設施營運與貿易服務、豐富的活動經驗、結合台灣的觀光資源、產業聚落與創新能量等優勢，獲得二〇二〇年年會的主辦權。可惜當年因全球新冠肺炎疫情爆發，最後年度盛會延至二〇二一年，由WTCA總部以線上會議的方式進行。

前文提及，李國鼎在經濟部長任內創立外貿協會，賦予貿協兩大任務，除了服務全球各角落的台商，也希望完成政府交付的經貿外交任務。王志剛與貿協同仁並肩作戰，透過與各國及工商團體的經貿往來，為台灣在國際上開拓更多的發展空間，王志剛不忘當年貿協設立初衷，任內六年多，帶領貿協同仁打了一場畢生難忘的海外經貿戰役，除了自我成就之外，促進台灣經濟成長，增進人民幸福，這段充滿使命感的工作歷程，他過得非常充實。

第二十章

用行動貫徹學理，全力打造台灣品牌

外貿協會曾經負責「提升台灣產品形象計畫」，這項計畫與王志剛的淵源要回溯到一九九〇年，當時王志剛為負責貿易業務的經濟部常務次長，經濟部長是蕭萬長，經濟部國貿局委託貿協執行推動此計畫，初衷是想要協助企業打造品牌形象，一直到王志剛二度回任貿協董事長，這項計畫更被發揚光大，從單一產品、產業，由點擴大到全面行銷「台灣」，創造國家品牌，外溢效果驚人。

現任貿協副秘書長李惠玲說，當年王志剛擔任經濟部次長，他無疑是推動這項計畫的最大助力，她從部屬的視角觀察到，王志剛對「品牌」有全心全力投入的熱誠，為了推動「提升台灣產品形象計畫」，在他經濟部長兼任貿協董事長期間，曾經邀行銷學者菲利浦．科特勒（Philip Kotler）和微軟創辦人比爾蓋茲（Bill Gates），請兩人為台灣產業做見證式廣告代言，李惠玲回憶王志剛曾經很興奮地跟貿協同仁們提及，他在美國所讀的教科書作者就是科特勒。

親力親為唯一教授理論知識的董事長

王志剛身為行銷博士，又是當年台大最受歡迎的行銷管理教授，到了貿協，仍舊繼續教授他在品牌領域的專業知識。他深知，惟有提升「產業形象」，才可提升「產品形象」，最後才是提升「品牌形象」。

李惠玲說，「最令人感動的是，學者出身的董事長親自指導我們團隊。」她的職業生涯中，沒有遇到過一個主管還會教她理論知識，像是「品牌資產模型」、「消費者決策程序模型」等行銷理論，所有人都要念得滾瓜爛熟。貿協主管跟王志剛簡報專案時，會套用上列兩種模型，說明專案執行價值，以及如何影響對方決策，並如何進到市場銷售。

二〇〇八年到二〇一二年，貿協負責品牌台灣發展計畫第一期，並從兩項工作著手，一是建立「品牌發展學院全面品牌管理系統」（Total Brand Management, TBM），輔導培訓台灣廠商發展品牌，後來成立品牌學院；第二是辦理台灣二十大國際品牌價值調查。

執行品牌台灣發展計畫必須累積、收集資訊，且要建立系統，李惠玲說，二〇〇八年王志剛回貿協接掌董事長之後，「就鞭策我們，我們也在他的鼓勵指導下，把TBM課程分階段、設置進階班，更扎實有系統地開課。」

品牌發展計畫除了發展培育人才的平台、也做知識的平台，知識的平台不只是找像 Philip Kotler 這樣的大師開講，還設立品牌學院，更重要的是，讓企業了解品牌價值，別人是怎麼做品牌價值，怎麼樣去累積品牌價值。

王志剛非常重視每次品牌學院課程開課，不論行程多忙碌，都一定會排出時間幫廠商上課，而企業主管周六一早上課，難免無精打采，王志剛此時對檯下學生說，你們怎麼如此安靜，對課程都沒反應，逼得一向不喜歡強出頭、爭搶關注的李惠玲，從頭到尾一直舉手提問，回味起這些與王志剛互動的往事，讓李惠玲覺得很有意思。

熱中行銷的王志剛親自督導製作三支宣傳台灣品牌的影片，分別是騎士篇（Speedy Edge 台灣精品飆風騎士）、遊艇篇（The Premium Voyage 台灣精品遊艇篇）及美麗人生（Brighten Up Full Version）篇，在影音平台 YouTube 上共創造超過千萬次點閱率。

李惠玲記得，「當時選角及劇本的呈現，都是董事長自己來，有時候他很忙，應酬飯後，還是過來參與拍攝，連腳本都要看過。」

王志剛也親自指導各項標案計畫書策略規劃，以品牌行銷理論模組為堅實基礎，有效落實執行績效，例如貿協二〇一〇年首次參加新興市場整合行銷傳播專案（IMC）競標，與國際知名傳播公司競標，貿協勝出。

李惠玲說，王志剛幫貿協同仁上課，課程告一段落，換同仁跟他簡報，簡報時大家都要準備說明圖卡，而且要有模型，「我覺得這個很重要，董事長讓我們有理論基礎，貿協一向以實務為主，比較沒有跟理論結合。」

品牌台灣的發展計畫在二〇一一年已達成「前五大品牌價值突破十億美元」、「兩個品牌突破十五億美元」以及「前二十大品牌總價值突破一百億美元」的三大目標。

HTC擠進全球百大國際品牌，成台灣人的驕傲

貿協引進全球品牌諮詢公司Interbrand，做為品牌鑑價機制，華爾街市場也接受這套機制，評估標準分為三部分，分別是品牌產品或服務創造獲利的能力、品牌決定消費者採購決策的能力，以及品牌在未來持續為企業獲利的能力。Interbrand機制遴選出國際百大品牌，王志剛很在意執行Interbrand的KPI（Key Performance Indicator）是否能達成，他常找負責品牌計畫的同仁深入討論計畫方向，以何種做法有效提升台灣國際品牌價值。

Interbrand《二〇一一年全球最佳品牌》報告，HTC成為史上首度擠進百大排行榜的台灣品牌，以三十六億美元品牌價值、名列第九十八位。

HTC當年紅到中國大陸北京電視台主播都癡迷，二〇一一年台灣名品展在北京舉行時，北京電視台邀王志剛進棚內採訪，談到台灣在全球的頂尖產品像捷安特、HTC等，採訪結束後，主播還打開皮包，「王董事長，我自己用的就是HTC手機」，王志剛頓時感受到「台灣人的驕傲」。

李惠玲記得，貿協二〇一一年受經濟部委託辦理建國百年「台灣百大品牌選拔」，七月就慧眼獨具「超英趕美」，提前選出HTC進入當年（民國一百年）的台灣百大品牌，比同年HTC進入全球百大國際品牌還要早幾個月；像康那香、黑橋牌香腸等，都是建國百大品牌，康那香與黑橋牌如今都還沿用獲得建國百年品牌的LOGO。

台灣精品獎如奧斯卡獎，創造國家品牌

前述「提升台灣產品形象計畫」，接著轉型為「提升台灣產業形象計畫」，其中很重要的是台灣精品的選拔。

「台灣精品獎」，多年發展下來，儼然成為臺灣產品的年度奧斯卡獎，備受國內外企業重視，得獎的產品代表其「研發」、「設計」、「品質」、「行銷」及「臺灣產製」各面向在綜合評選考量下皆獲肯定，並具有「創新價值」。

王志剛曾對行銷專案處同仁說過，在品牌行銷上，要把台灣精品發揚光大，最重要是要創造台灣為品牌來源國效應，台灣的精品經過選拔過程，可以提升台灣產業整體形象，甚至創造國家品牌。

貿協到中國大陸辦理台灣名品展，台灣精品館是最大的亮點，展示的產品該如何呈現，王志剛花了很多心思，他認為中國大陸學習力很強也快，台灣要加把勁讓中國大陸消費者認識台灣品牌，產生好感度及黏著度，穩定台灣品牌在中國大陸市場的占有率。於是王志剛以獨特的行銷眼光，在團隊挑出的一、二百項精品中，找出十大亮點，做為專人導覽精品館時的講解重點。

「我們在台灣精品館導覽，如果表現不怎麼好，他就手放在背後，也不會生氣，只說，等一下再來」，李惠玲說，王志剛董事長不用講話，大家就都好緊張，經過緩衝時間，他認為已經解決問題後，才又過來再巡查一次。

貴賓參觀台灣精品館時，通常會被這些亮點吸引，也會成為媒體聚焦的內容。被列入台灣精品且有中國大陸部長級或省委書記等高官參觀合照，商品名氣就能很快速地在中國大陸往上竄升，像

「最快的自行車捷安特」、「最輕的自行車美利達」，兩品牌單車的材質、阻風性都備受討論及推崇，很多參觀者都會想試拿自行車掂掂重量；像太平洋自行車獲得 iF 設計獎，也被美國柏根漢博物館收藏為永久典藏品，這款自行車三秒內可摺疊收起，又是漂亮的白色，很吸引人。

二〇一四年內蒙呼和浩特的台灣名品展，王志剛和內蒙古的官員一起參觀台灣精品館，導覽人員介紹宏碁一款獲得金質獎、號稱摔不壞的筆記型電腦，產品本身特質加上精彩的講解內容，讓參觀者很入戲，某位內蒙官員突然起身往後轉身，將展示用的筆電摔到地上，再以小跑步回到現場，踩上筆電，還狠狠的跳了兩下，就是想試試筆電是不是真的耐摔承重，結果筆電依然「使命必達」，再度一秒鐘就開機。

「我們去行銷時，董事長就告訴我們，要把文化的元素都放進來。」李惠玲說，台灣精品館不只是一般商品，也有台灣農業精品館，把像是銀光魚、蘭花和水果等，呈現出台灣農業最精緻的一面。二〇一一年七月舉行的天津名品展增設「台灣農業精品館」，使用四百一十一個攤位，呈現台灣優質農產品形象。

因不同產品特色，行銷時要有不一樣的思維，除了辦展覽、找代理商，布建通路對農產食品很重要，消費者隨時看得到、吃得到，才會想買，因此王志剛在任時，貿協經常到中國大陸城市的重要超市舉辦短期或長期的台灣食品節、台灣食品專區，例如上海城市超市、武漢武商量販。

王志剛在貿協董事長任內，台灣輸陸農產食品金額大增，數字說出行銷台灣農產食品的努力，有了成效。二〇〇七年在王志剛擔任貿協董事長之前，台灣扣除皮毛產品、農產食品外銷到中國大陸一・五九億美元，到二〇一四年王志剛離任那一年，已達到七・一一億美元，成長三・四七倍。

參展搏感情，務實拉近兩岸距離

王志剛也帶領貿協團隊與企業參加邊境展覽，例如廣西南寧東盟博覽會、吉林東北亞展，這是王志剛任內才開始參加的展覽，對貿協及參展企業，都是新體驗。李惠玲回憶參加邊境展的過往，王志剛在貿協董事長任內，辦展或參加新展，為企業界搭建貿易橋樑，增加擴展市場機會，而在過程中，他也交了很多好朋友，例如吉林省貿促會會長曹玉春。

王志剛個人魅力十足，不論是致詞、演講或在各個場合的談話，會根據不同地點、文化，講到人家的心坎裡，曹玉春非常欣賞王志剛流利的口才及幽默性格，一見到王志剛，會很親暱地稱他為「大哥」。

李惠玲記得，二〇〇八年舉行第一場吉林東北亞博覽會，展覽館內人山人海，參觀的人太多，王志剛被堵在展館外，根本進不來。曹玉春見狀，立刻拉著王志剛董事長的手，穿過人牆，衝到台灣館前面，曹、王兩人才就定位，重要貴賓中國大陸國務院總理李克強剛好也蒞臨台灣精品館，王志剛幸好有曹玉春的臨機應變，才趕得及接待李克強。

貿協帶領廠商參加吉林東北亞博覽會的過程，李惠玲非常感謝人稱曹大姐的曹玉春，「她給貿協很多幫助，我們本來一個館變兩個館，攤位都免費，而且位置都在會場很前面，這是非常禮遇的對待。」

有次王志剛沒辦法親自出席吉林東北亞博覽會，但堅持打電話跟吉林省副省長陳偉根道謝，李惠玲居中聯繫，王志剛電話接通後，她把手機遞給陳偉根，陳站在台灣精品館前面，對電話另一端的王志剛說，「王董事長，台灣館在我們吉林東北亞展築起了一道美麗的風景線。」

陳偉根講出令人感動的話語時，他的前面正圍滿記者，經媒體報導，更彰顯出王志剛透過經貿交往，務實拉近兩岸距離的努力，和吉林省副省長陳偉根及貿促會會長曹玉春的情誼，讓王志剛一輩子難忘。

李惠玲說，當時中國大陸省市領導與官員都很支持貿協在中國大陸的各項活動，在重慶有警車開道，南京將台灣名品交易會名稱註冊專利，中國大陸人民也興起台灣熱，有些中國大陸民眾參觀台灣名品展時，還慎重其事地穿西裝打領帶。王志剛一直強調到中國大陸舉辦商品展，並不只是賣東西，重要的是增進雙方人民之間的了解，文化的交流與情感的溝通，比什麼都重要。

強將手下無弱兵，部屬猛背葡文演講被稱行銷高手

「董事長的決策方向都非常明確，我們追隨著董事長且學習」，李惠玲繼續談她對王志剛的觀察，「他是典型處女座，希望一切要做得完美。」

李惠玲在執行台灣產業形象廣宣計畫，就完全照著處女座上司的風格，嚴格要求自己。當時產業形象廣宣的目標市場選上巴西里約，貿協第一次赴巴西舉辦記者會，還規劃了與當地百貨公司合辦的體驗活動。李惠玲認為講當地語言，效果應該比較好；剛好李在展前記者會，認識一位葡萄牙文講得非常道地的俄羅斯記者，李惠玲請這名記者幫忙，將英文講稿翻譯成葡萄牙文，並錄下全文，

另外也找一位精通葡萄牙文的貿協組長幫忙錄上一段，一個月內，她每天撥空聽，硬背下來。

演講內容談及巴西是重要市場，台灣以 ICT 及製造技術為全球貿易帶來的貢獻，台灣貿協特別為巴西的市場選拔優良且有價值的產品，歡迎巴西消費者前來看展，體驗台灣商品，李惠玲記得講詞有一頁半，全以行銷台灣內容為主。

活動開始前二天，李惠玲先到巴西，每天背葡文講稿給飯店門房聽，也利用機會找當地職員練習，並不斷修正自己的口音，記者會當天，李惠玲用巴西人熟悉的母語自然流利演講，現場情緒沸騰，全場鼓掌，包括電視台明星主持人都異常興奮，現場記者用英文提問，都指名李惠玲回答。

晚上，巴西代表請里約觀光局局長吃飯，還指定要李惠玲坐在局長身旁以便翻譯，李惠玲只好坦白：「代表，我其實不會講葡萄牙文」。巴西代表一聽，瞪大眼不敢置信，向眾人笑道：「你們要小心李惠玲，她是行銷高手！」

李惠玲沒想到才從王志剛董事長身上學到的那一點點功夫，複製王志剛在中國大陸台灣名品展，以及邊境展的「接地氣式演講」，就有如此溢美之詞，果然「名師、強將之下無弱兵」。

李惠玲對工作全心投入，甚至背葡萄牙文講詞，貿協同仁如此努力，王志剛深受感動，這段小故事迄今仍然津津樂道。

當年 IMC（整合行銷傳播專案）到國外推廣台灣品牌，李惠玲在印尼、越南、泰國、印度和菲律賓都找當地形象良好的知名人士擔任代言人。到泰國曼谷舉辦活動時，李惠玲複製巴西經驗，以泰文致詞，貿協請來代言台灣產品的泰國女明星特別對她說，「用當地語言致詞這件事，我要好好學習」。

還有一次在中國大陸天津展，中國大陸前商務部部長陳德銘跟李惠玲、王志剛之間的互動，也非常有意思，陳德銘參觀台灣精品館時，提了很多關於產品的問題，李惠玲一一解答，後來他看到陳列的筆記型電腦，就隨口問了一句，「這筆電容量是多少？」

李惠玲很認真地回答，「1T」，陳德銘驚訝道，「你怎麼什麼都懂！」李惠玲心裡才想著，「董事長就是找我來回答問題的啊？」

參觀台灣精品館的人，提出的問題包羅萬象，為了做好台灣精品館的導覽工作，李惠玲跟著領航員一起認真研究精品館內的產品，由於無法預期來客提問，因此必須充實自己對產品的認識與了解，並努力累積成知識，當然，王志剛也常提問考驗精品館導覽人員，貿協行銷專案處負責精品館業務，時任該處處長的李惠玲，跟著導覽員一起熟背著台灣精品館內商品的一切。

陳德銘隨後對著李惠玲說，「我們現在就需要你這種人，你要不要來我們這裡？」李惠玲一聽這話，立即跑到王志剛背後；王志剛也直接回話給陳德銘，「你要挖角她，要先經過我同意」，三人互動極其有趣。

數位行銷一樣活用理論

對李惠玲來說，當時台灣精品或台灣名品展推廣，就是使用王志剛教導的行銷學理論，加上他率領貿協同仁南征北討參與實體展演經驗，「我們很多行銷點子及活動發想，都領潮流之先」。

「像現在很流行的寶可夢，我們在王志剛董事長任內，大概是二〇一二年到二〇一三年，貿協數位行銷就有交換寶物、行動定位（Location Base）的想法及技術」，二〇一五年李惠玲調任到洛杉磯，看到很多人談寶可夢，回想當年的貿協老早就有這些概念。

李惠玲說，當時貿協的團隊還跑去巴西、東京及巴黎抓寶貝，那時的想法是不同國家，有不同的生物（Creature），消費者抓了生物後，用 APP 跨國交換寶物，累積一定的寶物，這個數位行銷點子還曾經拍成影片，甚至應用數位科技擴增實境（AR）技術來輔助行銷，當年貿協行銷腳步可說是走在時代的尖端。

李惠玲把王志剛對她及同仁們從學理到實務的指導，全盤轉移運用到數位時代行銷，她認為道理都一樣，當年的經驗累積，讓她有所依循，比方說有效的行銷需要找到產品社會認同指標（Social Proof Index），例如得過 iF 或 Computex 獎項，到國外展覽推廣，可以先強調此點，並好好鋪陳產品特色。

如今，Google 及 Facebook 主動跟貿協合作開課，對象雖是一般廠商，但李惠玲之前在貿協數位商務處時，非常鼓勵同仁一起學習及實際演練，並取得數位學程雙認證，她秉持的理念沿襲自王志剛，希望同仁們能與時俱進成為數位行銷專家，做起協助中小企業拓展國際市場工作時，心裡才踏實。

第二十一章

國家級全球商情資訊供應中心成開發重要基礎

外貿協會為企業服務，組織內每個單位都因廠商需要而設，過去因應企業蒐集商情、開發商機及拓展海外市場的需求，設立「商情服務處」，二〇〇四年十二月十五日，商情服務處更名為「國際貿易資訊中心」，而王志剛在貿協董事長任內，於二〇一一年再將資訊中心擴大功能成為「市場研究處」，這中間的組織改造過程，有著王志剛對未來社會發展的先知灼見。

從靜態資料庫到國家級全球商情資訊供應中心

「國際貿易資訊中心」初期建立不少基礎資料，例如擴增進出口廠商、海關統計、全球貿易機會、美國海運進口通關資料、商品行情網、各國經貿法規及關稅、市場研究報告等資料庫；另也增設免費上網區及電腦自助查詢區、以及提供所屬台北貿易資料館電子資料服務專區的現場查詢和列印服務。

資訊中心另也負責編輯《Taiwan Products》專輯、《Catalogue Collection》及《Doing business with Taiwan》等刊物，或出版書籍、編纂台灣產品專輯。其中，《Taiwan Products》更曾於二〇〇九年被世界重要期刊組織（Federation of International Periodical Press，FIPP）於「第三十七屆FIPP世界雜誌大會」中，評比為台灣B2B（企業對企業）類別雜誌排名第一。[1]

然而，除了雜誌類刊物歷年來累積不少國內外忠實讀者之外，其他叢書類型的出版品表現則不如預期。

二度重返貿協之初，王志剛深入各單位了解業務，他請同事提供「國際貿易資訊中心」刊物出版資料的統計，發現資訊中心團隊編輯出版的部分專業書籍，題材過於冷門，或是缺乏廣告行銷，銷售量竟僅止於個位數，這令他非常驚訝，王志剛從出版品的窘境見微知著，下定決心對資訊中心做組織改造，希望國際貿易資訊中心成為Information Supplier，真正發揮國家級全球商情資訊供應中心的功能。

王志剛比較當時各個有能力提供國貿資訊的團隊，像是台經院與中經院轄下研究單位，都是偏學術或政策議題研究為主，主要做學理的次級資料分析，對企業拓銷的市場實務幫助較為有限。

但是外貿協會不一樣，長久以來協助台商耕耘國際經貿業務多年，深諳國際拓銷策略，熟稔國際經貿情勢，若是能夠整備研究軟硬實力，理論與實務兼具，可以肩負起國際經貿研究智庫職責，彌補市場多年來缺乏全方位國際經貿研究團隊的缺憾，這是王志剛想要推動資訊中心轉型升級為市場研究處的初衷。

改造組織不光是更名，或者擴充核心業務項目，王志剛還積極延攬智庫碩博士級海內外專業研究人才，以深化市研處的專業能量，例如現任貿協創新業務中心組長林淑惠博士就來自台經院。

王志剛當時要求市研處團隊於研究演進發展上，必須漸進式由探索市場研究、敘述性研究、發展到因果關係研究，並須完備資料庫與成果知識庫，建制統計工具，強化與專家學者交流，提升研究實力，「王董事長很有先見，他希望市研處做的事，其實就是大數據研究的雛型。」林淑惠說，二〇〇八年王志剛已看到ＡＩ與大數據趨勢，預見貿協要跟進未來發展，二〇一一年將貿協原「國際貿易資訊中心」，擴大為「市場研究處」，是早就捉住這股發展趨勢。

林淑惠回顧她當時執行王志剛設定的工作目標，對他十分佩服與尊敬，她說，「董事長要的不只是大數據收集，還要有統計方法的意涵在裡面，最後的因果分析，類似學術界談的機器學習（Machine Learning）、ＡＩ的方法論，這已經是很深的大數據邏輯了。」

為了實現成為專業經貿研究智庫的目標，王志剛交付市研處同仁執行四項核心業務。

（一）在市場調查研究方面，必須產出大型市調發表會、市調報告專書系列及專題研析報告。

（二）提供商情資訊服務時，藉由國際商情雙周刊掌握全球商機脈動，搶先報導最新商機及展覽採購等大型活動。

（三）在中外文出版品部分，除《經貿雙周刊》之外，還有包含多種外語的《台灣產品專輯》、

1　二〇一二年外貿協會工作年報

貿協市研處的發展藍圖

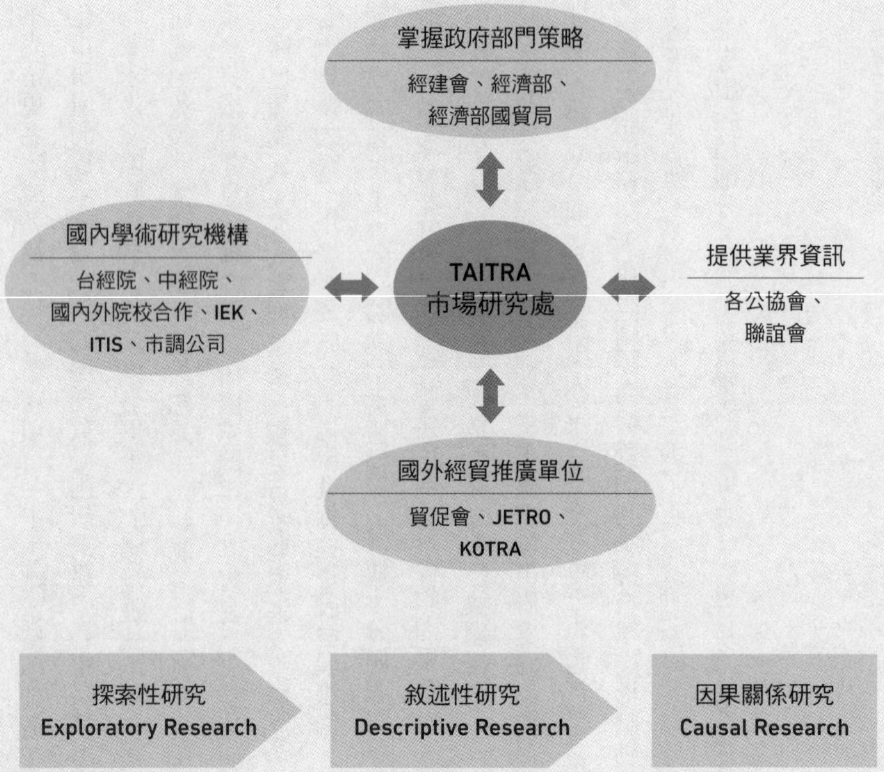

資料來源：貿協林淑惠組長

代編刊物及貿協叢書（例如，國內、外目標市場的產業聚落），這些工作都強化市研處產出服務的廣度及增加曝光度。

（四）舉辦大型研討會，例如辦理台商高峰論壇及辦理市調成果發表會，就是為了讓廠商從中取得有系統彙整的市場訊息。

十六字訣「市調先行，拓銷隨後，布建通路，建立品牌」

在林淑惠的記憶裡，王志剛時時刻刻都在思考外貿協會如何協助廠商拓銷的發展策略，他經常掛在嘴邊的話語是，貿協要為中小企業找到拓銷的最後一哩路，並且提出「市調先行，拓銷隨後，布建通路，建立品牌」作法，協助台商布局全球市場。

在這樣的策略下，負責打頭陣的市場研究處扎實做到「市調先行」，在二〇〇九年至二〇一〇年期間完成了中國大陸五十三個二、三線城市，以及俄羅斯、巴西、印度、印尼、墨西哥、中東、非洲等新興市場的市場調查，提供廠商完整商情及資訊，質、量兼具，成為台商擬定拓銷策略的重要奧援。

中國大陸的經濟與社會發展係依據五年一期的規劃，二〇一一年到二〇一五年的發展計畫稱為「十二五規劃」，林淑惠記得，十二五計畫內容洋洋灑灑超過六萬字，然而王董事長指導市研處團隊，剖析該內容後，重點歸納為八大方向，不僅有助擬定後續拓銷大陸市場的行銷策略，更因此受到國內外各界重視，廣受各界邀約闡述該規劃的精神，尤其是中國大陸各地方經常邀請王志剛針對

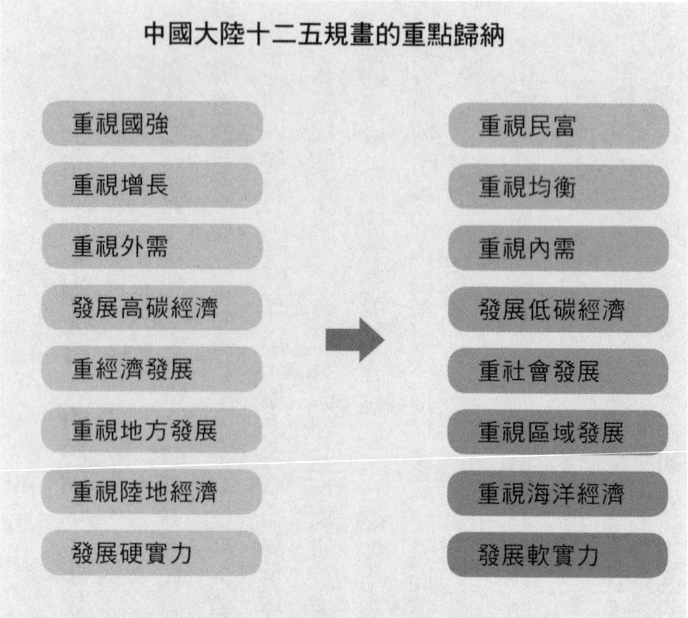

資料來源：貿協林淑惠組長

十二五規劃內容發表演講。

林淑惠說，「那時董事長到大陸演講時，我們都準備一套講稿架構，十二五計畫濃縮成十個字，就是『出口轉內需，國強轉民富』計畫」。

「很好玩的是，董事長到大陸演講時，有些中國大陸的高官聽董事長演講之後，反而才清楚計畫內容，等於是王董事長整理好關於十二五計畫六萬字箴言的提要；十二五計畫寫得密密麻麻很複雜，經董事長詮釋後，他們就懂了」。

王志剛化繁為簡的功力，連中國大陸官員都為之折服，時任外貿協會行政處處長林尚楨記得，當年國台辦主任的王毅還提過要邀請董事長到他們黨校上課。

洞察人性 預見大陸社會發展進程

辦理大型研討會為當時貿協市研處的四大核心任務之一，林淑惠憶及其中一場「台商高峰論壇暨大陸進口及百貨通路研討會」，那時貿協邀請大陸知名台商回台分享成功生意經，吸引近六百位國內廠商參與，貿協辦完這場活動之後，很多公民營單位，產官學界都競相模仿舉辦中國大陸內需市場布局的相關研討會與研究。

王志剛參加貿協舉辦的那場台商高峰論壇活動時表示，MIT（台灣製造）在對岸非常受到歡迎，面對中國大陸擁有十三億人口的廣大消費市場、人均所得持續增加，加上大陸「十二五規畫」驅動的一系列的擴大內需振興經濟政策效應，以及ECFA早期收穫清單，都是台商很好的切入點。「大陸社會富裕後，開始有各種炫富的社會現象，拓展中國大陸內需市場，需要考量有錢人、富豪的需求」那時王志剛指示市研處研究此現象，以做為台商挖掘大陸內需市場商機的參考。

讓林淑惠印象很深刻的是，「那時董事長就在擔心，整個社會發展到炫富階段後，可能會有仇富現象，要趕快預作準備，因仇富後就會有革富的問題。」

早在兩岸簽署ECFA之前，王志剛就有這些對大陸社會的深入觀察，林淑惠說，「董事長高瞻遠矚，早就看到社會發展各階段的問題，他認為要提前預防不好的社會發展，便要經常以人本為中心」。

林淑惠覺得可貴的是，王志剛不忘人道精神，在貿協董事長任內推動台灣的醫療服務到海外發展，並且協助東南亞鄰國的重症患者來台治療，這就是發揮了以人為本的精神。

BOX 用人本精神來詮釋貿協 4C 企業識別系

貿協從一九九四年即採取4C企業識別系統，至今仍然沿用，不過，事隔多年，已鮮少有人記得4C代表的意義與精神。王志剛專任董事長之後，就根據貿協的核心業務重新賦予4C意義：關懷（Cosideration）、協調（Coordination）、團結（Cooperation）和創新（Creativity），而一組正面向外的英文字母C，形似一顆放射光芒的星體，開口向外代表我國進軍國際市場的決心。

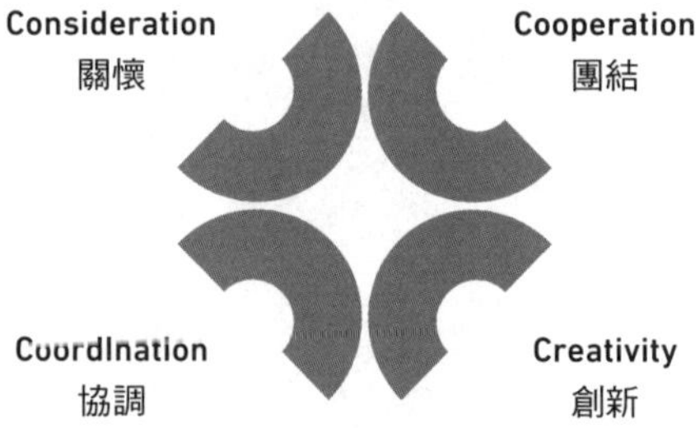

先知灼見，平台經濟先驅

一談到貿易，很多人可能只想到實質的商品貿易，但王志剛經常跟貿協同仁提醒，除了商品貿易外，一定要有服務貿易，他在任內督導貿協服務業推廣中心積極作為，並整合貿協跨部門平台，包括市場拓展處辦理的台灣名品展以及行銷業務處籌畫的台灣精品館等，為的是要向世界推廣台灣服務業鋪路。

二〇一四年，王志剛進一步指示市研處針對落實商品貿易結合服務貿易的議題，提出研究方案。

當時的台灣，商業貿易雖然很成熟，但很少人提到商品貿易要結合服務貿易元素的概念，王志剛到中國大陸與對岸官員分享此想法，林淑惠記得，大陸官員聽到這樣的貿易型式，都覺得非常新穎。

「一直到現在，才真正見到商品貿易結合服務貿易落地成功的案例。」林淑惠說，例如 APP 點餐，或者是有些農漁牧產品等各種食品已透過 APP、網路平台銷售，甚至像觀光工廠吸引遊客直接到廠消費，這些想法對貿協來說，並非新鮮點子，早在王志剛於貿協董事長任內，便已經發想並深入研究相關的經濟商業模式。

「當今流行的平台經濟，其實我們那時候就想過，甚至還曾經提出過相關的評估案，其中包括跨境電商的可能性。」林淑惠覺得沒進一步完成及落實此案，非常可惜。

王志剛雖然改造資訊中心，讓其華麗變身，成為有能力深度調研產業及各種社會、商業潮流的市研處，卻仍有未竟之志，「說高興也好、遺憾也好，我那時準備下一步好好結合商品貿易及服務貿易，但沒能著手進行便離開了貿協」。

即便如此，那些年與王志剛在貿協打拚的同事，尤其像市研處的同仁們，回頭審視從市調見行、建立大數據研究雛型到發展平台經濟的思考脈絡，當年王志剛主張調研方向，似乎都跟先知的預言般，逐一成真；而在資通訊科技發展一日千里、以及新冠肺炎疫情重塑消費者購物習慣的驅動之下，如今「商品貿易與服務貿易結合」的商業模式，儼然成為引領全球經濟增長的新引擎。

在王志剛的領導下，外貿協會市場研究處的菁英團隊「從幕後走到幕前」，集結研究能量，指引趨勢方向，成為台灣中小企業面對瞬息萬變的國際經貿情勢最堅強的靠山。

第二十二章

璀璨的人生風景——世博台灣館

外貿協會雖屬半官方機構，卻是王志剛公務生涯的延伸，這一段人生路，走了六年多，途中有許多豐富的美好經歷，上海世界博覽會的台灣館，堪稱這趟旅程裡極為耀眼的一幅風景。

台灣曾以中華民國名義於一九七〇年參加日本大阪萬國博覽會，爾後四十年，能促進國際交流、提升台灣形象的世界博覽會，都見不到台灣身影；一直到上海世博會邀請，才使得長年缺席於此國際場合的台灣，終有機會透過世博舞台，展示台灣實力；不過，好事經常多磨，不會憑空而降，世博台灣館一開始並不如預期般地順利，所幸最後事事圓滿，達到成功行銷台灣的目標。

台灣參加上海世博會的緣由是二〇〇八年國民黨再度執政，兩岸交流管道見到轉機曙光，當年九月以後，大陸方面即透過不同管道表示歡迎台灣參加上海世博會。

二〇〇八年底上海舉辦「國共論壇」，上海世博局趁此場合向當時國民黨主席吳伯雄提出邀請，希望台灣能夠參展。[1]

大陸對於上海舉辦這場百年盛會期待很高，一直希望台灣能夠全面參與；「城市館」部分，台北市政府展示垃圾不落地及無線寬頻城市兩項政績；震旦集團的「企業館」則以玉器博物館的面貌呈現；而受人注目的台灣館，卻遲遲未能落槌定案。[2]

當時台灣與中國大陸交往出現轉機，但關係依舊微妙，二○○九年五月二十一日台灣正式收到上海世博會邀請函之前，兩岸間早已針對台灣要不要參展、用什麼身分參加上海世博會、展館位置等議題，商談過無數次，但因敏感政治氛圍，世博台灣館幾乎要難產。

台灣內部也多次討論該由什麼單位參與世博會，二○○九年二月國安會曾經邀集海基會、陸委會、國安局和外貿協會開會討論，大家形成了共識，世博會是非常重要的國際經貿活動，台灣應該參加，與會者一致認為，應將上海世博會定位為民間文化經濟活動，並可交由外貿協會負責。[3]

總統府參考國安會該次會議結論，最後決定由貿協以「台北世貿中心」民間身分參展，外貿協會董事長王志剛同時兼任台北世貿中心董座，也自然成為政府指派的世博台灣館負責人。

當時政府要求參加上海世博會的過程不可被矮化，而且經費自籌，這項任務指示很明確，但也非常困難。貿協上下同仁接到這項指示，甚為惶恐，數十年來，台灣沒有參加過世界博覽會類似經驗，再加上兩岸之間關係特殊，需要花費心力協調溝通，更擔心因此而事倍功半。

---

1 二○○九年五月二十二日《聯合晚報》A1版

2 二○○九年三月十七日《聯合報》A11版

3 同註1

王志剛知道同事們的擔憂，不斷鼓勵貿協同仁，他告訴同仁，這份工作是責任、也是榮耀，大家必須全力以赴，經費部分由他負責籌募，大家不要擔心。

爭一寸不如爭千秋

一開始，上海世博台灣館的確面臨不少棘手的狀況。

上海世博局原本打算將台灣館納入中國館區，讓台灣、香港及澳門三個館連在一起。根據上海世博局規畫，台灣館大小規模與港、澳、中國大陸其他省分差不多，一般國家館占地六、七千平方公尺，台灣館面積就只有一千四百平方公尺（約四百二十三・五坪）。[4]

「我覺得爭，不要每件事都爭。」王志剛說，當時他覺得最重要的是把台灣館從港、澳旁邊挪開，能離得越遠越好，面積大小已非重點。

貿協與上海世博局多次開會商議，雙方代表絞盡腦汁，尋求解決方法，正好世博園區裡的中國館區與亞洲館區附近，有一高架橋，並且有條道路隔開，經討論，決定將台灣館移到高架橋另一面，不但接近尼泊爾、印度、沙特阿拉伯、斯里蘭卡、巴基斯坦及以色列等各國場館，離中國館也不遠，台灣館巧妙落腳在此，終能滿足兩岸雙方需求。

時任外貿協會副秘書的長葉明水擔任二〇一〇年上海世博台灣館總館長，台灣館總館長原由負責人王志剛指派當時的貿協秘書長趙永全擔任，但趙因台北、上海兩地公務繁忙，無暇兼顧，後來改派熟悉展覽業務的葉明水接任。

葉明水回憶，為了展館位置，董事長王志剛及秘書長趙永全和上海世博局開了多次會議，還打過無數次電話協調，也勘查現場，台灣館最後位在上海世博園區的A片區[5]，緊鄰一軸四館（世博軸、四館為中國館、主題館及世博中心、文化中心）附近，民眾一進入世博會，就會看到台灣館，可說是絕佳地點。

後來，葉明水跟上海相關官員聊天，才知道大陸方面在台灣館與亞洲各館區之間，種一排並不明顯、也不會阻檔視線的矮樹，以「區隔」台灣與亞洲，就某程度來說，也算是對大陸更高層的單位有所交待。

貿協拓展處處長邱揮立是最早被派往上海駐地執行台灣館籌建的人，一路看到王志剛與陸方的往來過程，他非常佩服王志剛董事長處事周到圓融的態度，貿協也因此得到中國大陸各相關單位不少協助。

中國大陸貿促會會長萬季飛讓邱揮立印象特別深刻，萬與王志剛私交甚篤、且擔任世博會執委會副主席，除了萬季飛，王志剛記憶所及，那時擔任國台辦主任的王毅、上海市市長韓正、上海市副市長楊雄、上海市委會常委楊曉渡和上海市台辦主任李文輝，都是出力甚多的對岸重要官員。

4 二〇一〇年上海世博台灣館紀念專輯 P55、上海世博官網

5 上海世博園區係以英文字母 A、B、C……排列順序，A片區在上海浦東，城市館區、企業館區則位在浦西。

「台灣館就是台灣館」，智慧言語化解僵局

王志剛與上海市副市長楊雄等人會談台灣館地點挪移一事，是台灣館籌備期間的重要議題；王志剛說，雙方互有默契，對外不提「台灣館是不是國家館」的話題，以表相互尊重，對上海世博會宣傳資料將台灣館列在「中國館區」，引來輿論爭議，則希望以智慧應對，避免挑動敏感神經。

不過，台灣館即將舉行上樑儀式（舉行日期為二〇〇九年十二月十日）之前，還是因為台灣館在上海世博官方網站上被列入中國館區一事，引發軒然大波。

當時上海世博會官方網站寫著，「中國館總建築面積十六．〇一萬平方公尺，由中國國家館、省市聯合館及港澳台館三部分組成」。這樣的文字敘述，惹來不少是非。

二〇〇九年十二月初，王志剛在台灣館上樑前先到上海，才下飛機，就接到台北同事通知世博官網文字惹風波，王志剛聯絡二〇〇九年十月才就職的上海台辦主任李文輝，並要座車立即調頭，火速轉往上海市台辦。

政府特別叮囑不被矮化的前提下，才能參與上海世博會，如此景況，王志剛憂心自己辜負國人交託，一急，跨出座車差點摔跤。而李文輝早就步出建築物大門口等待，驚見訪客幾乎踉蹌跌倒的一幕，他趕緊上前扶起王志剛，並且拉著王的手，同進辦公室。

王志剛單刀直入開口說，「這跟我們取得的共識不一樣」。

「對，這一定是誤會、誤植。」李文輝說完後，還允諾會調整上海世博官網相關文字。

上海世博會事物協調局副局長朱咏雷也接受台灣媒體採訪，以化解紛爭，他強調沒有台灣館位

於「中國館區」這個說法，關於台灣館準確的表述就是：「台灣館位於A片區」。[6]（在大陸民眾眼中，A片區指的是最好的區段。）

葉明水說，在世博舉行期間，曾有位加拿大台商沒進去台灣館前，很不客氣地對他說，「你們這樣屈居在中國館旁邊，不愛台灣」，他則回應，「我們那裡會不愛台灣，請你們來台灣館走一遍，感受一下，就知道我們的用心。」

這位僑胞進去參觀，看到台灣館天燈造型，加上祈福方式，反有異常感動，扭轉之前先入為主想法。

王志剛認為，台灣館以中華文化為本，但展示氣勢磅礡的台灣，呈現台灣人的待客之道，以及台灣的科技文化，充滿台灣元素，自然會觸動人心。

有限時間籌建台灣館，接下不可能的任務

二〇〇九年五月二十一日外貿協會接獲上海世博局參展邀請函，因為交涉場館位置，拖延到七月二十一日，貿協才以台北世界貿易中心名稱，與世博會在上海西郊賓館舉行簽約儀式。

讀者可能好奇何以台北世貿中心而非外貿協會之名簽約，這其中有無涉及兩岸間敏感名稱問

6 二〇〇九年十二月十日《經濟日報》A11版

題？其實，外貿協會在中國大陸及全球許多地區設有辦事處，除了大陸，在其他地區舉辦經貿活動都沿用台北世貿中心的名稱，並不特殊。

當時的台北世貿中心總經理趙永全（外貿協會秘書長）及上海世博會事務局局長洪浩代表雙方簽約；台北世貿中心董事長王志剛（外貿協會董事長）、中國貿促會會長萬季飛（上海世博會組織委員會副主任委員）、上海市常務副市長楊雄、上海世博會執行專職副主任委員鍾燕群以及上海市台辦主任楊建榮等人共同見證。[7]

葉明水說，接獲世博參展任務，貿協同仁在王董事長帶領及鼓勵下，立刻動起來，緊鑼密鼓展開台灣館先期規畫，成立了「二〇一〇年上海世博台灣館台北專案辦公室」。

上海世博台灣館台北專案辦公室執行長龔維新說，台灣參加世博會正式紀錄為一九七〇年大阪萬國博覽會，執行單位是故宮，中華民國國家館展示故宮文物；二〇〇五年，台灣以藝文表演及經營餐廳的模式參與日本愛知博覽會，但四十年來，並未有單獨以「台灣館」身分參加世博會的經驗。

相較日本館籌備四年，籌建台灣館只一百九十九天，且距世博會開幕不到一年；為了在有限時間完成不可能的任務，葉明水說，同仁事先做了不少準備，提前拜訪多位知名建築師和博覽會專家，王志剛董事長則拍板將台灣館分成「展館外觀設計」及「內部展示工程」二項，籌備工作從找設計及軟硬體廠商開始，六月七日硬體工程開標，由李祖原建築師聯合事務所及達欣工程得標，六月八日軟體展演工程由躍獅影像得標，此時，整體工作團隊才算正式組成。

台灣館連結巧妙緣分、因果與文化元素

有意思的是，這個工作團隊組合，連結難以言喻的緣分，王志剛與建築師李祖原兩人都是中台禪寺惟覺老和尚的弟子，李祖原設計的「山水心燈」，富有禪味，那時候的十七位評審委員很認同他的設計，第一名都給了山水心燈設計。

李祖原跟世博會也有很深淵源；一九七〇年日本大阪舉行萬國博覽會，年輕李祖原協助貝聿銘大師設計中華民國台灣館，之後，台灣沒再參加世界博覽會，四十年後，未料又能參與台灣館進駐世博會盛事，機緣十分巧妙。[8]

二〇〇九年六月九日時任貿協秘書長趙永全以台北世貿中心總經理身分，和李祖原建築師、達欣、躍獅等軟硬體團隊同飛往上海，正式向上海世博局簡報台灣館建築設計方案及理念。

推出天燈造型台灣館之前，李祖原早以台北一〇一大樓建築作品聞名國際，台灣遠企辦公大樓、中台禪寺，以及北京盤古大觀、西安新法門寺都是代表作，其建築概念融合中國哲學、禪理及中華文化，是當代備受推崇的華人建築大師。二〇一〇年四月成大校友刊物訪問李祖原，他說，希望透過面積有限的上海世博台灣館，宣揚台灣對世界文化貢獻。

李祖原的想法落實到設計有兩大重點，一是將建築視為符號，什麼造型可讓人一眼知道是台灣？另一個要突破的是，台灣館展示面積一千四百平方公尺，僅日本館十分之一，空間有限，幸好

---

7 二〇一〇《上海世博台灣館紀念專輯》第三十九頁

8 二〇〇九年五月二十二日《聯合晚報》A4版

緊鄰世博軸，是觀眾必經之地，加上建築高二十三．八公尺、約七層樓高，因此將台灣館定位為「媒體」，透過內部直徑十六公尺LED大圓球、玻璃天燈外立面調光薄膜，從裡到外、盡其所能展現信息，不論日夜、館內館外，都可讓人看見台灣；正如台灣在世界舞台一樣，面積雖小，也努力發光。

李祖原說，台灣館的設計是用心靈、自然兩指標，回應上海世博會主題「Better city，Better life」（城市讓生活更美好）；台灣有大山大水等自然風景，並且傳承中華文化，原為孔明燈的天燈經常出現於台灣民間節慶活動，象徵這片土地人民的善良心靈，台灣館建築物造型，代表心靈、祈福與大愛的意涵。台灣館內上方懸掛LED大球，代表「天」及自然，中間的點燈水台即「人」祈福放燈場所，底層城市廣場為「地」，此設計也展現中華文化天、人、地三元論的世界觀。[9]

李祖原建築師事務所擬競標台灣館，找上擅長多媒體影音的躍獅，在緊迫時間壓力下，躍獅創意總監姚開陽設計出七百二十度、感受得到風雨、聞得到花香的「全天域球幕劇場」，不僅贏來喝采，新穎的創意讓台灣館成為熱門展館之一，廣告人范可欽團隊負責製作一部分的館內與球體外觀播放影片。

除了台灣館，躍獅也為同屬中華文化的中國大陸，貢獻不少創意，例如取得北京奧運八大場館之一的中國國家科技館4D電影院的標案，更是上海世博中國館的創意設計團隊之一。

工程難度高，開館前經歷波折考驗

二〇〇九年五月二十二日王志剛在台北舉行記者會，公布台灣參加二〇一〇年四月舉行的上海世博會；他指出參與上海世博對台灣的意義，不只增加台灣及中國大陸兩地經濟文化互動及人民感情、改善兩岸關係而已，還能讓台灣成為世界注意的亮點，走向國際，向全世界行銷台灣。

王志剛認為，陸客來台灣觀光人次雖多，但與全中國人口相比，占比微乎其微，利用世博會展現台灣精神、實力和精緻的文化，是難得機會，甚至還可透過世博會，彰顯台灣科技水準和台灣環保能力，將來也可協助台商，尋求大陸和各國廠商在科技和環保產品進一步合作機會。

「歷史上應該記下王董事長這個決定，他接下籌設台灣館任務，真的十分勇敢」，葉明水說，那時貿協沒有任何奧援，資金還得自籌，沒有王董事長的魄力及意志力，也不會有上海世博台灣館。

台灣館起步晚，工作人員拚命跟時間賽跑，二〇〇九年五月二十一日接獲邀請台灣參展公文，到台灣館動土，期間僅三個月，且在七個月內趕工，過程像懷胎孕育生命一樣緊張，其中經歷大小波折與考驗。

二〇〇九年八月十七日王志剛赴上海主持動土儀式，卻未能立刻動工，經協調後的台灣館位址，雖是世博園區極佳地點，卻在上海市地下鐵上方，屬地鐵局的保護區，施工法、施工材料與步驟，均要與地鐵局協商，最後我方採用「靜壓樁」方式，才獲上海地鐵局認可，同意施工。

貿協拓展處處長邱揮立為台灣館「營業執照」上的負責人，談起當時到上海市府「跑公文」，

---

9 二〇一〇年四月成大校友聯絡中心訪問李祖原，內容收錄成大官網的校友剪輯，專訪標題為「李祖原：用『本事、理想、說服力』挑戰建築界」

情景依舊清晰浮現在眼前，他說，台灣館的設計圖、施工圖，施工材料，都要經上海市政府批准，眼看時間一天天過去，沒有下文，令人焦急。

還好台灣館相關文件最後通過審閱，二〇〇九年九月十四日台灣館興建工程正式啟動；台灣館內懸吊式LED球體設計，兼具外部播放和內部展演兩大功能，李祖原用對待藝術品心情，精雕細琢，此設計當時為全球首創，但施工難度卻很高，接下來的硬體工程，讓邱揮立隨時警備。

鋼構組成的台灣館，外為巨型玻璃帷幕，玻璃上貼合「調光薄膜」，經過電壓，使調光薄膜呈現「穿透」或「霧狀」等不同效果，玻璃帷幕內是巨型LED球體，這樣美好設計，施工過程遇上不少挑戰，只要上海下雨打雷，邱揮立就擔心起工安問題。負責營造的達欣工程，董事長王人正親自跟催進度，有時甚至要現場工作人員每一小時傳送一張現場照片回台北，以便他能夠隨時監控現場，掌握工程進行狀況。

台灣科技創造軟實力，測試球體館場外影片

台灣館硬體按照進度陸續完成後，內裡的軟體該怎麼做，才能凸顯台灣科技創新及文化，對台灣館團隊來說，是不小的挑戰。統籌展演內容及工程的躍獅影像科技總經理吳菊當年接受媒體採訪，特別提到台灣館如何傾台灣科技之力，在上海世博會締造許多獨一無二的世界第一。

台灣館內放映4D動畫影像，在四分鐘內顯示十二萬六千個畫面，平均一秒有三百六十個畫面，數量是電影「阿凡達」的兩倍，上海世博會裡只有來自科技島的台灣館，能帶給觀眾超越阿凡達的

視覺「極限震撼」，當年無人能及。

而台灣館每天限四千人參觀，多數人無法入館，只能在外面觀賞，館外展示必須將台灣先進科技發揮到極致；台灣館外觀天燈燈罩用的是那時全世界最大平面薄膜，以一萬五千片先進調光膜組成，每片透過獨立電壓系統控制，呈現穿透、霧狀的效果，更可播立體影片。

內部圓型全天域劇場有一百萬顆 LED 燈泡，並組成鋁合金巨型球體，重達一百三十公噸，但為避免巨型球體接觸到天燈燈罩而變型，吳菊說，躍獅與負責台灣館硬體施建的達欣工程，一起研究討論，想到頭都痛了，最後以懸吊方式固定球體，成為當年全球唯一懸吊式劇場。「工程難度不亞於台北一〇一」。[10]

台灣館外形不規則，在館外播放影片，又是一大挑戰，邱揮立說，那時如果沒有團隊反覆測試，恐怕無法達成任務。

二〇〇九年電腦模擬動畫技術還不成熟，范可欽的公司為負責製作館外播放影片的合作團隊之一，他說，影像在曲折球體表面呈現時會變形，必須在電腦上不停模擬，再交給躍獅彙整成為統一規格，才能在台灣館外試播。

范可欽回想，當年不斷試做、重製，好不容易完成，拿著「熱騰騰」的十多分鐘影片檔案，準備直奔上海，卻訂不到航班機位，范可欽在內的三人團隊只能從小三通到大陸，那時王志剛人早已

10　二〇一〇年四月十四日《聯合報》A15兩岸版

在上海，等著晚上一起觀看測試影片。

天燈造型的球體外部放映影片，在暗夜裡較能清楚看出效果，天黑之後，團隊不斷試放影片，范可欽記得，「碰」的一聲，台灣館球體外部亮了起來，正好王志剛結束與客人的晚餐，從上海世博餐廳區走回台灣館，沿路經過天橋高度的長廊，王志剛跟所有工作人員目睹這一景象，大家都難掩興奮之情。

那一天上海溫度約攝氏六度，必須要穿著「裡三層、外三層」厚重衣服，才抵擋得住寒冷，王志剛與貿協同仁、影片製作團隊，忍耐著低溫，站在戶外觀看循環試放的影片。「看到半夜十二點、清晨一點，正是冬天時刻，我穿著風衣，縮著脖子，儘管很冷，還是待在戶外觀看好多次影片」，回溯起那一天的嚴寒，王志剛臉上卻帶著極為溫暖的笑容。

上海世博會主題是「城市讓生活更美好」，台灣館展演內容不只要符合世博會主題，還得維持創作者創意及文化元素，更要琢磨每項細節和流程，確保未來營運順暢。

台灣館的專案辦公室與躍獅團隊深化演繹館內展演規畫，邀夏鑄九、張毅與漢寶德教授，以及時任故宮院長周功鑫等建築界、文化界和博物館領域的專家學者擔任顧問，對台灣館軟硬體規畫及展演內容提出多項建議，目標是讓台灣館內展演內容能呈現台灣的精神及文化。

龔維新記得，在準備參加上海世博會的籌組期間，專案團隊及業者不斷討論，彙整出想法、點子，形成企畫簡報，跟王志剛董事長開了無數次的會議，一次次提案被否決後，一次次再修改每個細節，希望追求儘可能的完美。

從專案辦公室團隊成立後，葉明水參與籌備工作會議、展演規畫動腦會議、台灣與上海兩地的工程會議，「在我印象中，不管多忙碌，王董事長都親自主持每場會議，與團隊成員充分討論主題演譯、展演論述及展館興建的每一個細節」。葉明水說，「台灣參加世博會可能引發的政治敏感環節，都是要承擔的風險。」

台灣館是連結情感與緣分的載具

不只對王志剛，對上海世博台灣館對貿協同仁也是「只許成功不許失敗」的挑戰。

王志剛以身作則，上行下效，參與上海世博台灣館工作的同仁，人人都專心投入，在台灣館營運期間，王志剛半年飛行來往中國大陸與台灣高達三十二次，王志剛隨時掛心台灣館，即使人不在上海，有時一天會打三、五通電話給葉明水，關心進度，上海世博台灣館從籌備到營運，王志剛與貿協同仁都一起進入半年無休假的備戰狀態，很多人甚至可以說是二十四小時警戒。

葉明水認為，王志剛在台灣館籌設過程中，帶領貿協同仁一一化解各種困難，更像是扮演大導演及推手角色，「用台灣文化、創意與科技，加入哲學、宗教層次的詮釋，讓台灣館打破文化語言的疆界，感動每一位參觀者。」

先前提到王志剛與李祖原同為惟覺老和尚弟子，李祖原也在四十年前參與過大阪世博會，有趣的是，范可欽跟王志剛也有奇妙的淵源，台灣館是個連結情感與緣分的載具，將有緣人都牽連在一塊。

王志剛曾任商學院教授，作育無數英才，潤泰集團總裁尹衍樑就是其優秀弟子，尹衍樑取得台大商研所碩士學位，之後繼續在政大企業所取得博士學位，並在文化大學兼課；尹衍樑有一天打電話給王志剛，希望王志剛能幫一位文化企管系學生找工作，隔天這位學生到王志剛辦公室，直白表達自己想做廣告創意工作，這學生就是范可欽。

王志剛年輕時曾在廣告公司工作，也擔任顧問，跟廣告界算熟，王志剛隨即打電話給他的好友華威廣告董事長郭承豐，郭承豐立即回覆可讓范可欽來試試。

多年後，王志剛擔任時報廣告金像獎評審，有次范可欽奪獎，在頒獎典禮上發表得獎感言，他感謝尹衍樑和王志剛兩位老師，「尹衍樑老師教我要做一個有承擔的人，王志剛老師則幫助我成為有承擔的人」。

因事隔許多年，王志剛不記得介紹工作之事，范可欽在獲獎感言中提及，讓王非常感動；後來，王志剛為了這句話，跟尹衍樑通電話，才記起范可欽原來是他舉薦進入廣告界的年輕人。

團隊創意不斷，巧思說好台灣故事

貿協市場拓展處處長邱揮立說，台灣館內擺放點天燈影片螢幕，點燈後畫面隨後出現祈福語，這樣的安排布置，就是范可欽的建議。

范可欽是世博台灣館外包合作業者，也算是團隊成員之一，他目睹王志剛全心投入工作，深刻感受王志剛戮力為公的精神，范可欽曾受邀到TVBS談話節目，評論政府官員做事態度，他舉王志剛為例，「中華民國官員若都能如此，這國家就有救了。」

不論是公務或教學，王志剛以身作則，他用心推進上海世博台灣館建置計畫，也和同事及承包業者團隊合作，激盪出不少創意。

王志剛因公經常往返大陸各地，他和台灣館工作團隊發現，多數大陸民眾並不熟悉孔明燈文化，那時發想點子，希望讓參觀者有機會點天燈，這對觀眾而言，會是很新鮮的體驗。

范可欽還提出更有趣的方式呈現這個點子，他建議參觀者進入台灣館內，走至倒數第二個參觀行程，可站上點天燈的台子，觀眾不光只是點點燈就離開，更要停留些許時刻，並雙手合十、選一句祈福語，內心默想祈福對象，安靜幾秒後，觀眾抬頭一看螢幕畫面，浮現出寫有祈福語的天燈，跟著冉冉上升的天燈影像，觀眾的情緒也會漸漸沈澱。

果然，這樣子的點天燈祈福儀式，能讓參觀者靜下心，心裡想著準備為何人、何事祈求，台灣館也貼心備有十二句祈福語，從個人、家庭到期盼國泰民安、兩岸和平、世界大同，參觀者都能各自選擇。

邱揮立認為，台灣館像是說故事的地方，參觀動線順著故事發展來安排；進入後，一樓先布置有許多螢幕，先是台灣館代言人、也有各行各業人士影像出現在螢幕畫面，他們像主人一樣，對著參觀訪客打招呼，接著，訪客則坐電梯到五樓全天域劇場觀賞展演影片「自然城市」，之後才進入下一個點天燈的行程。

全天域劇場的設計及播放內容，觸動王志剛的心靈深處。此處放映平均每秒三百六十格畫面的自然城市影片，呈現的內容從宇宙漸漸推向地球，觀眾步入圓形球體裡，站在透明玻璃空橋上，在七百二十度空間裡，見到上下左右不停移動星球，觀眾揚起陣陣驚呼，一瞬間赫然發覺，早已又飄浮在浩瀚無邊的宇宙。

從全天域劇場體悟信仰及人生哲理

身處全天域劇場體會寬廣宇宙，對王志剛而言，有如佛教金剛經描述的境界，「東方虛空可思量不（讀音不、字義為否）？不（讀音弗，字義為不）也，南西北方、四維上下，虛空，可思量不，不也，東西南北、四維上下，虛空，皆不可思量。」

「東方有多遠？能不能想像有多大？或根本無法想像，是在無限大三千世界嗎？在無限大的空間時間內，任何有形物質、可衡量的時間，都是無限小。」

此段經文意涵貫穿物理、天文學到人生哲理，在宇宙中，銀河系、太陽系、地球都是無限小；地球上無論土地大小，乃至偉人、凡人，皆無差別，全是無限小；因此人要謙卑，要活得快樂，榮華富貴、生老病死，都是無限小的剎那。

惟覺老和尚親筆所題的書法「慈悲喜捨」，現在仍懸掛在王志剛的辦公室，長年禮佛，王志剛對這四個字特別有感觸，也還在琢磨當中深意，王志剛至今的人生際遇，則因「捨」而收穫甚豐。

他擔任公職時間甚長，教書工作也做了很多年，過往捨去屬於自我的時間，全心公務與教學，與學生及部屬建立深厚感情；迄今，經濟部、公平會、外貿協會的老同事們，以及眾多學生常有聚會，這樣的緣分，他覺得是賺到了。

回想起上海世博台灣館的全天域劇場影片，王志剛感懷與部屬、學生之情，也盛讚羅獅主導的設計團隊，他們超越當時技術極限，讓觀眾體驗虛擬實境，全片從宇宙場景，再到台灣自然美景與生態環境，在原住民的「天籟」歌聲中，觀眾眼前快速浮現阿里山檜木森林、台灣城市風光和鄉村平原，透過八聲軌立體音效，聽到蟲鳴鳥叫，還聞到花香，澆淋從天而降的雨水；視覺、聽覺、嗅覺及環境特效衝擊著參觀者，即使沒登上宇宙、未到過台灣的觀眾，也身歷其境，走了一趟知性、感性之旅。

全天域劇場之後的第三個參觀地方是二樓的點燈水台，水台的設計概念來自台灣地理環境，外環水池象徵太平洋海水，內環則代表日月潭之水，中央有花蓮玫瑰石，觀眾登上點燈水台的檯面，可在觸控螢幕上選擇祈福語，接下來按鍵施放寫有祝福話語的天燈。

同樣溫度的奉茶伴手禮，台灣人好客又細心

點完天燈後，參觀動線來到城市廣場，這裡展示「大樹下的一天」，讓入場觀眾於此體驗台灣的多元文化與待客之道，這也是王志剛率領團隊參加上海世博會的初衷：向世人行銷台灣、提升台灣的能見度。

邱揮立回想台灣館城市廣場有許多讓參觀者回味無窮的點滴，這背後是許多工作人員的巧思與努力，例如奉茶，用多大茶壺、多少水量，才能剛好倒出四十杯茶？因為一次入場參觀人數限四十位以內，為了不會對任何人失禮，不發生同團有人喝茶、有人等待、有人喝熱茶、有人喝冷茶，花了很多時間及心思找茶壺，希望客人到台灣館最後一站，都能感受到一致又貼心的服務。

喝茶是兩岸共同文化和飲食習慣，透過「奉茶」過程，既可說明台灣喝茶、泡茶文化，也可展現台灣人的好客、好禮和熱情。

當客人喝完茶、把茶杯放回茶盤時，奉茶服務員輕聲說，「送給你的，杯子可以帶走。」訪客帶著印有台灣館天燈設計圖像的小茶杯，走到出口，服務人員再遞上客家花布袋，說出「給您裝茶杯，比較好拿」。

客人另外還能拿到印有台灣館形象的PE不織布大環保袋，環保袋內裝有旺旺、統一捐贈的泡麵及飲料，以及永豐餘紙手帕和康那香溼紙巾；在世博會展出期間，每天都可見到許多遊客背著台灣館提袋，穿梭在各館之間，形成特殊景象，更是免費移動廣告。

王志剛認為，台灣館行銷得以成功，得要歸功工作人員背後默默辛苦付出；世博會展出期間，台灣館工作人員每天處理四千人次的奉茶、準備四千多份禮物，這些工作需要有超人的耐心和毅力。

葉明水說，「我們堅持每天都是第一天，絕不鬆懈，而且每個人都練就一番功力，那就是不管有多累，對待參觀者，每天都要很親切。」[11]「同仁在世博期間很辛苦，也不免倦怠，當時想出一句話，『天天都是第一日』用來勉勵同事」。

二〇一〇年四月二十日起，上海世博會通知各場館舉行六天的試營運，並安排二十萬到五十萬不等的參觀人潮，讓各場館先進行「壓力測試」，以便於五月一日正式營運前，能做最後調整，台灣館參加四月二十日、二十三日及二十五日三天的試營運。

四月二十日開館試營運才發現，台灣館竟是少數來得及完工並參加試營運的展館之一，葉明水說，試營運第一天，大批群眾擠爆台灣館，玻璃大門甚至差點被擠破，貿協工作人員被人群淹沒。

外貿協會華沙台貿中心主任吳春見當時擔任台灣館發言人，他當日到上海支援台灣館試營運，卻卡在人群裡，眼鏡也擠掉了，還被群眾踩碎，王志剛他一輩子難忘那場景，「更誇張的是，人群退潮後，每天都會留下成堆的鞋子，大部分都是單隻。」

「這個情況對台灣館的工作團隊來說，是一場震撼教育！」葉明水說，三天的試營運，讓團隊修改台灣館部分展演內容，更重要的是採「全館預約制」。

王志剛說，當時上海台灣館工作團隊在葉明水的領導下，總有些超出預期的優異表現，例如「全館預約制」就是個非常棒的創見。

試營運期間，葉明水帶同事到其他場館參觀，走完一圈，覺得參觀世博會實在太辛苦，人潮擁擠到根本無法好好看展，葉明水認為台灣館應該有所不同，提出改善參觀流程的新點子，以「人人都是ＶＩＰ」的概念，推行預約參觀制。

原本規畫預約參觀，採取依梯次排序、定點來導覽解說，王志剛對葉明水的點子，做了一些修正，若能安排類似旅遊團導遊，或像參觀博物館、美術館解說員導覽，從頭到尾有同一解說員帶同團觀眾參觀台灣館，必能讓流程更順暢，也更有人情味，台灣館獨有的領航員全程帶團導覽，因此而生。

親善領航員與參觀者互動

在台灣館籌備期間，王志剛那怕是睡前一個靈光乍現的想法，都會起身以紙筆記下，試營運後，台灣館一炮而紅，他更是親自勘查每一個展演細節，聆聽每一位親善領航員的導覽方式，從參觀者

---

11 二〇一〇年十二月二十七日《經濟日報》C9版

的角度提出調整建議。

領航員是王志剛很得意的點子，果然，親善領航員身著楊惠姍設計的天燈服，從台灣館第一站到最後，過程中與同團的參觀者互動，參觀者對領航員多一份親切感，也成台灣館的亮點之一。王志剛記得有個大陸年輕小伙子，因為其中一名領航員呂亞馨，光臨台灣館二十一次，小伙子覺得呂亞馨解說得好，人親切又漂亮，被圈粉不斷前來台灣館，就為看呂亞馨。

除了領航員的解說導覽服務，台灣館工作人員還會彈性調整梯次人數、拉長前後團間距，若有特別貴賓，也特訓領航員接待，甚至為來賓客製展演內容。

例如，提前知道客家籍貴賓到來，便試著另製客家問候語；已過世的知名導演李行來訪時，城市廣場的演奏曲目會變成「小城故事」電影主題曲；女星林青霞到訪，奏起《滄海一聲笑》，這是一九九二年上映的「笑傲江湖」電影中膾炙人口歌曲，林青霞主演東方不敗，劇評給予很高評價，這樣安排，對她是有特殊意義的驚喜；台灣館工作人員只要事先知道來訪團體國籍，也立即改播各國民謠，讓來賓覺得十分貼心。[12]

王志剛學以致用，將企業管理行銷理論運用在上海世博台灣館籌備及營運，他深諳世博會觀眾「一成看門道、九成看熱鬧」，除了中華文化、台灣文化、創意與科技巧妙結合，使台灣館雅俗共賞，更加入哲學、宗教層次的詮釋，使台灣館打破文化、語言的疆界，感動每一位參觀者。

邱揮立說，董事長充滿熱情，感染了同仁，更懂得運用方法激勵同事工作士氣。王志剛要求台灣館總館長葉明水每天開館之前，遵循一定的工作程序及步驟，在開館的一百八十四天，天天都照這套SOP；上午開館前先向佛像上香，祈求平安，並召集所有領航員，抽出其中一位，讓他（或她）

講述一遍導覽內容，再讓所有領航員複誦一次，協助大家熟記導覽細節。

邱揮立說，擔任館長職務期間，每天一早還沒開門迎接來客之前，他一定和領航員等工作人員，預走一遍參觀動線，閉館後也再檢視一整天工作流程，巡覽一次台灣館。

貿協同仁表現優越超出預期

邱揮立難忘每天早晚上香的作法，這對台灣館工作人員內心產生安定力量，當時館內放置佛像，一尊是王志剛從家裡請來、由中台禪寺惟覺老和尚所贈的釋迦摩尼佛像，另一尊為琉璃工坊所捐的白衣觀世音菩薩像，他們早晚焚香默禱，安心定神，求神祖及觀世音菩薩保佑台灣館展出期間平安順利。

老天保佑努力的人，外貿協會同仁的敬業精神，贏得參展觀眾的讚譽，而王志剛更深深感謝所有台灣館工作人員。

王志剛說，負責台灣館幾位重要幹部發揮各自長才，像前期籌劃、招標過程中的法律細節，幾乎都要倚賴法律專長的林尚楨，台灣館營運前後及展出期間，林尚楨都在王志剛身邊隨時提供建議，林尚楨後來到台灣人壽擔任法遵長；總經理趙永全擔任召集人，成立台灣館專案辦公室，龔維新擔

12 二〇一〇年上海世博台灣館紀念專輯第一九四頁

任執行長，從無到有，他們與業者協作出台灣軟硬體及展出內容；邱揮立監督台灣館硬體建造，後續接手營運實務，辦事俐落，且大多做開創工作，十分辛苦。

台灣館正式營運後，王志剛看到展覽業務經驗豐富的台灣館總館長葉明水，發揮極佳的領導統御與管理能力，帶領台灣館發言人吳春見、執行副館長張如蕙等外貿協會重要幹部，盡心盡力，葉明水還展現「外交」能力，與外國各場館建立良好的關係，因葉明水對外交涉結果，讓台灣館貴賓可走綠色快速通道，並同時參觀上海世博會其他七個熱門場館；王志剛說，很幸運地與他們共事，台灣館展出成功圓滿，證明貿協同仁的執行能力，超乎預期，非常優秀。

葉明水說，在王志剛董事長鼓勵下，台灣館工作團隊創意與執行力十足，也很能臨機應變，例如展覽期間的夏天，上海天氣非常熱，民眾排隊時間又久，常有抱怨，台灣館先是加開電扇、吹風，但還是熱，就改送傘、送扇子，最後更免費送汗衫，讓衣服濕了又濕的民眾可以乾爽看展。

台灣館開展期間，王志剛也充分感受到貿協同仁聰明運用資源的超強能力，讓他感到最不可思議的是，一般人進入世博會場，要經過很嚴格的安全檢查，擔任台灣館執行館長的張正芬竟然弄到一張特別通行證，得以快速通關，有效率減省王志剛等貿協高階主管往返會場的時間。

台灣館半年多開展期間，來自世界各地的參訪貴賓甚多，張正芬能立即找到四十五人座車子排除接送的考驗，那時在上海世博園區「只要講張姐，無人不知曉。」張正芬很謙虛地說，其實世博會的大陸當地工作人員，很想要台灣館入門票，因此給了貿協工作人員許多「方便」。

除了中國館，台灣館是最早也是唯一採全預約限制的場館；全天從上午九時三十分到晚上十時，以小時為單位分時段進場，每天發放約四千餘張預約入場券，參觀者依照預約時間進館參觀，不必在吵雜人潮裡排隊、更不會忍受酷熱，甚至身體微恙、中暑，從試營運以後，台灣館的預約券越來越搶手。

熱門預約券遭假造，台灣館圖像被抄襲

台灣館二〇一〇年五月一日正式開幕，但太過熱門，當時有大陸媒體報導，有人販售進入台灣館黃牛票門票，每張約人民幣三百元（以當時匯率，約新台幣一千四百元），還有人兜售保證進入五大熱門館貴賓團票券，台灣館也名列其中。

邱揮立有記錄生活重要事件習慣，他在二〇一〇年日誌上記錄黃牛票事件，「台灣館造價約新台幣十一、二億元，每天僅能接待四千名來賓，一百八十四天展期約有七十三萬六千人進場，以成本計算考量，每位參觀民眾是一千四百九十五元，市場價格，黃牛票真實反映出來。」

邱揮立記得，當時為了防偽，上海世博台灣館入場券換了五個版本，依舊擋不了大陸當年抄襲台灣館內物品的風氣，那時大陸市面上有人販售印有台灣館圖像的複製杯子，可見台灣館在當時有多麼「值錢」。

台灣館工作團隊經常邀請名人代言，或趁季節假日，藉著新奇有趣的創意點子，再次將台灣館名聲往上推，活用行銷宣傳理論；像是林志玲無償全力支持，成為台灣館最佳代言人，上海世博台灣館官網也有虛擬林志玲引導網友瀏覽，真實世界裡的林志玲和蔡依林、曾雅妮等名人，更親臨上海，擔任過台灣館「一日館長」。

上海世博會開展半年期間，參展各國會選訂一天為國家館日，若是國際組織的場館也會有一天訂為榮譽日或特別日。台灣館以點燈祈福儀式來度過台灣館最特別的一天。

上海世博台灣館選在二〇一〇年五月十一日舉辦盛大的點燈祈福儀式，邀請行政院前院長劉兆玄代表台灣官方主持，這一天是台灣館在上海世博期間值得紀念的特別日。

「雖然小，但是你不可能看不見」，劉兆玄談著台灣館特色，規模不大，但內容非常精彩，尤其館外就可看到很多具台灣特色影片的展示，在上海世博園區中非常突出。

台灣館百分之百由民間募資，外貿協會在台灣館特別的這一天，邀請出資企業到場，出席的企業家有恆豐集團總經理王曉萍、鴻海董事長郭台銘、大潤發總經理黃明端、頂新集團董事長魏應交、英業達董事長葉國一、日月光集團董事長張虔生、華邦電董事長焦祐鈞、已故台泥董事長辜成允、統一集團前總裁林蒼生、旺旺集團副總裁蔡旺家等。

台灣館代言人林志玲、陶晶瑩，琉璃工房執行長張毅及楊惠姍、台灣館設計者李祖原等人也一同參加點燈祈福儀式。

中國大陸方面，海協會長陳雲林、世博組織委員會副主任委員暨貿促總會長萬季飛、海貿會長李水林、國台辦副主任葉克冬、上海市委會常委楊曉渡等人應邀出席台灣館點燈祈福日。

官方代表、贊助企業及代言人上台，各選擇一句祈福語，再按鈕讓祈福天燈冉冉上升，此時為點燈祈福開幕儀式最高潮。萬季飛和楊惠姍選「幸福美滿」；劉兆玄選「世界和平」林志玲、陶晶瑩都選「愛與和平」。[13]

上海的酷暑氣溫很高，有時甚至會熱到攝氏三十九度，炎熱天氣激發台灣館團隊創意，夏天似乎就是西瓜的季節，藉由影片的呈現方式，把台灣館的天燈造型外觀換裝成一顆大西瓜；與家長同遊上海世博的孩童，一看到大西瓜造型的台灣館，興奮喊叫，不論經過多久時間，這些趣味盎然的畫面，還鮮活留在王志剛的記憶裡。

情侶則在七夕情人節於台灣館互訂終生，而到中秋節，LED球幕化為月亮，以及「熄」燈儀式、六次「十分精彩、萬眾矚目」等主題式系列活動，也都是台灣館工作團隊同仁的發想，並靠著群策群力共同完成。

台灣館從開幕到閉幕的「熄燈」，連續一百八十四天不斷創造吸睛的話題，葉明水找到當時的資料：台灣館始終名列中國搜尋引擎百度搜尋人氣前十名，最高到第三名，大陸大眾點評網網友評比超過四・五顆星（滿分為伍星）；NHK、美聯社及大陸中央電視台等各家國內外媒體報導，王志剛及葉明水頻頻受訪，日本還有一家媒體評選台灣館為世界第一的世博展館。

台灣館在上海世博會的整體表現，無論在人文、科技、節能減碳及服務品質都備受肯定，外貿協會統計，台灣、大陸及各國媒導報導共七千七百則新聞報導，累積逾十億元新台幣廣告價值，公關價值估有三十億元新台幣，榮獲國內外十一項行銷重要獎項，包括國際行銷傳播經理人協會總會「MCEI國際行銷傳播卓越獎——銀獎」、二〇一一年 Marketing Agencies Association Worldwide 頒發之「最佳品牌形象建立獎（Best Brand-Building Campaign）」、二〇一一年「PR News'

13 二〇一〇年五月十二日《聯合報》A10版

Platinum PR Awards」之「最佳公共事務案例佳作（Honorable Mentions, Public Affairs）」等。

王志剛除了感謝來自世界各地的佳評口碑，也對台灣館成功地增加台灣民眾自身的凝聚力和自信心，倍感欣慰。國內政要包括前副總統連戰、對王志剛有提攜之恩的前行政院長郝柏村、前監察院長陳履安等，皆對台灣館讚譽有加；多位立法委員包括費鴻泰、盧秀燕、侯彩鳳、李鴻鈞等人特別利用休會期間組團前來力挺支持；前台灣省省長、親民黨主席宋楚瑜先生在台灣館見到王志剛，第一句話就是「Proud of you!」，更真情流露的送上一個大大的擁抱。多年來給予王志剛莫大精神支持力量的中華身心靈促健會朱慧慈秘書長，特別率領一行十多位團員參觀。享譽國際的靈鷲山佛教教團心道法師遠道蒞臨，對於長年篤信佛教的王志剛而言，尤為無上的福報。

企業家友情相挺 盛情感人

許多參加上海世博會的場館，建置預算多從新台幣三、四十億元起跳，例如中國館一百一十五億元、沙特阿拉伯館八十億元、德國四十億元、日本四十億元，台灣館經費只逾十億元，小而美的台灣館能夠順利開展，在上海世博會裡發光發亮，實屬不易。

台灣館預算全來自民間的募款，二〇〇九年八月八日台灣發生嚴重水災，那時正值台灣館剛啟動籌建募款，在此社會氣氛下，一開始籌資情況未如預期。

葉明水回憶當年王志剛挑起募資重擔，負責「找大錢」，王董事長和過去的學生、同學及擔任經濟部長任內熟悉的企業界人士聯絡，他們一聽到台灣館需要建置資金，紛紛慷慨解囊。

台塑集團響應贊助台灣館，世博會展覽期間台塑王永慶創辦人夫人李寶珠女士，總裁王文淵，副總裁王瑞華，台塑生醫董事長王瑞瑜等人均蒞臨參觀，王志剛除了親自接待介紹，也陪同走訪其他熱門展館，因為王永慶聲名遠播，參觀中國館時，館長更慎重在門口恭候，一群人所到之處皆獲得高規格禮遇，讓王志剛印象深刻。

台灣館未動工前，王志剛曾請建中同學王震乾吃了一頓飯，一手創建女鞋製造集團的王震乾當下承諾捐出新台幣二億元，王震乾的愛女王曉萍為集團旗下時尚女鞋 Miss Sofi 總經理，她也熱心參與台灣館活動，在台灣館慶祝突破四十萬參觀人次時，她捐出五十雙高級女鞋做為摸彩獎品，王志剛記得有位幸運的上海小姐得獎，現場開心大喊著，「我要變蜈蚣了，一輩子也穿不完。」這些花絮在世博會場流傳，經過媒體報導宣揚，再提升大陸民眾對台灣館的好感，更加擠破頭想入館參觀。

在上海世博展期結束後，貿協為了出版二〇一〇年上海世博會台灣館紀念專輯，專訪王震乾，他的集團出錢出力，還讓女兒全力配合台灣館宣傳活動，但王震乾很謙遜表示，支持台灣在國際舞台上發光發聲，是台灣企業應盡的本分，Miss Sofi 受邀並參與上海世博台灣館，不但能趁機行銷台灣，並掌握國際交流的最佳機會，還可直接向全球行銷 Miss Sofi 品牌，並進一步開拓大陸等國際市場。[14]

鴻海集團創辦人郭台銘是王志剛早年在台大企經班的學生，在一次餐會中，王志剛向郭提出要求，「台灣館你要幫助一下」，郭台銘二話不說，就捐了一億元。

除了浦東 A 片區台灣館外，郭董也捐助台北市政府參加上海世博，台北市以「資源循環、永續社會」和「無線寬頻、寬頻無限」雙主題，進入「城市最佳實踐區」設館，地點位在上海世博的浦西 E 片區；這是中華民國退出聯合國後，台北市首次參加世博會，台北市藉由世博會拉抬台北國際能見度，還帶動之後台北主辦的花博會人氣。

潤泰集團總裁尹衍樑為王志剛得意門生，兩人師生情誼深厚，王向尹提到台灣館需要協助，尹即交待大潤發大陸區總裁黃明端及負責人事的總經理陳守仁，捐款一億元給上海世博的台灣館，這兩人也都是王志剛的學生，更可貴的是，他們出錢出力，把王老師全心投入的上海世博台灣館大小事，都視為要緊事，盡心盡力協助。

在台灣館興建及展出期間，貿協輪派各單位同仁到上海，上海世博會開幕前後的七、八個月內，台灣館營運皆保持四十名左右的人力，才能應付展館運作，貿協同仁的飲食、日用品，甚至理髮，都由上海大潤發供應，甚至還有指定用品品牌的客製服務，大潤發貼心支援，曾在上海負責台灣館工作的貿協同仁們都感受了潤泰集團溫情。

時任台灣人壽董事長的朱炳昱也是王志剛的學生，當他聽聞貿協團隊為營運台灣館所付出的努力，深獲感動，除現金資助外，更主動提供專業完善的保險規劃，讓台灣館工作人員得以無後顧之憂，全心投入這歷史性的任務。

台灣館並不大，但台商熱心捐輸物資，擠爆了狹窄空間，像是兩岸知名食品大廠旺旺及頂新贈送大量泡麵及飲料，館內卻無處置放，此時，上海大潤發成了最佳的後援，他們騰出自家倉庫，只為了貿協能暫時寄放台灣館贈品，大潤發還每日派出貨車載運四千份泡麵及飲料到世博會的館場，以便讓台灣館訪客離開前，能順利拿到裝有泡麵、飲料的環保袋贈品伴手禮物。

一般世博會國家館都由政府出資，外貿協會以台北世界貿易中心民間身分參加上海世博會，經費從民間募款而來，一開始，王志剛找自己的同學及學生支持，募得指標性兩億、一億元個案後，募資一度進入停滯期，王志剛認為很多企業根本不知道有此盛事，於是他靈機一動，於國貿大樓、展覽館所在的外牆明顯之處，懸掛大型戶外廣告布幔，「請求企業支持世博會」。

日月光集團總裁張虔生看到廣告後，主動捐款；華新麗華董事長焦佑倫開展前造訪台灣館，觀賞豐富的展出內容，十分感動，再追加捐款，焦佑倫希望能發揮拋磚引玉效果，讓更多的台灣企業響應，激發更多善舉。

二〇一〇年五月台灣館開展，初期經費仍有不足，不少企業一聽說台灣館缺乏經費，毫無吝色，旋即答應捐款。例如貿協向寶成集團提出邀請，希望寶成能當台灣館贊助商，二天後，寶成董事長蔡其瑞親自回電，詢問捐款事宜。企業陸續主動樂捐，貿協同仁也跟不少企業簡報說明回饋專案，出面相挺的企業捐助金額越來越多。

BOX

企業捐款踴躍，貿協以台灣高山區分等級

外貿協會世博會專案辦公室很有創意地用不同高度的玉山、阿里山、合歡山、陽明山區分台灣館捐款等級，留下饒富趣味捐款「芳名錄」，玉山級為捐款一億元以上，阿里山是三千萬到九千九百九十九萬元，合歡山為一千萬到兩千九百九十九萬元，陽明山

14 二〇一〇年上海世博台灣館紀念專輯第二二九頁

級是五百萬至九百九十九萬元，後來，貿協又加了五百萬元「觀音山級」捐款額度，以回應企業界主動捐款的熱情。

玉山級企業：女鞋製造聞名的恆豐出資二億元，一億元贊助商有鴻海文教基金會、上海大潤發。

阿里山級企業：達欣、光磊、英業達、日月光、頂新、旺旺、中華電信、宏碁、華航、台灣房屋及躍獅。

合歡山企業：華新麗華、琉璃工房、群航科技、李祖原建築師事務所、台泥、中租迪和、台新銀、永豐餘、長榮、寶成及台玻。

陽明山級企業：永記造漆（虹牌油漆）、開城興業、台昇國際、阿瘦實業、台塑、台積電、華碩、昇恆昌、昆盈、安益國際展覽、台灣人壽、勤貿實業、神達電腦、元大國際資產、方合廣告及陽明海運。

台商情義為台灣館堅實後盾

像上海大潤發一樣，捐了錢還額外提供人力、物資的企業，不在少數。籌建台灣館實際募得八億多新台幣，但王志剛覺得收到的人情更豐富，企業贈送的諸多物資並未計入實際的捐款金總額之內；很多人參觀台灣館，得知貿協尚未募得足夠金額，當場決定捐款的案例，繁不勝數，更有像達欣工程、台玻這類廠商，不再向貿協申報追加工程款或建材費用，自行吸收新增花費。

台灣館興建起步比其他場館晚，但建築師李祖原一點也不馬虎，為了能有天燈冉冉上升起飛感覺，不斷修正玻璃角度及大小，最後一刻才確定尺寸，下單生產，台灣館外牆玻璃大小不一，不能規則切割，為了台灣館訂單，台玻必須停下生產線，專門製作台灣館需要的規格。

在圓形球體裡，另有全天域劇場內玻璃天橋，原為透明設計，但考量可能很多人不敢上去，台玻再改成毛玻璃，為了有良好的視覺效果，製作成中間一部分透明、旁邊有止滑點的特製天橋玻璃。

台玻董事長林伯豐根本沒看過設計圖，就一口答應贊助台灣館玻璃建材，不料組成台灣館建築物的重要材料就是玻璃，而且絕大部分是強化玻璃，還特別地厚，跟王志剛是初中同學的林伯豐，曾經以開玩笑的口吻大呼上當，王志剛說，「追加的項目不知道有多少錢，林伯豐也沒跟我多說什麼，這些無以計數的人工及追加材料成本，也等於是台玻捐的」。

玻璃建材之外，台灣館地磚、磁磚也來自熱心業者，冠軍磁磚董事長林榮德就不跟貿協收取費用；建築物不可或缺的水泥，由台灣水泥提供，從台灣館簽約、動土儀式、上樑、啟動到開幕典禮，已故的台泥董事長辜成允都出席；二〇一〇年十月十五日台泥還特別選在台灣館內舉辦「台泥世博之旅」記者會，集團旗下辜公亮文教基金會更配合台灣館活動，於上海推出京劇「弄臣」表演，此項活動又掀起台灣館展出期間另波高潮。

台灣館的LED球幕因球體直徑長達十六公尺，當時為全球最大懸掛式球體，工程困難度高，為達最佳效果，費用相對也高，光磊科技贊助LED，讓台灣館得以展出最吸睛的「台灣心燈」。

台灣館的鋼構使用中鋼構公司的產品，而永記造漆是中鋼構的配合廠商，當台灣館需要贊助時，永記造漆很快就答應，永記造漆旗下重要品牌「虹牌油漆」，在中國大陸很多地方發展得不錯，到處可以看到廣告，上海世博台灣館使用虹牌油漆，更強化虹牌油漆在大陸的品牌行銷。

大方提供支援物資給台灣館的企業數算不完，例如宏碁贊助電腦供台灣館同仁使用，華碩電腦捐贈台灣館展演設備主機，整個展期每日十四小時不間斷運轉。昆盈企業提供無線滑鼠、手寫繪圖板、耳道式耳機，做為台灣館舉辦記者會、動土儀式等活動贈品，館內辦各種活動，也使用昆盈的喇叭組合音響。

外貿協會統計，至台灣館展期結束，七十五家廠商參與贊助，產品價值達八億元新台幣。[15]後來貿協出版台灣館紀念專刊，列出參與贊助的企業名單，以表謝意，王志剛非常感恩有這麼多人支持台灣館，企業的情義難用金錢衡度，「我覺得若再加上額外工程追加項目，廠商沒列入捐贈項目的費用，台灣館造價可能更高。」

企業執行團隊也是全心投入的贊助商

躍獅影像科技總經理吳菊接受台灣館紀念專刊編輯採訪時就說，他們雖非頂級大企業，但做為台灣館展示設計與工程執行者，以及台灣設計行業的一員，要義無反顧地贊助台灣館經費，把握歷經四十年始能再獲邀參加世博會的機會，為台灣館添磚增瓦，希望在世界舞台秀出實力，讓世人知道台灣在展出設計與工程領域的卓越表現。

躍獅更以台灣館的「七百二十度全天域球幕電影院」，獲中國科普產品博覽交易會「設計金獎」，並在上海市多媒體行業協會辦理的「多媒體牌耀世博 SIMA會員表彰大會」上，得到「最佳人氣獎」，這都是和台灣館共享榮耀的果實。

琉璃工房創辦人、也是台灣館代言人的張毅和楊惠姍，早在世博會之前，就在上海耕耘，琉璃工房也算是當年大陸人少數認識的台灣文創品牌，琉璃工房也熱情投入台灣館籌備、展出及贊助。

張毅擔任台灣館顧問，楊惠姍設計領航員的天燈制服，琉璃工房則製作天燈造型禮品，有代表城市的高飛心燈、自然生態的希望飛翔蝴蝶心燈，以及表彰台灣打拚精神的水牛心燈，這些禮物為台灣館加分，創造更多話題。

穿著天燈制服的領航員，由中華航空負責培訓，華航準備全套空服人員培訓課程，包括服裝、化妝、儀態、應對及兩岸文化語言差異等，使台灣館接待人員成為專業且具國際水準的導覽達人。

華航的官方網站、機上雜誌與手冊宣傳台灣館，還提供台灣館工作人員往返滬台優惠機票及訂位服務，並載運日月潭的潭水、花蓮玫瑰石，另保留免費機票做為台灣館宣傳活動獎品；每有貴重或應急物品，華航也盡力協助，設法為台灣館節省貨運費用。

當時長榮集團廣報執行長聶國維也提出協助台灣館的宣傳專案，配合上海世博會台灣館展出，長榮航空推出上海世博旅遊行程，並在網站、機上雜誌及機上娛樂宣傳影片中推廣宣導台灣館；由於長榮航空也贊助台北花博，許多宣傳品共推「雙博」，上海世博台灣館與台北花博共創「雙贏」。

---

15 世博台灣館七十五家企業贊助名單及內容，摘自二〇一〇年上海世博會台灣館紀念專輯第八篇企業贊助英雄榜

葉明水則向陽明海運募得五百萬元，而當確定台灣館標售，且限定只能在台灣重建時，台灣館還能使用的設備及可拆卸回台的物品，陽明海運全部負責載運回台，除了從上海運回台灣的費用，陽明海運還贊助一日館長活動。

不少台商參觀上海世博會之後，對葉明水說，「我們在這裡經營多少年了，不如你們台灣館在上海不到半年所塑造出來的台灣好形象」。

台商化感動為實際行動，台商兆豐國際集團董事長蔡添壽參觀後，當場跟葉明水表示要捐五十萬元，由於該集團總部就在上海，葉明水當天立即登門拜訪，由集團總裁蔡明峰接待，本以為只是新台幣，沒想到蔡總裁回答，「在大陸，當然講的是人民幣」，葉明水非常興奮，更是滿滿感激在心頭，在第一時間便跟王志剛報告分享此事。

直到現在，葉明水還常遇到台商樂談上海台灣館當年表現，並謝謝外貿協會為提升台灣形象所做的努力。

對王志剛當年敢於嘗試，葉明水十分佩服，二〇一〇年上海世博會最令人印象深刻的「LED球」是領先科技，台灣館的展示概念走在時代前端，非常難得，當然也要有開明的領導者才能無畏地下此決策。

「台灣館是一個很特殊的產物與經驗」，葉明水說，從經營到媒體宣傳，二〇一〇年上海世博台灣館的品牌價值估計約六．九億元，中國大陸雖有很多省分想將台灣館留在大陸，但最後馬英九總統決定台灣館必須回到台灣，出售的標價就是以品牌價值扣掉所需重建等土地費用，約四．一七億元。

台灣館營運團隊返回台灣後，王志剛接受台北市長郝龍斌邀請，讓二十多位貿協同仁到台北花博負責接待貴賓；而王志剛對當年新竹市長許明財為了發展地方觀光，在新竹市重建台灣館，迄今仍非常感謝。

二〇一〇年十月三十一日上海世博結束，台灣館工作團隊成員接受馬總統召見，葉明水談起這段過往，異常激動，因為外貿協會人員從來沒有機會親自見到總統，馬總統讚許貿協台灣館工作團隊「為國爭光」，而國內外及大陸媒體的訪問報導內容都很正面。

二〇一四年十二月十九日馬英九總統特別頒授王志剛三等景星勳章，表彰他對經貿發展的卓越貢獻，在擔任貿協董事長期間，籌資興建上海世博會台灣館，總統稱譽王志剛為成功樹立行銷中華民國特色的典範。

王志剛則將功勞歸給同仁部屬，他代表貿協同仁感謝總統的肯定與支持，而獲蒙總統頒贈勳章則是是他畢生最大的榮耀。[16]

鹽與光——台灣館調和兩岸關係，照亮行走路

對於台灣是否參加上海世博會，當年有許多不同聲音，台灣館一開始被擺置在港澳館附近，觸

16 二〇一四年十二月二十日《聯合報》AA2版

動政治敏感帶，引發爭議，最後大陸及我方同意台灣館落腳在世博軸附近的亞洲區，離中國館雖不遠，但有所區隔，此方案「雖不滿意但也可以接受」，因為四十年之後，能以此折衷型式參與世界博覽盛會，打開邁向國際之路，這是王志剛覺得最好的結果。

外貿協會接下政府指示，緊迫的時間內，以民間組織名義蓋館，並成為上海世博會熱門場館，算是成功完成不可能的任務；台灣館從規畫到營運，打破僵固的兩岸交流模式，連接人民感情及心靈交通，王志剛與外貿協會同仁、台灣館工作團隊，就像是兩岸關係中調味的鹽，而台灣館更似照亮兩岸和解之路的光。

對兩岸建立官方溝通管道及強化關係，「小小」台灣館有很大的貢獻；前大陸對外貿易經濟合作部（商務部前身）部長的石廣生，曾經代表中國大陸簽署加入世界貿易組織（WTO），與曾任經濟部長的王志剛互為舊識，石廣生擅長書法，在上海世博展覽期間，他贈「和諧」兩字祝台灣館展出順利，別有一番意涵。

葉明水也記得，當時大陸派至世界銀行的副總裁林毅夫，則讚嘆「台灣真好」，因為台灣館才有的人際往來，看似尋常，卻因雙方對話時講出的質樸語句，觸動心裡柔軟的感性，讓兩岸人民相處更加融洽。

上海世博會閉幕後不久，第十八屆「APEC經濟領袖會議」在日本橫濱舉行，台灣領袖代表連戰和大陸國家主席胡錦濤會面時，胡錦濤特別提到上海世博會台灣館，表示「台灣館辦得很有特點、很受歡迎。」[17]

台灣館促進了兩岸人與事的密切往來，更在上海世博會裡，令台灣增加與其他國家的接觸機會，拓展國際關係，葉明水認為，因為是王志剛的帶領，才能得來如此成果。二〇一〇年五月一日台灣館開幕，大陸全國政協主席賈慶林、國務院副總理王岐山、上海市長韓正、及現任中國大陸外交部部長、時任國台辦主任王毅等人都前來祝賀；王毅不只一次參訪台灣館，更在營運展覽過程，提供協助，後來王毅在外貿協會於大陸各省市舉辦台灣名品展時，也都極盡所能幫忙，王志剛銘感在心，難以忘懷。

從上海世博台灣館到台灣名品展，王志剛在貿協董事長任內與陸方往來交涉，經驗豐富，他認為兩岸關係不是不能解決，重要的是處理過程能展現智慧，如果兩方都「絕不接受」，拒不接觸，事情永遠沒完沒了，也無法順利對話。

二〇〇八年到二〇一六年間，兩岸關係和緩友好，之後，官方關係漸趨緊張，人民感情也慢慢疏遠，同樣根源自中華文化，兩岸如此發展，甚為可惜；回看台灣參加上海世博會的過程，始於艱難，最終精彩收尾，王志剛內心深處期盼，台灣館不只是自己的璀璨人生風景，也希望分享過程，當做未來兩岸事務往來的參考案例。

王志剛回顧貿協專任董事長的六年多歲月，是一場愉快的人生經驗。他逆風而行，即使金融海嘯造成景氣衰退，但仍奮力帶領台商殺出重圍；他積極行銷台灣，打開了中國大陸市場，拚出了全球經貿空間。這段工作歷程既自我滿足，也實踐理想，更貢獻國家，非常幸福。

17 二〇一〇年上海世博台灣館紀念專輯第一八八頁

第二十三章

壯闊風景伴掌聲，結束美好旅程

二〇〇八年七月二日，王志剛接掌外貿協會，對他而言，是回到自己擅長的領域，與過去經濟部長兼貿協董事長，情況完全不同，此次是全人全心投入，不僅能發揮他為人稱道的行銷專才，更是為政府人民做事，這份工作，切合他的人生所求。

王志剛專任貿協董事長六年多的時間，讓貿協上下緊密結合在一起，形成一支精良專業的經貿部隊，在大統帥領導下，縱使走過前人未及的荒漠，也能披荊斬棘，行出壯闊無邊的大格局，總結王志剛在貿協所為，曾和他在貿協共事近三年的中央大學終身榮譽教授單驥說，行銷的專業和使命感，「讓王志剛全力地為貿協拚搏，也讓貿協的業務達到有史以來的高峰。」

「貿協的工作十分龐大，其重要性也不言而喻」，二〇一二年，單驥應王志剛之邀接任貿協副董事長，單驥沒有太多考量便答應，因為貿協的工作是幫忙台灣廠商拓展外銷，十分重要且有意義，而能有機會和王志剛這位行銷專家共事，也一定會是很好的工作經驗。

單驥在貿協近身感受王志剛的管理能力、行事風格與個人特質，「在追隨王董事長的過程中，我看到一位有決策力、有方法、有策略、關心下屬，能夠打開貿協大局，為台灣產業興利的好長官。」

王志剛與單驥認識甚早，單驥也曾參與經濟部的諮詢會議，台灣政黨輪替後，單驥邀請在野的王部長到中央大學演講台灣經濟，他充分感受到王志剛為國家社會奉獻己長的使命感。

用人唯才　領導貿協成為學習型的組織

有鴻鵠大志的主管，通常忙於擘劃大戰略，無法兼顧內部人事，但人事浮動、派系林立的組織，無法發揮團隊精神執行任務，王志剛深諳管理之道，上任之際，並未有人事大搬風，也不管誰是「前朝」人馬，或是要建立自己的小圈圈，他唯才是用，不斷鼓勵同仁，認同他的理念，如此，貿協同仁們才能和他同心協力，一起開展台灣對外貿易工作。

單驥初到貿協時，跟王志剛請益領導管理之方，單驥領受的第一堂課是王志剛「對人無私、不計較、不分黨派」，展現了領導者的大器作風。

在組織管理方面，王志剛著重組織與成員的成長，他廣邀同仁參加讀書會，原則上每個月一次的讀書會，除了王志剛親自上課，也會請同仁經驗分享，或請外部專家講課，「在王董事長領導下，貿協的確成為學習型組織」，單驥認為這點非常重要，因為貿協同仁業務都十分繁重，而王志剛仍要大家百忙之餘為自己充電，可開展同仁視野。

讀書會每次大約有數百位貿協同仁參加；單驥說，這項看似不顯眼的工作，是為貿協同仁長期播種，一些重要的工作經驗分享，雖不一定馬上用得到，但有時卻會在重要而關鍵性的時刻，發揮及時提醒同仁的功能，讓他們在工作時，能做出好的回應與決定。「有心的貿協同仁在許多場次的讀書會中，一定會有不少心得，這或許是王董事長在領導貿協時，很多人沒有注意到的『小地方』。」

從每周一次的一級主管擴大業務會報中，單驥也學習到王志剛有智慧的管理技巧。「在貿協工作時，王董事長對於工作進度與預算的掌控，都十分重視，這是從主管業務會報中，可以充分體認的一件事。」

單驥觀察在許多機關或企業中，業務會報這項工作常流於行禮如儀，若一個單位的最高領導對此不重視、不開誠布公，業務會報就變得型式化。「王志剛董事長主政時期，這種型式化的不良情形，是絕對看不到的，而開誠布公也是王董事長給我的好榜樣。」

有時候，王志剛也會打破型式，要一級主管業務會報時，不必帶資料，撇開手上的業務與束縛，自由談或跨部門的業務交流，「在許多保守型的機關這種作法是不容易的，或也是個禁忌，但王董事長仍要大家多以團體利益的發揮為重，這樣的領導，若沒有自己領頭下的無私與慎斷，是很難做得到、做得好，我在一旁心領神會，也只能佩服董事長。」單驥說道。

為企業衝鋒前進中國市場的堅實後盾

談到台商企業到中國大陸拓展貿易狀況，單驥形容，在王志剛董事長任內，可說是發起企業界對中國大陸市場拓銷的衝鋒號，王志剛領軍貿協同仁，一年在大陸舉辦八到十場的大型商品展覽，為許多中小企業台商，打開了在大陸大江南北、大小不同的各個市場。

還原當年的時空環境，台灣對大陸出口占台灣出口比重，自扁政府時期二〇〇〇年的二四．四％，到二〇〇六年快速升至三九．九％，之後，便長期高居四〇％上下，二〇〇八年馬政府上台，重新建立對大陸關係，如何協助台灣廠商，特別是中小企業拓展對大陸的出口，就成為重點工作。

王志剛率領的貿協，對想赴中國大陸發展的中小企業而言，當年扮演的是強而有力的支持者角色。單驥說，台灣中小企業因為資金及人力有限，自行到大陸舉辦或參與大型展覽，「要處理的事情很多，許多小事可能變成大事，甚至會造成事情的停擺。」中小企業面對不可知的風險，將會非常吃力，最需要貿協做為堅實後盾。

「王志剛與中共中央、各省市領導的多次斡旋下，一次次獲得信任，也一次次地得到支持，這是得之不易的成果。」單驥說，有人或以為，這交流只是喝酒、吃飯，其實不是那麼簡單，任何人可能吃上許多次飯，事情都仍然辦不成，這其間要取得對方的支持與信任，對方信任的是王志剛，也信任貿協，這才是關鍵所在。

台灣名品展都是大陸為名的邀請展，陸方提供必要的行政支援及各方面協助，「展覽的成功，不但是貿協，也是大陸主辦方的成功，因此是雙贏的，而我台商也因此受益很大，這也是王志剛的過人之處。」

提到王志剛推動台灣對中國大陸貿易拓展，單驥特別推崇的代表作之一，就是參加二〇一〇年在上海舉辦的世博會，台灣館成為當時上海世博最閃亮的場館，不但對推升台灣形象有重大幫助，也是貿協人終身的驕傲。

台灣館參展涉及層面複雜，規畫建館及展出的時間不到一年，經費籌措、台灣形象設計、建館期間消防和安全等，都是問題與挑戰，這些重責大任，王志剛全都一肩扛起。

貿協同仁合作分工，可以突破執行面的難關，但台灣館的場區、場址及場名等議題，因為兩岸政治敏感關係，既糾結又難解，單驥盛讚王志剛過人的能力與智慧，利用當時兩岸關係友善的契機，爭取到兩岸的認同，進而順利達成使命，「這在當時幾乎是不可能的任務，而事實證明，也只有王董事長有此能力處理。」

以身作則的敬業精神　貿協上下「比照辦理」

王志剛的敬業精神，令單驥十分折服。王志剛常因公務往返中國大陸或海外，飛回台灣的當天，隨即進辦公室上班，其認真看待工作的態度，成為貿協人的榜樣；單驥到國外公出期間，貿協同仁把他的拜會行程排得滿滿，因為董事長以身作則，同仁從上到下，一定要比照辦理，大家絲毫不敢鬆懈。

單驥在貿協工作期間，跑遍世界各地，從遙遠的東歐羅馬尼亞、英國、荷蘭，乃至印度、中南美洲的墨西哥、瓜地馬拉、巴西、哥倫比亞，或是中國大陸上海、廣州、四川等地，他深刻感受到貿協派駐當地的人員，在王志剛的領導感召下，都有竭誠服務、為台灣外貿全力打拚的精神，個個都是不可取代的外貿一線尖兵。

不少人談到王志剛擔任貿協董事長，只提王志剛拓展中國大陸市場，以為他不重視大陸以外地區，單驥認為這是不正確的、也是誤會了王志剛。

王志剛領導下的貿協，不偏廢任何一個市場，許多在全球市場打拚的一線台商，非常有感覺。單驥接觸到不少台商，到海外參展的中小企業，多由老闆親自出馬，在與他們的無數次交流中，中小企業主都高度肯定貿協幫忙搭建的會展平台，更高度肯定王志剛的決策遠見與努力。

除了協助台商走出去，參與國外各地舉辦的商展，貿協也主動把國外各地的買主邀請來台；單驥看到王志剛親手策畫「全球採購大會」的盛況，「這是外人難以想像的龐大工程，它須動員貿協全球駐外人員及辦公室，先進行與台灣相關廠商的對接並完成初步試探，再邀請有誠意的買主集中來台參加此一盛會。」

單驥說，在貿協安排下，眾多的台灣廠商不必出國，也能在國內直接與國外買主洽商，收到不少訂單，成果豐盛；而採購大會期間，為照顧穆斯林買主及訪客，在會場內也特別設有穆斯林祈禱室，此舉為台灣首創，並收到許多好評。

王志剛在貿協推動任何一項工作，背後一定會有行銷台灣、提升台灣國際形象的用意。除了既有的實體商品貿易，王志剛任內推出服務業貿易拓展，其中台灣醫療服務外銷，單驥指出，這是貿協從未有過的新嘗試，也有很好成果，在台灣經貿歷史上，值得記上一筆。

單驥回憶在貿協期間，沒有碰到什麼令他覺得困難的事，因為對他及貿協其他同仁，「王志剛無疑地是貿協的一棵大樹，是我，也是大家的好倚仗。我很珍惜與王志剛的共事緣分，許多與王志剛共事的人，也都有相類似的經驗。」

二〇一四年夏末，行政院突然傳出將另指派新的貿協董事長，單驥及貿協同仁都非常震撼，事已成定局，貿協一方面準備新董事長上任的行政作業，同時也為王志剛籌畫盛大歡送會。

單驥跟同仁們在歡送會上唱著「掌聲響起」，王志剛很喜歡這首歌，歌詞裡，有許多王志剛的心情寫照；二〇一四年十二月，王志剛赴總統府受勳時，單驥也獲選觀禮，在此過程中，他又再一次體會到王志剛為國、為台灣、為台灣企業努力的強大使命感。

是什麼力量造就了王志剛在貿協的精彩人生？從單驥形容與王志剛在貿協共事感受的以下文字，應該可以找到答案。

「是行銷專業，讓王志剛在貿協服務期間為貿協開拓新天地。是個人能力與魅力，讓王志剛團結貿協上下緊密結合在一起。是對大陸的精準掌握，讓貿協在中國大陸這個全世界最重要的市場達到最高峰。是使命感，讓王志剛長全力地為貿協拚搏，也讓貿協的業務，達到有史以來的最高峰。」

後記

看盡產官學沿途漫漫紅塵

王志剛

本書所記錄的不僅僅是我個人的生命發展史，更重要的是和我同時代每一位勤懇奮勉、勇於任事的長官、同僚、親友，集眾人之力所創造出來的歷史。書中所記述的經歷轉折，無論得失，或能為往後的經貿領域工作者帶來若干參考價值。

我的學術專長為管理和行銷，長年所受的訓練，是從人性觀點出發，深入了解需求，適當的運用各項有形和無形的資源解決問題，最終實現組織或個人的利益；這樣的學術理論，意外地和宗教的信仰與教義有相似之處。宗教讓世人的生活言行得以有正道規範來依循，有了精神可以寄託的支柱，便能使人解脫痛苦煩惱。

父母往生後，靈骨存放中台禪寺台北道場天祥寶塔禪寺，為安慰父母亡靈，我經常參加寺廟法會。中台禪寺開山住持惟覺老和尚囑我誦讀《金剛經》，其中「應無所住而生其心」這句義理，在生命順逆參半時，提點我應盡量放下心中執著、歸於平靜。惟覺老和尚更親書四個大字：「慈悲喜捨」予我，並開示：慈者「給樂也」，給眾生快樂；悲者「拔苦也」，幫助眾生解決痛苦；喜者「除嫉也」，見人歡喜我也歡喜，捨者「無執也」，對人施捨，不念於心，不求回報。佛教修行者需將這四種心境擴展至無邊無際，因此又稱為四無量心。

爾來，此四字哲言長在我心，雖無法完全身體力行，倒也助我轉化、消除許多煩惱。如見人升官，心想他哪點如我，惟想到「喜，除嫉也」，心中較能處之泰然。或看到過去大力提攜的部屬，現在官場得意，完全忘了往日拔擢之恩，怨懟油然而生，但思及「捨，無執也」，最後終究放下執著，解脫釋懷。「慈悲喜捨」四無量心的實踐，能消除世人內心的貪、嗔、痴、慢、疑，我若能實現其萬分之一，就是莫大功德，也是此生最大的福報。

皈依佛門後，承蒙諸多貴人開導：靈鷲山心道法師時常期勉我持誦《慈悲三昧水懺》，誠心禮敬諸佛、懺悔無明妄想執著，迴向世界災息安寧。國際知名禪師、藝術家和作家洪啟嵩居士，曾應邀至美國哈佛大學、麻省理工學院等名校演講，更在二〇一九年完成獲頒金氏世界紀錄認證的「世紀大佛」巨畫，總是不吝和我分享他豐富的佛學著作。有幸和賢者們學習，獲得信心與毅力，度過生命中的風風雨雨，我的心中充滿安定、感動與感恩。

最後，謹將本書獻給一路無怨無悔，陪伴我看盡產官學沿途漫漫紅塵，半世紀以來我最溫暖堅定的牽手——宋怡莉女士。

王志剛大事記

一九四二年	•出生於中國大陸北平市（現北京）
一九四八年	•父親鶴標公攜老母、妻兒和姪女六口，來台落腳基隆，借住換帖義弟齊世基家
一九四九年	•鶴標公奉命任淡水區署區長，王志剛隨父母定居淡水，就讀淡水國小
一九五四年	•淡水國小畢業，考取台北市成功中學夜間部
一九五五年	•轉學就讀台北縣淡水中學
一九五九年	•就讀台北市建國中學
一九六二年	•就讀國立台灣大學農經系
一九六八年	•退伍後，任職金屬工業發展中心，於齊世基先生麾下學習

一九七〇年	・和宋怡莉女士結為連理
一九七三年	・獲得美國德州農工大學入學許可，負笈美國
一九七五年	・獲得美國德州農工大學企管碩士
一九七八年	・獲得美國德州農工大學行銷管理博士學位，返國獲聘為工研院工業經濟中心副主任
一九七九年	・任台大商研所及農經系副教授
一九八二年	・獲經濟部長趙耀東徵召，以顧問名義進入經濟部投審會兼任執行秘書
一九八四年	・擔任投審會專任執行秘書

一九八七年
- 擔任貿易人才培訓中心首屆講師及兼任行銷課程顧問

一九八八年
- 參加甲等特考，取得正式公務員資格

一九八九年
- 接任商業司司長（六月一日）
- 獲得行政院政府機關單位為民服務績效競賽第一名
- 草擬國外期貨交易法

一九九〇年
- 查緝地下投資公司、八大行業，納管地下期貨公司，獲行政院長郝柏村公開表揚
- 擔任經濟部常務次長（六月）

一九九一年
- 「公平交易法」通過立法，擔任公平會籌備處召集人（二月四日）

一九九二年
- 公平交易委員會成立，擔任第一任主委，由行政院長郝柏村親自布達（一月二十七日）

一九九五年

・續任第二任公平會主委

一九九六年

・獲李登輝總統任命為中華民國第二十一任經濟部長，總統府資政孫運璿坐輪椅出席觀禮（六月）
・成立「促進投資指導委員會」發起「投資台灣運動」（九月）
・李登輝總統於工總舉辦經營者大會閉幕式發表「戒急用忍」引起工商界強烈反彈（九月）
・率團赴新加坡，以觀察員身分參與WTO第一次部長會議，簽訂資訊科技協定（ITA）（十二月）
・奉派兼任外貿協會董事長（十一月）
・擔任台灣經濟研究院董事

一九九七年

・赴美拜會美國貿易代表署白茜芙大使與前美國總統老布希先生（二月）
・接受母校德州農工大學頒贈第四屆國際傑出校友獎（二月）
・亞洲金融風暴（七月）

一九九八年

- 與美國貿易代表署白茜芙大使歷經七次會談，終於簽訂「台美入會諮商雙邊協議」，結束十七回的台美雙邊談判（二月二十日）
- 與辜濂松共同率領政府和民間企業的六十五人經貿訪問團赴德奧法義比荷（七月）

一九九九年

- 成立經濟部智慧財產局，助台灣脫離盜版天堂（一月二十六日）
- 台灣第一座民間電廠麥寮發電廠正式商業運轉（五月三十一日）
- 修訂「獎勵投資條例」、「促進產業升級條例」兩大政策
- 二次與辜濂松共同率領政府及民間企業代表團訪英瑞匈挪（七月）
- 七二九全台大停電（七月二十九日）
- 隨行李登輝總統「太平之旅」出席巴拿馬運河國際會議，簽署「中巴自由貿易協定備忘錄」
- 九二一大地震（九月二十一日）

二〇〇〇年

- 台灣完成所有的WTO雙邊經貿諮商
- 第一次政黨輪替，卸下公職
- 第一次赴中國大陸，偕妻探望自己出生地北京

・任復華投信董事長（六月）
・台韓斷交八年後，首次受邀第二十五屆中韓經濟聯席會議發表專題演講（十一月）

二〇〇一年
・擔任國民黨文傳會第一屆主任委員
・WTO第四屆部長會議通過採認我國入會案（十一月）

二〇〇二年
・台灣正式成為WTO會員國

二〇〇四年
・轉任元智大學講座教授

二〇〇五年
・擔任王金平競選國民黨主席總幹事

二〇〇七年
・擔任台新金控與台新銀行的獨立董事
・擔任台塑南亞塑膠與台塑勝高科技的獨立董事

二〇〇八年	・出任外貿協會董事長（七月二日） ・獲中華民國管理科學學會「管理獎章」 ・雷曼兄弟破產引發全球金融海嘯（九月）
二〇〇九年	・貿協於台北世貿一館舉辦全球採購夥伴大會（三月） ・上海世博會邀請台灣參展，因貿協以民間身分參展，擔任世博台灣館負責人（五月） ・貿協在南京舉辦第一場台灣名品展（九月） ・貿協新加坡台灣貿易中心開幕（十二月）
二〇一〇年	・貿協於東莞、天津、南京、山東濟南及重慶舉辦台灣名品展 ・上海世博台灣館（五月一日～十月三十一日）
二〇一一年	・貿協於遼寧瀋陽、天津、廣州、南京、武漢及北京舉辦台灣名品展

二〇一二年

・貿協於上海、廣西南寧、成都、天津、大連、南京、青島、北京及重慶舉辦台灣名品展
・貿協陸續成立科威特、聖彼得堡、大陸上海及北京四個據點
・貿協獲WTCA頒發八項「最佳營運」認證，創該組織四十三年來的紀錄

二〇一三年

・獲頒韓國漢陽大學榮譽法學博士（十月）
・貿協增設緬甸仰光、菲律賓馬尼拉、印度加爾各答、大陸青島和廣州五個據點

二〇一四年

・貿協增設大陸成都及大連據點
・卸任貿協董事長（七月）
・擔任中國信託金控最高顧問、銀行最高顧問、中國信託創投公司董事長
・獲馬英九總統頒發三等景星勳章

二〇一九年

・擔任台經院董事長

二〇二二年

・卸任台經院董事長（七月）
・出版個人回憶錄（十月）

跨越王志剛白首話當年產官學生涯

作　者—王志剛
撰　文—曾桂香
總 企 劃—余佳芳
主　編—林正文
行銷企劃—陳玟利
封面設計—陳文德
美術編輯—SHRTING WU

董 事 長—趙政岷
出 版 者—時報文化出版企業股份有限公司
108019臺北市和平西路三段二四〇號七樓
發行專線—（〇二）二三〇六—六八四二
讀者服務專線—〇八〇〇—二三一—七〇五
（〇二）二三〇四—七一〇三
讀者服務傳真—（〇二）二三〇四—六八五八
郵撥—一九三四四七二四時報文化出版公司
信箱—一〇八九九　台北華江橋郵局第九九信箱

時報悅讀網—http://www.readingtimes.com.tw
法律顧問—理律法律事務所　陳長文律師、李念祖律師
印　刷—紘億印刷有限公司
一版一刷—二〇二二年十月十四日
一版三刷—二〇二二年十一月十日
定　價—新臺幣七五〇元
（缺頁或破損的書，請寄回更換）

時報文化出版公司成立於一九七五年，
並於一九九九年股票上櫃公開發行，於二〇〇八年脫離中時集團非屬旺中，
以「尊重智慧與創意的文化事業」為信念。

跨越：王志剛白首話當年產官學生涯/王志剛口述；曾桂香撰文. -- 一版. -- 臺北市：時報文化出版企業股份有限公司, 2022.10
面；　公分
ISBN 978-626-335-999-4(平裝)

1.CST: 王志剛 2.CST: 臺灣傳記

783.3886　　111015352

ISBN 978-626-335-999-4
Printed in Taiwan